高等学校通识教育系列教材

# 大学信息处理技术及应用

李向阳 张霖 主编

清华大学出版社
北京

## 内 容 简 介

全书共分 10 章,主要介绍信息技术及计算机基础知识、操作系统(Windows 7)、Office 2010 中的字处理软件 Word、电子表格软件 Excel、演示文稿制作软件 PowerPoint、数据库原理及应用 Access、多媒体基础、计算机网络及应用以及信息安全知识。按照全国的计算机二级考试的要求,重点介绍计算机基础知识、操作系统(Windows 7)以及 Office 2010 中的 Word 和 Excel。

本书的特色是将大学计算机基础课程与全国计算机二级等级考试及信息处理技术员认证考试相结合,Office 部分采用 CDIO 的思想和模式编写,二级标题以拟解决的实际问题给出,重视培养学生分析问题、解决问题的能力。

本书既可作为高等院校大学计算机基础课程的教材,也可作为信息处理技术员资格考试、全国计算机等级二级考试 MS Office 高级应用的培训教材,还可供广大计算机使用人员学习参考。

**图书在版编目(CIP)数据**

大学信息处理技术及应用/李向阳,张霖主编. —北京:清华大学出版社,2014(2024.8重印)
(高等学校通识教育系列教材)
ISBN 978-7-302-37207-3

Ⅰ. ①大… Ⅱ. ①李… ②张… Ⅲ. ①信息处理—高等学校—教材 Ⅳ. ①G202

中国版本图书馆 CIP 数据核字(2014)第 152107 号

责任编辑:刘向威  李  晔
封面设计:文  静
责任校对:李建庄
责任印制:刘海龙

出版发行:清华大学出版社
        网     址:https://www.tup.com.cn, https://www.wqxuetang.com
        地     址:北京清华大学学研大厦 A 座        邮     编:100084
        社 总 机:010-83470000        邮     购:010-62786544
        投稿与读者服务:010-62776969, c-service@tup.tsinghua.edu.cn
        质量反馈:010-62772015, zhiliang@tup.tsinghua.edu.cn
        课件下载:https://www.tup.com.cn,010-62795954
印 装 者:三河市少明印务有限公司
经     销:全国新华书店
开     本:185mm×260mm    印    张:24.75        字     数:618 千字
版     次:2014 年 9 月第 1 版        印     次:2024 年 8 月第 19 次印刷
印     数:35601～36600
定     价:69.00 元

产品编号:056668-03

# 前　言

1997 年教育部高教司颁发了"加强非计算机专业计算机基础教学工作的几点意见"，2006 年计算机教指委发布"关于进一步加强高等学校计算机基础教学的意见暨计算机基础课程教学基本要求（试行）"，2003 年国务院相关部委颁布"信息处理技术员考试大纲"。根据以上文件的相关要求及教学需要，本书作者编著了《信息处理技术基础教程》一书，由清华大学出版社于 2007 年出版。由于该教材既贴近毕业生就业日常处理信息工作的需要，又有助于在读生通过国家"信息处理技术员考试"认证，取得助理工程师的技术资格，故颇受欢迎，已经再版，并数次加印，为多所院校长期批量采用。

随着中学信息技术教育水平的普遍提升，大一新生计算机知识和能力的起点较几年前已经迈上了一个新的台阶。为此普通高等学校的第一门计算机公共课程的目标定位也必须进行相应的调整，该门课程应与时俱进，应适当加大深度和难度，学完后，要能使同学们的计算机知识和技能上水平、上台阶。

2013 年教育部考试中心《全国计算机等级考试二级 MS Office 高级应用考试大纲（2013）》的适时颁布，为我们的教学工作提供了方向性的指导。考虑到用人单位对求职者是否通过国家计算机二级考试的普遍要求，以及通过该项认证对提高被培养者素质的实际意义，我们决定新编教材《大学信息处理技术及应用》。该书按照此大纲要求，加强了对 Office 实际应用的深度和难度。教材编写采用 CDIO 模式，CDIO 是源自国外的工程教育模式，即构思（Conceive）、设计（Design）、实现（Implement）和运作（Operate）。本书 Office 应用软件大部分二级标题以拟解决的实际问题给出，如 5.2 节关于学生基本情况表的制作，围绕该问题讲述了如何分析、制作的过程，然后再给出相关知识点，使学生能从实际的感性认识提高到理性认识，再通过若干例子的演练，达到举一反三、融会贯通的目的。为使学生带着兴趣在不断解决问题的过程中得到历练，获得成功的喜悦，使学习成为愉悦的过程，我们所举的例子力求生动有趣、贴近实际问题，如"家庭理财表的制作"、"学生数据的分析统计"等。

全书共分 10 章，第 1 章信息技术基础知识、第 2 章计算机基础知识、第 3 章操作系统（Windows 7）、第 4 章字处理软件 Word、第 5 章电子表格软件 Excel、第 6 章演示文稿制作软件 PowerPoint、第 7 章数据库原理及应用 Access、第 8 章多媒体基础、第 9 章计算机网络及应用、第 10 章信息安全。按照全国的计算机二级考试的要求，重点介绍计算机基础知识、操作系统（Windows 7）以及 Office 2010 中的 Word 和 Excel。

本书的特色有二：其一，大学计算机基础课程的学习面向全国计算机二级考试及信息处理技术员认证；其二，Office 部分采用 CDIO 的思想和模式编写，案例驱动，生动有趣，各章内容与时俱进，基础知识与使用技能并重。

参加本书编写的教授、副教授及双师型教师具备丰富的教学、教材编写及项目开发经历。本书习题有二级等级考试中常见的选择题、实际操作题,并附有参考答案及该书涉及的英语词汇表。

本书第 2、5 章由李向阳编写;第 6、7 章由秦卫平编写;第 1、4 章由方娇莉编写;第 3 章由付湘琼编写;第 8 章由胡鹏编写;第 9 章由张霖编写;第 10 章由朱凯编写。李向阳、张霖负责全书的编写指导及统稿。张怀宁教授主审,感谢昆明理工大学相关学院和部门及各位参编老师的大力支持。

建议本课程授课时数 64 学时,基本上机练习 24 学时,以及学生自主上机练习 24 学时左右。有关与教材配套的相关教学资料请与出版社联系。由于作者的时间及水平有限,不足之处在所难免,敬请读者批评指正。

编 者

2014 年 5 月

# 目　录

V

# 第1章 信息技术基础知识

**学习目标：**

本章介绍信息及信息技术的概念、分类、特征和内涵，讲述信息技术的发展趋势、信息产业的发展、信息人才的概况以及信息人才的需求。本章提供以下基础性概念：

- 数据与信息。
- 信息技术。
- 信息技术的发展趋势。
- 信息产业和信息人才。

## 1.1 信息技术的基本概念

21世纪是信息化的崭新时代，信息技术是当今世界上发展最为迅速的产业，信息处理技术突飞猛进、日新月异，给人类社会带来了前所未有的冲击和变革，信息技术水平已经成为衡量一个国家科学技术水平的重要标志。

### 1.1.1 数据与信息

**1. 数据（data）**

国际标准化组织（ISO）对数据下的定义是"数据是对事实、概念或指令的一种特殊表达形式，这种特殊表达形式可以用人工的方式或者用自动化的装置进行通信、翻译转换或者进行加工处理。"根据这个定义，数字、文字、图形、图像、声音等都是数据。数据是计算机加工处理的对象，计算机可以接受上述的各种数据，并对数据进行加工、处理、传递和存储。

**2. 信息（information）**

近代信息论的创始人维纳说过："信息就是信息，不是物质，也不是能量。"在这句话里，虽然没有具体解释"信息"的含义，但是却指出了信息具有与物质、能量不同的性质。信息是客观世界各种事物变化的特征和反映。客观世界中各种事物都在不停地运动和变化，呈现出不同的状态和特征。信息的范围极广，例如，潮起潮落、气温变化、银行利息变化等都是信息。信息是客观存在的，与我们主观感觉它是否存在没有任何关系。

信息和数据有不同的含义。数据是描述客观事实、概念的一组可以识别的文字、数字或符号等，它是信息的素材，是信息的载体和表达形式。信息是从数据中加工、提炼出来的，是人们进行正确决策的有用数据。例如，数据1、3、5、7、9、11、13、15，如果对这组数据进行分析便可以得出它是一组等差数列的结论，从而可以比较容易地知道后面的数字，那么它便是一条信息,是有用的数据。而数据1、3、2、4、5、1、41,则不能说明任何问题,故不是信息。

### 3. 信息的分类

信息广泛存在于自然界、生物界和人类社会。信息是多种多样、多方面、多层次的,信息的类型亦可根据不同的角度来分。了解信息的类型不仅有助于我们加深对信息内涵及其特征的认识,也有助于丰富信息检索的知识。

从产生信息的客体的性质来分,可分为自然信息(瞬时发生的声、光、热、电、形形色色的天气变化、缓慢的地壳运动、天体演化……)、生物信息(生物为繁衍生存而表现出来的各种形态和行为,如遗传信息、生物体内信息交流、动物种群内的信息交流)、机器信息(自动控制系统)和(人类)社会信息。一切存在都在进行着某种形式的表达,只不过人类的表达要丰富得多,因为人类的存在内容更丰富。社会信息就是指人与人之间交流的信息,既包括通过手势、身体、眼神所传达的非语义信息,也包括用语言、文字、图表等语义信息所传达的一切对人类社会运动变化状态的描述。按照人类活动的领域,社会信息又可分为科技信息、经济信息、政治信息、军事信息、文化信息等。

以信息所依附的载体为依据,可分为文献信息、口头信息、电子信息、生物信息等。文献信息就是文献所表达的内载信息,以文字、符号、声像信息为编码的人类精神信息,也是经人们筛选、归纳和整理后记录下来的信息,它与人工符号本身没有必然的联系,但要通过符号系统实现其传递。文献信息也是一种相对固化的信息,一经"定格"在某种载体上就不能随外界的变化而变化。这种性质的优点是,易识别、易保存、易传播,使人类精神信息能传于异地,留于异时;缺点是不能随外界的变化而变化,固态化是文献信息老化的原因。

### 4. 信息的特征

信息的主要特征如下:

(1) 普遍性。信息无处不在,我们身边处处都有信息,上课的铃声、交通的红绿灯、每天看到的、听到的无不是信息。

(2) 真伪性。信息有真信息和伪信息,即真实信息和虚假信息之分。伪信息的产生一般有3种形式:片面的理解和没有与环境联系起来的错误理解;信息在传递过程中造成信息损失或受到"噪声"干扰;信息发出者发出了片面或错误的信息。

(3) 依附性。信息只能依附于某种载体才能存在,承载信息的文字、图形、图像、声音、动画、电磁波等称为信息的载体。

(4) 传递性。信息通过媒体广为传播,实现在空间上的传递;信息通过在媒体上的存储,可以实现在时间上的传递。

(5) 共享性。这是信息独有的特征。物质和能量在使用之后会被转化或消耗掉,而信息在复制、传递、共享过程中,本身并不会减少,也不会被消耗。萧伯纳对信息的共享性有一个形象的比喻:你有一个苹果,我有一个苹果,彼此交换一下,我们仍然是各有一个苹果。如果你有一种思想,我也有一种思想,我们相互交流,我们就都有了两种思想,甚至更多。这个例子说明了信息不会像物质一样因为共享而减少,反而可以因为共享而衍生出更多。

(6) 价值性和时效性。信息的价值有很强烈的时效性。随着时间的变化,信息的可利用价值会相应地发生变化。有时候人们必须及时获得和利用信息,才能体现信息的价值。例如天气预报,只对预报的几个小时有用,之后就失效了。

## 1.1.2 信息技术

**1. 信息技术的概念**

信息技术(Information Technology,IT)是指有关信息的收集、识别、提取、变换、存储、传递、处理、检索、检测、分析和利用等的技术。信息技术能够延长或扩展人的信息功能。信息技术可能是机械的,也可能是激光的;可能是电子的,也可能是生物的。

**2. 信息技术的范畴**

信息技术主要包括传感技术、通信技术、计算机技术和缩微技术等。传感技术的任务是延长人的感觉器官收集信息的功能;通信技术的任务是延长人的神经系统传递信息的功能;计算机技术则是延长人的思维器官处理信息和决策的功能;缩微技术是延长人的记忆器官存储信息的功能。当然,这种划分只是相对的、大致的,没有截然的界限。如传感系统里也有信息的处理和收集,而计算机系统里既有信息传递,也有信息收集的问题。

目前,传感技术已经发展了一大批敏感元件,除了普通的照相机能够收集可见光波的信息、微音器能够收集声波信息之外,现在已经有了红外、紫外等光波波段的敏感元件,帮助人们提取那些人眼所见不到的重要信息。还有超声和次声传感器,可以帮助人们获得那些人耳听不到的信息。不仅如此,人们还制造了各种嗅敏、味敏、光敏、热敏、磁敏、湿敏以及一些综合敏感元件。这样,还可以把那些人类感觉器官收集不到的各种有用信息提取出来,从而延长和扩展人类收集信息的功能。

通信技术的发展速度之快是惊人的。从传统的电话、电报、收音机、电视到如今的移动电话、传真、卫星通信,这些新的、人人可用的现代通信方式使数据和信息的传递效率得到很大的提高,从而使过去必须由专业的电信部门来完成的工作,可由行政、业务部门办公室的工作人员直接方便地来完成。通信技术成为办公自动化的支撑技术。

计算机技术与现代通信技术一起构成了信息技术的核心内容。计算机技术同样取得了飞速的发展,相关产品体积越来越小,功能越来越强。计算机的应用也取得了很大的发展,例如,数字出版系统的应用改变了传统印刷、出版业;计算机文字处理系统的应用使作家改变了原来的写作方式,称作"换笔"革命;光盘的使用使人类的信息存储能力得到了很大程度的延伸,出现了电子图书这样的新一代电子出版物;多媒体技术的发展使音乐创作、动画制作等成为普通人可以涉足的领域。

国外的缩微技术发展很快,美国是缩微技术最发达的国家。例如闻名世界的美国 UMI 公司是一个收集、储藏以及提供文献检索的出版公司,其服务范围包括近一百五十万册历代书籍、期刊、博士论文、档案以及原件。它的产品不但包括印刷品、缩微平片,而且提供机读信息。第二次世界大战期间,该公司利用缩微技术,挽救了大英博物馆的许多珍贵文献。

**3. 信息处理的一般过程**

信息处理的一般过程包括信息的获取、传递、处理和使用。

(1)信息的获取——感测与识别。信息获取是信息运动全过程的第一个基本环节,如果没有好的信息获取技术,后续的各个信息过程就会成为无源之水、无本之木。信息获取的基本任务,就是要在各种噪声(不感兴趣的信息)背景下感知、发现和识别所需要的信息,并且把它从噪声背景中分离出来。

(2)信息的传递——通信与存储。信息传递的功能是要实现信息从空间一点到另一点的有效(快速)、可靠(如实)和安全地转移。它是整个信息过程中最基础的环节,因为信息资源最重要的意义就在于它的大范围、多用户共享性,如果没有良好的信息传递技术,大范围、多用户信息共享是很难实现的,而且,如果没有良好的信息传递技术,那么信息获取、信息处理与再生以及信息使用这些局域性技术就只能成为一些支离破碎的信息孤岛。信息传递技术系统的功能模型如图1.1所示。

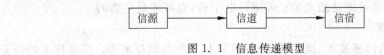

图1.1 信息传递模型

在图1.1中,信源是信息的发出者,信宿是信息的接受者,信道是信息传递的通道。信源和信宿可以是人,也可以是机器,或为能够发出信息的其他事物。因此,有人-人通信、人-机通信、人-物通信、机-机通信、机-物通信以及物-物通信等各种不同的通信。信道可以是特殊的导引媒质(如光纤、电缆、铜线等),也可以是自由空间(如微波、短波等)或其他物体(如卫星转发器等)。

(3) 信息的处理与再生——计算与智能。信息处理的总的目的,是为了使信息更有效,更可靠,更安全,更便于利用,更便于从中提炼知识、发现规律和产生新的信息,它的一般性技术功能模型可以用图1.2来表示。

原始信息 → 信息处理 → 知识、策略、新信息

图1.2 信息处理模型

信息处理的种类很多,针对不同的目的,可以形成不同的信息处理方法。例如,为了提高信息传输的效率,需要对信源的信息进行分析处理,找出一种有效性算法,进行有效性编码,压缩宿源的冗余,这就是一种有效性信息处理。为了提高信息传输的可靠性,减少差错,需要对信息进行分析处理,找到一种纠错或检错编码算法,以提高信息的抗干扰能力,这就是一种可靠性信息处理。为了保障信息传输的安全性,需要对信息进行加密编码,即安全性信息处理。为了从信息中提炼知识,发现信息中隐含的某种规律,需要对信息进行排序、分类、变化、运算、比较、联想、推理等,这是一种认知性的信息处理。此外,还有很多其他信息处理方法,这里就不一一列举了。

(4) 信息的使用——控制与显示。就一个基本的信息过程来说,信息使用是过程的最终环节,是利用信息来指导改造世界活动的最终体现。正确的认识和策略,只有通过信息的使用过程才能在实践中发挥真正的效用。

# 1.2 信息技术的发展趋势

信息技术推广应用的显著成效,促使世界各国致力于信息化,而信息化的巨大需求又驱使信息技术高速发展。当前信息技术发展的总趋势是以互联网技术的发展和应用为中心,从典型的技术驱动发展模式向技术驱动与应用驱动相结合的模式转变。

微电子技术和软件技术是信息技术的核心。集成电路的集成度和运算能力性能价格比继续按每18个月翻一番的速度增长,促使信息技术达到前所未有的水平。现在每个芯片上包含上亿个元件,构成了"单片上的系统"(SOC),模糊了整机与元器件的界限,极大地提高了信息设备的功能,并促使整机向轻、小、薄和低功耗方向发展。软件技术已经从以计算机为中心向以网络为中心转变。软件与集成电路设计的相互渗透使得芯片变成"固化的软件"进一步巩固了软件的核心地位。软件技术的快速发展使得越来越多的功能通过软件来实现,"硬件软化"成为趋势,出现了"软件无线电"、"软交换"等技术领域。嵌入式软件的发展使软件走出了传统的计算机领域,促使多种工业产品和民用产品的智能化。软件技术已成为推进信息化的核心技术。

三网融合和宽带化是网络技术发展的大方向。电话网、有线电视网和计算机网的三网融合是指它们都在数字化的基础上在网络技术上走向一致,在业务内容上相互覆盖。电话网和电视网在技术上都要向互联网技术看齐,其基本特征是采用 IP 协议和分组交换技术;在业务上要从现在的话音为主或单向传输发展成交互式的多媒体数据业务为主。三网融合不能简单地理解为把三个网合成一个网,但它的确打破了原有的行业界限,将引起产业的重组与政策的调整。随着互联网上数据流量的迅猛增加,特别是多媒体信息的增加,对网络带宽的要求日益提高。增大带宽,是相当长时期内网络技术发展的主题。在广域网和城域网上,以密集波分复用技术(DWDM)为代表的全光网络技术引人注目,带动了光信息技术的发展。宽带接入网技术多种方案展开了激烈的竞争,鹿死谁手尚难见分晓。无线宽带接入技术和建立在第四代移动通信技术之上的移动互联网技术,正向信息个人化的目标前进。第四代移动通信技术(即 4G 网络,简称 4G),是集 3G 与 WLAN 于一体,并能够传输高质量视频图像,它的图像传输质量与高清晰度电视不相上下。4G 系统能够以 10Mbps 的速度下载,比目前的拨号上网快 200 倍,上传的速度也能达到 5Mbps,并能够满足几乎所有用户对于无线服务的要求。此外,4G 可以在 DSL 和有线电视调制解调器没有覆盖的地方部署,然后再扩展到整个地区。很明显,4G 有着不可比拟的优越性。

互联网的应用开发也是一个持续的热点。一方面电视机、手机、个人数字助理 PDA 等家用电器和个人信息设备都向网络终端设备的方向发展,形成了网络终端设备的多样性和个性化,打破了计算机上网一统天下的局面;另一方面,电子商务、电子政务、远程教育、电子媒体、网上娱乐技术日趋成熟,不断降低对使用者的专业知识要求和经济投入要求;互联网数据中心(IDC)、网站等技术的提出和服务体系的形成,构成了对使用互联网日益完善的社会化服务体系,使信息技术日益广泛地进入社会生产、生活各个领域,从而促进了网络经济的形成。

## 1.3　信息产业与信息人才

### 1.3.1　信息产业

信息产业是迅速发展的一个新兴产业,是国民经济的基础产业和支柱产业,大力发展信息产业是国民经济和社会信息化的物质基础和主要内容。

**1. 信息产业的发展**

自从有了第一家信息企业之后就有了信息产业研究,但真正系统地对信息产业从管理学和经济学的高度进行研究是在 20 世纪 60 年代,在对信息和信息经济问题进行研究后,信息产业有了长足的发展。回顾这一段历史,大概经历了以下两个阶段。

1) 信息产业研究的启蒙期

1959 年,马尔萨克(J. Marschak)在其发表的《信息经济评论》中提出了"信息经济学"这一概念,此论文发表标志着微观信息经济学的诞生。1961 年,施蒂格勒(G. J. Stigler)发表了著名论文《信息经济学》。该论文提出了"信息搜索"的新概念和理论方法,呼吁从信息的角度对全部经济理论进行清算,施蒂格勒因此获得 1982 年诺贝尔经济学奖,瑞典皇家科学院诺贝尔经济学奖的受奖公报将其誉为信息经济学的创始人。

1977 年,波拉特出版了 9 卷本的研究报告《信息经济》,把信息和信息活动从第一、第二、第三产业中分离出来,构成独立的信息产业,称为第四产业。这种创造性的"四次产业"划分法,将信息产业纳入国民经济基本产业结构的框架中,突出了信息活动在国民经济发展过程中举足轻重的作用,提醒人们对国民经济产业结构的再认识。

2) 信息产业的发展期(20 世纪 80 年代至今)

由于信息产业的迅猛发展,信息产业的概念和变化较大,以至于上升到规律性的研究还很少。正如著名经济学家、诺贝尔经济学奖获得者阿罗所说,信息产业是如此难以界定和分类,以至于从来没有一本年鉴去总结过去的规律和预测未来的趋势。

**2. 信息产业的分类和特点**

1) 信息产业的分类

由于信息产业的内涵和外延在不断地发展和变化,人们对它的研究只能是逐步地深入和完善。研究信息的分类,只能在某一个时期进行,不可能超越现有的经济发展阶段,只能从当时的条件出发得到一个分类体系。当历史发展了,条件变化了,产业在经济结构中所处的位置和状态也发生了变化,人们就可以得到一个新的分类体系。

美国的信息产业分类以信息为核心,将信息技术分为 7 大类,即广播网、通信网、通信技术、集成技术、信息服务、信息包和软件服务信息技术。

日本把信息产业划分为信息技术产业和信息商品化产业两大类,其中信息技术产业包括机器产业、软件产业和提供媒体的产业,信息商品化产业包括报道产业、出版产业、数据库产业、咨询产业、代理人产业和教育产业。

对于信息产业,中国学术界目前较为一致的意见是:信息产业是指从事信息技术研究、开发和应用,信息设备与器件的制造以及为经济发展和公共社会的需求提供服务的综合性生产活动和基础结构。按其基础结构,信息产业可以划分为两大部分:一是设备制造业,二是信息服务业。

2) 信息产业具有以下特点

信息产业是战略性先导产业。信息资源已经成为第一战略资源,因而信息产业也就处于最突出的战略地位。在高新技术产业相继产生并构成新兴产业群时,信息产业在新兴产业群中是最具有导航和促进作用的产业。在许多发达国家,信息产业正在或者已经取代了钢铁、汽车、石油等产业在社会经济发展中的传统地位,成为当代社会的先导产业和带头产业。

信息产业是高渗透型产业。信息产业具有极强的辐射性,可以渗透到社会生活的各个领域。

信息产业是高增值型产业,是综合性、高创新、快增长、智力密集型的复合型产业。信息产业是集信息收集与处理、信息流通、信息服务、信息传播、信息设备生产等功能为一体的复合型产业,其综合性极强,包括信息收集和信息处理部门、信息流通部门、信息服务部门、信息设备生产部门,是多种产业的集合体。

信息产业的形成和发展与信息技术的更新换代是密切相连的。信息技术的更新速度是每3年增加1倍,信息技术的专利每年超过30万件。

从产业形态上来看,信息产业也是智力密集型产业。信息产业的产业活动对象是信息,是对信息的研究、开发、利用和传播。整个产业活动过程是人类智力的活动过程。

正是由于信息产业的智力高度密集,也就使其成为一种高投入的产业:一是智力的高投入,二是资金的高投入。智力的高投入,满足产业对高素质人才的需求。资金的高投入,满足产业对"硬件"和"软件"流通的需求,因此在信息产业发展过程中,"硬件"设备的添置,"软件"的开发和流通,都需要大量的资金的投入。

## 1.3.2　信息人才

### 1. 信息人才

信息技术人才包括信息产业人才与信息化应用人才。

信息产业人才,主要指第一信息部门就业的信息化人才,又包括信息技术产业人才(电子信息产业人才含制造业和软件业人才、信息技术服务业人才含通信运营业人才、计算机技术服务业人才),信息服务业人才(包括信息专业人才、信息咨询服务业人才,以及介于信息服务业与信息技术产业之间的互联网服务业人才)。广播电影电视业、传播与文化业人才(含出版业人才)根据北美产业分类体系,也应算为信息产业人才。

信息化应用人才,主要指第二信息部门就业的信息化人才,包括第二信息部门专业信息技术人才(如传统行业信息中心技术人员),信息管理人才(如企业CIO)与信息技术应用人才(拥有信息化素质的普通员工)。

信息对各产业具有通用性,各行各业都可以应用信息技术,开发信息资源,因此各行各业都有自己的"信息人才",这是通用信息人才;同时,信息技术形成产业,具有专业特殊性,信息技术产业(IT业)要求的"信息人才"是专业信息人才。通用信息人才与专业信息人才,都是行业奇缺人才。前者是传统产业信息化改造的稀缺人才;后者是信息技术产业发展的稀缺人才。

### 2. 我国信息人才的培养战略

"加速发展信息产业,大力推进信息化,以信息化带动工业化"的发展战略,以及"优先发展信息产业,在经济和社会领域广泛应用信息技术"的基本国策,使我国的信息产业得到了前所未有的重视和高速发展。信息产业的发展离不开信息化人才,信息化人才建设将是信息产业可持续发展的关键。2005—2009年,中国IT行业以19.5%的年复合增长率高速增长,中国IT市场迎来了又一个"黄金年代",在信息化发展势头的带动下,我国信息化人才仍然缺乏已经成为制约信息产业发展的重要因素。为满足国民经济和社会信息化发展对信息技术人才的需要,原信息产业部已全面启动全国信息技术人才培养工程。按照原信息产业部《全国信息技术人才培养实施意见》的要求,从2004年1月1日起,在全国范围内大规模开展信息技术职业资格培训、继续教育和在职学历教育,加快培养了一大批信息技术专业人员和后备人才,5年内已培训出约6万名高级信息技术人才、70万名中级信息技术人才和

580万名初级信息技术人才。

当然,我国信息化人才建设中也存在一些问题。首先是产、学、研分割,从信息化人才发展战略的角度出发缺少系统、全面的预测与规划。其次是信息化人才标准缺乏统一认识或定义,到底什么样的人才算是信息化人才,目前谁也说不清楚。再次是缺乏信息管理人才与技能型人才,特别是一些高层次人才严重缺乏。信息管理人才的特点就是既要懂一些信息技术又要懂行政或企业管理知识以及相关的国家或行业标准与法规。最后是信息化人才培养机构很不规范,培养模式陈旧,培养出来的学生不能满足用人单位的需要,尤其缺乏创新能力和动手能力。当然,这个与信息人才管理机制不健全有关。大多数人缺乏有关计算机、互联网等方面的基本常识,对国家信息化、企业信息化和家庭信息化的重要性和必要性认识不足,也没有真正认识到知识经济或信息经济对未来工作、生活和学习的重要影响。

针对以上存在的几个问题,我国信息化人才建设应该采取相应的人才培养战略:首先,无论是企业还是政府都要坚持长期资助"信息化人才发展战略"方面的培训与培养工作,站在科技发展和产业需要的高度来审时度势。其次是尽快建立信息化人才的标准指标体系,根据信息化行业特点所必须具备的专业素质要求,人才使用单位或评价机构作为选材或评价的依据。最后是健全信息化人才培养体系,把提高公民信息化素质和意识作为信息化人才建设的一部分,加大信息化人才开发的投资力度。

# 习 题

**单选题**

1. "明修栈道,暗度陈仓"的典故主要体现了信息的哪个特征? _____

    A. 共享性        B. 真伪性        C. 价值性        D. 载体依附性

2. 我要在上海买房子,但现在我却收到一条成都的售房短信,我应以下列选项中的哪一项作为鉴别此信息的重点? _____

    A. 多样性        B. 时效性        C. 适用性        D. 共享性

3. 以下_____项所述不是信息?

    A. 通知:今天下午高一年级与高二年级举行篮球赛

    B. 全班的期中考试成绩

    C. 2014年5月16日《人民日报》

    D. 教育部公布的2014年高考改革方案

4. 人与人之间可以通过语言交流信息,此时语言是信息的_____。

    A. 载体        B. 价值        C. 信源        D. 信宿

5. 2005年10月12日,我国自行研制的神舟6号成功发射,标志着我国航天技术更上一层楼,有专家预测,通过网络、电视和其他途径观看此次"神六"发射直播的人数将超过5亿,从信息的一般特征来说,以下说法不正确的是_____。

    A. 信息不能独立存在,需要依附于一定的载体

    B. 信息可以转换成不同的载体形式而被存储和传播

    C. 信息可以被多个信息接收者接收并且多次使用

    D. 同一个信息不可以依附于不同的载体

6. 下列选项中,不属于信息处理基本要求的是_____。

    A. 正确           B. 及时           C. 持久           D. 经济

7. 下列关于信息特性的叙述,不正确的是_____。

    A. 信息必须依附于某种载体进行传输

    B. 信息是不能被识别的

    C. 信息能够以不同的形式进行传递,并可以还原再现

    D. 信息具有时效性和时滞性

8. 信息处理链中的第一个基本环节是_____。

    A. 信息的采集      B. 信息的存储      C. 信息的加工      D. 信息的传输

9. 企业中的信息处理过程包括多个阶段,对每个阶段都应有目标要求,有规范的制度,有需要特别注意的事项。以下叙述中正确的是_____。

    A. 要根据企业对输出报表的需求,选择所需收集的数据项

    B. 数据排序的目的是节省存储空间

    C. 选择合适的数据存储方式将使检索操作更简单

    D. 数据代码化将使用户识别数据更直观

10. 由于邮局的原因收到英国某大学录取通知书时,郭斌得知该大学已经开学一个月,郭斌因错过了报到期限而被取消入学资格。这件事情主要体现了信息的_____。

    A. 共享性         B. 时效性         C. 载体依附性      D. 可压缩性

11. 下列叙述中,正确的是_____。

    A. 数据是指记录下来的事实,是客观实体属性的值

    B. 信息是对事实、概念或指令的一种表达形式

    C. 数据的驻留地称为信宿

    D. 数据是对各种事物的特征、运动变化的反映

12. 下列关于信息的叙述中,正确的是_____。

    A. 信息可以不依附任何载体直接进行传输

    B. 信息需要由专业人员进行处理

    C. 信息可以多次被反复利用

    D. 信息是一种摸不着的资源,因此不可能估算其价值

13. 下列关于信息和数据的叙述中,正确的是_____。

    A. 数据只有经过处理和解释,并赋予一定的意义后才成为信息

    B. 数据和信息是相互独立的,没有任何联系

    C. 任何数据都能够表示成为信息

    D. 信息和数据都不随载荷它的物理介质改变而变化

# 第2章　计算机基础知识

**学习目标:**

当今时代,计算机的应用已渗透到社会生活的各个方面。功能如此强大的计算机是怎么发展起来的? 它的基本工作原理是什么? 本章用以下内容回答了这些问题。

- 了解计算机的发展、分类及应用。
- 掌握计算机系统的组成与工作原理,学习计算机软硬件基本知识。
- 对计算机硬件的各部分有较深入的了解。
- 掌握数制转化及运算,了解数据在计算机中的表示。
- 掌握系统软件和应用软件的概念。

## 2.1　计算机的发展、分类及应用

在社会发展的历史长河中,人类不断地探索发现,才有了我们今天的一切,计算机也是人类不断追求计算速度的产物。最早的计算工具是中国唐代发明的算盘,这是迄今还在使用的世界上第一种手动计数器。1622 年英国数学家设计了计算尺,1642 年法国人发明了世界上第一个加法器,1673 年,德国发明了计算器,这些都是手动的或机械式的计算工具。

### 2.1.1　计算机的发展

电子计算机的直系祖先是 19 世纪英国剑桥大学的查尔斯·巴贝奇(Charles Babbage,1792—1871)设计的差分机和分析机。分析机的结构、设计思想蕴涵着现代计算机的结构和设计思想,是现代计算机的雏形,查尔斯·巴贝奇被公认为计算机之父。

计算机科学奠基人是艾兰·图灵,他的主要贡献是:建立图灵机模型并奠定了可计算理论的基础,提出图灵测试,阐述了机器智能的概念。图灵机的概念是现代可计算性理论的基础,为纪念图灵对计算机的贡献,美国计算学会(ACM)于 1966 年设立了"图灵奖",号称计算机界的诺贝尔奖。

另一个也被称为计算机之父的是美籍匈牙利数学家冯·诺依曼,他的主要贡献是:确立了现代计算机体系结构,提出了"存储程序"和"程序控制"的计算机工作原理。

目前,大家公认的第一台计算机是在第二次世界大战期间,美国陆军弹道实验室为解决弹道特性的计算问题而设计的 ENIAC(Electronic Numerical Integrator And Calculator),即电子数字积分计算机。该机于 1946 年 2 月诞生于美国宾夕法尼亚大学。它体重 30 吨,运算速度 5000 次加法/秒,占地 170m²,共计 18 800 只电子管和 1500 个继电器,耗电

150kW,价值 40 万美元,如图 2.1 所示。

从第一台计算机的诞生到现在,计算机得到了飞速的发展,一般根据计算机采用的物理器件,将计算机划分成四代。

**1. 第一代计算机(1946—1958 年)**

第一代计算机采用的物理器件是电子管,如图 2.2 所示。内存采用延迟线或磁芯,外存为纸带、卡片或磁带,工作速度几千～几万次/秒,软件采用机器语言或汇编语言编写,主要应用于科学计算,代表机型 ENIAC。

图 2.1  第一台电子计算机 ENIAC          图 2.2  电子管

**2. 第二代计算机(1958—1964 年)**

第二代计算机采用的物理器件是晶体管,如图 2.3 所示。内存为磁芯,外存是磁带或磁盘,工作速度几十万次/秒,软件用高级语言编写,应用于科学计算及工业控制,代表机型 IBM700 系列。

**3. 第三代计算机(1964—1970 年)**

第三代计算机采用的物理器件是中小规模集成电路,如图 2.4 所示。内存为磁芯和半导体存储器,外存是磁带或磁盘,工作速度几十万～几千万次/秒,软件用高级语言编写,应用于计算、管理及控制,代表机型 IBM System/360。

**4. 第四代计算机(1971 年至今)**

第四代计算机采用的物理器件为大规模或超大规模集成电路,如图 2.5 所示。内存为半导体存储器,外存为磁盘或光盘,工作速度几百万～上亿次/秒,出现了操作系统,软件分为系统软件和应用软件。随着计算机的不断发展,计算机在网络、多媒体技术中得到了广泛应用。

图 2.3  晶体管          图 2.4  中小规模集成电路          图 2.5  超大规模集成电路

计算机发展快的主要原因是集成电路的快速发展,有一个著名的摩尔定律用来描述集成电路的发展速度,即平均每 18 个月,同样体积的集成电路中的晶体管数量会增长一倍,性能会提升一倍。

我国自 1956 年开始研制计算机,1958 年研制出第一台电子管计算机,1964 年研制出第一台晶体管计算机,1971 年研制出集成电路计算机,1985 年研制出第一台 IBM PC 兼容微型机,2001 年研制出我国第一款通用 CPU——"龙芯"芯片,2002 年推出了完全自主知识产权的"龙腾"服务器。2010 年的"天河一号"、2013 年的"天河二号"荣登世界最快的计算机 Top 500 榜首,其中"天河二号"蝉联"全球最快计算机"桂冠,比排在第二的美国的"泰坦号"快一倍。

## 2.1.2 计算机的分类

可以从不同角度对计算机分类,按照计算机原理可分为数字式电子计算机、模拟式电子计算机和混合式电子计算机,按照计算机的用途分,可分为通用计算机和专用计算机,常用的分类法是根据计算机的字长、运算速度、存储容量等综合性能指标将计算机分为高性能计算机(巨型机和大型机)、中型机、小型机、微型计算机、工作站、服务器、嵌入式计算机。

**1. 高性能计算机**

高性能计算机是运算速度最快、处理能力最强的计算机,也就是常说的超级计算机、巨型机和大型机,高性能计算机的研制水平、生产能力及应用程度是衡量一个国家科技水平和经济实力的重要标志,因为它主要用于战略武器(如核武器和反导弹武器)的设计、大型预警系统、空间技术、石油勘探、中长期大范围天气预报等领域。我国研制的巨型机有天河、银河、曙光、联想、魔方等。2013 年由国防科技大学开发的超级计算机天河二号以持续计算速度每秒 3.39 亿亿次的优越性能位居超级计算机榜首,每秒峰值性能/实测运算速度为 54.9 千万亿/30.65 千万亿次。

**2. 中小型计算机**

中小型计算机与高性能计算机比较,规模较小、结构较简单,设计试制周期短,成本较低,容易维护,可用于科学计算、数据处理、生产过程自动控制和数据采集及分析处理等。

**3. 微型计算机**

微型计算机又称个人计算机(Personal Computer,PC),在 20 世纪 70 年代出现后,引起了一场计算机的革命,极大地推动了计算机的应用和普及,进入了社会的各领域乃至家庭。可以说微型机的普及,标志着一个国家的信息化程度。微型计算机的字长为 8～64 位,具有体积小、价格低、可靠性强、操作简单等特点。微型计算机主要分为三类:台式机(Desktop Computer)、笔记本(Notebook)电脑和个人数字助理 PDA。

**4. 服务器和工作站**

按照在网络中的应用,计算机可分为服务器和工作站,服务器提供信息资源,并及时响应工作站的请求,是网络中的信息资源提供者,服务器一般要求有较高的计算机配置、较高安全性和稳定性。微型计算机也可以充当服务器,但必须安装网络操作系统、网络协议和各种服务器软件。根据提供的服务,服务器可以分为文件服务器、数据库服务器、应用服务器和通信服务器等。

工作站是网络中的资源需求方,一般的微型计算机即可。早期的工作站大都采用Motorola公司的680X0芯片的计算机,配置UNIX操作系统。现在的工作站多数采用Pentium系列芯片配置Windows或者Linux操作系统,它们比传统的工作站价格便宜,又称为个人工作站,而传统的、具有高性能的工作站称为技术工作站。

**5. 嵌入式计算机**

嵌入式计算机就是嵌入到应用系统中的信息处理部件,它与通用计算机的最大区别是运行固定的软件,用户很难或不能改变固定的程序。嵌入式计算机广泛用于各种家用电器中,如电冰箱、自动洗衣机、数码照相机、数字电视机、手机中。

## 2.1.3 未来新型计算机

从第一台计算机诞生到现在,人类一刻也没有停止过研究更好、更快、功能更强大的计算机,根据物理器件的变化,计算机已经跨越了四个发展时代,取得了突飞猛进的发展,成为信息社会最重要、最基本的工具。但万变不离其宗,目前几乎所有的计算机仍然是冯·诺依曼提出的体系结构,仍然遵循他提出的"存储程序"和"程序控制"的计算机工作原理。其发展趋势,正向网络化、智能化、多媒体、多极化发展。未来的计算机应具有人的听、说、读、写和思维推理能力的智能化计算机,采用的技术主要包括:纳米技术、光技术、量子技术和生物技术。从目前的研究情况看,未来的计算机可能在下列几个方面取得革命性的突破。

**1. 模糊计算机**

模糊计算机是建立在模糊数学基础上的计算机,按照模糊理论,判断问题不是以是、非两种绝对值或0与1两种数码来表示,而是取许多值,如接近、几乎、差不多及差得远等模糊值来表示。模糊计算机除具有一般的功能外,还具有学习、思考、判断和对话的能力。模糊计算机已有应用,如日本把模糊计算机装在洗衣机里,能根据衣服的肮脏程度、衣服的质料调节洗衣程序。此外模糊计算机还能用于地震灾情判断、疾病医疗诊断、发酵工程控制、海空导航巡视等多个方面。

**2. 生物计算机**

生物电子原件是利用蛋白质具有的开关特性,使用蛋白分子作为主要原料制成的生物芯片。利用DNA化学反应,通过和酶的相互作用可以使某基因代码通过生物化学反应转变为另一种基因代码,转变前的基因代码可以作为输入数据,反应后的基因代码可以作为运算结果。目前普遍认为生物计算机的发展可能还要经历一个较长的过程。

**3. 光子计算机**

利用光子取代电子进行数据运算、传输和存储。光子的传播速度极快,可以达到每秒万亿字节。光子计算机的关键技术光存储技术(如VCD、DVD等)、光互联技术(如光导纤维)、光集成器件等方面的研究都已取得了突破性的进展。

**4. 量子计算机**

传统计算机遵循经典物理规律,而量子计算机遵循量子动力学规律,是一种信息处理的新模式。在量子计算机中用"量子位"来代替传统计算机的二进制位。量子位用量子力学状态来表示信息,两个状态可以在一个"量子位"中并存。量子位既可以用与二进制类似的"0"和"1",也可以用这两种状态的组合来表示信息,量子计算机使计算机的概念焕然一新。因此量子计算机被认为可以进行传统电子计算机无法完成的复杂计算,其运算速度将是传统计算机无法比拟的。目前量子计算机的应用材料研究还是一个基础研究问题。

2013年中国科学技术大学潘建伟院士领衔的量子光学和量子信息团队在国际上首次成功实现了用量子计算机求解线性方程组的实验。该研究团队发展了世界领先的多光子纠缠操控技术,成功运行了求解一个2×2线性方程组的量子线路,首次从原理上证明了这一算法的可行性。实验的成功标志着我国在光学量子计算领域保持着国际领先地位,详情请参见http://it.chinabyte.com/485/12636985.shtml。

### 2.1.4 计算机在信息社会中的应用

计算机已广泛应用于社会的各个领域,改变着人们的学习、工作和生活方式,不管你做什么工作,都会用到计算机。在工商领域大多数公司和单位都严重依赖计算机处理业务,如商品的进、销、存状况管理、电子商务等。在教育方面,教育软件可以提供图形、音乐、语音三维动画及视频等多媒体教育,通过网络还可以提供远程教育。在医药方面,计算机能管理医院的日常事务,如电子病历、电子处方等,医学成像能帮助医生看到病人体内的情况。远程医疗网络可以使偏远地方的病人得到上海、北京等地专家的会诊。电子政务的实施首先可以使政府部门内部办公电子化、网络化,实现中央、省市、县级多级政府文电、信息、督察、会务、值班、接待等主要办公业务的数字化、网络化,其次政府部门之间通过网络还可以进行信息共享、传递及协同办公,更重要的是政府部门通过网络可以为公众提供信息发布与互动、政务公开、网上办公等服务将政府内部办公职能面向公众延伸,及时发布公共信息,提供便民服务,如网上申报、审批、注册等,增强了政府工作的科学性、协调性和民主性,全面提高了依法行政能力。计算机在科研工作中占有重要地位,可以用计算机进行数据采集、计算分析,在娱乐方面可以用计算机虚拟现实、实现电影特技。

计算机的应用主要有以下几种。

**1. 数值计算**

数值计算是计算机应用的最早领域,其特点是计算量大、计算复杂、数值变化范围大,输入输出量相对较小,常用于天文学、量子化学、空气动力学、核物理学等领域。

**2. 数据处理**

数据处理也称为非数值计算,是计算机应用最广的领域,其特点是计算较简单,但输入输出及处理的数据量大,如银行账册、仓库或统计报表的管理,高考数据统计、人口普查等都属于数据处理的范畴,数据处理也是现代化管理的基础。

**3. 电子商务**

狭义的电子商务(Electronic Commerce,EC)是利用计算机和网络进行的商务活动,如商品与服务交易、金融汇兑、网络广告等。

广义的电子商务(Electronic Business,ES)就是在网上将信息流、商流、资金流和部分的物流完整地实现。电子商务是一个依靠政府的政策支持,依靠传统企业商务,通过高新技术实现的全面工程。

**4. 过程控制**

过程控制又称为实时控制,是指利用计算机速度快的特点,实时采集数据,按最佳值迅速地对控制对象进行自动控制或自动调节。过程控制在冶金、石化、纺织、水电、机械、航天等领域得到了广泛应用。

**5. 计算机辅助**

计算机辅助设计(Computer Aided Design,CAD)就是用计算机帮助设计人员进行设计,如飞机、船舶的设计、建筑设计、机械设计、大规模集成电路设计等。计算机辅助制造(Computer Aided Manufacturing,CAM)就是用计算机进行生产设备的管理、控制和操作的过程。计算机辅助系统除了 CAD/CAM 外,还有计算机辅助工艺规划(Computer Aided Process Planning,CAPP)、计算机辅助工程(Computer Aided Engineering,CAE)、计算机辅助教育(Computer Based Education,CBE)等。

计算机集成制造系统(Computer Integrated Manufacture System,CIMS)是以计算机为中心的现代信息技术应用于企业管理与产品开发制造的新一代制造系统,是 CAD、CAPP、CAM、CAE、CAQ(计算机辅助质量管理)、PDMS(产品数据管理系统)、管理与决策、网络与数据库及质量保障等子系统的技术集成。CIMS 通过将管理、设计、生产、经营等各个环节的信息集成、优化分析,从而确保企业的信息流、资金流、物流能够高效、稳定地运行,最终使企业实现整体最优效益。

**6. 虚拟现实**

就是利用计算机生成一种模拟环境,通过多种传感设备使用户"投入"到该环境中,实现用户与环境直接交互的目的。实际上,电话就是声音的虚拟现实,目前,虚拟现实获得了迅速的发展,出现了虚拟工厂、虚拟飞机、虚拟人体等许多虚拟的东西。

**7. 人工智能(Artificial Intellegence,AI)**

是指用计算机来模拟人类的智能。目前一些智能系统已能够代替人的部分脑力劳动,如机器人、专家系统、模式识别等,但要真正达到人的智能水平还有一个过程。

## 2.1.5 计算技术的发展趋势

计算机应用模式经历了主机型计算、个人机计算、网络计算的演化过程。从计算机应用领域和计算方法的角度观察,早期的科学计算演变成现在的高性能计算(也称为超级计算),其核心的计算方法是多处理机并行计算。早期的非数值处理通过分布式计算的概念演化为基于因特网的网络计算,网格计算和云计算正是其热门的发展方向。在物联网技术方兴未艾、廉价智能设备和移动设备急剧增长的未来一段时间内,普适计算必将迎合这股潮流,满足随时随地的个性化计算要求。

**1. 网格计算**

网格计算(Grid Computing)是利用互联网把分散在不同地理位置的计算机组织成一个"虚拟的超级计算机",其中每一台参与计算的计算机就是一个"结点",而整个计算是由成千上万个"结点"组成的"一张网格"。网格计算充分利用了网上的闲置资源构造具有超强数据处理能力的计算机系统,是把整个网络整合成一台巨大的"超级"计算机,实现计算资源、存储资源、数据资源、信息资源、知识资源、专家资源的全面共享。

网格与计算机网络不同,计算机网络是一种硬件的连通,而网格能实现应用层面的连通;能协同工作,很多网格结点可以共同处理一个项目;能够适应变化,提供动态服务。

**2. 云计算**

美国国家技术与标准局给出的定义是:云计算(Cloud Computing)是基于网络的、可配置的共享计算资源池,是能够方便地、按需访问的一种模式。"云"就是存在于互联网上的服务器集群上的资源,它包括硬件资源(服务器、存储器、CPU 等)和软件资源(如应用软件、集成开发环境等),本地计算机只需要通过互联网发送一个需求信息,"云端"就会有成千上万的计算机为你提供需要的资源并将结果返回到本地计算机,这样,本地计算机几乎不需要做什么,所有的处理都由云计算提供商所提供的计算机群来完成。

时下最火热的 IT 行业的词汇"大数据"(big data),或称巨量资料,它具有 4V 特点:Volume(大量)、Velocity(高速)、Variety(多样)、Value(价值)。大数据分析常和云计算联系到一起,因为实时的大型数据集分析需要向数十、数百甚至数千的计算机分配工作。

云计算的最终目标是将计算、服务和应用作为一种公共设施提供给公众,使人们能够像使用水、电、煤气和电话那样使用计算机资源。云计算是分布式计算、网格计算、并行计算、网络存储及虚拟化计算机和网络技术发展融合的产物,或者说是它们的商业实现。

**3. 普适计算**

普适计算(Pervasive Computing)是指计算机主要不是以单独的计算设备的形态出现,而是采用将嵌入式处理器、存储器、通信模块和传感器集成在一起,以信息设备的形式出现。普适计算技术将彻底改变人们使用计算机的传统方式,让人与计算环境更好地融合在一起,在不知不觉中达到"计算机为人服务"的目的。

普适计算正在形成以互联网为核心,以蓝牙(Bluetooth)、移动通信网以及多种无线网为传输手段的更加广泛的异构集成网络。随着 IPv6 的应用,IP 地址几乎不再受限,可以预见未来为每个智能设备提供网络地址,通过高带宽、覆盖全球的统一网络,普适计算让人们能够充分享受各种网络服务。

# 2.2 计算机系统的组成与工作原理

## 2.2.1 计算机系统

计算机是一台能存储程序和数据,并能自动执行程序的机器。它能对各种数字化的信息进行处理,协助人们获取信息、处理信息、存储信息和传递信息。计算机系统由硬件系统和软件系统组成,硬件由机、电、磁、光等装置组成,是看得见、摸得着的物理实体,硬件是计算机的"躯体"。软件是控制、管理和指挥计算机按规定的要求工作的程序的集合,软件分为系统软件和应用软件。计算机系统的组成如图 2.6 所示。

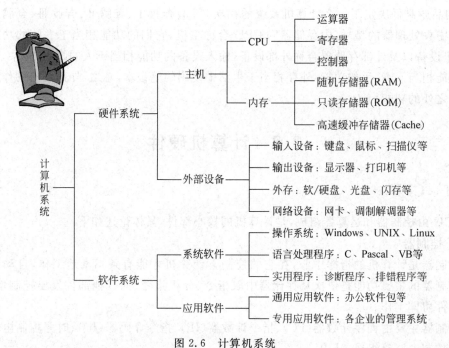

图 2.6　计算机系统

## 2.2.2　计算机工作原理

目前的计算机都采用美籍匈牙利数学家冯·诺依曼(John von Neuman)提出的计算机结构的设计思想,即:

**1. 计算机由运算器、控制器、存储器、输入设备、输出设备五个基本部分组成**

如图 2.7 所示,数据和程序通过输入设备输入到存储程序和数据的部件——存储器中,控制器指挥各部分协调工作,由它发出指令,将存储器中的程序取到执行算术逻辑运算的部件——运算器中,进行算术逻辑运算,运算结果存到存储器中,在控制器的指挥下送到输出设备。

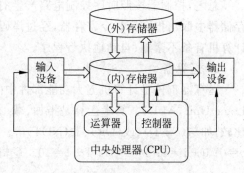

**2. 程序和数据在计算机中用二进制数表示**

自然界中具有两种稳定状态的物理器件很容易找到,如灯的亮和灭、晶体管的导通和截止、磁性材料的两种剩磁状态等,因此从计算机诞生到现在其内部都是用二进制表示程序和数据。

图 2.7　计算机硬件基本结构

**3. 计算机的工作过程是由存储程序控制的,即存储程序工作原理**

人们常说,要做好某件事情,事前就必须要"胸有成竹",计算机之所以能模拟人脑自动完成某项工作,就在于它能将程序和数据存入自己的大脑,做到了"胸有成竹",这样就能按程序的要求对数据自动进行处理。

在计算机系统的五个组成部分中,运算器和控制器称为中央处理器(Central Processing Unit,CPU),它是计算机的心脏。在大规模集成电路出现后,将它们集成在一个芯片中,

CPU 的品质高低决定了一个计算机系统的档次,所谓奔腾Ⅰ、奔腾Ⅱ、奔腾Ⅲ、奔腾 4(P4)就是指中央处理器的型号,内存储器和 CPU 合称主机,它们的功能相当于人脑的功能。输入/输出设备以及外部存储器合称外部设备,输入设备的功能相当于人的眼睛、耳朵,输出设备的功能相当于嘴、手的功能,外存相当于生活中使用的笔记本,总之,外部设备的作用相当于人脑之外的功能。

## 2.3 计算机硬件

### 2.3.1 CPU

CPU 由控制器和运算器组成,是计算机的核心部件,具体论述如下。

**1. 控制器**

控制器是计算机的指挥中心,在它的控制下计算机才能有条不紊地工作,自动执行程序。控制器的主要功能是依次从存储器中取指令、分析指令、向其他部件发出控制信号,指挥各部件协同工作。

控制器主要由程序计数器(PC)、指令计数器(IP)、指令译码器(ID)、时序控制电路以及微操作控制电路等组成,其中:

- 程序计数器。用来对程序中的指令进行计数,每取一条指令该计数器自动加一,保证控制器能依次读取指令。
- 指令寄存器。用来存放取出的指令,以便进行分析。
- 指令译码器。用来分析指令的操作要求,向相应的部件发出命令。
- 时序控制电路。用来生成时序信号,协调在指令执行周期各部件的工作。
- 微操作控制电路。用来产生各种控制操作命令。

总之,控制器按照时序控制电路产生的工作节拍(主频)以及程序计数器的指示依次从存储器中取出指令到指令寄存器,经过译码器分析指令,产生各种控制信号,从而指挥整个计算机有条不紊地、自动地执行程序。

**2. 运算器**

运算器部件是计算机五大功能部件中的数据加工部件,又称算术逻辑单元(Arithmetic Logic Unit,ALU)。算术运算是指加、减、乘、除等基本运算;逻辑运算是指逻辑判断、关系比较,如与(AND)、或(OR)、非(NOT)等。这些运算都只是基本二进制运算,如加法为 $0+0=0$; $0+1=1$; $1+0=1$; $1+1=10$。逻辑运算如表 2.1 所示。

表 2.1　逻辑运算

| A | B | A AND B | A OR B | NOT A |
|---|---|---------|--------|-------|
| 0 | 0 | 0 | 0 | 1 |
| 0 | 1 | 0 | 1 | 1 |
| 1 | 0 | 0 | 1 | 0 |
| 1 | 1 | 1 | 1 | 0 |

计算机虽然能处理高深的数学问题，但任何复杂的运算都要化解为基本运算，计算机才能执行，但计算机的运算速度非常快，有高速信息处理能力，所以有人说计算机是快速的"笨蛋"。

运算器中的数据从内存取出，运算结果又送回内存，运算器对内存的读/写操作是在控制器的控制下进行的。

### 3. CPU 的主要性能指标及产品领域

控制器和运算器做在一个芯片中，称为 CPU(Central Processing Unit)，即中央处理器。CPU 发展至今，其中所集成的电子元件也越来越多，那么它是如何工作的呢？看上去似乎很深奥，但归纳起来，CPU 的内部结构可分为控制单元、逻辑单元和存储单元三部分。CPU 的工作原理就像一个工厂对产品的加工过程：进入工厂的原料(指令)，经过物资分配部门(控制单元)的调度分配，被送往生产线(逻辑运算单元)，生产出成品(处理后的数据)，再存储在仓库(存储器)中，最后等着拿到市场上去出售(交由应用程序使用)。

CPU 正常工作时所需要的电压称工作电压，早期 CPU 的工作电压是 5V。从 Pentium CPU 起 CPU 工作电压分为内核电压和 I/O 电压两种。内核电压由 CPU 生产工艺定，I/O 电压通常在 1.6～3V。随着 CPU 主频的提高和制造工艺的改进，CPU 工作电压有逐步下降的趋势，以解决发热过高的问题。

CPU 是整个微机系统的核心，它往往是各种档次微机的代名词，我们所说的 486、586 其实就是指计算机中 CPU 的等级。从 CPU 的性能指标中基本可以反映出计算机的性能，因此它的性能指标十分重要。CPU 主要的性能指标有如下几个。

1) CPU 的字长

在单位时间内(同一时间)能一次处理的二进制数的位数，各个寄存器之间通过数据总线来传递数据，每条数据总线只能传递 1 位数据位，该指标反映 CPU 内部运算处理的速度和效率。

2) 位宽

CPU 通过外部数据总线与外部设备之间一次能够传递的数据位数。

3) X 位 CPU

通常用 CPU 的字长和位宽来称呼 CPU。如 80286 CPU 的字长和位宽都是 16 位，则称为 16 位 CPU；386 的字长是 32 位，位宽是 16 位，称为准 32 位；Pentium CPU 字长是 32 位，位宽是 64 位，称为超 32 位 CPU。

4) 主频

主频是 CPU 内核电路的实际运行频率，所以也叫做 CPU 内频或工作频率。用来表示 CPU 的运算速度。目前 CPU 的主频已达到 1～5GHz。从理论上讲该频率应与它标定的频率一致，但在实际使用中，允许用户为 CPU 设置的内频与该 CPU 标定的频率不一致。从 486DX2 开始，基本上所有的 CPU 都有该特性。

5) 外频

CPU 的总线频率叫外频，是主板为 CPU 提供的基准时钟频率，也称为前端总线频率或系统总线频率，CPU 的外频越高，CPU 与内存之间的交换速度也越快，能较大地提高计算机整体的运行速度。

6) 倍频

主频和外频之间相差的倍数称倍频，CPU 主频＝外频×倍频，如某 CPU 的倍频系数为

3,外频为 100 MHz 时,CPU 的主频＝100MHz×3＝300MHz。

7）超频

实际使用中让 CPU 工作在高于标准的时钟频率时,称超频,一般情况下,CPU 都能在正常工作电压下跳高一档运行,Intel 的 Pentium Ⅱ系列的 CPU,在正常供电情况下,大多能超 25％左右。

8）生产工艺

生产工艺主要指 CPU 内部电路与电路之间的距离,通常用 μm（微米）来描述,精度越高,生产工艺越先进,加工出的连线也越细,这样可以在同样体积的硅材料上集成更多的元件,CPU 的主频就可以做得很高。随着线宽的不断降低,以往芯片内部使用的铝连线将被导电特性更好的铜连线代替。采用铜配线技术可以极大地提高 CPU 的集成度和工作频率。

9）核心数量

近些年,单纯靠提高主频以提升 CPU 的性能已变得非常困难。2005 年,随着 Intel 和 AMD 先后推出 Pentium D 和 Athlon 64×2 双核处理器,CPU 开始正式迈进多核时代。多核 CPU 是将多个功能相同的处理器核心集成在同一块芯片上,从而在提高性能的同时有效避免了单一提高主频所带来的 CPU 功耗和散热问题。目前,主流的多核 CPU 的核心个数多为 2 或 4,部分高端 CPU 甚至可达 6 或 8 个核心,如 Core i7-3960X 3.3GHz 为 6 核心,AMD FX-8150 3.6GHz 为 8 核心。

在 CPU 中采用的技术还有流水线技术、超流水线技术、超标量。流水线是 Intel 首次在 486 芯片中开始使用的。即在 CPU 中由 5～6 个不同功能的电路单元组成一条指令处理流水线,将一条指令分成 5～6 步由上述电路分别完成,从而在一个 CPU 时钟周期完成一条指令；超流水线是指 CPU 中的流水线超过 5～6 步。如 Pentium 4 的流水线就长达 20 步；超标量是指在 CPU 中内置多条流水线来同时执行多条指令。Pentium 级以上的 CPU 均具有超标量结构。

有关 CPU 的更多资料可访问 http://www.intel.net。

## 2.3.2 存储系统

存储器是计算机系统中的记忆部件,分为内存储器和外存储器,具体叙述如下。

**1. 内存储器**

当前计算机运行时所需要的程序和数据都必须存放到内存中,早期的内存采用磁芯,目前多采用半导体存储器,与外存相比,其优点是速度快,但容量小、价格较贵。内存的容量是衡量计算机性能的主要指标之一。内存通常分为只读存储器（Read Only Memory,ROM）、随机存储器（Random Access Memory,RAM）和高速缓冲存储器（Cache）3 类。

1）只读存储器（ROM）

只读存储器是指只能从存储器中读数据,而不能往里写数据。ROM 中的信息一般是由设计者和制造商事先写好固化在里面的,用户无法修改。即使断电或死机,ROM 中的信息也不会丢失。因此,ROM 中可存储的程序有用来检查计算机系统的配置情况的 POST（Power On Self Test,上电自检）以及提供基本的输入输出系统的程序 BIOS（Basic Input-Output System）。ROM 类型主要有:

- EPROM——可擦除可编程 ROM(Erasable Programmable ROM,EPROM),通常用紫外光线照射芯片顶部圆形的石英玻璃窗口,将信息擦除,然后再通过专门的编程器把新信息写入,可多次擦除和编程。
- PROM——一次性可编程 ROM(Programmable ROM,PROM)
- EEPROM(Electronic Erasable Programmable ROM,EEPROM)——电可擦除可编程 ROM。可用加电的方法进行在线的擦除和编程。
- Flash ROM——快擦写 ROM,又称闪速 ROM。它既有 EEPROM 写入方便的优点,又有 EPROM 的高集成性,是一种很有发展前景的非易失性存储器。目前主板上和部分显卡都采用 Flash ROM 作为 BIOS 芯片。

2) 随机存储器(RAM)

通常所说的计算机内存容量均指 RAM 存储器容量,即计算机的主存。CPU 可对随机存储器进行读、写操作,在计算机运行期间,CPU 要从 RAM 中读取数据,而 RAM 中的数据一般来自外存,也就是说,RAM 中的信息是动态变化的。RAM 有两个主要特点:其一,RAM 中的数据可以多次使用(多次读出),向存储器写入新数据时,存储器中原有的内容被覆盖(更新);其二,关机或断电后,RAM 中的信息将全部消失,所以 RAM 是计算机处理数据的临时存储区,要想长期保存数据,必须将数据保存到外存中。

RAM 又分为 SRAM 和 DRAM,SRAM(Static RAM 静态随机存储器),速度快,价格高,只要不断电,数据就能保存,主要用来做高速缓存(Cache);DRAM(Dynamic RAM 动态随机存储器),就是通常所说的内存。DRAM 靠 MOS 电路中的栅极电容来保存信息,由于电容会漏电,DRAM 需要设置刷新电路,每间隔一定时间对 DRAM 进行刷新,以确保信息不丢失。DRAM 比 SRAM 集成度高,功耗低,价格低。

此外,还有 CMOS RAM,COMS 是互补金属氧化物半导体的英文缩写,是一种大规模应用于集成电路芯片制造的材料。在计算机中的 CMOS 是指主板上的一块可读写 RAM 芯片,里面存放着当前计算机系统配置的具体参数,如系统 CPU、软硬盘驱动器、显示器、键盘、日期、电源管理、密码等的参数,由于 CMOS 可由系统电源和主板上的后备电池供电,所以即使系统掉电,CMOS 中的信息也不会丢失。COMS 中的参数不正确,会引起系统性能降低、器件不能识别,导致系统软硬件故障。当开机时按特定键(一般按 Del 键)就可以进入 CMOS 设置程序对系统进行设置。

微型计算机中的内存基本上以内存条的形式进行组织,用户可根据需要随时增加内存,方便扩展。常见的内存条有 64MB、128MB、256MB、512MB、1GB 等多种类型,如图 2.8 所示。

图 2.8　内存条及主板上的内存插槽

计算机基础知识

3) 高速缓冲存储器(Cache)

由于 CPU 的速度不断提高,它访问数据的周期甚至达到了几 ns(纳秒),RAM 的速度(50ns 以上)越来越难以满足 CPU 的要求,当 CPU 从 RAM 中读取数据时,不得不进入等待状态,这是对高速 CPU 资源的一种极大的浪费,严重影响了计算机的整体性能。为解决这一问题,采用的办法就是使用 Cache 技术。

Cache 是指在 CPU 与内存之间设置一级或两级高速小容量存储器,称为高速缓冲存储器,Cache 的基本工作原理是基于程序访问的局部性,即把正在执行的指令地址附近的一部分指令或数据从主存调入 Cache,当 CPU 进行存储器存取时,首先检查所需的数据是否在 Cache 中,如在(称为命中)则直接存取 Cache 中的数据而不必访问主存;信息不在 Cache 中时,则需存取主存储器。只要算法得当,在 Cache 中的命中率一般很高,平均达到 80% 左右,极大地提高了工作效率,如图 2.9 所示。

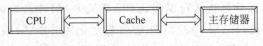

图 2.9　Cache、CPU 与主存关系

Cache 中通常有 L1 高速缓存和 L2 高速缓存,它们的区别是 L1 称一级高速缓存,内置在 CPU 中,负责在 CPU 内部的寄存器与外部 Cache 之间的缓冲,由静态 RAM 组成,结构较复杂。由于 CPU 的管芯面积不能太大,L1 高速缓存的容量不能做得太大;L2 高速缓存指 CPU 外的高速缓存。主要用于弥补 CPU 内部 Cache 的容量过小,负责整个 CPU 与内存之间的缓冲。在 Socket 架构的主板上,外频频率、系统内存和 L2 高速缓存总线时钟频率相同。

**2. 主存储器的技术指标**

1) 存储容量

一个存储器可以容纳的存储单元总数即二进制数据信息量称为该存储器的存储容量。存储容量越大,能存储的数据就越多。存储容量常以字节数(B)为基本度量单位,每 8 位二进制位称为一个字节(Byte),一个字节可以存放一个字符,存储容量的表示有 1KB=1024B,1MB=1024KB,1GB=1024MB,1TB=1024GB。目前内存可达 1GB 以上,硬盘可达几十 GB 到几 TB。

2) 存取时间

存取时间又称存储器访问时间,是指从启动一次存储器操作到完成该操作所经历的时间。具体地讲,从一次读操作命令的发出到该操作命令的完成,即将数据从内存读入数据缓冲寄存器为止所经历的时间,就是存储器的存取时间。

3) 存取周期

存储器连续两次独立的存取操作之间所需的最短时间称为存取周期。通常存取周期略大于存取时间,其单位为 ns。半导体存储器的存取周期一般为 60~100ns。

4) 存储器带宽

存储器带宽是单位时间内存储器所读取的信息量,通常以位/秒(b/s,bps)或字节/秒为度量单位。带宽是衡量数据传输速率的重要技术指标。

5) 存储器的可靠性

存储器的可靠性用平均故障间隔时间 MTBF 来衡量。MTBF 可以理解为两次故障之间的平均时间间隔。MTBF 越长,表示可靠性越高,即保持正确工作的能力越强。

6)性能价格比

简称性价比,是一个综合性指标,对于不同的存储器有不同的要求。对于外存储器,要求容量极大,而对缓冲存储器则要求速度非常快,容量不一定大。因此性能价格比是评价整个存储器系统很重要的指标。

存取时间、存储周期、存储器带宽反映了主存的速度指标,存储器的可靠性反映了存储器的性能稳定性指标;而性价比则反映了存储器的综合性能。

### 3. 外存储器

外存储器也称辅存,其主要作用是长期存放计算机工作所需要的系统文件、应用程序、文档和数据等。常用的外存储器有如下几种。

1)磁介质存储器

磁表面存储器主要包括硬盘、软盘和磁带等。磁表面存储器的实际工作速度很低,比主存储器慢 105 倍以上。这里所说的工作速度低,主要是指寻址时间特别长,当寻址完成之后,磁表面存储器的数据读写速度还是很高的。磁表面存储器的工作原理如图 2.10 所示,载体是用金属或塑料制成的圆盘或长带,在载体表面涂有很薄的磁层,数据信息就是记录在磁层上的。磁头上绕有读写线圈,磁头的头部有一条很窄的缝。根据写入电流的不同方向,使磁层表面被磁化的极性方向不同,以区分"1"或"0"。

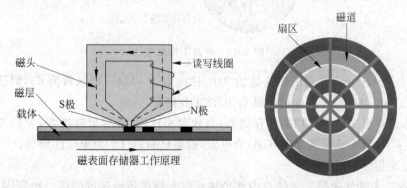

图 2.10　磁表面存储器工作原理

（1）软盘。

软盘用柔软的聚酯材料制成圆形底片,在表面涂上磁性材料,封装在一个方形的护套内,构成一个整体,软盘要放在软盘驱动器中才能读写。存储信息是按磁道(track)和扇区(sector)来存储的,磁道是以轴孔为中心的一个个同心圆,磁道从最外面的 0 道往内编号,0 磁道中存有引导记录和文件分配表(FAT)等信息,0 磁道一旦破坏,软盘就不能使用。每个磁道被分成若干区域,每个区域为一个扇区,每个扇区存放 512 个字节,扇区是软盘的基本存储单位,计算机读写数据时,无论数据多少,总是读写一个或几个完整的扇区。

磁盘的容量为面数(side)、磁道数/面、扇区数/磁道、字节数/扇区的乘积。

（2）硬盘。

硬盘存储器由电动机和硬盘组成,一般放在主机箱内。硬盘是由若干涂有磁性材料的铝合金盘片构成,硬盘结构如图 2.11 所示。与软盘一样,硬盘也用相同的基本系统来组织硬盘,硬盘也有面、磁道和扇区,但由于硬盘是由若干磁性圆盘组成,所有的盘片串在一根轴上,两个盘片之间仅留出安置磁头的距离,所以它还有一个称为柱面的参数,柱面是各个盘面上相同大小的同心圆,即所有盘片具有相同编号的磁道。硬盘的容量取决于硬盘的磁头数、柱面数及每个磁道的扇区数,硬盘是立体的软盘,所以用立体的磁道(柱面数)来代替软盘中的平面磁道。每一扇区的容量也是 512B,硬盘的容量=512×磁头数×柱面数×每道扇区数。

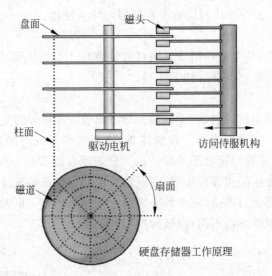

图 2.11　硬盘工作原理

例如,一块 Hitachi 硬盘的磁头数为 240,柱面数为 41345,扇区数为 63,则该硬盘的存储容量约为 298.08GB,厂商标记该硬盘为 320GB 硬盘。

硬盘是计算机中广泛使用的外存储器,与软盘相比,具有存取速度快,存储容量大的特点,常以兆字节(MB)或千兆字节(GB)为单位,目前已有以 TB 为单位的硬盘。

硬盘性能指标一般有:

- 转速。主轴转速是决定硬盘内部传输速度和持续传输速度的第一决定因素,它直接影响平均寻道时间,即硬盘磁头找到数据所在簇的时间。

- 内部传输率。内部传输率的高低是评价硬盘整体性能的决定性因素。内部传输率也称最大或最小持续传输率,是指硬盘在盘片上读写数据的速度。由于硬盘的内部传输率要小于外部传输率,所以只有内部传输率才可以作为衡量硬盘性能的真正标准。

- 单碟容量。即磁碟表面的磁记录密度。然而随着磁碟密度的提高,磁头就必须随之越来越灵敏。传统的 MR 磁头所能承受的最大单碟容量是 4.5GB 左右。单碟容量直接决定了硬盘的持续数据传输速度。

- 平均寻道时间。平均寻道时间是指磁头移动到数据所在磁道所需要的时间,这是衡量硬盘机械性能的重要指标,一般在 3ms～13ms 之间,平均寻道时间和平均潜伏时间(完全由转速决定)一起决定了硬盘磁头找到数据所在簇的时间。该时间直接影响着硬盘的随机数据传输速度。

- 缓存。提高硬盘高速缓存的容量也是一条提高硬盘整体性能的捷径。因为硬盘的内部数据传输速度和外部传输速度不同。因此需要缓存来做一个速度适配器。缓存的大小对于硬盘的持续数据传输速度有着极大的影响。它的容量有 8MB、16MB 甚至更高,对于视频捕捉、影像编辑等要求大量磁盘输入/输出的工作,大的硬盘缓存是非常理想的选择。

使用硬盘前必须做 3 件事,即硬盘的低级格式化、硬盘分区和高级格式化。

- 硬盘的低级格式化。即硬盘的初始化,其主要目的是对一个新硬盘划分磁道和扇区,并在每个扇区的地址域上记录地址信息。低级格式化工作一般由硬盘生产厂家完成。当硬盘被破坏,或更改系统时,需要进行硬盘的初始化。初始化工作由专门的程序来完成,如 ROM-BIOS 中的硬盘初始化程序等。
- 硬盘分区。硬盘初始化后,还不能使用,还必须对硬盘进行分区,对硬盘分区的主要目的是建立系统使用的硬盘区域,并将主引导程序和分区信息写到硬盘的第一个扇区上,分区后的硬盘具有自己的名字,也就是通常所说的硬盘标识符(盘符)C:、D:、E:等,系统通过盘符访问硬盘。硬盘分区工作一般也是由厂家完成,如需要对硬盘重新分区,要用专门的程序完成,如 DOS 下的 FDISK 命令等。
- 硬盘的高级格式化。硬盘经过初始化、分区后,还必须对每一个分区进行高级格式化,硬盘高级格式化的主要作用有两点:其一是写入操作系统,使硬盘具有系统启动盘的作用;其二是对指定的硬盘分区进行初始化,建立文件分配表以便系统按指定的格式存储文件。硬盘的高级格式化由格式化命令完成,如 DOS 下的 FORMAT 命令或 Windows 下的格式化命令。

(3) 移动硬盘。

直接由台式电脑或者由笔记本电脑硬盘改装而成的便携式的大容量存储系统,绝大多数的产品都是使用传统的 2.5 寸的笔记本硬盘加个盒子而已,还是碟片加磁头的构造。主要指采用电脑标准接口(USB/IEE1394)的硬盘,有很好的性价比。

2) 光介质存储器

光盘(Optical disk)的存储是利用激光束在被记录的圆盘表面存储信息,并根据激光束的反射读出信息。主要由光盘、光驱动器(即 CD-ROM 驱动器)组成,光盘的最大优点是存储容量大、价格低、寿命长、可靠性高,特别适合存储大量信息,如百科全书、图像、声音等信息。目前,主要有三种类型的光盘存储器,只读光盘 CD-ROM、写一次光盘 WORM 和可擦写光盘 EOD。

Blu-ray 光盘,即蓝光光盘(Blu-ray Disc,BD)是由 Sony 主导的蓝光光盘联盟(Blu-ray Disc Association)于 2006 年推出的继 DVD 之后的新一代光盘格式,用于存储高品质的影音以及高容量的数据存储。蓝光光盘采用 405nm 的蓝色激光光束进行数据存取,并因此得名(注:CD 采用 780nm 波长近红外激光,DVD 采用 650nm 波长红激光)。

一个单层的蓝光光盘的容量为 25GB 或 27GB,双层可达到 46GB 或 54GB。在目前的研究中,TDK 公司已宣布研发出 4 层、容量为 100GB 的蓝光光盘。

蓝光光驱向下兼容 DVD、VCD 和 CD,蓝光刻录机可采用 BD-R 和 BD-RE 进行数据的单次或多次刻录。蓝光光驱的 1×(1 倍速)的数据传输率定义为 4.5MB/s,则 12× 的数据传输率约为 54MB/s。

目前,限制蓝光存储技术普及的直接原因是蓝光光盘和相关驱动器和刻录设备还保持在较高的价位上。

3) 闪存技术

闪存(Flash Memory)是近年来发展特别迅速的存储技术,由闪存芯片制作的可移动存储设备通常称为优盘(或 U 盘),而由多颗闪存芯片组成的闪存阵列就可组建固态硬盘(SSD 硬盘)。无论 U 盘还是 SSD 硬盘,都是通过电子芯片中的电路系统来存储和读取数据的,都属于固态存储技术的范畴。

(1) 优盘。

利用 Flash 闪存芯片为存储介质,采用 USB 接口,读写速度可达到 ns 级,可擦写 100 万次以上,数据至少可保存 100 年,优盘无机械装置,可承受 3 米高自由落体的震动,还具有防磁、防潮、耐高低温等特性。容量从 16MB 到几百 GB,部分优盘还具有写保护、加密等功能。优盘是计算机用户的必备产品。MP3、MP4、手机等也可以像优盘一样作为存储设备使用。

(2) 固态硬盘。

固态硬盘(Solid State Disk,SSD)是一种由"闪存"技术衍生而来的新型硬盘,其采用固态电子存储芯片阵列 NAND FLASH 制成,可以说固态硬盘就是一个大容量的优盘。和传统的机械硬盘相比,SSD 在外形和尺寸上几乎和机械硬盘一致,但其结构更加简单,主要由 PCB 基板、FLASH 芯片阵列和主控芯片构成。和传统机械硬盘相比,固态硬盘的优点主要体现在:较好的抗震性和稳定性,数据存取速度快,功耗低,重量轻,几乎没有任何硬盘噪声。当然,价格和容量仍然是目前限制 SSD 硬盘进一步推广的主要因素。

另外,广泛使用在数码相机和手机上的各种存储卡大多也采用闪存技术。和优盘相比,这些存储卡的存储原理相同,仅是接口不同,通过读卡器便可在计算机上使用。目前最新的笔记本电脑都配备有多合一读卡器,可方便地使用常见类型的存储卡。图 2.12 为优盘和常见的 SD 卡(Secure Digital Memory Card,安全数字存储卡)。

图 2.12　优盘(左)和 SD 卡(右)

#### 4. 存储器的层次结构

计算机中的存储器有内存(主存)和外存(辅存),内存通常分为只读存储器(Read Only Memory,ROM)、随机存储器(Random Access Memory,RAM)和高速缓冲存储器(Cache) 3 类,内存通常为半导体材料,具有速度快,但容量有限的特点。外存有软盘、硬盘、光盘、优盘等,通常材料为磁介质或光介质,与内存相比,具有容量大、速度慢的特点。为了充分发挥各种存储设备的特点,将其有机地组织起来,这就构成了具有层次结构的存储系统,如图 2.13 所示,CPU 中的寄存器处在最高层,外部存储器处在最底层。

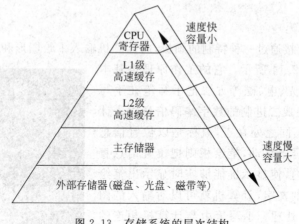

图 2.13　存储系统的层次结构

## 2.3.3　输入/输出设备

### 1. 输入设备

输入设备的基本功能是将数据、程序等转换成计算机能接受的二进制码,并将它们送入内存。常用的输入设备有键盘、鼠标、手写板、轨迹球、扫描仪、光笔、触摸屏、数码相机、读卡器、读码机、数字化仪、游戏操作杆等。

1) 鼠标(Mouse)

鼠标按检测原理可分为机械式、轨迹球式、光电式、光机式、无线鼠标和 3D 鼠标。机械式鼠标的准确度和灵敏度不是很高,适用于一般软件操作。而光电式鼠标的准确度和灵敏度较高,目前微型机配置的鼠标均为光电式鼠标。

无线鼠标和 3D 鼠标都是比较新颖的鼠标,无线鼠标就是与主机没有物理信号线连接的鼠标,而采用两节七号电池无线遥控,电池可用一年,接收范围在 1.8m 以内。

3D 鼠标不仅可以当作普通鼠标使用,而且具有全方位立体控制功能,具有前、后、左、右、上、下六个移动方向,还可以组合出前右、左下等移动方向;3D 鼠标是真正的 3 键鼠标,中间键和右键都大派用场;外形与普通鼠标不同,一般由一个扇形的底座和一个能活动的控制器构成;具有触觉回馈功能,玩某些游戏时,当被敌人击中时,会感觉到鼠标也震动了。

鼠标一般通过 RS-232C 串行接口、PS/2 鼠标插口或 USB 接口与主机相连。

2) 触摸屏

触摸屏是用手触摸的输入设备,在计算机显示屏幕基础上,附加坐标定位装置,通常有接触式和非接触式两种。触摸屏按工作原理分为五种:红外线触摸屏、电阻式触摸屏、电容式触摸屏、表面声波触摸屏和进场成像触摸屏。触摸屏一般包括控制卡、检测装置和驱动程序三个部分。

基本原理是在显示屏的表面采用电阻薄膜、红外线、表面声波等技术,以形成一个对人手触摸产生感应的触摸屏,当我们用手对这一触摸屏的某个位置触摸时,通过引起这个位置的电阻、红外线信号或者表面声波信号的变化,能够产生与显示屏该位置对应的坐标的数字编码信号。所以特别适用于一些大型公共信息服务或者公共事务处理服务的多媒体网络的应用中。例如,大型商场提供的商品介绍和购买服务,银行、宾馆、医院的信息查询和事务预约服务等。

3)笔绘板(手写笔)

笔绘板是由人直接通过一种特制的画板,向计算机输入手绘图形和手写文字的一种多媒体输入装置,如图 2.14 所示。它的工作原理也基本跟鼠标相似,是通过光、电、磁等方法把手写笔在手写板上的相对位置转换成二进制的数字编码信息输入计算机。它们两者的不同之处在于,鼠标是以位置信息来驱动光标在显示屏上移动,笔绘板则把位置信息直接写入显示存储器内,使显示屏能够实时显示出笔绘板上画的图形或写的文字,计算机就可以对输入的图形、文字进行必要的处理。手写笔由与计算机相连的写字板和在写字板上写字的笔组成。手写笔分为电阻式和感应式两种。

图 2.14　手写笔

4)读卡器

存储少量个人信息的磁卡、IC 卡和激光卡等可以通过简单的专用读卡设备由计算机读入存储卡中的信息。存储卡中的个人信息,可以包括姓名、单位、身份证号码、个人密码、照片和指纹等个人身份识别信息,还可以包括各种专门应用的有关个人信息,如银行账号、存款数、预付款数、个人健康状况、出勤记录等。因此存储卡在金融、商业、医疗、教育等部门的网络应用服务中得到越来越广泛的应用。

5)读码机

如果说存储卡输入技术主要用于存储个人信息和对人标识,那么条纹码技术则主要用于存储物的信息和对物进行分类标识,以利于我们通过计算机网络对物的管理和使用,如图书馆的图书管理、仓库的产品和器材管理、商店的商品管理及药房药品管理等。条纹码输入方法采用的技术,与磁卡方法相似,它把标识不同的物品的标识码,用黑白颜色条纹按照规定的标准方法进行编码,并把它印刷或贴在物品上。与计算机相连的读码机是一个专门的光电检测头,它对准条纹码,就可以方便地把黑白条纹码信息转换成二进制编码电信号,送给计算机识别。条纹码一般只是一个代表这个物品的标识号码,并不存储过多信息,其他有关信息,如该物品的名称、类型、重要性能、存放位置、出入情况等,都可以存在计算机网络的有关信息库中,因此,对条纹码编码的基本要求是在指定的应用范围内标识的唯一性。使用条形码阅读器输入数据的方式是电子数据交换方式。

**2. 输出设备**

输出设备是将计算机处理后的二进制结果转换成人们能够识别的数字、字符、图像、声音等形式,然后显示、打印或播放出来,常用的输出设备有显示器、打印机、绘图仪等。

1)显示器与显示器卡

显示输出系统由显示器与显示卡构成,以可见光的形式传送和处理信息。显示器的种类有阴极射线管(Cathode Ray Tube,CRT)显示器、液晶显示器(Liquid Crystal Display,

LCD)和等离子显示器 PDP(Plasma Display Panel)等。其中,CRT 显示器具有显示直观、速度快、使用方便灵活、性能稳定可靠、价格便宜等优点,是使用最多的显示器。LCD 显示器具有体积小、无辐射、省电等优点,已经得到广泛应用。

显示器屏幕上的字符和图形是由一个个像素组成的,像素的多少用分辨率来表示,如 1024×768、1600×1200 等,分辨率越高,其清晰度越好。

LCD 显示器的真实分辨率根据 LCD 的面板尺寸定,15 英寸的真实分辨率为 1024×768,17 英寸的分辨率为 1280×1024。LCD 显示器的像素间距(pixel pitch)的意义类似于 CRT 的点距(dot pitch)LCD 显示器的像素数量则是固定的。因此,只要在尺寸与分辨率都相同的情况下,所有产品的像素间距都应该是相同的。响应时间是 LCD 显示器的一个重要指标,它是指各个像素点对输入信号反应的速度,即像素由暗转亮或由亮转暗的速度,其单位是毫秒(ms),响应时间越小越好,此外还有波纹(亦称作水波纹 Moire)及可视角度、刷新率等技术指标。

显示卡由显示存储器、寄存器和控制电路三部分组成。它是主机与显示器之间的桥梁,负责将计算机内的输出信号转换成显示器能接收的信号。常见的显示卡有 CGA(彩色图形适配器)、EGA(增强型图形适配器)、VGA(视频图形阵列适配器)、SVGA(超级视频图形阵列适配器)等,这些显示卡传送的是模拟信号,随着液晶显示器(如图 2.15 所示)的出现,DVI 数字信号接口也进入了人们的生活。

图 2.15　液晶显示器

2) 打印机和绘图仪

打印机分为击打式、非击打式,击打式(针式打印机)有 16 针、24 针等,高速宽行,噪声大。非击打式有喷墨和激光打印机,喷墨打印机有较高的打印质量、低噪声、低价格,激光打印机打印质量高、速度快、低噪声。打印机指标有打印分辨率,打印速度。打印机通常接并行接口。

绘图仪用于精确绘图,在计算机的 CAD 和 CAM 中,应用绘图仪可以绘制精美的图形,打印机和绘图仪如图 2.16 所示。

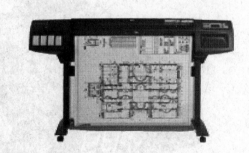

图 2.16　打印机和绘图仪

3) 3D 打印机

3D 打印技术是一种以数字模型文件为基础,运用粉末状金属或塑料等可粘合材料,通过逐层打印的方式来构造物体的技术。它无须机械加工或任何模具,就能直接从计算机图形数据中生成任何形状的零件,从而极大地缩短产品的研制周期,提高生产率和降低生产成

计算机基础知识

本。灯罩、身体器官、珠宝、根据球员脚型定制的足球靴、赛车零件、固态电池以及为个人定制的手机、小提琴等都可以用该技术制造出来。它与普通打印的区别就在于打印材料。3D 打印机的使用成本仍然很高。因为在打印一个物品之前,人们必须懂得 3D 建模,然后将数据转换成 3D 打印机能够读取的格式,最后再进行打印。3D 打印机如图 2.17 所示。

图 2.17  3D 打印机

### 2.3.4  主板、总线与接口

#### 1. 主板(Main board 或 Mother board)

主板是计算机系统中最大的一块电路板,几乎所有的计算机部件都通过它组织起来,主板上的部件主要有一个 CPU 插座;北桥芯片、南桥芯片、BIOS 芯片等三大芯片;前端系统总线 FSB、内存总线、图形总线(Accelerated Graphics Port,AGP)、数据交换总线 HUB、外设总线(Peripheral Component Interconnect,PCI)五大总线;软驱接口 FDD、通用串行设备接口 USB、集成驱动电子设备接口 IDE 等七大接口,如图 2.18 所示。

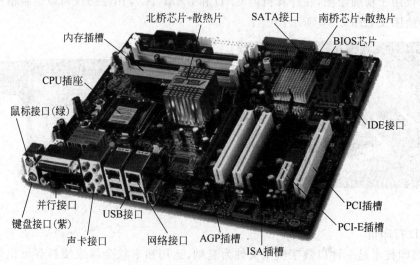

图 2.18  典型主板

芯片组决定了主板的结构及 CPU 的使用。三大芯片的功能如下：南桥芯片主要负责 I/O 接口控制、IDE 设备（硬盘等）控制以及高级电源管理等；北桥芯片负责与 CPU 的联系并控制内存、AGP、PCI 数据在北桥内部传输，由于北桥芯片的发热量较高，所以芯片上会装有散热片；BIOS 芯片是一个只读存储器，一些硬件的信息直接固化在其中，系统启动时，首先从这里调用硬件信息。

主板类型是指主板上各元器件的布局和排列方式，不同的板型要求不同的机箱与之相配，不同的 CPU 需要搭配不同的主板，各主板结构规范之间的差别包括尺寸大小、形状、元器件的放置位置和电源供应器等，常见的主板结构标准有 AT、ATX、LPX、NLX 结构。前两种是早期的 PC 结构，LPX(ALL-In_One)结构是一体化主板结构规范，由于维护和升级不方便，已被 NLX 结构取代。NLX(Now Low Profile Extension)结构是新型小尺寸扩展结构，NLX 结构灵活、规范，给计算机制造者留下了自由发挥的空间。

**2. 总线**

与计算机相连的外部设备种类繁多，如果每一种外部设备都有自己的线路与 CPU 相连，那么线路将复杂得难以实现。为了简化硬件电路设计，让所有的外部设备都共用一组线路，再对不同的外部设备配置以适当的接口电路，CPU 同样能与各种部件和各外部设备相连接，而且大大简化了系统结构，这组共用的连接线路称为总线，如图 2.19 所示。

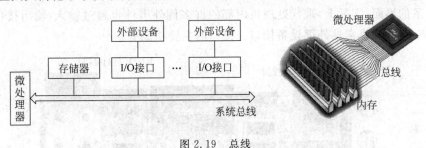

图 2.19 总线

按总线在系统的不同层次、位置分为片内总线、主板局部总线、系统总线、通信总线。片内总线即芯片内的总线；主板局部总线即电路板上连接各插件的公共通路；系统总线即连接各插件板的总线；通信总线即微处理器与系统、外部设备间的通道。

按总线传输信息的种类，总线又分为如下几种。

1) 数据总线(Data Bus,DB)

用于数据传输，它的条数与 CPU 的字长一致，一般有 8、16、32 等。信息传送是双向的，可送入 CPU，也可从 CPU 送出。

2) 地址总线(Address Bus,AB)

用于传送存储单元或 I/O 接口的地址信息，信息传送是单向的，只能从 CPU 送出，它的位数决定了内存储器的最大容量，即 CPU 能管辖的范围，常有 20、24、32 位等。例如地址总线为 24 条，则内存的容量为 $2^{24}-1$，即 $2^{24}=2^{10}\times2^{10}\times2^4=1024\times1024\times16=16\mathrm{MB}$。

3) 控制总线(Control Bus,CB)

传送控制器的各种控制信号，它的条数取决于 CPU 的字长。

目前微型计算机上常见的系统总线结构有：

• ISA(Industry Standard Architecture)总线。

ISA 是工业标准结构总线,应用在 80286 至 80486 时代,数据传送宽度为 16 位,工作频率为 8MHz,数据传输率最高可达 8Mb/s,寻址空间为 1MB。

- PCI(Peripheral Component Interconnect)总线。

PCI 是外部设备互连总线,1991 年由 Intel 公司推出,是 CPU 与外部设备之间的一条独立的数据通道,使每种设备都直接与 CPU 取得联系,使图形、通信、视频、音频设备都能同时工作。通常 PCI 的数据传送宽度为 32 位,工作频率为 33MHz,数据传输率最高可达 133Mb/s。PCI 是基于 Pentium 等新一代微处理器而发展起来的总线。

- AGP(Accelerated Graphics Port)总线。

AGP 是加速图形端口的英文缩写,这是 Intel 公司配合 Pentium 处理器开发的总线标准,它是一种可自由扩展的图形总线标准,主要是为了提高视频带宽而设计的,AGP 在内存与显示卡之间提供了一条直接的通道,它通过专业的 AGP 总线直接与北桥芯片相连接。通常总线宽为 32 位,时钟频率有 66MHz 和 133MHz 两种。

**3. 接口**

不同的计算机外部设备都有自己独特的系统结构、控制软件、控制信号等,计算机要与它们连接在一起协调工作,必须对设备的连接有一定的规范或约定,这种约定就是接口协议,实现接口协议的硬件设备就是接口电路,简称接口。输入/输出接口是处理机与外部世界进行联系的界面,实际上,现代处理机内部的许多例外事件也通过输入/输出接口进行处理,图 2.20 是计算机常见外部设备接口。接口的主要功能有:

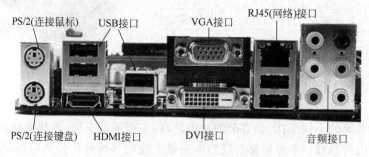

图 2.20　计算机常见外部设备接口

- 处理机与外部设备之间的通信联络。
- 数据缓冲。
- 接受处理机的命令,提供外部设备的状态。
- 数据格式的变换。

常见的接口有以下几种。

1) PS/2 接口

PS/2 接口是常见的连接鼠标和键盘的专用接口。其中,绿色的 PS/2 接口连接鼠标,紫色的 PS/2 接口连接键盘。PS/2 接口采用 6 脚连接器,该连接器采用双向串行通信协议。PS/2 接口的缺点是不支持热拔插,强行带电拔插有可能烧毁主板。目前 PS/2 接口的鼠标和键盘正逐渐被 USB 接口的相应设备所替代。

2) 串口和并口

串行接口有 9 针和 25 针两种,其数据传输均是一位接着一位进行传送。串口的专用设备名为 COM1、COM2、……常用于连接鼠标和调制解调器等。旧式的主板一般提供两个 COM 接口，目前也正被 USB 接口所取代，如图 2.18 所示的主板就没有再提供串口。

并行接口为 25 针，其数据采用并行传输方式，一次可以同时传输一个字节数据。并口的专用设备名为 LPT1、LPT2、……常用于连接打印机，因此并行接口常又称为打印口。同样，并行接口也正被更方便的 USB 接口所代替。

3) USB(Universal Serial Bus)通用串行总线接口

USB 由 4 条信号线组成，其中 2 条用于传送数据，另外 2 条传送＋5V 容量为 500mA 的电源。可以经过集线器(hub)进行树状连接，最多可达 5 层。该总线上可接 127 个设备。USB 1.0 有两种传送速率：低速为 1.5Mb/s，高速为 12Mb/s。USB 2.0 的传送速率为 480Mb/s。

USB 最大的优点是支持即插即用以及支持热插拔。USB 接口为外设提供电源，可同时支持高速和低速设备的访问。目前可连接的设备有显示器、键盘、鼠标、扫描仪、光笔、数字化仪、数码照相机、打印机、绘图仪和调制解调器等。与串行接口和并行接口一样，该接口也要在软件控制下才能正常工作，Windows 支持通用串行总线接口。

4) IEEE 1394 接口

这是一种连接外部设备的机外总线标准，按串行方式通信，IEEE 1394 接口标准允许把计算机、计算机外部设备(如硬盘、打印机、扫描仪)、各种家电(如数码照相机、DVD 播放机、视频电话等)非常简单地连接在一起。IEEE 1394 的原来设计，是以其高速转输率，容许用户在电脑上直接透过 IEEE 1394 接口来编辑电子影像档案，以节省硬盘空间。在未有 IEEE 1394 以前，编辑电子影像必须利用特殊硬件，把影片下载到硬盘上进行编辑。自从 DV 诞生后，1394 接口就基本成为 DV 的标准配置了。IEEE 1394 和 USB 都可以连接外部设备，按串行方式通信，不同之处是 IEEE 1394 速度更快，USB 价格更便宜。

5) 显示接口

计算机主板或显卡上提供的显示接口一般有三种：VGA、DVI 和 HDMI。

VGA(Video Graphics Array，视频图形阵列)是一种模拟信号接口，也是迄今为止计算机上应用最广泛的显示接口，主要用于连接普通的 CRT 显示器和早期的 LCD 显示器。

DVI(Digital Visual Interface，数字可视接口)是一种数字信号接口，具有显示速度快、画面清晰等优点，已成为 LCD 显示器的首选连接接口。

HDMI(High Definition Multimedia Interface，高清晰度多媒体接口)是一种全新的数字化接口，数据传输带宽高达 5Gb/s，并且增加了对 HDCP(High-bandwidth Digital Content Protection，高带宽数字内容保护)技术的支持，可以满足高清音/视频的传输需求，观看带有版权的高清电影和电视节目，正成为未来显示输出的主流接口之一。

6) 硬盘接口

目前微机中使用最广泛的硬盘接口标准是 IDE 和 SCSI 标准。

IDE(Integrated Device Electronics，集成设备电子部件)接口标准的最大特点是把控制器集成到硬盘驱动器内。这样消除了驱动器和控制器之间数据丢失的问题。

SCSI(Small Computer System Interface，小型计算机系统接口)早期在小型机上使用，现在也在 PC 上使用，是一个多任务接口，在同一个 SCSI 控制下的多台外设可以并行工作，同步数据传送速率达到了 20Mb/s。

# 2.4 进位计数制及其转换

由于计算机的物理器件只有两种状态,实际在计算机中存储的是"0"和"1"二进制代码,处理的也是二进制代码。那么二进制与在实际生活中人们熟悉的十进制、十二进制(一打)等进制的特点是什么? 这些进制是怎样进行换算的? 计算机怎样用二进制来表示数值、文字等信息? 这是本节要讨论的问题。

## 2.4.1 进位计数制

任何进位计数制都有两个要素:基数和位权值。

基数是每一种计数制中数符的个数,按基数进位、借位。二进制有二个数符(0、1),逢二进一、借一当二;十进制有十个数符、逢十进一、借一当十;$r$ 进制有 $r$ 个数符,逢 $r$ 进一、借一当 $r$,如表 2.2 所示。

表 2.2 各种进制的基数

| 进 制 | 数 符 | 个 数 | 进 位 值 |
| --- | --- | --- | --- |
| 十进制 D | 0~9 | 10个 | 10 |
| 二进制 B | 0 和 1 | 2个 | 2 |
| 八进制 O | 0~7 | 8个 | 8 |
| 十六进制 | 0~9 和 A~F | 16个 | 16 |
| $R$ 进制 | $R$个 | $R$个 | $R$ |

此外,一个数的每个位置都有一个位权值,如十进制 $(1999)_{10} = 1 \times 10^3 + 9 \times 10^2 + 9 \times 10^1 + 9 \times 10^0$,从左到右每个数符的位权值为 $10^3$、$10^2$、$10^1$、$10^0$,二进制 $(1010)_2 = 1 \times 2^3 + 0 \times 2^2 + 1 \times 2^1 + 0 \times 2^0$,从左到右每个数符的位权值为 $2^3$、$2^2$、$2^1$、$2^0$。对于任何一个 $r$ 进制数 $N$ 可表示为:

$$N = a_{n-1} \times r^{n-1} + a_{n-2} \times r^{n-2} + \cdots + a_1 \times r^1 + a_0 \times r^0 + a_{-1} \times r^{-1} + \cdots + a_{-m} \times r^{-m}$$

$$= \sum_{i=-m}^{n-1} a_i \times r^i$$

其中,$i$ 表示位数,$r$ 代表基数,$a_i$ 代表各位的值。

用二进制表示一个大数时比较冗长,如十进制的 99 用二进制表示为 01100011($1 \times 2^6 + 1 \times 2^5 + 1 \times 2^1 + 1 \times 2^0$),为了阅读和书写的方便,又引入了八进制和十六进制,如表 2.3 所示。

表 2.3 常用数制对照表

| 十 进 制 | 二 进 制 | 八 进 制 | 十 六 进 制 |
| --- | --- | --- | --- |
| 0 | 0 | 0 | 0 |
| 1 | 1 | 1 | 1 |
| 2 | 10 | 2 | 2 |
| 3 | 11 | 3 | 3 |
| 4 | 100 | 4 | 4 |
| 5 | 101 | 5 | 5 |

| 十 进 制 | 二 进 制 | 八 进 制 | 十 六 进 制 |
|---|---|---|---|
| 6 | 110 | 6 | 6 |
| 7 | 111 | 7 | 7 |
| 8 | 1000 | 10 | 8 |
| 9 | 1001 | 11 | 9 |
| 10 | 1010 | 12 | A |
| 11 | 1011 | 13 | B |
| 12 | 1100 | 14 | C |
| 13 | 1101 | 15 | D |
| 14 | 1110 | 16 | E |
| 15 | 1111 | 17 | F |

由于一位八进制数对应三位二进制数($2^3 = 8$),所以在八进制转换为二进制时,只需一位八进制数变三位二进制数,在二进制转换为八进制时,三位二进制数变一位八进制数。而一位十六进制数对应四位二进制数($2^4 = 16$),所以在十六进制转换为二进制时,只需一位十六进制数变四位二进制数,在二进制转换为十六进制时,四位二进制数变一位八进制数即可。在转换时,位组划分是以小数点为中心向左向右两边展开,每组中的 0 不能省略,组中的位数不够时,可以补足整数的前 0 和小数部分的后 0,如:

$$(10101101.101)_2 = (010,101,101.101)_2 = (255.5)_8$$
$$(10101101.101)_2 = (1010,1101.1010)_2 = (AD.A)_{16}$$

## 2.4.2 各数制间的转换

### 1. $r$ 进制转十进制——按权展开

$r$ 进制数转换为十进制,只要将各位数码乘以各自的权值累加即可。如将二进制数 01100011 转换成十进制数:

$$(01100011)_2 = 1 \times 2^6 + 1 \times 2^5 + 1 \times 2^1 + 1 \times 2^0 = (99)_{10}$$

将八进制数 143 转换成十进制数:

$$(143)_8 = 1 \times 8^2 + 4 \times 8^1 + 3 \times 8^0 = (99)_{10}$$

将十六进制数 63 转换成十进制数:

$$(63)_{16} = 6 \times 16^1 + 3 \times 16^0 = (99)_{10}$$

所以

$$(01100011)_2 = (143)_8 = (63)_{16} = (99)_{10}$$

### 2. 十进制转换为 $r$ 进制

十进制数转换为 $r$ 进制数时,将整数部分和小数部分分开转换,然后再合成起来即可。

整数部分转换成 $r$ 进制整数时,采用除 $r$ 取余法,即十进制数不断除以 $r$ 取余数,直到商为 0,首次取得的余数是离小数点最近的低位。

小数部分转换成 $r$ 进制小数时,采用乘 $r$ 取整法,即十进制数不断乘以 $r$ 取整数,直到小数部分为 0 或达到所求的精度为止,首次取得的整数是离小数点最近的高位。

例:将十进制数 75.625 转换为二进制数,先对 75 除 2 取余为 1001011,再对 0.625 乘 2

取整为 101，整数和小数部分合成起来即可：$(75.625)_{10}=(1001011.101)_2$ 运算过程如下：

**注意**：不管是除法还是乘法首先算出来的都是离小数点最近的那一位。

## 2.5　数据在计算机中的表示

计算机只能处理二进制数据，所以任何形式的数据（数字、文字、图形、声音等）都必须转换成二进制，计算机才能处理。本节讨论计算机中数值及中西文的表示形式。

### 2.5.1　数值型数据的表示形式

数值必须变成二进制代码才能存储到计算机，符号位也必须变成 0 或 1 才能存储，计算机中正号用"0"表示，负号用"1"表示，在计算机中使用的连同符号一起数码化了的数称为机器数，而它真正表示的数值叫真值。

例如：±99 数的真值表示：$(\pm99)_{10}=(\pm1100011)_2$ 机器数表示法：+99：01100011；−99：11100011，采用符号数字化后，计算机就可以处理数符了。为了改进符号数的运算方法和简化硬件结构，人们研究了二进制机器数的几种表示法——原码、反码和补码。

**1. 原码**

原码是数值化的符号位加上数的绝对值，如：

$$X=(+91)_{10}=(+1011011)_2，\quad [X]_原=01011011$$
$$X=(-91)_{10}=(-1011011)_2，\quad [X]_原=11011011$$

一字节（8bit）原码表示的整数范围是 −127～+127，采用原码表示法简单易懂，但它的运算复杂，如，当两数相加时，同号则数值相加，异号则相减，相减时还要判断绝对值的大小，然后用大数减小数，最后还要给结果选择符号。如果符号位和数值一样参加运算，运算就简单了，为此提出了反码、补码表示法。

**2. 反码**

反码很少使用，它的主要作用是求补码的中间码。正数的反码与原码相同，负数的反码是把负数的原码除符号位之外的各位按位取反（0 变 1，1 变 0）即可，如：

$$X=+1011011\quad [X]_原=01011011\quad [X]_反=01011011$$
$$X=-1011011\quad [X]_原=11011011\quad [X]_反=10100100$$

**3. 补码**

正数的补码与原码相同，负数的补码是先求负数的反码，再把反码的最低位加 1，如：

$$[X]_原=11011011\quad [X]_反=10100100\quad [X]_补=10100101$$

负数用补码表示时，可以把减法转换为加法，符号位同数值一起参加运算，如：

$$[X+Y]=[X]+[Y],\quad [X-Y]=[X]+[-Y]$$

$7-3=7+(-3)$，7 的补码为 00000111，$-3$ 的补码为 11111101，00000111＋11111101＝0000100＝$(4)_{10}$。

可见用补码参与运算最为方便，因为补码的符号位无须单独处理，就如同数字一样参与运算，运算结果的符号位有效。

**注意**：反码和补码是对负数而言的，[正数]$_原$＝[正数]$_反$＝[正数]$_补$。

上面讨论了计算机是如何处理正负数的，下面讨论在计算机中如何处理小数。

**4. 定点数和浮点数**

当计算机需要处理实型数据时，就出现了如何表示小数点的问题，系统并不是像处理符号那样，用一位二进制数表示小数点，它采用的定点数和浮点数方法，都是隐含设定小数点的办法。顾名思义，定点数就是小数点位置隐含固定在某一位置上，浮点数就是小数点在数据中的位置是可变的。

1）定点数

固定小数点的位置有以下两种（如图 2.21 所示）：小数点在最低位之后称为定点整数，定点整数是纯整数。默认小数点在符号位之后称为定点小数，定点小数是纯小数，即所有数均小于 1。

定点整数：

$$＋99 = 01100011（小数点隐含在最低位之后）$$

定点小数：

$$－0.99 = 11111111（小数点隐含在符号位之后）$$

图 2.21 定点整数与定点小数的表示

2）浮点数

在科学计算中，定点数的表示是不够用的，为了表示很大或很小的数，采用"浮点数"或称"科学表示法"，浮点数由两部分组成如图 2.22 所示，即阶码和尾数，其中阶码用二进制定点整数表示，阶码的长度决定数的范围；尾数用二进制定点小数表示，尾数的长度决定数的精度；底数（基数）$r=2$ 是隐含的。由于阶码可取不同的数值，这样小数点在数据中的位置就是可变的。如：

| 15 | 14——12 | 11 | 10————————0 |
|---|---|---|---|
| 阶符 | 阶码 | 数符 | 尾数 |

图 2.22 浮点数表示法

$(110.011)_2 = (1.10011)_2 \times 2^{(+10)} = (11001.1)_2 \times 2^{(-10)} = (0.110011)_2 \times 2^{(+11)}$

为了便于计算机中小数点的表示，规定将浮点数写成规格化的形式：尾数的绝对值大于等于 0.1 并且小于 1，从而唯一地规定了小数点的位置。

### 2.5.2　西文字符编码

西文字符（字母、数字、各种符号）采用 ACSII 码（American Standard Code for Information Interchange，美国信息交换标准代码）进行编码。ACSII 码用 7 位二进制编码（最高位第 8 位为 0），共 128 个常用字符，ASCII 码值从 0～127（十进制），即从 7 个 0 到 7 个 1。其中，控制字符：0～32 和 127（即 NUL—US 和 DEL）；普通字符：94 个，在这94 个字符中，0—9、A—Z、a—z 都是顺序编码的，且小写字母比大写字母的码值大 32，这有利于大小写字母之间的转换。记住以下字符编码很有用：

- "a"字符的 ASCII 码为 1100001，即十进制数$(97)_{10}$；则"b"的编码为$(98)_{10}$。
- "A"字符的 ASCII 码为 1000001，即十进制数$(65)_{10}$；则"B"的编码为$(66)_{10}$。
- "0"数字字符的 ASCII 码为 0110000，即十进制数$(48)_{10}$；则"1"的编码为$(49)_{10}$。
- "SP"空格字符的 ASCII 码为 0100000，即十进制数$(32)_{10}$。

### 2.5.3　中文信息编码

汉字种类繁多，编码比较困难，而且对汉字的输入、内部处理、输出的要求不尽相同，因此要进行一系列的汉字编码及转换，汉字信息处理中各编码及流程如图 2.23 所示。其中虚线框内的编码对国标码而言。

图 2.23　汉字信息处理系统的模型

**1. 汉字输入码**

西文可以通过键盘直接输入，汉字不可能通过键盘直接输入，只能通过计算机标准键盘上按键的不同排列组合来对汉字输入，所谓汉字输入码就是输入汉字时的编码，目前常用的输入法大致有音码类和形码类以及音形混合类：

- 音码类。主要是以汉语拼音为基础的编码方案，如全拼、双拼、微软拼音、自然码和智能 ABC 等。优点是不用学习，与人们习惯一致，缺点是由于汉字同音字较多，输入重码率很高，输入速度较慢。
- 形码类。主要是按汉字的形状，先把汉字拆分成部首，然后进行合成，如五笔字型法、郑码输入法等。

**2. 汉字国标码（GB 2312—80）**

全称是"国家标准信息交换汉字编码"（简称国标码，也称交换码）是计算机中汉字编码的标准。在国标码表中有：一级汉字 3755 个（按汉语拼音排列）；二级汉字 3008 个（按偏旁部首排列）；西文字符和图形符号 682 个，共 7445 个。

为了编码，将汉字分成若干个区，每个区 94 个汉字。由区号和位号（区中的位置）构成了区位码。区号和位号各加 32 就构成了国标码。如"中"的区位码为 5448，其国标码为 8680。一个国标码占两个字节，每个字节的最高位为 0。

**3. 汉字机内码**

汉字机内码是指计算机内部存储、处理加工汉字时所用的代码。汉字在用不同的汉字输入法时其输入码(外码)各不相同,但其内码是统一的。输入码通过键盘输入,接受后就由汉字操作系统的"输入码转换模块"转换为机内码,每个汉字的机内码用 2 个字节表示。

为了与 ASCII 码相区别,将国标码的每个字节的最高位由 0 变为 1,变换后的国标码称为汉字机内码,如:

| 1 | 国标码第一字节 | 1 | 国标码第二字节 |
| --- | --- | --- | --- |

可见汉字机内码的每个字节都大于 128,而每个 ASCII 码值均小于 128。如:

| 汉字 | 汉字国标码 | 汉字机内码 |
| --- | --- | --- |
| 中 | 8680(01010110 01010000)$_2$ | (11010110 11010000)$_2$ |
| 华 | 5942(00111011 00101010)$_2$ | (10111011 10101010)$_2$ |

**4. 汉字字形码**

汉字字形码又称汉字字模,用于汉字输出。汉字字形码通常有两种表示方式:点阵和矢量表示方式。

汉字字形点阵的代码就是点阵码,常见的点阵有 16×16、24×24、32×32、48×48 等。点阵规模越大,字形越清晰美观,所占存储空间也越大,每个汉字字形码占用字节数为:点阵列数/8×行数,如一个 16×16 点阵的汉字所占的空间为:16/8×16＝32B,两级汉字大约占用 256KB。点阵码的优点是编码、存储方式简单、无须转换直接输出,但放大后产生的效果差,如图 2.24 所示。

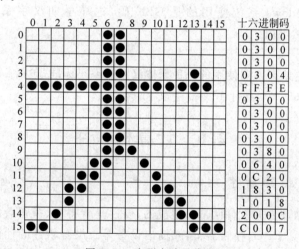

图 2.24 字形点阵及代码

矢量表示方式存储的是描述汉字字形的轮廓特征,当要输出汉字时,通过计算机的计算,由汉字字型生成所需要的大小和形状的汉字点阵。Windows 中使用的 TrueType 技术就是汉字的矢量方式。

点阵方式编码和存储方式简单,无须转换就可直接输出,但字型放大后的效果差,而矢量方式的特点正好与点阵相反。

**5. 其他汉字内码**

早期使用的 GB 2312 国标码只能表示和处理 6763 个汉字,目前能够表示汉字内码的还有 UCS 码、Unicode 码、GBK 码、BIG5 码等。

1) UCS 码

是国际标准化组织公布的通用编码字符集(Universal Code Set,UCS)是世界各种文字的统一的编码方案。每一个字符占 4 个字节。分别为组号、平面号、行号和字位号。UCS 码中的第一个平面(0 组 0 平面)称为基本多文种平面(BMP),包含字母、音节及表意文字等。

例如：

| 'A' | 41H(ASCII) | 00000041H(UCS) |
|-----|------------|----------------|
| '大' | 3473H(GB2312) | 00005927H(UCS) |

2) Unicode 码

由于 UCS 码中的每个字符需要 4 字节表示,消耗的不必要的存储空间太多,事实上,全世界的各种文字经常使用的只是其中一部分,用两个字节就足够了。Unicode 码就是采用双字节编码统一地表示世界上的主要文字的另一国际标准,其字符集内容与 UCS 的 BMP 相同。可以表示符号 6811 个,汉字 20 902 个,韩文拼音 11 172 个,造字区 6400 个,保留 20 249 个,共计 65 534 个。目前 Unicode 码得到广泛使用,如 Java 语言就使用 Unicode 码。

3) GBK 码

GBK 编码是我国制定的,是从 UCS 码、Unicode 码发展起来的,它等同于 UCS 的新的中文编码扩展国家标准,2 个字节表示一个汉字,第一字节从 81H~FEH,最高位为 1;第二字节从 40H~FEH,第二字节的最高位不一定是 1。GBK 码能表示汉字 20 902 个,它与 GB 汉字内码兼容,Windows 系统使用的是 GBK 码,这样早期汉字系统建立的文本,在 Windows 系统中仍然可用。

4) BIG5 编码

中国台湾和香港地区普遍使用的一种繁体汉字的编码标准,包括 440 个符号,一级汉字 5401 个、二级汉字 7652 个,共计 13 060 个汉字。

# 2.6　计算机软件

## 2.6.1　计算机软件概述

计算机系统是由硬件和软件两部分组成的,硬件是看得见、摸得着的物质实体,就是前面介绍的五大部件,如 CPU、存储器、输入输出设备等。没有软件的计算机称为裸机,要使用裸机只能用机器指令,计算机发展的初期就是只能使用机器指令的状况。目前,实际呈现在用户面前的计算机系统是经过若干层软件武装的计算机,所以计算机功能的强弱与所配备的软件有很大的关系。图 2.25 是计算机硬件软件层次关系。

软件是由计算机程序、数据和有关的技术资料组成。程序是指挥计算机工作的步骤;技术资料包括软件和硬件的技术说明、使用方法和操作手册等文档。软件是计算机的"灵魂"。

图 2.25　计算机硬件软件层次关系

软件系统分为两大类：系统软件和应用软件。

系统软件通常负责管理、控制和维护计算机的各种软硬件资源，并为用户提供一个友好的操作界面和工作平台。常见的系统软件包括操作系统、语言处理程序、数据库管理系统、支持软件等。系统软件通常要涉及计算机硬件，所以编写难度较大，一般由大型计算机公司提供。

应用软件是专业人员为各种应用目的而开发的应用程序，如办公自动化套件 Office，专业软件（如建筑类、财务类）、科学计算软件包、套装软件、游戏软件、用户开发的系统等。应用软件的编写难度较小，可由具有一定计算机知识的各行各业的人员编写。

本节主要介绍语言处理程序，其他软件分散在各章介绍。

## 2.6.2 计算机语言概述

语言是人们交流的工具，这种在长期生活中形成的语言称为自然语言（如英语、汉语等）。人们要使用计算机，就要和计算机交流，就要懂计算机语言，所以计算机语言（程序设计语言）是人与计算机交流的工具，计算机语言就是计算机能懂的语言，计算机本身只懂二进制形式的机器语言，计算机发展的初期，只能通过机器语言编写的程序来使用计算机，计算机使用率极低。长期以来，编写程序和执行程序是利用计算机解决问题的主要方法和手段。也就是说，你要使用计算机就必须懂计算机语言、必须会编写程序。随着计算技术的发展，计算机语言也不断发展，各种软件也不断涌现，才使计算机变得像今天这样普及。

计算机语言的发展过程是其语言表达愈加接近自然语言和数学语言、功能不断完善、描述问题的方法愈加贴近人类思维方式的过程。

### 1. 机器语言

机器语言是由 0 和 1 二进制代码按一定规则组成的、能被机器直接理解和执行的指令的集合。指令规定了计算机能直接完成的某一种操作。一条指令通常由两个部分组成：

| 操作码 | 操作数 |
|---|---|

操作码指明要完成的操作类型或性质，如取数、做加法或输出数据等。操作码的位数决定了操作指令的条数。当使用定长操作码格式时，操作码位数为 $n$，则指令条数可有 $2^n$ 条。

操作数指明操作的内容或所在的内存单元地址，操作数在大多数情况下是地址码，地址码通常可以有 $0\sim3$ 个。地址码是数据所在的地址，可以是源操作数的存放地址，也可以是操作结果的存放地址。

一台计算机的所有指令的集合，称为该计算机的指令系统。不同类型的计算机，指令系统的指令条数、种类、格式有很大差异。指令系统决定了计算机的能力、也影响着计算机的体系结构，但无论哪种类型的计算机指令系统都应具有以下功能的指令：

- 数据传送指令。数据在内存与 CPU 之间传送。
- 数据处理指令。数据进行算术、逻辑或关系运算。
- 程序控制指令。控制程序中指令的执行顺序，如无条件转移、条件转移、调用子程序、返回、停机等。
- 输入输出指令。用于实现外部设备与主机间的数据传送。
- 其他指令。对计算机的硬件进行管理等。

指令系统是计算机基本功能的具体而集中的体现,指令系统是软件和硬件的界面,机器指令是对计算机进行程序控制的最小单位。用机器指令编写的程序称为"机器语言程序"。

用机器语言编写程序,编程工作量大,难学、难记、难修改,通用性差,唯一的优点是代码不需翻译,所占空间少,执行速度快。

### 2. 汇编语言

机器语言的"难",主要难在要将人们熟悉的自然语言和数学语言翻译成机器语言,这是相当繁琐、费时的工作,既然计算机有很大的存储容量、又有逻辑判断能力,是否可以把翻译的工作交给计算机完成呢？根据这个设想探索的结果,出现了汇编语言(符号语言)。汇编语言就是将机器指令代码用英文助记符表示,代替机器语言中的指令和数据。例如用 ADD 表示加、SUB 表示减、JMP 表示程序跳转等。这样在一定程度上克服了机器语言难读难懂难改的缺点,同时保持了其编程质量高、占存储空间小、执行速度快的优点,故常用于过程控制等编程。缺点是仍面向机器,使用者需具备专业知识。

### 3. 高级语言

高级语言接近自然语言(英语)和数学语言,是由表达各种意义的词和数学公式按照一定的语法规则来编写程序的语言。高级语言使程序员可以完全不用与计算机的硬件打交道,可以不必了解机器的指令系统。这样,程序员就可以集中精力来解决问题本身而不必受机器制约,因此编程效率高,简单易学,各行各业的人员都可以通过高级语言用计算机解决本专业的问题,高级语言由于与具体机器无关,因此程序的通用性强。

高级语言分类可分为三类。

1) 面向过程的语言

如 FORTRAN、BASIC、PASCAL、C 等。面向过程的语言致力于用计算机能够理解的逻辑来描述需要解决的问题和解决问题的具体方法、步骤。编程时,程序需要详细描述解题的过程和细节,即需要详细地描述"怎样做"。

2) 面向问题的语言

面向问题的语言又称为第四代语言(4GLS)。这类语言解题时,不必关心问题的求解算法和求解的过程,只需指出要计算机做什么,以及数据的输入和输出形式,就能得到所需结果。

例如,用面向问题的 SQL(Structured Query Language)语言,只要用如下的一条语句就可实现查询教龄大于或等于 30 的人员情况:

SELECT 姓名,部门,教龄 FROM d:\zg.dbf WHERE 教龄>＝30

面向问题的语言是采用快速原型法开发应用软件的强大工具,能够快速地构造应用系统,提高软件开发效率。

面向过程的语言需要详细地描述"怎样做";面向问题的语言仅需要说明"做什么"。它与数据库的关系非常密切,能够对大型数据库进行高效处理。

3) 面向对象的语言

在 20 世纪 80 年代推出了面向对象的语言,它与以往各种语言的根本不同点在于:它设计的出发点就是为了能更直接地描述客观世界中存在的事物(即对象)以及它们之间的关系。

面向对象语言将客观事物看作具有属性和行为的对象,通过抽象找出同一类对象的共同属性和行为,形成类。通过类的继承与多态性可以很方便地实现代码重用,这大大提高了程序的复用能力和程序开发效率。面向对象语言已是程序语言的主要研究方向之一。面向对象的语言有 C++、Java、Visual Basic 等。

## 2.6.3 语言处理程序

除了机器语言可以被计算机直接理解并处理外,汇编语言和高级语言都需要经过语言处理程序(或称翻译程序、编译器)将其翻译为机器语言,然后才可被计算机处理。实现这个翻译过程的工具是语言处理程序,即翻译程序。用非机器语言写的程序称为源程序,通过翻译程序翻译后的程序称为目标程序。不同的程序设计语言有各自的翻译程序,互相不通用。

**1. 汇编程序**

汇编语言写的程序,需要翻译成机器语言,才能被计算机执行。汇编程序就是将汇编语言编写的程序(源程序)翻译成机器语言程序(目标程序)的工具(翻译官),如图 2.26 所示。

**2. 高级语言翻译程序**

高级语言有两种翻译方式:解释方式和编译方式,相应的翻译工具也分别称为解释程序和编译程序。

1)解释方式

解释方式是由解释程序将高级语言源程序翻译为机器语言的一种方式,解释程序对源程序进行逐句翻译,翻译为一个或多个机器语言指令,并立即执行。若解释时发现错误,会立即停止,报错并提醒用户更正代码。解释方式不生成目标程序。工作过程如图 2.27 所示。

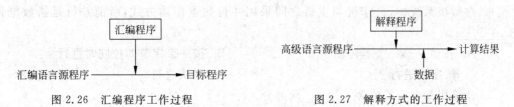

图 2.26　汇编程序工作过程　　　　　图 2.27　解释方式的工作过程

解释方式像生活中的"口译"方式,边说边译,说完也译完,不产生文本。由于每次执行都要解释,所以速度较慢。BASIC、LISP 等语言采用解释方式。

2)编译方式

编译方式就是由编译程序将高级语言翻译为机器语言的另一种方式,编译方式如同"笔译",在纸上记录翻译后的结果,编译程序对整个源程序经过编译处理,产生一个与源程序等价的目标程序;目标程序还可能要用一些其他语言编写的程序和程序库中的标准子程序,通过连接程序将目标程序和有关的程序库组合成一个完整的可执行程序,如图 2.28 所示。编译方式执行速度快,修改源程序后都必须重新编译。一般高级语言(C/C++、PASCAL、FORTRAN、COBOL 等)都是采用编译方式。

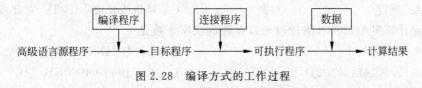

图 2.28　编译方式的工作过程

编译的过程大致有词法分析、语法分析、中间代码生成、优化和目标代码生成等工作。

# 习 题

**单选题**

1. 在计算机中,硬件与软件的关系是_____。
   A. 互相支持                  B. 软件离不开硬件
   C. 硬件离不开软件          D. 相互独立

2. 微机硬件系统包括_____。
   A. 内存储器和外部设备      B. 显示器、主机箱、键盘
   C. 主机和外部设备          D. 主机和打印机

3. ROM 的特点是_____。
   A. 存取速度快              B. 存储容量大
   C. 断电后信息仍然保存      D. 用户可以随时读写

4. 在微机中存储信息速度最快的设备是_____。
   A. 内存      B. 高速缓存      C. 硬盘      D. 软盘

5. 在微机系统中,任何外部设备必须通过_____才能实现主机和设备之间的信息交换。
   A. 电缆      B. 接口      C. 电源      D. 总线插槽

6. 在微机系统中,打印机与主机之间采用并行数据传输方式,所谓并行是指数据传输_____。
   A. 按位一个一个地传输      B. 按一个字节 8 位同时进行
   C. 按字长进行              D. 随机进行

7. 计算机指令一般包含_____两部分。
   A. 数字和文字              B. 数字和运算符号
   C. 操作码和地址码          D. 源操作数和目的操作数

8. 在微型计算机中,存储容量为 2MB 等价于_____。
   A. $2 \times 1024B$            B. $2 \times 1024 \times 1024B$
   C. $2 \times 1000B$            D. $2 \times 1000 \times 1000B$

9. 在下列不同进制的四个数中,最小的一个数是_____。
   A. $(45)_{10}$      B. $(57)_8$      C. $(3B)_{16}$      D. $(110011)_2$

10. 下列十进制数中能用八位无符号二进制数表示的是_____。
    A. 258      B. 257      C. 256      D. 255

11. 衡量显示器显示图像清晰程度的主要指标是_____。
    A. 亮度      B. 点距      C. 对角线长度      D. 对比度

12. 在计算机中,20GB 的硬盘可以存放的汉字个数是_____。
    A. $10 \times 1000 \times 1000B$      B. $20 \times 1024MB$
    C. $10 \times 1024 \times 1024KB$      D. $20 \times 1000 \times 1000KB$

13. 衡量计算机硬盘技术的指标有很多,但不包括_____。
    A. 主轴转速      B. 平均寻道时间      C. 数据传输速率      D. 地址总线宽度

14. 程序员一般使用_____软件编写和修改程序

    A. 预处理　　　　　　B. 链接　　　　　　C. 文本编辑　　　　D. 编译

15. 下列关于CPU的叙述中,不正确的是_____。

    A. CPU的主频越高,处理数据的速度越快

    B. 地址总线宽度决定CPU可以访问的主存储器的物理空间

    C. 数据总线宽度决定CPU与内存等设备间一次数据传输的信息量

    D. CPU的工作电压一般为220V

16. 下列关于静态存储器(SRAM)和动态存储器(DRAM)的叙述中,不正确的是_____。

    A. DRAM比SRAM速度快、价格高

    B. DRAM就是通常说的内存

    C. DRAM比SRAM集成度高、功耗低

    D. SRAM只要不断电,数据就能永久保存

17. 关于一个汉字从输入到输出处理过程正确的是_____。

    A. 首先用汉字的外码将汉字输入,其次用汉字的字形码存储并处理汉字,最后用汉字的内码将汉字输出

    B. 首先用汉字的外码将汉字输入,其次用汉字的内码存储并处理汉字,最后用汉字的字形码将汉字输出

    C. 首先用汉字的内码将汉字输入,其次用汉字的外码码存储并处理汉字,最后用汉字的字形将汉字输出

    D. 首先用汉字的字形码将汉字输入,其次用汉字的内码存储并处理汉字,最后用汉字的外码将汉字输出

18. 若磁盘的转速提高一倍,则_____。

    A. 平均存取时间减半　　　　　　　　B. 平均寻道时间减半

    C. 存储道密度提高一倍　　　　　　　D. 平均寻道时间不变

19. 操作系统对磁盘进行读/写操作的物理单位是_____。

    A. 磁道　　　　　　　B. 扇区　　　　　　C. 字节　　　　　　D. 文件

20. 衡量液晶显示器显示画面是否流畅的主要指标是_____。

    A. 液晶面板尺寸　　B. 可视角度　　　　C. 信号响应时间　　D. 对比度

# 第3章　操作系统

**学习目标：**

大多数人比较熟悉"操作系统"，也都知道电脑及其现代的一些电子设备需要安装操作系统，并多多少少使用过它。但是对于什么是操作系统，它的作用到底是什么等了解甚少。本章介绍如下内容：

- 操作系统的基础知识。
- 操作系统的功能。
- 文件管理。
- Windows 7 操作系统的功能及其使用方法。

## 3.1　操作系统概述

操作系统(Operating System,OS)是管理计算机系统所有资源，控制其他程序运行，并为用户提供人机交互操作界面的系统软件的集合。

没有安装任何软件的计算机称为裸机，裸机仅能执行二进制的机器指令。那么要想操作机器完成任务，用户就需要熟记每种操作的二进制指令，并且将需要处理的数据全部转换为二进制编码，再按照操作顺序用特殊的方法输入到计算机中，直接驱动计算机各种部件协同工作，这样的操作过于复杂，不利于计算机的推广使用。因此就需要设计和实现出很多让普通非计算机专业用户也能方便操作机器的软件集合，这个软件的集合就是操作系统。

操作系统功能结构如图 3.1 所示。从图中可以看出，在操作系统的管理和控制下，裸机的性能得到了提升和扩充，相当于把一台物理上的机器扩充为与人更亲近的虚拟机器。

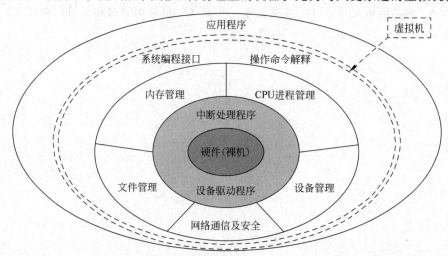

图 3.1　操作系统功能结构

### 3.1.1 操作系统的产生和发展

最早的计算机并没有操作系统,因为早期计算机性能不足,并且是机械设备,人们只能通过各种不同的操作按钮来控制计算机。随后出现了批量处理系统,也就是用户按要求将程序、运行数据、作业说明书提交给计算机保存起来,批处理系统就能依次调入各个作业,控制各个作业依次自动执行。为了提高 CPU 的利用率,出现了多道批处理系统,它可同时装入多个作业到内存中,让 CPU 利用前面的作业因等待输入输出而空闲的时间运行下一个作业,从一段时间上看好像同时处理多个作业,有效提高了作业的吞吐量。

1980 年家用个人计算机出现并迅速发展,与此同时,个人计算机操作系统也得到迅速发展。具有代表性的操作系统有磁盘操作系统(Disk Operating System,DOS)、微软的 Windows 系列以及苹果的 Mac OS。同时,开放源代码自由软件的世界出现了著名的 BSD UNIX 系统及 Linux。尤其是 Linux,相对于 Windows 只能运行在 Intel CPU 架构上,Linux 可安装在各种计算机硬件设备中,比如手机、平板电脑、路由器、视频游戏控制台、台式计算机、大型机和超级计算机,现在世界上运算最快的 10 台超级计算机运行的都是 Linux 操作系统。

现代操作系统通常使用图形用户界面(Graphical User Interface,GUI),且使用鼠标或触控板等输入设备。应用上,传统的科学计算、商业事务处理早已让位于网络信息化处理和移动智能设备应用。此外,操作系统不断地在新的领域延伸,比如电视机顶盒领域、智能家电领域、数字影像领域等。可以认为,只要存在智能芯片,或具有一定计算能力的设备装置,就需要安装操作系统。

### 3.1.2 操作系统的分类

计算机类型多、应用广,与之相适应的操作系统种类必然繁多,很难用单一标准来统一分类。根据现代操作系统的功能特性大致可以分为微机操作系统、网络操作系统、分布式操作系统、多处理机操作系统、实时操作系统、嵌入式操作系统和移动设备操作系统等。

**1. 微机操作系统**

自从第一台个人计算机诞生以来,它已经成为计算机领域最活跃、发展最快、应用最广、与寻常百姓生活工作最密切的机型。个人计算机操作系统可分为 8 位、16 位、32 位、64 位操作系统几种类型;也可按同时联机用户数量和运行程序数量分为单用户单任务、单用户多任务、多用户多任务操作系统。

1) 单用户单任务操作系统

单用户单任务操作系统是只允许一个用户联机,且每次只能执行一个应用程序的系统。最具代表性有 CP/M(8 位)和 MS-DOS(16 位)。

2) 单用户多任务操作系统

单用户多任务操作系统是只允许一个用户联机,但能够同时运行多个程序的操作系统。最具代表性的是 IBM OS/2(最初为 16 位,后升级为 32 位)和 Windows(32 位)。

3) 多用户多任务操作系统

多用户多任务操作系统是指能同时允许多个用户联机操作,并且同时并发执行多个用户程序的系统,每个用户都感觉自己独占该计算机。最具代表性的有 UNIX 家族如

（FreeBSD（32 位、64 位），Novell 公司推出 Netware（32 位、64 位）、微软的 Windows Server 2003（32 位、64 位），以及自由软件 Linux（32 位、64 位）等。

### 2. 网络操作系统

网络操作系统（Network Operating System，NOS）是为计算机网络配置的操作系统。网络操作系统通常是指在本地操作系统之上附加的一层网络管理软件，它按照网络体系结构的各种协议来实现网络用户之间的通信、网络资源共享、网络管理和安全控制等功能。典型的网络操作系统有 NetWare、UNIX、Windows NT Server、LAN Server 等。

### 3. 分布式操作系统

分布式操作系统（Distributed Operating System）是指通过通信网络将物理上分布的，具有自治功能的计算机系统互连起来形成一个统一的整体，实现系统资源统一分配，以便各计算机协作共同完成任务。

### 4. 多处理机操作系统

为了提高系统的吞吐量和可靠性，在高性能计算领域大量采用多处理机系统。例如我国的超级计算机天河一号 A（2010 年 11 月 TOP500 排名第一，安装 Linux 操作系统）就采用了三种类型的 CPU 共 18 万多个内核；日本的"京"（2011 年 12 月 TOP500 排名第一，安装 Linux 操作系统）CPU 内核总数达到 70 多万个。现今个人计算机进入到多核时代，要充分发挥多核 CPU 的性能，需要有控制多处理机并行执行，协同完成任务的操作系统，也就是多处理机操作系统。

### 5. 实时操作系统

实时操作系统（Real Time Operating System，RTOS）泛指具有一定实时资源调度以及通信能力的操作系统。所谓"实时"就是及时响应，是指系统能即时响应外部事件的请求，在规定的时间内完成对该事件的处理，不会有较长的延时，并控制所有实时任务协调一致地运行。它必须保证即时性和高可靠性，对系统的效率则放在第二位。如金融投资决策、军事指挥控制、导弹飞行控制等信息处理的时间响应速度要求很高的应用领域，通常使用实时操作系统。典型的实时操作系统有 WinCE、VxWorks、$\mu$C/OS-II、RT Linux 等。

### 6. 嵌入式操作系统

在各种智能家电、汽车控制系统、智能工控系统、智能医疗设备等装置中，需要有完成特定功能的软硬件系统，它们形成一个完整的智能设备。由于它们被嵌入在各种设备、装置或系统中，因此称为嵌入式系统。在嵌入式系统中的操作系统，称为嵌入式操作系统（Embedded Operating System）。

嵌入式操作系统在运行环境和功能要求方面具有特定性，在性能和实时性方面有严格的限制，它们往往也是实时操作系统。嵌入式操作系统目前主要应用在个人数字助理（Personal Digital Assistant，PDA）、家用电器、汽车、工业设备、军事装备等设备上。随着物联网应用的发展，各种智能传感设备、智能仪器仪表都需要嵌入式操作系统的控制和管理。

### 7. 移动设备操作系统

近两年来，智能手机和平板电脑等手持设备移动终端较为流行，虽然一般都认为它们属于嵌入式设备，但由于它们不管是在硬件还是软件上，其扩充性逐渐接近个人电脑，因此也可将其操作系统与传统嵌入式操作系统分离开来。实际上，不管是硬件还是软件，这类设备与传统的个人计算机界限越来越模糊。例如 Intel 公司的凌动(ATOM)微处理器原本是为了移动互联网设备(Mobile Internet Device, MID)这一类的嵌入式系统设计的,但是现在更多地被应用于上网本(Netbook),而上网本属于使用 Windows 或者 Linux 的个人计算机。同时,Intel 公司的凌动芯片也应用在智能手机和平板电脑上。

### 3.1.3 用户操作界面

计算机内部隐藏着的强大功能是通过操作界面和编程接口被人们不断挖掘利用的。用户首先通过操作系统界面与计算机打交道,这个操作界面可能是图形用户界面 GUI,也可能是命令字符用户界面(Command User Interface, CUI)。操作系统中实现人机交互功能的软件主要作用是控制有关设备的运行,正确接收并理解用户的命令和请求,调用系统内核模块完成用户请求。此外,操作系统还提供用户编程接口,让应用程序开发人员可以直接通过系统调用或应用程序编程接口(Application Programming Interface, API)函数调用方式使用操作系统内核代码,如图 3.2 所示。

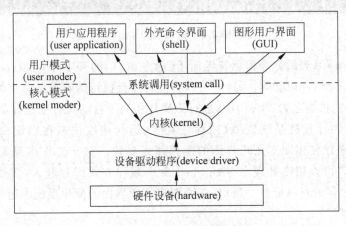

图 3.2 操作系统架构

操作界面的发展与输入输出设备密切相关。限于设备发展水平,最早的计算机需要通过按钮和开关操控机器运行。键盘和显示器设备的出现让用户通过键盘输入命令字符和参数,操作系统接到命令后立即执行并将结果呈现在显示器上。鼠标的普及以及高性能图形卡的使用,让设计人员可以设计出美观简洁的菜单界面,用户通过键盘和鼠标选择功能菜单操作计算机。随后,更简洁、直观的图形用户界面代替了菜单界面。触摸技术的应用以及文字、语音识别技术的成熟,丰富了图形界面的内容和输入输出形式。可以预见,未来智能化的多媒体界面将成为主流,使人机交互逐渐步入虚拟现实时代。

#### 1. 字符界面

计算机通过键盘来接受用户输入的命令,输入的字符直接显示在屏幕上便于校对和修改,运行状态和结果都以字符方式显示出来。这就是字符用户界面 CUI,如图 3.3 所示。用户通过依次输入一条条命令交互式地控制计算机的操作。操作系统提供的所有命令构成了命令语言,反映了系统给用户提供的全部功能。命令具有规定的格式,一个命令行由命令动词和一组参数构成,它指示操作系统完成规定的功能。命令的一般格式为:

命令参数1 参数2 … 参数 n/开关参数

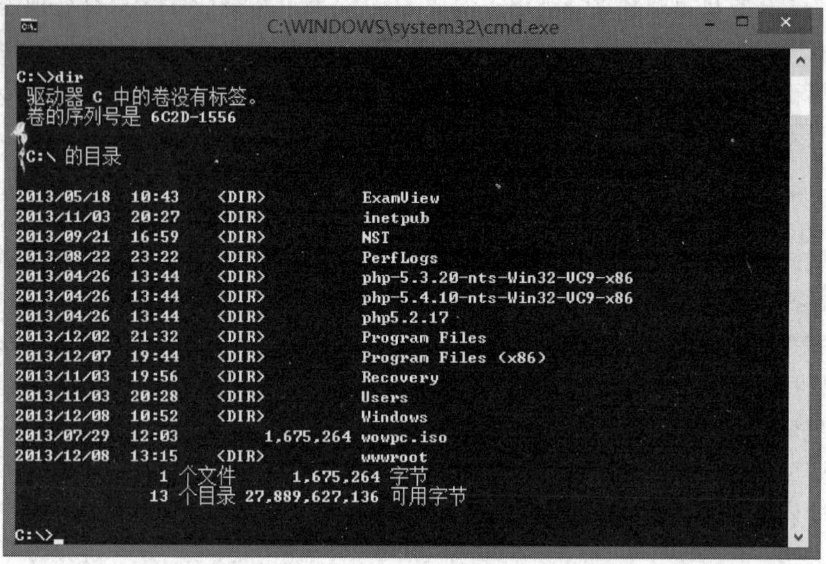

图 3.3　命令字符界面

例如 Windows 系列的命令提示符界面下(命令窗口)的基本命令:type、attrib、xcopy、dir、cd、md、rd、ping、ipconfig 等。另外,可以将经常需要执行的若干条命令保存在一个文件(称为批处理文件,扩展名为.BAT)中,运行该文件相当于自动执行了一批命令。

字符界面节约计算机系统资源(内存消耗少、运行速度快),在熟记命令的前提下使用字符界面,往往比使用图形用户界面的操作速度要快。对于工作中经常需要完成的有一定规律的操作,可以用批处理命令或 Shell 命令编程方式保存起来,需要时直接运行命令文件,能避免大量的重复操作。所以,至今图形用户界面的操作系统中通常都保留着字符界面。

**2. 图形界面**

图形用户界面 GUI 克服了命令行界面的不足,是近些年来最为流行的用户操作界面。图形用户界面使用窗口、图标、下拉菜单、弹出菜单、对话框、滚动条、按钮和鼠标指针等各种形象的图符,将系统的各项功能直观、逼真地表示出来。用户通过点击鼠标选择菜单项、窗口、对话框等,就能驱动系统自动执行命令,轻松自如地完成各项工作。与字符界面相比,图形界面带来了系统开销显著增大的缺点。

**3. 多媒体用户界面**

随着语音识别、字符(汉字)识别、图形图像识别等技术的发展和实用化,以及触摸设备的广泛应用,操作系统的用户界面朝着多媒体、多通道方向发展。目前的智能手机、银行自动柜员机、汽车导航仪、媒体播放器、游戏机、平板电脑等普遍采用了触摸屏技术,人们可以通过手写、语音、软键盘、手指滑动等多种方式实现人机交互。

多点触控技术让用户使用日常生活中的手势完成计算机操作。比如双击可以放大或还原图片,手指拨动可以切换图片,双指拉伸可以放大图片,双指收缩可以缩小图片等都是模拟人类自然的手势,用户自然地从现实世界中迁移知识。逼真的图标使用户一看就能理解其含义,最大限度地降低了学习成本。在不久的将来,各种结合使用温度传感器、重力传感器、光感应传感器的设备,能够帮助用户完成很多操作界面的自适应操作,使操作界面更加彰显人性化和个性化。语音、手写、手势、3D 交互、人机之间的传感设备等这些新的交互技术突破了人与机器交互的基本障碍,构造了更和谐的人机交互环境。

## 3.1.4 常用操作系统介绍

操作系统按日常应用领域来划分,有桌面操作系统、服务器操作系统和嵌入式操作系统三种。桌面操作系统是其中应用最为广泛的系统,而嵌入式操作系统近两年来发展相当迅速。

**1. 桌面操作系统**

桌面操作系统基本上是根据人在键盘和鼠标发出的命令进行工作,对人的动作和反应在时序上的要求并不很严格。桌面操作系统相对于嵌入式操作系统来说,显得比较庞大复杂。常见的桌面操作系统有 Windows 系列、Mac OS X、Linux 等。这些现代操作系统都具有并发性、共享性、虚拟性和异步性四个基本特征。图 3.4 摘自 Net Market Share 网站,可以看到今天流行的个人桌面操作系统主要是微软的 Windows 系列和苹果的 MAC OS X 系列。

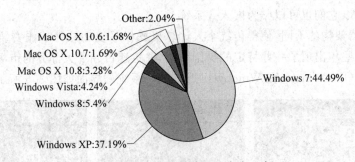

图 3.4　个人桌面操作系统占有比率

1) Windows 系列

Microsoft Windows 系列操作系统是微软在给 IBM 机器设计的 MS-DOS 的基础上设计的图形操作系统。Windows 系统可以在 32 位和 64 位的 Intel 和 AMD 的处理器上运行,早期的版本也可以在 DEC Alpha、MIPS 与 PowerPC 架构上运行。现在市面上流行的 Windows 系统主要是 Windows XP、Windows Vista、Windows 7、Windows 8、、Windows 8.1,它们皆基于 Windows NT 内核技术,运行较为稳定可靠。最新的 Windows 8.1 则是于 2013 年 10 月 17 日发售。从 Windows 8 开始,微软改变了传统的开始界面,采用独特的开始界面和触控式交互系统,如图 3.5(a)所示。

2) Mac OS X

1984 年,苹果公司发布的 System1 是世界上第一款商业化取得成功的图形化用户界面操作系统,此操作系统紧紧与苹果的 Macintosh 系列电脑硬件捆绑在一起。随后苹果操作系统历经了 System 1 到 System 7.5.3 的巨大变化,从 7.6 版开始,苹果操作系统更名为 Mac OS 7,至今一直沿用 Mac OS 的名称。现行的最新的系统版本是 Mac OS X v10.9,如图 3.5(b)所示。

(a) Windows 8.1界面　　　　　　　　　　　(b) Mac OSX 10.9

图 3.5　桌面操作系统

## 2. 移动和嵌入设备操作系统

由于嵌入式设备多种多样,嵌入式系统也是百家争鸣,难做一一介绍。近两年智能手机、平板电脑等便携移动终端设备层出不穷,与传统个人电脑的处理器架构不同,它们大多采用高级精简指令集机器(Advanced RISC Machine,ARM)处理器架构。ARM 芯片由于低成本、高性能、低耗电的特性,比较适合移动设备领域,而由于 ARM 芯片以前广泛用于嵌入式系统中,所以它们也可以归为嵌入式系统。

由于处理器架构的不同,使得传统个人计算机操作系统和软件不能安装和运行在这些设备上,因此近些年出现了一些特定的操作系统,并迅速占领了大部分的市场份额。这类操作系统主要是 iOS、Android 和 Windows 三种,三个系统的界面如图 3.6 所示。

iOS界面　　　　　　　　　Android界面　　　　　　　　Windows phone界面

图 3.6　移动终端设备界面

### 1) iOS

iOS 是由苹果公司开发的手持设备操作系统。苹果公司最早于 2007 年 1 月 9 日的 Macworld 大会上公布这个系统,最初是设计给 iPhone 手机使用的,后来陆续套用到 iPod touch、iPad 以及 Apple TV 等苹果产品上。与苹果的其他产品一样,iOS 不支持非苹果硬件的设备,目前版本为 iOS 7。

由于设备和操作系统都是由苹果公司独自进行设计和开发,因此硬件和软件配合得较好。这种高度整合使应用程序能充分利用 Retina 显示屏、多点触控(Multi-Touch)界面、加速感应器、三轴陀螺仪、加速图形功能以及更多硬件功能。这也使得 iOS 目前是优化程度及用户体验度最好的移动操作系统。

iOS 具有简单易用的界面,以及超强的稳定性。通过包括滑动(Swiping)、轻按(Tapping)、挤压(Pinching)、反向挤压(Reverse Pinching)等触控方式与系统交互,颠覆了传统的实体按键的交互形式,因而引领了手机市场乃至个人计算机的巨大变革。其内建的加速器和三轴陀螺仪,可以令其旋转设备时屏幕随即改变方向,这样的方式也更便于移动设备的使用。

苹果移动设备的流行不仅仅是它的硬件创新,更主要还是它众多的应用软件。iOS 除了内置包括 Siri、FaceTime、Safari、Game Center、地图、Passbook、电话、邮件等实用应用程序外,还可以通过苹果公司为 iOS 操作系统所创建了应用商店(App Store)下载付费或者免费的包含游戏、日程管理、词典、图库等近百万种软件。

2) Android

Android(中文俗称"安卓")是一种基于 Linux 内核的操作系统,主要用于移动设备,如智能手机和平板电脑。该操作系统由 Google 成立的开放手持设备联盟(Open Handset Alliance,OHA)领导与开发,目前版本为 Android 4.3。

Android 系统最初由安迪·鲁宾(Andy Rubin)开发制作,最初开发这个系统的目的是利用其创建一个能够与 PC 联网的"智能相机"生态圈。2005 年 8 月被美国科技企业 Google 收购,并被改造为一款面向手机的操作系统。2007 年 11 月,Google 与 84 家硬件制造商、软件开发商及电信营运商组建开放手机联盟共同研发改良 Android 系统。随后 Google 以 Apache 开源许可证的授权方式,发布了 Android 的源代码。2008 年 10 月第一部 Android 智能手机发布,随后智能手机市场开始爆炸性增长。

Android 现今已经扩展到平板电脑及其他领域中,如电视、数码相机、游戏机等。2010 年末数据显示,仅正式推出两年的 Android 操作系统在市场占有率上已经超越称霸逾十年的诺基亚 Symbian 系统,成为全球第一大智能手机操作系统。

3) Windows Phone

Windows Phone 的前身为 Windows Mobile(WM),是微软针对移动设备而开发的操作系统。为了与谷歌和苹果竞争,2010 年 10 月微软公司发布了正式发布了智能手机操作系统 Windows Phone,它将微软旗下的 Xbox Live 游戏、Xbox Music 音乐与独特的视频体验整合至手机中,并与硬件厂商诺基亚达成全球战略同盟并深度合作共同研发。2012 年 6 月 21 日微软正式发布与桌面操作系统 Windows 8 相同的内核手机操作系统 Windows Phone 8。

由于近 2 年平板电脑销量大有超过传统个人计算机的趋势,微软于 2012 年 6 月发布了基于 ARM 处理器架构的第一款平板设备 Surface,该平板电脑采用 Windows 8 家族的一个分支——Windows RT 作为操作系统。Windows RT 的画面与操作方式与 Windows 8 的操作界面都采用 Metro 风格用户界面,该界面能将各种应用程序、快捷方式等能以动态方块的样式呈现在屏幕上。另外,Windows RT 系统中还包含有针对触摸操作进行优化的微软 Word、Excel、PowerPoint 和 OneNote 等常用办公软件。

**3. 服务器操作系统**

服务器操作系统,一般指的是安装在大、中、小型计算机上的操作系统,比如 Web 服务器、应用服务器和数据库服务器等。相比个人版操作系统,在一个具体的网络中,服务器操作系统要承担额外的网络管理、配置、安全和服务等功能。服务器操作系统也可以安装在个人计算机上,但由于个人计算机的稳定性和性能原因,通常不这么做。服务器操作系统主要有 UNIX、Linux、Windows Server。

1) UNIX 家族

1970 年代出现了 UNIX,由于历史版权的问题,今天有许多的 UNIX 版本,其中有两个最主要的版本线:Berkeley 的 BSD UNIX 和 AT&T 的 UNIX。由于 UNIX 是 The Open Group 的注册商标,因此今天就把各种兼容原先的 UNIX OS 却又包含更多特征的 OS 统称为类 UNIX 或 UNIX 家族。UNIX 家族包含了 System V、BSD 与 Linux 等。

类 UNIX 系统可在非常多的处理器架构下运行,但较多用在专用服务器硬件上,例如 HP 的 HP-UX 以及 IBM 的 AIX 仅设计用于自家的硬件产品上;SUN 的 Solaris 可安装于自家的硬件或 x86 计算机上;开源代码操作系统 FreeBSD 运行在 x86 架构上;苹果计算机的 Mac OS X 是一个从 NeXTSTEP、Mach 以及 FreeBSD 共同派生出来的微内核 BSD 系统等。

2) Linux

Linux 是一种自由和开放源代码的类 UNIX 操作系统,该操作系统的内核由林纳斯·托瓦兹(Linus Benedict Torvalds)根据类 UNIX 系统 Minix 编写并在 1991 年 10 月 5 日首次发布。严格来讲,术语 Linux 只表示操作系统内核本身,但通常是指基于 Linux 内核的完整操作系统。Linux 发行版一直被用来作为服务器的操作系统,虽然对个人计算机也有其发行版,例如 Ubuntu,但市场占有率并不是很高。Linux 发行版也经常使用作为超级计算机的操作系统,2010 年 11 月公布的超级计算机前 500 强,有 459 个(91.8%)运行 Linux 发行版。曾经是世界上最强大的超级计算机——IBM 的红杉也是选择 Linux 作为操作系统。

Linux 是一个支持多用户、多任务,实时性较好的且稳定的操作系统,与 UNIX 标准高度兼容,并且完全免费。Linux 具有良好的用户界面、丰富的网络功能、可靠的安全性和稳定性、实时性好、支持多种操作系统平台。Linux 与 BSD UNIX 家族都搭配开源组织所开发的应用程序,但是由于使用的许可证以及其他的历史因素,Linux 取得了相当可观的开源操作系统市场占有率,而 BSD UNIX 则小得多。

3) Windows Server

Windows Server 系统通常用在中小企业的中、低档服务器上,向企业内网或因特网提供服务。Windows Server 支持 Web 服务,文件服务,数据库服务等一些功能。重要的版本有 Windows NT Server 4.0、Windows Server 2000、Windows Server 2003(R2)、Windows Server 2008(R2)、Windows Server 2012(R2)等。

## 3.1.5 操作系统启动过程

操作系统是由许多程序组成,在计算机还没加电启动时,这些程序都是存放在外存中。通过下面的加电启动过程,就可以将这些程序加载到内存中运行。

(1) 计算机加电后对硬件进行自检,主要通过 CPU 从主板只读存储器 ROM 中的基本输入输出系统(Basic Input Output System,BIOS)中执行相应的程序对计算机硬件进行自我检测。例如,查找显卡并初始化;检测和显示 CPU 类型和工作频率;测试安装的内存 RAM;检测系统中安装的一些硬件设备和即插即用设备等。在检测过程中,会同时在屏幕上显示一些检测信息。

(2) 将磁盘第一个物理扇区加载到内存,读取并执行位于硬盘第一个物理扇区的主引导记录,然后将系统控制权交给主引导记录。

搜索主引导记录中的分区表,查找活动分区(Active Partition)的起始位置,将活动分区第一个扇区中的引导扇区——分区引导记录加载到内存。检测当前使用的文件系统是否可用,查找主引导记录并加载系统启动器文件。

(3) 跳转到操作系统引导扇区执行引导程序,引导程序将操作系统的初始化文件、内核文件等逐步装入到内存,并将 CPU 控制权移交给操作系统内核。

(4) 内核载入并运行后,进行一些必要的初始化工作,例如内存分区、创建必需的系统进程等工作,至此完成系统的启动,进入到用户登录阶段。

如果希望在一台计算机上安装多种操作系统,通常需要安装有多系统引导程序(如 EasyBcd、System Commander 等)。这类程序是将自己的引导程序替换标准主引导记录,在运行系统启动程序之前让用户选择要启动的分区。

# 3.2　操作系统的功能

如今虽然存在形态各异的多种操作系统,但只要是操作系统,就都需要处理如管理与配置内存、决定系统资源供需的优先次序、控制输入与输出设备、操作网络与管理文件系统等基本事务,也就是说它们要完成的基本功能是相同的。

从资源管理角度看,操作系统主要通过以下几个方面实现对计算机系统资源的管理:进程管理、设备管理、文件管理、内存管理、处理器(CPU)管理。随着计算机网络的日益普及和网络安全面临新的挑战,现代操作系统也都具备了基本的网络管理服务和相应的安全保护机制。

## 3.2.1　作业管理

作业管理就是当用户需要完成某个任务时,操作系统会将相关的用户程序和数据从外部装入内存,并使它顺利执行直到结束。操作系统还将自身的功能以模块的方式提供给用户,让其在设计的程序中直接引用。操作系统通过两种类型的用户接口(或用户界面)来完成以上的作业管理。

(1) 命令接口,用户通过交互命令方式直接或间接地对计算机进行操作,该接口可以是字符界面或者图形界面。

(2) 程序接口,供用户以程序方式进行操作。程序接口也称为应用程序编程接口 API,用户通过 API 可以调用系统提供的程序,实现既定的操作。

## 3.2.2　文件管理

计算机系统中的各种信息资源都必须存储在外部存储设备上。现代计算机系统中,为了便于管理,将程序、数据及各种信息资源都组织成文件,以文件为基本单位进行读写、检索、共享、保护,用户无须知道这些数据存放在外设的哪个位置,只要通过文件名就可实现对文件的基本操作。文件管理的任务就是对文件进行组织、管理,向用户提供按文件名进行操作的界面和编程接口。关于文件管理的详细介绍见 3.3 节。

## 3.2.3 设备管理

计算机硬件除了 CPU 和内存外,还有很多其他的硬件,例如显示器、键盘、鼠标、光驱、打印机、音响等,这些部件统称为外部设备(简称外设)。外部设备作为重要的硬件资源必然成为操作系统管理的对象,这就是设备管理。由于外设种类繁多,物理特性各异,因此,设备管理也是操作系统中较复杂的部分。

### 1. 设备的分类

从使用功能、系统管理、共享属性等不同角度,可以将外部设备进行不同的分类。从操作系统管理的角度看,按照设备在数据传输时交换数据的单位可分为字符设备和块设备,通常也被称为输入/输出(Input/Output,I/O)设备和外部存储设备。

字符设备即输入/输出设备在数据传输过程中以字符为单位(不一定是字节,不同的编码一个字符占用的字节数不一样)依次传输字符流,比如键盘、打印机等设备。但对于硬盘、光盘等外存设备,如果按字符传输数据将直接影响到计算机系统的性能,所以它们是以块为单位传输数据,块的大小通常为 512B~32KB。

在多用户多任务环境下,外部设备必然要被多个用户程序竞争占用。因此,按设备的共享属性,可分为独占设备、共享设备、虚拟设备。

#### 1) 独占设备

独占设备是指在一段时间内只能供一个任务单独使用的设备,如打印机、扫描仪、键盘等。例如,当某个任务正在使用打印机时,其他任务不能同时打印,只有等待前面的任务完成打印任务后才能打印下一个任务。独占设备在多个程序并发运行时,使用互斥共享方式访问。

#### 2) 共享设备

共享设备是指在一段时间内允许多个任务同时使用的设备。共享设备的"同时使用"就是并发使用,是多个作业交替使用共享设备。这类设备通常是可寻址设备,也就是能够进行随机访问。如硬盘,可以在复制硬盘文件时同时查找同一硬盘上的其他文件。

#### 3) 虚拟设备

某些独占设备通常也需要共享。比如打印机,当正在打印一个文档时,如果有其他用户也需要打印,就会因设备独占而出现互斥。通过虚拟技术能够将独占设备虚拟成可以共享的逻辑设备,被多个作业同时访问。虚拟设备实现的方法是,输入时将一批作业的信息通过输入设备预先传送到硬盘上,以文件形式保存。输出时将作业产生的结果也全部暂时存在硬盘上而不直接输出,直到一个作业运行完得到全部结果再从硬盘上调出下一个需要输出的作业执行。也就是用磁盘文件来模拟输入输出设备,将结果以文件形式缓存在磁盘中而不是直接交给独占设备,真正进行输入输出时,是采用自动批处理方式从磁盘文件中依次分别将结果传送到独占设备上实现输入输出。这种虚拟技术最成熟的就是"假脱机"(SPOOLing),该技术广泛应用在打印机上。

**2. 设备的连接**

外部设备通常通过设备控制器连接到计算机的总线上,构成 I/O 系统。常用 I/O 系统结构如图 3.7 所示。由图可见,操作系统不是直接与外设打交道的,而是通过设备控制器(也称为适配器)进行 I/O 控制和数据传输。

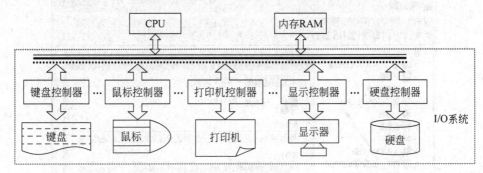

图 3.7  I/O 系统结构示意

设备控制器是 CPU 与外设之间的接口,像微机主板上的各种插口以及连接在主板上的 IDE 接口、SCSI 接口、USB 接口等都属于设备控制器。设备控制器有两个方向的接口:一个是接收来自主机发送的命令和数据的接口,用于控制设备通过总线与主机之间的数据交换;另一个是与设备驱动电路之间的接口,用于根据主机发来的命令控制设备进行 I/O 操作。这两个方向的接口具体来说是以电子部件和机械部件体现出来。电子部件常常是一块可以插入主板扩充槽的印刷电路板,如显卡、声卡、网卡等,像键盘、鼠标、打印机并行接口、通信串行接口等通用外设的控制器电路都直接印刷在主板上,成为计算机的标准配置。硬盘上也有一块印刷电路板,通过标准数据线与主板上的 IDE 接口或 ATA/ATAPI 硬盘接口相连接。机械部件则是设备本身,在模拟信号的驱动下完成各种具体的光、电、机械操作。

控制器通过电子部件接收来自 CPU 的命令和来自内存的数据等数字信号,并将其转换为驱动机械部件操作的一系列模拟信号,由机械部件完成具体的信息转换操作。反过来,机械部件控制的各种操作采集的模拟信号由电子部件转换成数字信号后,通过系统总线传送到内存,实现数据输入。在设备控制器的具体操作下,操作系统只需要通过传递操作命令(控制信号)和几个简单的参数就可以对控制器进行操作和初始化,从而大大简化了操作系统的设计工作,有利于提高计算机系统和操作系统对各类设备的兼容性。至于控制器中对 I/O 命令的解读以及信号转换方法,则由各种设备相关的驱动程序来实现。

**3. 设备的标识**

许多设备控制器都可以控制多个同类型的设备。比如 IDE 接口可以同时挂接 4 个磁盘(包括软盘、硬盘、光盘驱动器)。由于计算机系统中可以连接多种外设,并且同种外设可以配置多台,操作系统通常按照某种规则给每台设备赋予一个唯一的编号,用于区分和识别设备,这个编号称为绝对设备号,或称为绝对地址。

程序设计中如果使用设备的绝对地址将会带来编程不灵活方便等许多问题,因此,操作系统采用"设备类型号-设备序号"这种相对地址方式来标识设备。即先对每种类型的设备给一个唯一的编号叫做设备类型号,然后在给具体的设备一个设备序号,目的仅仅是区分程序中用到多少台该类设备,因此只是一个顺序号。当应用程序运行时,操作系统会根据资源情况和分配策略将相对地址转换成系统中设备的绝对地址,实现物理设备的连接和服务。设备标识如图3.8所示。

图3.8　设备类型标识

　　设备的绝对地址是操作系统给每一台设备确定的唯一编号;设备的相对地址是为了用户设计程序的方便而设的。使用设备相对地址编程,程序不必指定特定设备,而是在使用逻辑设备,因此不用考虑程序实际运行时系统设备的状况,只说明要使用某类设备多少台,操作系统会根据I/O请求为程序灵活分配设备,对于程序设计人员来说,这就是"设备独立性"。

　　**4. 输入输出控制**

　　用计算机处理数据,必须解决数据在计算机中的传输问题。例如,要将信息在屏幕上显示出来,就要解决如何把数据从内存传送到显卡上。实现内存和I/O设备传送数据一般有三种方式:程序控制方式、直接存储器存取方式和通道控制方式。

　　1) 程序控制方式

　　这种方式是由CPU运行程序来控制I/O设备的数据传输和操作。常用方法有三种:无条件传输方式、程序查询方式和中断控制方式。

　　无条件传输方式是在任何时候,只要有输入输出需要,CPU就可以立即启动设备控制器实现I/O传输。这种方式适用于那些总是准备好的简单设备,如电机、继电器、指示灯等。

　　程序查询方式是由CPU对设备的各种状态循环进行检测,若设备"闲",则执行I/O操作；若"忙"，则CPU不断对它进行探测，直到设备"闲"下来立即启动I/O操作。在早期计算机系统中主要采用这种方式。由于I/O设备的处理速度远远低于CPU运行速度，造成CPU处理能力的巨大浪费。

现代计算机系统中广泛采用中断控制方式，实现CPU与I/O设备并行工作。中断控制方式的核心思想是使I/O设备具有主动"汇报"能力。每当完成I/O操作后，便给CPU发一个中断请求信号。只有当CPU接到I/O设备中断请求后，才处理I/O操作。这种控制方式具有支持多道程序处理和I/O设备并行操作的功能，提高了资源的利用率。但是I/O操作仍依赖于CPU，也有可能会发生因中断次数剧增CPU无法及时响应而造成数据丢失的情况。由于每完成一次I/O数据传送都要执行中断处理程序，花费的时间较多，只适应键盘、鼠标、串口通信等中慢速外设的需要。

2）直接存储器存取方式

对于硬盘、光驱等以数据块为单位、大容量、高速度存储设备，如果仍用中断方式逐个字符传送数据（每传送一个字节调用一次中断来完成），显然是不行的。直接存储器存取（Direct Memory Access，DMA）方式无须CPU通过执行程序来控制I/O数据传输，而是由DMA控制器硬件来控制数据在I/O设备与内存之间直接传输。DMA控制器相当于一个专用的数据传送处理机，能实现块设备中数据块与内存数据的直接传送，仅在一个数据块传送结束后才向CPU发出中断请求，期间实现了DMA与CPU的并行操作。这种传输方式传输速度快，占用CPU资源也少。操作系统中通常会对系统资源和常用设备设置中断号并设计相应的中断服务程序完成中断请求。

3）通道控制方式

通道控制方式是DMA方式的发展，它也是以一组数据块的读（写）及有关控制和管理为单位进行干预，可实现CPU、通道和I/O设备三者的并行工作。所谓通道就是一种硬件设备，也称I/O处理机或I/O处理部件，它是一种专用的、有很强I/O处理功能的部件，可以独立完成CPU交付的I/O操作任务，通过执行本身的I/O专用程序（通道程序）来进行系统内存与外设之间的数据传输。通道一般有自己的指令系统——通道指令字CCW，完成控制、转移、读写和查询等功能。通道程序是由一系列的通道指令所构成的。

## 3.2.4　内存管理

任何程序（包括操作系统）都必须装入内存才能运行。现代的操作系统大多是多任务的，要想同时运行多个程序，操作系统就必须为每个程序分配独立的、足够的内存空间，要确保各用户的程序和数据库互相不干扰，因此内存管理也就成为操作系统的核心功能之一。无论何种操作系统的内存管理，都必须能够实现内存寻址、内存分配与释放、存储保护、内存与I/O系统数据交换等功能，此外，内存管理的另一个重要功能就是实现虚拟内存管理。

### 1. 内存地址

内存以字节为单位，所谓编址就是给每个存储单元（字节）一个二进制的编号。就像旅店有若干个房间，给每个房间一个门牌号码一样。内存中所有存储单元按顺序编号后就形成了内存的地址空间。例如4G内存，总共有$2^{32}$个字节，那么它就有$2^{32}$个存储单元，因此编号从0开始一直到4 294 967 296。用十进制表示这个数字较大，因此为了书写简便，一般用十六进制数书写内存地址，32位的地址只要用8位十六进制数就可以表示出来：00000000（H）～

FFFFFFFF(H)。

**2. 寻址与寻址空间**

所有的数据都是存放在内存中的,处理器在运算的时候根据需要提取出来,这就需要知道数据在哪里。前面已经给每个存储单元一个编号,也就是地址,那么根据这个编号就能找到存储单元,也就能取出里面的数据,也就是寻址。

处理器寻找地址的范围是有限的,这就是寻址空间,其大小是根据处理器设计时地址总线宽度设定的。例如,地址总线宽带为 36 位,也就是处理器排布了 36 根连接内存的信号线,那么寻址空间为 $2^{36}=64GB$。要想访问更大的地址空间,可以增加地址总线宽度,例如一些使用 Intel 安腾处理器的服务器上,可达到 44 位寻址空间。

**3. 物理地址与逻辑地址**

将安装的物理内存按顺序编号,所有单元地址就构成了一维的线性地址空间,这种内存地址与实际存储单元一一对应,称为物理地址,或称为绝对地址。

在多任务系统中,如果让所有的程序都可以任意访问整个物理地址空间,这样不仅使得开发人员由于无法确定该程序运行时存放在内存中的物理地址而造成设计的困难,而且由于程序能访问其他程序的代码和数据从而带来安全问题。因此,操作系统隔离了所有的程序(任务),让它们在各自内存空间中活动,同时为了方便,将起始地址都标记为 0,也就时每个程序都认为自己的程序和数据存放在地址为 0 开始的连续空间中。程序中使用的地址就是逻辑地址,程序代码及其操作的所有数据存放的逻辑地址构成了逻辑地址空间。

**4. 地址转换**

为了保证程序的正确执行,操作系统必须把程序的逻辑地址转换成分配给它的内存的物理地址。这种地址映射过程称为“重定位”或“地址转换”。重定位的方式有静态重定位和动态重定位两种。

1) 静态转换

在装入一个程序时,把程序中的指令地址和数据地址全部转换成物理地址。这种转换工作是在程序开始运行前集中完成的,在程序执行过程中无须再进行地址转换,所以称为静态重定位。

2) 动态转换

在装入一个程序时,不进行地址转换,而是直接把程序装到分配的内存区域中。在程序运行过程中,每当执行一条指令时都由硬件的地址转换部件转换成物理地址。这种方式的地址转换是在程序执行时动态完成的,所以称为动态重定位。动态重定位由操作系统和硬件的地址转换部件相互配合来实现。

**5. 内存分配**

计算机正常启动后,操作系统的常驻程序通常保存在内存的低端(物理地址从 0 开始的地址编号较小的区域),而内存的高端区域(地址编号较大的区域)留给用户的应用程序使用。在早期的计算机中,要运行一个程序,会把这些程序全都装入内存,通过地址转换将程序的逻辑地址转换成物理地址。程序都是直接运行在内存上的,也就是说程序中访问的内存地址都是实际的物理内存地址。在多任务环境下,需要对内存中的用户区进行分区管理,也就是使得每个运行程序在各自独立的内存分区中运行。对多个分区的管理可采用固定分区方式和可变分区方式。

1）固定分区存储管理

固定分区是指内存空间划分成若干连续分区后，这些分区的大小和个数就固定不变，然后利用一张"内存分配表"说明各分区的情况。程序装入和运行结束都通过这个内存分配表来记录各个分区的使用和变化情况。就像宾馆对客房管理一样，总台的房间登记表对每天各个房间的住宿情况登记得清清楚楚。固定分区管理方式采用静态转换的方法装入程序，并实现程序的保护。

2）可变分区存储管理

可变分区就是指分区的大小和位置不固定，而是根据用户程序的需要来动态分配内存。在操作系统启动后，内存除了操作系统所占部分外，整个用户区是一个大的空闲区，可以按用户程序需要的空间大小顺序分配空闲区直到不够时为止。当用户程序结束时，它所占用的内存分区被收回，这个空闲区又可以重新用于分配。操作系统使用"已分配区表"和"空闲区表"来记录和管理内存。

可变分区存储比固定分区存储在内存使用上显得灵活但管理过程复杂。常用的内存分配算法有最先适应分配、最优适应分配、最坏适应分配等。最先适应分配就是在分区表中顺序查找，找到够大的空闲区就分配。但是这样的分配算法可能形成许多不连续的空闲区，造成许多"碎片"，使内存空间利用率降低。最优适应分配算法总是挑选一个能满足用户程序要求的最小空闲区。但是这种算法可能形成一些极小的空闲区，以致无法使用，这也会影响内存利用率。最坏适应分配算法和上面的正好相反，它总是挑一个最大的空闲区分给用户程序使用，使剩下的空间不至于太小。

现代操作系统通常采用页式存储管理、段式存储管理、段页式存储管理等分配方法实现内存的有效管理。

**6．虚拟内存**

"内存有多大，程序就会有多大"——帕金森定律。

尽管内存的容量在不断膨胀，然而程序也变得越来越庞大，内存的大小永远无法满足所有程序运行的要求。要解决这一矛盾，多数操作系统采用划出一部分硬盘空间来充当内存使用的方法，即虚拟存储器技术。

1）程序局部性特征

一个大型程序在运行之前，没有必要全部装入内存，因为程序的执行仅局限于某个部分，它所访问的存储空间也局限于某个区域内。另外，如果程序中的某条指令一旦执行，则不久的将来该指令可能再次被执行；如果某个存储单元被访问，则不久以后该存储单元可能再次被访问。同样，一旦程序访问了某个存储单元，则在不久的将来，其附近的存储单元也最有可能被访问。以上就是程序的局部性特征。

2）虚拟存储器

根据程序局部性特征，仅将当前要运行的那部分指令和数据（页面或段），先装入内存便可启动运行，其余部分暂时留在外部存储介质上，当运行需要时，再从外部存储介质中载入。另外一种情况是当程序需要的内存空间无法满足时，可以将内存中一段时间内未运行的程序代码和数据暂时交换到外部存储介质中，腾出宝贵的内存空间以装入当前需要运行的代码和数据。当内存空间空余时或交换出去的代码需要再次执行时，再将它们交换到内存中。这样，便可使一个大的程序在较小的内存空间中运行；也可使内存中同时装入更多的进程并发执行。

从用户角度看,该系统所具有的内存容量,将比实际内存容量大得多,人们把这样的存储器称为虚拟存储器。虚拟存储器的逻辑容量由实际物理内存和设定的虚拟外存容量之和,其运行速度接近于内存速度,而成本却又接近于外存。可见,虚拟存储技术是一种性能非常优越的存储器管理技术。

3) 虚拟存储器的实现

Windows 用一个硬盘文件来实现虚拟存储技术,默认会在系统盘(安装系统的分区)上创建一个隐藏的系统文件"pagefile. sys",称为"页面文件"。默认值是物理内存的 1.5 倍。

Linux 操作系统支持两种形式的虚拟存储技术:交换分区和交换文件。交换文件类似于 Windows 的页面文件,而交换分区是专门分出一个磁盘分区用于交换,大小一般设置为物理内存的 1.5~2 倍。Linux 还支持同时使用多个交换设备,还能为它们分配给不同的优先级。当需要交换出物理内存中页时,操作系统根据优先级顺序选择可用的交换设备。

由于虚拟内存使用了硬盘,硬盘上非连续写入的文件会产生磁盘碎片,因此一旦用于实现虚拟内存的文件分区过于零碎,会加长硬盘的寻道时间,影响系统性能。有观点误认为 Windows 系统频繁读写 pagefile. sys 就会产生磁盘碎片,实则不然。因为 pagefile. sys 文件一旦创立,在分区中的分布连续形式就固定下来,文件内部读写并不增加或减少 pagefile. sys 的文件大小。而在 Linux 系统中,将用于虚拟内存的部分置于单独的分区中,不影响其他的分区或文件,因此杜绝了磁盘碎片带来的影响。

通常嵌入式系统和移动设备系统由于性能和实时性的要求而不使用虚拟内存技术。

### 3.2.5 处理器管理

系统中可存在多个处理器(CPU),并同时运行多个作业。处理器管理就是把所有的处理器合理的分配给各个用户作业使用,目的是提高处理器的利用率。要完成该功能,处理器管理模块需要对系统中各个处理器的状态进行登记,还要登记各个作业对处理器的要求,然后用一个优化算法实现最佳调度策略将处理器交替地分配给内存中等待运行的作业。

#### 1. 程序和进程

进程与程序是两个相互关联但又截然不同的两个概念。程序是指令的有序集合,其本身没有任何运行的含义,是一个静态的概念。进程是程序在 CPU 上的一次执行过程,它是一个动态的概念。程序可以作为一种软件资料长期存在,而进程是有一定生命期的。程序是永久的,进程是暂时的。

进程(Process)是可并发执行的程序在占用系统资源后的一个运行过程,是操作系统进行资源分配、保护和调度的基本单位。进程也可以理解为一个具有独立功能的程序及其数据和占用资源所构成的集合的一次运行活动,它可以申请和拥有系统资源,是一个动态的概念,是一个活动的实体,它不只是程序的代码,还包括当前的活动。同一个程序的每次运行都会产生一个各自独立的进程。因此,进程具有独立性、动态性、并发性、异步性(是指进程按各自独立的、不可预知的速度向前推进的特性)。下面以一个实例来看看进程。

在 Windows 中依次打开"记事本"程序和两个"画图"程序,然后运行"任务管理器"。在"任务管理器"窗口中的"应用程序"选项卡中会看到三个"正在运行"的应用程序,如图 3.9 所示。从图中可以看出在"进程"选项卡中,每个程序运行时都会生成相应的进程,具有独立的进程号 PID、内存空间、CPU 时间、I/O 读写等。同一个程序的多次运行,也将产生多个进程,尽管这些进程的代码相同,但所占用的系统资源不同,所处理的数据以及运行状态都会有所不同,是相互独立的进程。

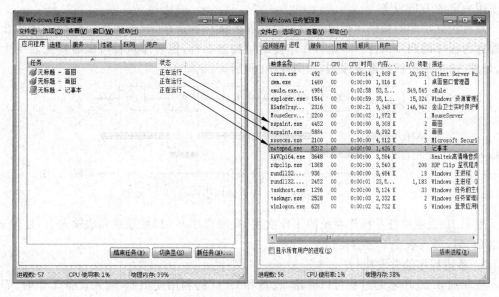

图 3.9　运行程序与进程

操作系统不是一个程序,而是有许多用来管理和控制计算机软硬件资源程序的集合。例如,管理外部设备的程序、管理外存文件的程序、管理内存分配的程序,以及管理 CPU 的程序等,这些程序在系统启动时都会生成相应的进程,并完成相应的功能。这些由操作系统本身用来管理和控制计算机系统资源的进程称为系统进程。操作系统还有一些程序,并不需要启动的时候运行,而是需要运行时才装入到内存中执行,例如记事本、画图等,它们通常保留在 Windows 的系统目录中。表 3.1 列出了 Windows 系统中的几个重要的系统进程。

表 3.1　Windows 中部分系统进程

| 系统进程名 | 说　　明 |
|---|---|
| System Idle Process | 关键进程,在系统不处理其他线程的时候分派处理器的时间,循环统计 CPU 的空闲度 |
| system | 内存处理系统进程,用于页面内存管理 |
| explorer | 控制着标准的用户界面、进程、命令和桌面等,总是在后台运行 |
| ctfmon | 在桌面右下角显示的语言栏进程 |
| csrss | 客户端服务子系统进程,用于控制 Windows 图形相关子系统 |
| services | 用于管理系统服务的启动和停止以及计算机启动和关机时运行的服务 |
| svchost | 一个标准的动态连接库主机处理服务进程,许多系统服务功能都由它装载启动,因此可能出现多个以上该名称的进程 |
| smss | 会话管理子系统用于初始化系统变量 |
| Lsass | 本地安全权限服务进程,用于控制 Windows 安全机制 |
| spoolsv | 用于将 Windows 打印机任务发送给本地打印机 |

**2. 程序的顺序执行**

每个程序的设计功能虽然不同,但从原理上说一般都有数据输入、数据处理、数据输出几个过程,并且可能是这些过程的循环反复。程序执行时既要占用 CPU 和内存,也可能又要占用一定的 I/O 设备。

具有独立功能的程序运行时独占 CPU,依次执行各条指令,直到程序执行完成为止的过程称为程序的顺序执行。不论程序本身的结构怎么样,但顺序执行可以看作是若干个输入、处理、输出子过程的重复序列,如图 3.10 所示。

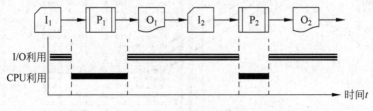

图 3.10    程序顺序执行

图 3.10 说明单任务操作系统的工作次序,完成程序 $P_1$,即按顺序完成输入 $I_1$,处理 $P_1$,输出 $O_1$ 后,进入程序 $P_2$ 运行过程。

**3. 多道程序的并发执行**

从如图 3.10 所示的过程可以看出,设备和 CPU 的利用度很低,输入设备工作时,CPU 和输出设备空闲,CPU 工作时,外部设备都空闲着。为了提高计算机系统的运行效率,操作系统实现了多个程序在一段时间内"同时"执行。此时,程序的执行不再是顺序的,而是一个程序未执行完另一个程序便开始执行。内存中同时装入多个相对独立的程序代码,它们共同竞争和复用 CPU、外设等系统资源。多道程序的执行过程如图 3.11 所示。

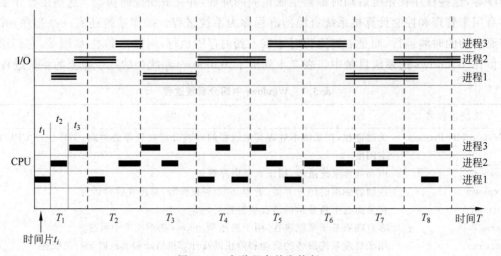

图 3.11    多道程序并发执行

图 3.11 示意的是 3 个进程之间对 CPU 和 I/O 设备的竞争和复用情况。在各个时间段 $T_i$ 中,可以将时间分割成一些小的时间片 $t_i$(时间间隔更短的时间段),让 CPU 在各个进程之间按照某种策略分配使用,使得 CPU 得到较充分的利用。在时间段 $T_i$ 中宏观上有多个程序在同时运行,但在单 CPU 计算机系统中,每一时刻仅有一个进程在运行,因此微观上这些程序只能是分时共享 CPU 交替运行。这就是程序的并发执行。

# 3.3 文件管理

计算机的程序和用户创建的文档、表格、图片等各种类型的数据必须存储在外存上才能长久保存。操作系统的文件管理功能(下称文件系统)就是为实现对信息的组织、存储、检索、共享和保护而设计的。

## 3.3.1 文件

### 1. 文件的概念

计算机文件是指存储在外部存储器中(如硬盘、DVD、U 盘等)的由一个名字标识的一组数据的集合。一个文件可以是一张照片、一首歌曲、一篇文档或者一部影片等。操作系统通过文件系统对数据进行存储和组织,使得用户对数据的访问和查找变得容易。文件的概念体现了操作系统的一种抽象机制,即无论信息的内容、形式、数量、格式如何,统统抽象成一定格式的二进制数据集合,形成统一的逻辑结构体存储在外存上。

文件系统使用文件和树形目录的抽象逻辑概念代替了硬盘和光盘等物理设备使用数据块的概念,用户使用文件系统来保存数据不必关心数据实际保存在硬盘(或者光盘)的那个地方,只需要记住这个文件的所属目录和文件名。

### 2. 文件命名规则

文件名原则上可以任意命名,但是不同的操作系统有一些限制。主要有:

(1) 长度限制,不同的操作系统中保存的文件名称的长度是不一样的。如 MS-DOS 中,最多 8 个字符的文件名和最多 3 个字符的扩展名;老版本的 UNIX 系统允许文件名 14 个字符长度;现代操作系统一般都限制在 255 个字符。

(2) 字符大小写区分限制,微软的 Windows 系列操作系统不区分大小写;在 UNIX 和 Linux 系统中文件名是区分大小写字母的;苹果的 MAC OSX 默认的情况是区分大小写,但是你可以在安装时选择不区分大小写。

(3) 字符限制,起名可以用字母、数字、下划线以及甚至汉字等命名,但有些字符在操作系统中已经有特殊的作用,例如,会用这些特殊字符来表示一个设备、设备类型、目录前缀或文件类型,那么这些字符不能再用于文件名中。表 3.2 列举出 Windows 文件系统中特殊字符的用途。另外需要注意的是,虽然使用汉字给文件命名直观、方便,但如果文件用于网络环境,由于不同计算机系统上使用的汉字编码可能不一样,会导致文件名出现乱码,造成无法打开文件,超长的文件名在压缩解压和刻录到光盘中时也可能导致错误。

表 3.2 Windows 中特殊字符的用途

| 字符 | 用途 |
| --- | --- |
| ? | 文件名通配符,代表 1 个任意字符 |
| * | 文件名通配符,代表任意多个任意字符 |
| : | 外存驱动器的逻辑盘符,如"C:"代表硬盘的一个逻辑盘 |
| \ | 目录路径分隔符,如"C:\Windows\calc.exe" |
| > | 输出重定向符,将命令输出结果输出到文件中而不是显示器上 |
| < | 输入重定向符,从文件中而不是从键盘中读入命令输入 |
| \| | 管道操作符,从一个命令中读取输出并将其写入另一个命令的输入中 |

除了以上的系统限制之外,为了便于今后按照文件名找出所需的文件内容,文件名在命名的时候最好与文件的内容相关。

### 3. 文件类型和文件扩展名

计算机中的所有信息都以文件的形式进行存储,但是信息有文字、图形、图像、声音、视频等多种方式,为了将这些信息统一以二进制方式放入计算机进行处理,就需要对不同的信息进行不同的编码。文件类型就是指定文件以何种编码方式将文件放入存储介质中。

为了便于操作系统和应用程序识别文件的类型,一般使用扩展名来表明文件的类型,并用"."来与文件名分隔。扩展名是可选的,使用扩展名主要是方便计算机为不同格式的信息调用相应的软件进行处理,例如,在 Windows 平台中,打开一个扩展名为 MP3 的文件,系统会调用一个音乐播放器来播放。因此给文件重命名时,注意不要随意更改它的扩展名,因为可能造成系统不知道调用何种程序打开该文件而出现无法打开的错误。

在 Windows 平台上,为了兼容以前的老的 DOS 系统,扩展名习惯用 3 个字符表示。表 3.3 列出了常用的扩展名及文件类型。

表 3.3 常用文件扩展名

| 扩 展 名 | 文 件 类 型 | 扩 展 名 | 文 件 类 型 |
|---|---|---|---|
| exe、com、bat | 可执行程序文件 | xls、xlsx | Excel 电子表格文件 |
| sys、dll、ini | Windows 系统文件 | ppt、pps | Powerpoint 演示文稿文件 |
| iso、img | 光盘镜像文件,用虚拟光驱软件打开 | mdb | Access 数据库文件 |
| arj、zip、cab | 压缩文件 | c、cpp | C 语言源程序文件 |
| tmp | 临时文件 | asm | 汇编语言源程序文件 |
| txt | 文本文件,任何文本编辑器都可打开 | bmp、gif、jpg、png、tif | 图像格式文件 |
| doc、docx | Word 文档文件 | obj | 目标程序文件(二进制代码) |
| pdf | 文档文件,Adobe Acrobat Reader 和各种电子阅读软件可打开 | mp3、wav、mid、ra、cda | 音乐格式文件 |
| pdg | 超星电子图书馆专用的格式文件,可用超星图书阅读软件打开 | fla、swf | Flash 动画文件和播放文件 |
| htm、html | 网页文件,各种浏览器可打开、用写字板打开可查看其源代码 | mpg、mpeg、dat、rm | 视频格式文件 |

文件虽然存在磁盘中都是二进制,但一般有两类存储方式:ASCII 码和二进制文件。ASCII 码文件又称为文本文件,使用 ASCII 码表示文件的信息。ASCII 码使用标准统一、公开的编码方式,一个字符使用一个字节为单位进行存储,因此信息容易交互。二进制文件以不同长度的二进制码为单位进行存储,通常这类文件的编码方式不公开,因此只有格式的制定者才知道文件的存储格式,才能将文件内容正确读取出来。

### 4. 文件属性

除了文件名、文件内容和文件类型外,还有一些反映文件的特征的信息,称为文件属性。常见的文件属性有:

（1）时间——包括文件的创建时间、修改时间和访问时间等。

（2）空间——包括文件的位置、大小、磁盘占用空间等。

（3）操作——包括文件的只读、隐藏、系统和可读写/存档等。

（4）安全——包括文件的拥有者，其他人对该文件的使用权限等。

**5. 文件名通配符**

在对文件（包括目录）进行操作时，通常允许一次指定多个文件，操作系统允许用户使用一些特殊的字符来表示文件名，从而使一类或所有文件能用一个名字表示，这被称为通配符。在搜索文件时，通配符非常有用。例如，Windows 中通配符"＊"和"？"，分别可以代替多个和一个任意的字符。

1）字符"＊"

用"＊"代替任意多个字符组成的字符串，这在操作一组同类型的文件时非常方便。例如，"＊.＊"表示所有文件；"＊.DOC"表示以 DOC 为扩展名的所有文件；"长城＊.JPG"表示以字符长城开头的图片文件；My.＊表示文件名为 My 扩展名任意的文件。

2）字符"？"

"？"字符用以指代 1 个任意的字符（包括该位置无任何字符）。例如，"信息处理.??"表示文件名为信息处理，扩展名不超过两个字符的文件；"刘?华.MP3"表示文件名不超过 3 个字符，中间字符任意也可没有，扩展名为 MP3 的文件；"D?.＊"表示文件名以 D 开头且不超过 2 个字符，具有任意扩展名的文件。

## 3.3.2 文件目录

要在大容量磁盘上管理成千上万的、类型各异的文件，通常遵循分类保存、规范命名、方便查找的原则进行管理。"目录"（又称为"文件夹"）类似一个"容器"，在它里面可以放入一些文件和其他一些目录（子文件夹或子目录）。

**1. 文件目录表和文件控制块**

类似图书馆通过建立图书目录检索图书，操作系统在磁盘上创建了一类特殊的文件，称为文件目录表（File Director Table，FDT），来登记该目录下保存的所有文件信息。FDT 表每一行登记一个文件的信息，通常称之为文件控制块（File Control Table，FCB）。文件控制块包含了文件名、扩展名、文件属性、创建日期、最后修改日期、首簇号、文件长度等信息。其中的首簇号保存的是该文件保存在磁盘上的第一个数据块的物理地址。文件目录（在Windows 中称为文件夹）的作用是用于检索文件。

**2. 文件目录结构**

为了便于管理，操作系统允许在任何目录下创建下一级目录，形成父目录和子目录的层次关系。子目录也是一种特殊的文件（目录文件），其中会产生两个特殊的 FCB，第一个的文件名为"."，代表该子目录本身；第二个文件名为".."，代表父目录，通过这两个特殊的FCB 建立目录之间的联系，如图 3.12 所示。目录文件的内容是保存该目录中各个文件的FCB，子目录中保存的 FCB 数量一般不受限制。用户根据需要，可以创建多层次的目录树，将不同系统或用途的文件分门别类放置在各层目录中。

1）文件路径

同一级目录下，文件名不能相同。树形目录解决了同一目录下文件重名问题，有利于文

图 3.12 目录结构

件分类管理,提高检索文件的速度,方便用户进行存取权限的控制。当目录树越来越庞大时,要说出文件保存在哪里是一件不容易的事。操作系统通常使用"路径"来描述文件的位置,也就是使用目录分隔符(Windows 中斜杠"\",UNIX 和 Linux 中用反斜杠"/")将文件所在位置的各层子目录描述出来。例如,C:\Program Files\Microsoft Office\OFFICE11\Word.exe,指明了可执行文件 Word.exe 的路径。在 Windows 的资源管理器中逐层打开文件夹,就能找到该文件。

2) 绝对路径和相对路径

在不知道当前的操作处在哪个目录中时,可以将根目录作为参照,从根目录开始顺着一层层的子目录引导下直到文件所在目录,这种路径称为绝对路径。如上例的"C:\Program Files\Microsoft Office\OFFICE11\Word.exe",文件"Word.exe"的绝对路径是"C:\Program Files\Microsoft Office\OFFICE11\"。

目录层次越深,绝对路径越长,有时候用绝对路径表示文件位置就不太方便。因此,在知道当前的操作所处的目录(当前目录,当前打开的文件夹)时,如果要访问的文件就在当前目录的附近,可以用当前目录作为参照,指出该文件相对于当前目录的路径,这就是相对路径。例如,如图 3.12 所示,如当前目录是"C:\信息处理技术\",则其子目录"素材"中的文件"3-1.jpg"的相对路径可以写成".\素材\3-1.jpg",或者"素材\3-1.jpg"。

**3. 文件基本操作**

文件系统提供了一组对文件(包括目录)进行操作的系统调用命令。用户通过操作系统界面下的文件管理工具,比如 Windows 的"资源管理器"实现对磁盘文件(文件夹)的创建、打开、关闭、复制、更名、删除、设置属性、共享等操作。此外,"搜索"功能可以帮助用户根据文件的某些特征查找文件所在位置(文件路径)。

## 3.3.3 文件结构和存取方法

文件结构是指文件的组织形式,分为逻辑结构和物理结构两个部分。文件的逻辑结构是用户构造的信息之间的逻辑关系，与存储设备特性无关；文件的物理结构是其在外存上的存储状态，与存储设备的特性有很大的关系。文件的逻辑结构离不开物理结构，同时又与存取方法有关。

**1. 文件的逻辑结构**

文件的逻辑结构是指其信息的组织形式。用户以这种形式存取、检索和加工有关信息。它可分为流式文件和记录式文件两种结构。

1）流式文件

流式文件是有序字符的集合，构成文件的基本单位是字符，其长度为该文件所包含的字符个数，所以又称为字符流文件。流式文件无结构，且管理简单，用户可以方便地对其进行操作。系统程序、用户源程序等文件属于流式文件。

2）记录式文件

记录式文件是一组有序记录的集合，构成文件的基本单位是记录。记录是一组相关信息的集合，它包含一个主键和其他属性。比如，对于描述学生基本情况的文件，每个学生的完整信息应该包含学号、姓名、性别、出生年月等属性，这些属性合在一起构成了一条记录，其中的学号每个学生都不一样，起到唯一区分各条记录的作用，称为主键。记录式文件主要用于信息管理。

记录式文件中的记录既可以是定长的，也可以是变长的。根据用户和系统管理上的需要，可以采用多种方式来组织这些记录，形成顺序文件、索引文件、索引顺序文件。对定长记录按某种顺序（比如学号顺序）排列就形成了顺序文件。这类似于学生情况登记表，按照学号顺序逐行登记学生情况，每行登记一个学生的信息，构成一条记录。对变长记录通过建立一张索引表，由索引表能够很快找到记录位置实现记录的访问。就像一本书有若干章节，每章的页数可能不相同，为了方便阅读就建立了一个目录，通过查找目录，很快就能找到要阅读章节所在的页。索引顺序文件是结合了顺序文件和索引文件的特点而构造的。记录式文件是以记录为逻辑块进行读写的。

**2. 文件的物理结构**

文件的物理结构是指其在物理存储设备上的存放结构和组织形式。磁盘等外存设备通常被划分为大小相等的物理块，物理块是外存空间分配及数据读写的基本单位。也就是说，磁盘是以块为单位分配给文件；读写文件时，也是按块读写。

由于文件的物理结构决定了文件数据在外存上的存储方式，因此，文件数据的逻辑块号（逻辑地址）到物理块号（物理地址）的转换也是由文件的物理结构决定的。物理块的大小与设备有关，但文件逻辑块的大小与设备无关。因此一个物理块中可以存放若干逻辑块，一个逻辑块也可以存放在若干个物理块中。为了有效地利用外存设备和便于系统管理，一般把文件数据划分成与物理存储块大小相等的逻辑块。常见的文件物理结构有顺序结构、链接结构、索引结构等。

**3. 文件的存取方法**

文件的存取方法是指按照什么样的方式读写文件，即针对文件的逻辑结构以什么样的次序来读写。通常有顺序存取和直接存取两种方法。

1）顺序存取

按照文件的逻辑顺序依次从外存存取称为顺序存取。对记录式文件反映为按记录的逻辑顺序来依次存取。对于定长记录的顺序文件,如果知道了当前记录的地址,则很容易确定下一个要存取记录的地址。在读一个文件时,可设置一个读指针,令它总是指向下一次要读出的记录首地址。当记录读完后,对读指针进行相应的修改。对于变长记录的顺序文件,与定长记录读写时的情况类似,只是在调整读写指针时增量随着刚读写完的记录长度进行调整,而不是一个固定的长度。流式文件也可通过设置读写指针标记读写位置,逐个访问字符。

2) 随机存取

随机存取又称为直接存取,允许按任意顺序随机地读写文件中的任何一个记录。可以根据记录的编号或者记录的主键来直接存取文件中的任意一个记录,也可根据存取命令把读写指针移到欲读写信息位置之后进行读写。在流式文件中,直接存取必须先用必要的命令把读写指针移到欲读写信息的位置,然后再进行读写。

一般来说,对于顺序存取的文件,文件系统可把它组织成顺序结构和链接结构;对于随机存取的文件,文件系统可把它组织成索引结构。

## 3.3.4 文件系统

对于一般用户而言,最好不必考虑文件的逻辑结构、物理结构、存取方法之类的复杂问题,只需要掌握操作系统提供的一组操作或命令,就能轻松处理磁盘上有关文件的所有操作。操作系统中的文件系统就是以此为目标而设计的。

**1. 文件系统**

操作系统中负责管理和存储文件信息的软件称为文件系统。文件系统是对文件存储空间进行组织和分配,负责文件存储并对存入的文件进行保护和检索的系统。它既是一个管理和控制文件存取的程序,也可被看作是一种组织文件存储的数据结构。不同类型的操作系统可能采用不同的文件系统。比如 Windows 中使用了文件分配表(File Allocation Table,FAT 或 FAT16)、FAT32、exFAT、NTFS,苹果的 MAC OSX 使用 HFS+、HFS,Linux 使用 EXT2、EXT3、EXT4 等。

**2. Windows 中几种常见的文件系统**

1) FAT32

FAT32 可以支持的磁盘大小达到 2TB(2047GB),但是不能支持小于 512MB 的分区。相对以前的 FAT16 由于采用了更小的簇,FAT32 文件系统存储效率更高。例如,如两个分区大小都为 2GB,一个分区采用了 FAT16 文件系统,另一个分区采用了 FAT32 文件系统。采用 FAT16 的分区的簇大小为 32KB,而 FAT32 分区的簇只有 4KB 的大小。FAT32 文件系统可以重新定位根目录和使用 FAT 的备份。另外,FAT32 分区的系统引导记录受到特殊保护,减少了计算机系统崩溃的可能性。

2) exFAT

扩展文件分配表(Extended File Allocation Table File System,exFAT)是微软在 Windows Embedded 5.0 以上(包括 Windows CE 5.0、Windows Mobile5)中引入的一种适合于 U 盘的文件系统。exFAT 是为了解决 FAT32 单文件不支持 4GB 及以上而 NTFS 文件系统又不太适合 U 盘而推出的。相对于 FAT32 文件系统,exFAT 增强了台式计算机与移动设备的互操作能力;单个文件大小最大可达 16EB(1EB=1024×1024TB);簇大小可高达 32MB；同一目录下最大文件数可达 65 536 个。

3）NTFS

Windows NT 内核所采用的新技术文件系统（New Technology File System，NTFS）文件系统是建立在保护文件和目录数据基础上，同时兼顾节省存储空间、减少磁盘占用量的一种先进的文件系统，具有更好的安全性。NTFS 文件系统采用了更小的簇（4KB），可以更有效率地管理磁盘空间；采用事务处理日志和恢复技术来保证分区的数据一致性；支持对分区、文件夹和文件的压缩，当对文件进行读取时会自动进行解压缩；可以为共享资源、文件夹以及文件设置访问许可权限，与 FAT32 文件系统相比，安全性更高。

# 3.4　Windows 7 的使用

## 3.4.1　Windows 7 概述

微软公司在 2009 年 7 月 4 日发布了 Windows 7，凭借在安全性、可靠性、兼容性、易用性以及产品性能等方面的出色表现，Windows 7 已经发展成为目前市场上的主流操作系统之一。根据不同客户的需求和使用场所，Windows 7 提供了五个产品版本，包括企业版、旗舰版、专业版、家庭高级版和家庭普通版。其中企业版和专业版是专为企业客户开发，而家庭高级版和家庭普通版适合个人用户。

## 3.4.2　Windows 7 操作界面

Windows 7 是图形用户界面 GUI 的操作系统。图形用户界面主要操作设备是屏幕、键盘、鼠标。鼠标用作定位和选择操作对象；键盘也可作为辅助的定位和选取设备，但最主要的功能还是输入字符和快捷键操作。鼠标常用的操作有："移动"鼠标，将鼠标指针移到操作对象上；"单击"选中一个操作对象；"双击"打开操作对象；"右击"打开与对象相关操作的快捷菜单；"滚轮"移动窗口中的滚动条；"拖动"一般用于选择多个操作对象，复制或移动对象。另外，鼠标也常和键盘上的控制键 Ctrl、Alt、Shift 组合使用。在使用鼠标时需要注意光标的状态（鼠标指针的形状），不同的状态代表不同的含义，完成的操作也不一样。

图形用户界面又主要是通过桌面、窗口、对话框的形式来操作计算机。使用图形界面的任何软件，不论是操作系统还是应用程序，基本操作都是类似的，不同的是各种软件的功能存在差异，界面布局和操作习惯有所不同。

**1. 桌面**

桌面是打开计算机并登录到 Windows 之后看到的主屏幕区域，就像现实中工作的桌面一样，Windows 7 的桌面如图 3.13 所示。桌面是操作系统的主界面，具有简洁、美观、个性化的特质。当用户打开程序或文件夹时，它们便会出现在桌面上。一般将经常使用的应用程序以图标快捷方式显示在桌面上以方便用户的使用，还可以将一些项目（如文件和文件夹）放在桌面上，并且随意排列它们。桌面还包括任务栏，它通常位于屏幕的底部。任务栏的左端是"开始"按钮，单击可以打开上拉式菜单，从中可以找到计算机中的软硬件资源并对其进行操作；中间部分用于显示正在运行的程序，并可以在它们之间进行切换；右边是通知区域，是一些常驻内存的程序，如调整音量大小、显示日期时间等。

图 3.13　Windows 7 桌面

桌面图标是代表文件、文件夹、程序和其他项目的小图片,如图 3.13 所示。常用的桌面图标包括"计算机"、"网络"、个人文件夹、"回收站"和"控制面板"。双击桌面图标会启动或打开它所代表的项目。

如果想要从桌面上快速访问常用的文件或程序,可创建它们的快捷方式。快捷方式是一个表示与某个项目链接的图标,而不是项目本身。双击快捷方式便可以打开该项目。如果删除快捷方式,则只会删除这个快捷方式,而不会删除原始项目。一般可以通过图标左下角的箭头来识别快捷方式,如图 3.13 所示。

**例 3-1**　往桌面上添加快捷方式图标。

要想在桌面上添加画图程序的快捷方式,操作步骤:

(1) 单击"开始"→"所有程序"→"附件"命令。

(2) 右击"画图"→"发送到"→"桌面快捷方式"命令。

**例 3-2**　隐藏桌面图标。

为了桌面整洁,而临时隐藏所有桌面图标,而实际并不删除它们。操作步骤是,在桌面上的空白部分右击,在弹出的快捷菜单中选择"查看"→"显示桌面图标"命令,去掉选中标记(前面的勾)即可。可以通过再次选中"显示桌面图标"来显示图标。

更广泛而言,用户可以按照自己的喜好对计算机的图片、颜色和声音进行组合,这种组合称为主题。主题包括有桌面背景图、窗口颜色和外观、用户账户头像、声音方案以及屏幕保护等,某些主题还可能包括桌面图标、鼠标指针等。进入主题设置窗口有两种方法:一种方法是在桌面的空白处右击,在弹出的快捷菜单中选择"个性化"命令;另一种方法是,打开"控制面板",然后单击"个性化"图标。这两种方法都会打开如图 3.14 所示的设置窗口。

图 3.14 设置 Widows 7 主题

**例 3-3** 设置幻灯片播放为桌面背景图片。

希望隔一段时间桌面背景图会自动变化,操作步骤:

(1) 右击桌面空白处,在弹出的快捷菜单中选择"个性化设置"→"桌面背景"命令,出现如图 3.15 所示的桌面背景图片。

(2) 在图片上,按住 CTRL 键不松开,选择需要的图片。

(3) 还可以选择播放图片的时间间隔和选择随机播放还是连续播放。

图 3.15 设置幻灯片播放桌面背景图片

**2. 窗口**

窗口是程序的主要工作界面。当打开程序、文件或文件夹时,窗口就会在屏幕上显示。虽然每个窗口的内容各不相同,但大多数窗口都具有相同的基本部分,如图 3.16 所示。

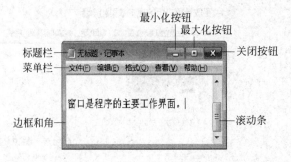

图 3.16　Windows 7 窗口各个部分

(1) 标题栏,显示文档和程序的名称(如果正在文件夹中工作,则显示文件夹的名称)。

(2) 菜单栏,包含程序中可单击进行选择的项目。

(3) 边框和角,可以用鼠标指针拖动这些边框和角以更改窗口的大小。

(4) 滚动条,可以滚动窗口的内容以查看当前视图之外的信息。

(5) 最小化、最大化和关闭按钮,这些按钮分别可以隐藏窗口、放大窗口使其填充整个屏幕以及关闭窗口。

除了这些基本部分外,一些窗口可能具有其他的按钮、框或栏,例如工具栏和状态栏等。

**3. 对话框**

对话框是特殊类型的窗口。与常规窗口不同,对话框一般不含菜单,多数对话框无法最大化、最小化或调整大小,但是它们可以被移动,如图 3.17 所示。通常是当程序中某些操作需要用户通过交互对话方式提供明确的、进一步的指示,或显示当前操作的提示信息时,就会弹出来等待用户进行交互。用户可以在对话框中完成输入信息、阅读提示信息、设置选项等操作。

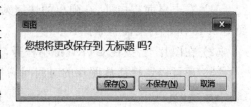

图 3.17　确认对话框

对话框常用的组件有选项卡、文本框、列表框、下拉列表框、复选框、单选按钮、命令按钮、微调器、滑尺等。通常使用鼠标选取对话框中的组件,也可以使用键盘进行对话框设置。键盘上的 Tab 键可以激活各组件,使用箭头、空格、回车等键,也可以对组件进行设置。

对话框分为模态对话框和非模态对话框两种。模态对话框显示的时候,整个程序只有该对话框获得焦点处于与用户交互对话的活动状态,也就是说,用户一定要处理它才可以再做其他的事,不然鼠标点到哪都没用。在安装程序或者操作出错的时候经常会出现模态对话框。非模态对话框就不同,用户可以先不去管而做其他的事情。

**4. 菜单**

程序提供的所有命令几乎全部都布置在分层构造的菜单中,就像去餐厅点菜使用菜单一样。菜单一般布置在窗口的标题栏下,Windows 7 为了使屏幕整齐,默认情况下隐藏菜单栏。

菜单的层次根据应用程序的不同而不同,常用下拉菜单的形式分层,如图 3.18(a)所示。要注意菜单项的文字浓淡程度和右边的符号有不同的含义,菜单文字较淡(灰色)表示该命令暂时不能执行;菜单右边的小三角形符号表示还有下级菜单需要进一步选择;菜单的右边有三个点,表示要弹出对话框进一步选择或输入参数,命令才能继续执行;某些使用频率很高的命令,其菜单项右边会显示出相应的快捷键。

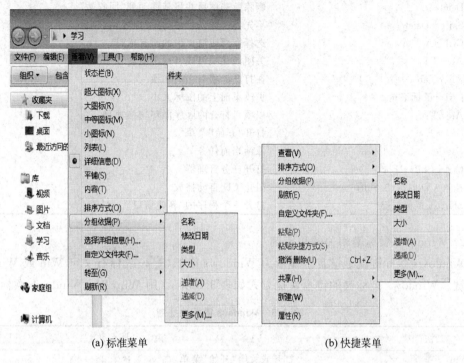

(a) 标准菜单          (b) 快捷菜单

图 3.18 菜单

此外,为了方便操作,程序中一般都设置了快捷菜单(又称为弹出式菜单),如图 3.18(b)所示。与程序中固定的层叠菜单不同的是,快捷菜单在层叠菜单栏以外的地方,通过鼠标的右击选中的对象(或窗口中特定的位置)就会弹出与该对象有关的命令菜单。根据鼠标右击位置的不同,菜单内容会有变化,并列出所指示的对象可以进行的操作。

**5. 快捷键**

键盘快捷键是两个或多个键的组合,当按下这些组合键时,可执行通常需要鼠标或其他指针设备才能执行的任务。Windows 7 支持多种便捷的快捷键,掌握和熟记一些常用令的快捷键,能节省时间和精力,使日常工作的操作得心应手。

1) 常用常规键盘快捷键

Windows 上传统常用的快捷键组合如表 3.4 所示。

表 3.4 常用常规键盘快捷键

| 按　　键 | 功　　能 |
| --- | --- |
| F1 | 显示帮助 |
| Ctrl＋C | 复制选择的项目 |
| Ctrl＋X | 剪切选择的项目 |
| Ctrl＋Y | 重新执行某项操作 |

| 按　键 | 功　能 |
| --- | --- |
| Ctrl＋V | 粘贴选择的项目 |
| Ctrl＋Z | 撤销操作 |
| Delete | 删除所选项目并将其移动到"回收站" |
| Shift＋Delete | 不先将所选项目移动到"回收站"而直接将其删除 |
| Ctrl＋A | 选择文档或窗口中的所有项目 |
| Alt＋F4 | 关闭活动项目或者退出活动程序 |
| Alt＋Tab | 在打开的项目之间切换 |
| Ctrl＋鼠标滚轮 | 更改桌面上的图标大小 |
| Alt＋Esc | 以项目打开的顺序循环切换项目 |
| Ctrl＋Esc | 打开"开始"菜单 |
| Esc | 取消当前任务 |
| Ctrl＋Shift＋Esc | 打开任务管理器 |
| 插入 CD 时按住 Shift | 阻止 CD 自动播放 |
| Shift ＋鼠标左键 | 打开一个程序的"新建窗口" |

2）Windows 徽标键相关的快捷键

Windows 徽标键就是键盘上显示为 Windows 旗帜(▦)或标有文字 Win 或 Windows 的按键。Windows 徽标键的键盘快捷方式如表 3.5 所示(用 Win 表示 Windows 徽标键)。

表 3.5　Windows 徽标快捷键

| 快　捷　键 | 说　明 |
| --- | --- |
| Win | 打开或关闭"开始"菜单 |
| Win ＋ Pause | 显示系统属性对话框 |
| Win ＋ D | 显示桌面 |
| Win ＋ M | 最小化所有窗口 |
| Win ＋ SHIFT ＋ M | 还原最小化窗口到桌面上 |
| Win ＋ E | 打开资源管理器 |
| Win ＋ F | 搜索文件或文件夹 |
| Ctrl ＋ Win ＋ F | 搜索计算机(如果用户在网络上) |
| Win ＋ L | 锁定您的计算机或切换用户 |
| Win ＋ R | 打开运行对话框 |
| Win ＋ T | 切换任务栏上的程序(类似 Alt＋Esc 组合键) |
| Win ＋ 数字 | 按数字排序打开固定在快速启动栏中的程序 |
| Ctrl ＋ Win ＋ 数字 | 让位于任务栏指定位置的程序,切换到上一次的活动窗口 |
| ALT ＋ Win ＋ 数字 | 让位于任务栏指定位置的程序,显示跳转清单 |
| Win ＋ TAB | 循环切换任务栏上的程序并使用的 Aero 三维效果 |
| Ctrl ＋ Win ＋ TAB | 用方向键来循环切换任务栏上的程序并使用 Aero 三维效果 |
| Ctrl ＋ Win ＋ B | 切换到在通知区域中显示信息的程序 |
| Win ＋ 空格 | 预览桌面 |
| Win ＋ ↑ | 最大化窗口 |
| Win ＋ ↓ | 最小化窗口 |
| Win ＋ ← | 最大化到窗口左侧的屏幕上,占 50％的显示器面积 |

| 快 捷 键 | 说 明 |
|---|---|
| Win + → | 最大化窗口到右侧的屏幕上 |
| Win + Home | 最小化所有窗口,除了当前激活窗口 |
| Win+ SHIFT + ↑ | 拉伸窗口的到屏幕的顶部和底部 |
| Win+ SHIFT + →/← | 移动一个窗口,从一个显示器到另一个 |
| Win + P | 设置外接投影仪或第二块屏幕 |
| Win + G | 循环切换侧边栏的小工具 |
| Win + U | 打开轻松访问中心 |
| Win + x | 打开 Windows 移动中心 |
| Alt+ P | 关闭显示文件预览框 |
| Win + + | 桌面放大 |
| Win + − | 桌面缩小 |

另外,如果菜单中某个字母带下划线,这通常表示按 Alt 键与带下划线的键的组合将产生与单击该菜单项相同的效果。

### 3.4.3 Windows 7 文件管理的改进

日常工作中文件管理是最频繁的,Windows 7 针对文件管理,带来了更易用、更人性化的操作,让工作更高效。

**1. 任务栏缩略图**

如果同时打开多个网页和各种文档后,很难一下子就找到要查看的窗口。Windows7任务栏缩略图功能有助于找到想要的窗口。如图 3.19 所示,将鼠标滑动到任务栏的图标上,所有窗口都会以缩略图的形式一字排开,这样很容易就可以找到需要的窗口了。如果不再需要某个窗口,只要将鼠标移动到相关缩略图上,点击缩略图右上角的关闭按钮即可。

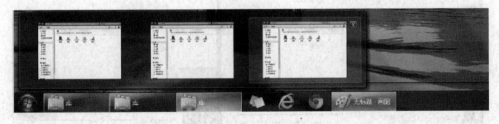

图 3.19　任务栏缩略图

**2. 任务栏锁定**

一些程序,例如 IE 浏览器和资源管理器都是经常要打开的,如果每次都到开始菜单中查找过于麻烦。为了桌面简洁,也不会将它们统统作为桌面快捷方式。在 Windows 7 中,可以把这些常用的程序锁定到任务栏上,如图 3.20 所示。以后每次打开计算机,这个程序的图标都会在任务栏的固定位置出现,随时都可以轻松调用。有三种方式可以实现任务栏锁定。

(1)方法 1:单击"开始"菜单,在"程序"列表里找到想要锁定的程序,在该程序图标上按住鼠标左键,将图标从开始菜单拖拽到任务栏,看到出现"附到任务栏"字样时,松开鼠标左键,该程序即被锁定到任务栏。

方法1　　　　　　　　　方法2　　　　　　　　　方法3

图 3.20　任务栏锁定

（2）方法 2：单击"开始"菜单，在"程序"列表里找到想要锁定的程序，右击，在弹出的快捷菜单中选择"锁定到任务栏"命令。

（3）方法 3：将鼠标移动到任务栏正在运行程序的图标上，右击，在弹出的快捷菜单中选择"将此程序锁定到任务栏"命令。

**3. 跳转列表**

Windows 7 中提供的"跳转列表"功能，是将最近使用的项目列表，如文件、文件夹或网站，按照用来打开它们的程序进行组织。这个功能不但可以打开最近使用的项目，而且还可以将常用的文件锁定到"跳转列表"，方便随时访问。如图 3.21 所示，该功能可以在开始菜单（左）和任务栏（右）中出现。

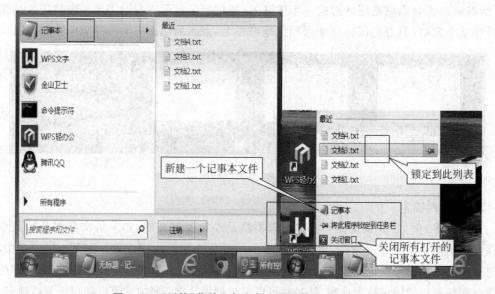

图 3.21　"开始"菜单和任务栏上的程序的"跳转列表"

如图 3.21（左）所示，在"开始"菜单中单击程序右侧的小箭头，或者如图 3.21（右）所示，在任务栏上用右击任务栏上的程序图标，都会出现"跳转列表"。可以看出，无论是在"开始"

菜单上还是在任务栏上查看,在程序的"跳转列表"中看到的项目将始终相同。

如果想要锁定常用文件,只需将鼠标移至跳转列表中想要锁定的文件名上,点击右侧出现的图钉按钮"锁定到此列表",就可以将其固定在跳转列表顶端了,如图 3.21(右)所示。想取消已经锁定的内容,只要打开该程序的跳转列表,在顶端"已固定"区域中,将鼠标移至想取消锁定的文件名上,单击右侧出现的图钉按钮"从此列表解锁",该文件就会从跳转列表的固定项中移除了。

另外,除了任何锁定或最近打开的项目之外,任务栏上的"跳转列表"还包含多个菜单命令,可以使用这些命令新建该程序的一个文件或一键关闭该项目打开的所有窗口。同时,可以将某个项目从"跳转列表"中拖出,以将其复制到其他位置或文件夹。例如,如果希望将某个文档发送给某个人,则可以将该文档从"跳转列表"中拖动到某个电子邮件中。

**4. 文件预览**

在文件里找资料,通常需要一个个打开文件才能确定是否是需要的。Windows 7 的文件预览功能,无须打开文档,只要用鼠标单击选择相应的文件,就能知道里面的内容。

**例 3-4** 使用文件预览查看文本文档的内容。

操作步骤:

(1) 在资源管理器中单击右上角的预览窗格按钮(▢)或用 Alt+P 快捷键即可开启。

(2) 用鼠标选中一个文本文档,在右边的预览窗格中就显示出文件的内容,如图 3.22 所示。

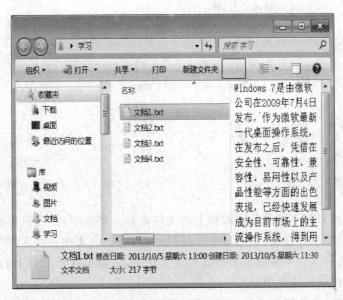

图 3.22　文件预览

需要注意的是,此功能需要文件格式的支持,例如常规格式的视频、照片。

**5. "库"功能**

管理文件的常规方式是通过在不同的文件夹和子文件夹来组织,Windows 7 中还可以使用"库"来组织和访问文件。"库"可以收集不同位置的文件,并将其显示为一个集合,也就是说,它可以把存放在计算机中不同位置的文件夹关联到一起,而无须从其存储位置移动这些文件。关联以后便无须记住存放这些文件夹的详细位置,可以随时轻松打开。文件夹关联到库中不会占用额外的存储空间,它们就像桌面的快捷方式一样,只是提供了一个方便查找的路径。使用库可以很方便地查看和排列位于不同位置的文件和文件夹,可以按文件夹、日期和其他属性排列项目。也可以使用位于库中的库面板"排列方式"中的菜单排列,例如,可以按艺术家排列音乐库,以便按特定艺术家快速查找音乐。

默认情况下,打开资源管理器,就可以看到已经建立好的四个库,如图 3.23 所示,它们是视频、图片、文档和音乐库。

**例 3-5** 库的使用。

除了四个默认库,还可以新建用于其他集合的库。例如,建立一个"学习"库,然后将分散在不同磁盘的学习类文件夹归集到这个库中。操作步骤如下:

(1) 如图 3.23 所示,在"库"中的工具栏上,单击"新建库",或者在库的窗体内空白处右击,在弹出的快捷菜单中,选择"新建"→"库"命令,然后在出现的对话框中输入库的名称,按回车键确认。

(2) 在磁盘中的不同位置分别找到需要包含的文件夹。例如 D 盘上有个"外语学习"文件夹,选中该文件夹,单击工具栏的"包含到库中"→"学习"选项,或用鼠标右击该文件夹,在弹出的快捷菜单中,选择"包含到库中"→"学习"命令,如图 3.24 所示。用同样的方式将 E盘中"计算机课程"文件夹包含到"学习"库中。

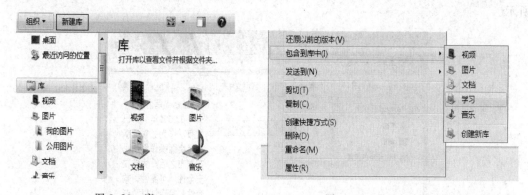

图 3.23　库　　　　　　　　　　　图 3.24　项目包含到库中

本范例除了可以将不同硬盘驱动器上的文件夹加入到库中外,还可以将来自外部硬盘驱动器(如果驱动器断开连接,则内容无法访问)和网络上的文件夹加入,但可移动媒体(如CD 或 DVD)无法加入。另外库里面只能包含文件夹,不能包含计算机上的其他项目,例如不能包含搜索和搜索连接器等。

如果将库删除,会将库移动到"回收站",而该库中的文件和文件夹不会被删除。如希望删除已经关联到库中的文件夹,可以在其上右击,在弹出的快捷菜单中选择"从库中删除位置"命令。此操作只是删除了该文件夹与库的关联,原文件夹和其中的文件不会被删除。但如果从库中直接删除文件或文件夹,会同时从其原始位置中将其删除。反过来,如果将文件夹包含到库中,然后从原始位置删除该文件夹,则无法再在库中访问该文件夹。另外,如果意外删除四个默认库中的一个,可以在左边"导航窗格"中右击"库",然后在弹出的快捷菜单中单击"还原默认库"命令将其还原为原始状态。

### 3.4.4 Windows 7 的新特性

相对以前的 Windows 特别是 Windows XP,Windows 7 出现了许多非常实用的新特性。

**1. 有趣的功能**

Windows 7 出现了许多有趣的功能,例如显示 3D 窗口、晃动窗口整洁桌面、桌面透视、投影仪快速切换、窗口智能缩放和提供桌面小工具等。这些功能经常需要配合键盘上的 Windows 徽标键(  )一起使用(下面使用"Win"表示 Windows 徽标键)。

**例 3-6** 显示 3D 窗口。

该功能把当前所打开的程序和文件通过三维窗口进行显示,效果如图 3.25 所示,用户可以随时切换到所需窗口。通过快捷键 Win+ Tab 即可开启 3D 窗口显示功能。按住 Win 键,不断松开、按下 Tab 键,即可不断切换至下一窗口;松开 Win 键,即回到最前端的窗口。通过快捷键 Win + Ctrl + Tab,可以实现 3D 窗口显示效果并锁定画面,即使松开 Win 键也可保持 3D 显示效果,这个功能可用于截取当前的屏幕。

图 3.25　3D 窗口切换

**例 3-7** 晃动窗口整洁桌面。

当在桌面上同时显示了若干个窗口时,只要用鼠标点住要保留的那个窗口的顶端并左右晃动,屏幕上所有其他窗口都会最小化到任务栏,屏幕瞬间变清爽。松开鼠标,再晃动一下,已经最小化的那些窗口又会马上出现在原来的位置。

**例 3-8** 桌面透视。

利用 Windows 7 Aero 桌面透视功能,可以轻松透过已经打开的窗口快速看到桌面。显示桌面按钮设置在任务栏的最右侧(在时间日期右边),将鼠标移动到该按钮上,所有已经打开的窗口就会变透明,无须任何点击操作就可查看桌面。当鼠标挪开时,所有窗口就会自动恢复原状。单击该显示桌面按钮,所有的窗口将会最小化,直接就切换到桌面。

桌面透视有两组快捷键：Win +D 快捷键,可以将所有窗口最小化,轻松切换到桌面；再次按下这两个键,所有窗口又会恢复如初；Win＋空格快捷键,可以将所有窗口透明化,快速显示桌面,松开键盘,窗口就会恢复原状。

**例 3-9** 投影仪快速切换。

Windows 7 有快速切换投影功能,按下 Win＋P 快捷键,即可在多种投影方式中随意切换,如图 3.26 所示。各种方式的含义如下：

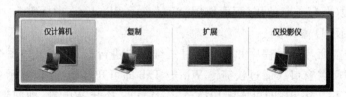

图 3.26　投影仪切换

(1) 仅计算机——只在本机显示,外接显示器或投影机无显示。

(2) 复制——在本机显示屏和外接显示器或投影机上都显示同样的内容。

(3) 扩展——增加显示屏的显示空间,把显示屏变大,并可以放更多窗口在桌面上。

(4) 仅投影仪——只在外接显示器或投影仪上显示,本机显示屏不显示。

**例 3-10**　智能窗口缩放。

Windows 7 智能窗口缩放功能,通过简单的鼠标拖拽,就可以实现窗口放大和两个窗口的并排显示,可轻松进行不同文档之间的校对和编辑。操作步骤如下：

(1) 窗口并排显示。用鼠标按住窗口顶端,拖动窗口轻轻向屏幕左侧一碰并松开鼠标,窗口就会立刻在左侧半屏显示。若想恢复原来大小,只需再向反方向轻拖窗口。

(2) 窗口最大化。用鼠标按住窗口顶端,拖动窗口轻轻碰一下屏幕顶端并松开鼠标,窗口就会瞬间最大化。若想恢复原来大小,只需再向反方向轻拖窗口。

**例 3-11**　桌面小工具。

桌面小工具是一些让用户查看时间、天气,或者了解计算机的情况(如 CPU 仪表盘),或为了好看而作为摆设(如招财猫)放置在桌面上的实用工具。Windows 7 已经内置了多款常用小工具,有些是联网时才能使用(如天气等),有些是不用联网就能使用(如时钟等)。Windows 7 默认并不开启小工具,需要手动添加,操作步骤如下：

(1) 在桌面空白处右击,在弹出的快捷菜单中单击"小工具"命令,打开如图 3.27 所示的窗口。

(2) 在窗口中选择需要的小工具,双击或者直接拖动到桌面上即可使用。还可以单击右下角的"联机获取更多小工具"图标,在微软官方网站上免费下载更多小工具。

(3) 用鼠标按住桌面的小工具并拖动它,就可以将小工具摆放在桌面的任意位置；也可以设置其有一定的透明度,让桌面更显个性。

**2. 快速搜索**

在计算机里查找文件是最让人头疼的事情,有时要找一个不常用的文档,需要花费大量的时间去查看若干个文件夹和子文件夹。Windows 7 的即时搜索功能使得查找变得简单。无论是程序、文档、邮件、音乐、照片,甚至是控制面板里的系统设置,只要在查找框内输入对应关键字,就可以随时找到需要的内容。

图 3.27　Windows 7 内置小工具

**例 3-12**　使用即时搜索。

使用 Windows 7 的即时搜索,只要在搜索框中输入关键词,就会马上出现对应的结果。操作步骤如下:

(1)"开始"菜单搜索。单击"开始"按钮,在底部的搜索框内输入关键词,计算机中符合条件的搜索结果会按分类即时出现。你可以单击其中的一项分类,查看该分类下的所有搜索结果,或单击"查看更多结果"选项,如图 3.28(a)所示。

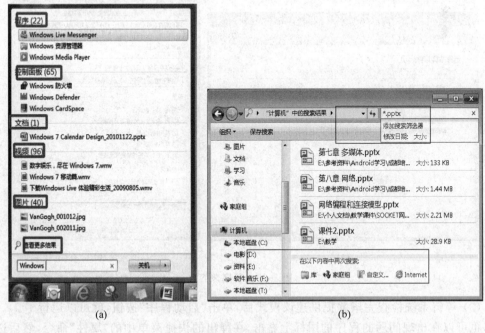

(a)　　　　　　　　　　　　　　(b)

图 3.28　即时搜索

操作系统

（2）文件夹搜索。如果要针对某一个特定文件夹进行搜索，只要在文件夹右上方的搜索框中输入关键词，有关的搜索结果就会马上被筛选出来，并且关键词会被高亮显示。如图 3.28(b)在上角所示，当在文件夹搜索框中输入关键词时，在搜索框的下方会出现可添加的搜索筛选器，如种类、修改日期、大小等，单击所需筛选器，就可以查找到更精确的搜索结果。如果没有想要的搜索结果，还可以在库、计算机、其他自定义搜索位置或 Internet 中重新搜索。另外，可以在对话框中输入多个关键词，并用空格分隔，这样可以增加搜索结果的相关性。

（3）控制面板搜索。如果不知道某个系统设置在哪里，可以直接在控制面板右上方的搜索框中输入关键字进行搜索。

**3. 兼容管理**

要使用新的操作系统，首先要考虑的问题就是以前的软件是否与新系统兼容。Windows 7 采用程序兼容性问题疑难解答和 Windows XP 模式，较好地解决了与旧程序的兼容性问题。

1）程序兼容性疑难解答

如果在安装或运行某个旧程序时遇到问题，首先可以尝试使用程序兼容性疑难解答功能。它是通过更改程序设置来解决旧版程序兼容性问题的功能。实现步骤如下：

（1）在出现问题的程序的图标上右击，在弹出的快捷菜单中选择"兼容性疑难解答"命令。

（2）在弹出对话框中选择"尝试建议的设置"选项，系统就会自动检查软件是否兼容，并推荐可正常运行的模式，如图 3.29(a)所示。

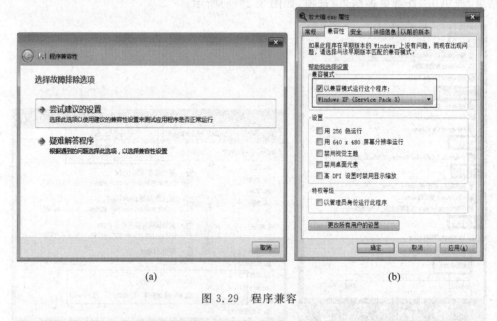

(a)                    (b)

图 3.29　程序兼容

（3）等待系统检查完毕并提供建议模式后，单击"启动程序"按钮，就可以运行了。

也可以在出现问题的程序的图标上右击，在弹出的快捷菜单中的"属性"命令，然后选择"兼容性"选项卡，选中"以兼容模式运行这个程序"复选框，并在"兼容模式"选项组中选择此应用程序可以正常运行的系统，如图 3.29(b)所示。

2）Windows XP 模式

通过程序兼容性疑难解答可以解决大多数程序运行的兼容性问题,如果不能解决,就可以使用和运行 Windows XP 模式。该模式是使用了虚拟化技术——Windows 虚拟机。需要注意的是 Windows XP 模式功能仅为 Windows 7 专业版、企业版和旗舰版所拥有。可自行查找相关资料详细了解该项功能。

**4. 安全增强**

针对以往 Windows 安全性不高的诟病,微软增强了 Windows 7 的安全性。

1）数据加密

在 Windows 7 旗舰版和企业版中可以使用 BitLocker 加密驱动器,这样即使存储设备(如 U 盘和移动硬盘)丢失或被盗时,里面的数据也不会被泄露。启动数据加密非常简单,在"控制面板"中单击"BitLocker 驱动器加密"图标,在所需加密的磁盘上单击"启用 BitLocker"图标或右击需要加密的盘符,在弹出的快捷菜单中选择"启用 BitLocker"命令。此操作将打开如图 3.30 所示的 BitLocker 设置向导,按照向导中的说明进行操作即可。需要注意的是,在弹出来的对话框内输入密码时,注意密码的长度和复杂性是有要求的。

图 3.30　BitLocker 加密磁盘

2）数据备份和恢复

在 Windows 7 中,备份数据只需打开"控制面板"中的"备份和还原"选项,在弹出的向导对话框中便可轻松完成备份设置,如图 3.31 所示。备份的设定比较人性化,例如可以设定保存的位置,将文件备份到某个网络位置或备份到移动存储器以及可刻录的 DVD 中;还可以选择备份整个系统,或仅备份具体的文件;为了避免忘记手动备份,可以单击"更改计划"选项,让系统定期自动备份等。完成设定后,单击"保存设置并运行备份"按钮,就可以开始备份了。

3）反间谍软件

Windows Defender 是 Windows 免费附带的一种反间谍软件,它可以在间谍软件尝试将自己安装到计算机上并在计算机上运行时或程序试图更改重要的 Windows 设置时向用发出警告。同时,用户可以手动或定期计划执行扫描计算机,找到并删除已安装的恶意软件。默认情况下 Windows Defender 已开启,为了能查杀最新的间谍及恶意程序,定期升级 Windows Defender 非常重要。

4）用户账户控制

用户账户控制(User Account Control, UAC)是微软自 Vista 后增加的功能,并在

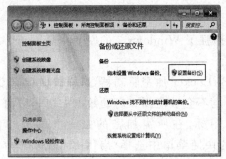

图 3.31　设置备份

Windows 7 和 8 中得以延续和改进。该项功能可以在软件想要对系统进行更改时"通知"用户，并使用户有机会来阻止更改，所以它有助于防止恶意软件安装到计算机上，最大限度地减少了程序对 Windows 设置进行更改。

　　UAC 在 Vista 上由于过多的弹出对话框提醒，干扰了用户的日常操作，导致很多用户选择关闭。Windows 7 改善 UAC 功能，只对较少的操作系统应用程序和需要提升权限的任务给予提示，并且用户对许可提示行为具有更大的控制权，所以不推荐关闭它。

　　**例 3-13**　修改用户账户控制（UAC）。

　　为了减少过多弹出窗口的干扰，可以选择降低，甚至选择关闭它。操作步骤如下：

　　（1）打开"控制面板"，单击"用户账户"选项，如图 3.32(a)所示。

　　（2）单击"更改用户账户控制设置"选项，打开图 3.32(b)所示的用户账户控制对话框。

　　（3）通过鼠标滑动选择不同的安全级别，例如可以选择"从不通知"选项来关闭它。

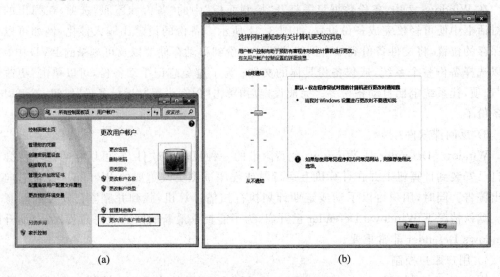

(a)　　　　　　　　　　　　　　　　　(b)

图 3.32　用户账户控制设置

5）操作中心

一般用户很难顾及电脑的安全性能，一旦出现问题，又不知改如何解决，Windows 7 中使用"操作中心"来解决这个问题。它向用户提供通知和警报，帮助保持系统自身的稳定运行。"操作中心"主要由两大部分组成，分别是"安全监控中心"和"日常维护中心"。"安全"功能区主要对"防火墙"、"Windows 更新"、"病毒防护"、"间谍、恶意软件防护"、"因特网安全设置"和"用户账户 UAC"等状态的检测。"维护"功能区则集成了"系统更新"、"错误报告"、"设置备份"等组件。

如果系统存在问题，在屏幕右下角可以看到一个带有红色×号的旗状图标（█）。单击旗状图标，打开如图 3.33 所示的"操作中心"窗口。可以在窗口的上部看到类似"操作中心已检测到一个或多个问题供您审核"这样的提示，同时会提示是什么问题，以及如何改进。

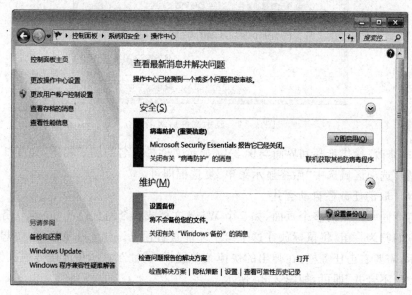

图 3.33　操作中心

操作中心中的红色项目标记为"重要"，表示应立即解决的重要问题，例如需要更新的过时的防病毒程序。黄色项目是应考虑解决的建议任务，如建议的维护任务。

### 3.4.5　Windows 7 默认设置修改

Windows 7 中有一些默认设置可能不太符合以往的操作习惯，可以对其进行修改。

**例 3-14**　显示文件扩展名。

或许是为了防止误操作，在 Windows 系统中，文件扩展名被微软隐藏了起来，但这样使日常操作反倒不方便，尤其是在拥有多个相同文件名的 PDF 或是 Word 文档时。操作步骤如下：

（1）打开资源管理器，单击工具栏中的"组织"→"文件夹和搜索"选项。

（2）打开如图 3.34 所示的"文件夹选项"对话框，选择"查看"选项卡。

（3）取消选中"高级设置"选项区域中的"隐藏已知文件类型的扩展名"复选框。

**例 3-15**　显示菜单栏。

Windows7 默认是不显示菜单栏的，如果仅仅是临时显示，按下 Alt 键即可。如果想菜单栏永久显示，可以单击工具栏中的"组织"→"布局"→"菜单栏"选项；也可以在"文件夹选

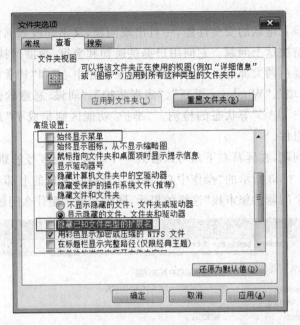

图 3.34 显示文件后缀名

项"对话框中修改,操作步骤和界面与例 3-14 显示文件扩展名的例子相同,如图 3.34 所示,在"高级设置"选项区域选中"始终显示菜单"复选框即可。

**例 3-16** 取消任务栏自动合并。

如果打开同一应用的多个页面,如 5 个 Word 文档或 5 个网页,Windows 任务栏的默认显示是将它们归为一组,将鼠标放在这个组中才能查看预览。如果感觉麻烦,要想将其更改为单独显示,需要右击任务栏,在弹出的快捷菜单选择"属性"命令,更改任务栏按钮为"占满时合并"或"从不合并"即可,如图 3.35 所示。

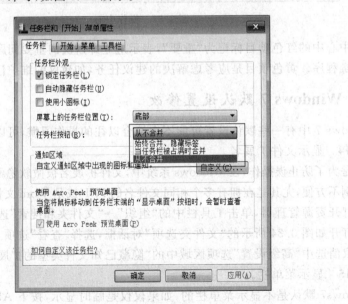

图 3.35 取消合并

# 3.5 本章小结

本章从用户使用计算机的视角介绍了操作系统的产生和发展过程,以及操作系统的主要功能,并重点介绍了 Windows 7 的使用。要点概括如下:

(1)操作系统是管理和控制计算机系统软、硬件资源,并为用户提供操作界面和编程接口的系统软件。操作系统的发展总是以满足计算机系统资源管理和高效利用为目标。

(2)操作系统实现的基本功能包括用户控制界面、文件管理、设备管理、内存管理和 CPU 管理五个部分,此外,当今的操作系统通常还具备基本的网络管理和系统安全管理功能。

(3)计算机中的任何信息都是以文件形式存储在外存中。文件的控制和访问都是通过文件名并由操作系统的文件系统进行管理。文件名和扩展名需要遵循一定的规则。用户必须掌握搜索文件的方法和文件路径的描述方法。任何应用程序创建的文件都必须保存到硬盘等外存中才能长久保存。

(4)用户进行程序设计时通常需要考虑文件(信息)的逻辑结构和存取方法。文件逻辑结构通常分为流式文件和记录式文件两种,信息管理系统中通常使用记录式文件。文件存取方法常用的有顺序存取和随机存取两种。

(5)计算机的外设通常是通过设备控制器与总线进行连接,操作系统通过传递操作命令和参数给设备控制器,控制数据的输入输出和存储。

(6)程序通常保存在磁盘中,运行时再装入内存,并等待分配需要的外设和 CPU 资源。载入到内存的程序代码与分配到的内存资源、外设资源、CPU 资源等结合在一起,形成一种活动的可执行状态,称为进程。

(7)Windows 7 是目前流行的操作系统,要熟练掌握 Windows 7 来完成日常工作。

# 习 题

**一、判断题**

1. 第一代计算机几乎没有安装操作系统。　　　　　　　　　　　　(　　)

2. 嵌入式系统中一般都要使用实时操作系统。　　　　　　　　　　(　　)

3. Linux 是一个支持多用户、多任务,实时性较好的免费操作系统。　　(　　)

4. 一个应用程序窗口中只能显示一个文档(工作)窗口。　　　　　　(　　)

5. 复选框的意思是,可以复选,而且选取任何一项都不影响其他选项的选取。(　　)

6. 窗口中的工具栏,上面的每一个按钮都代表一条命令。　　　　　　(　　)

7. 操作系统中的路径分隔符都使用"\"将子目录分隔开来。　　　　　(　　)

8. "假脱机"技术是实现虚拟设备的有效方法。　　　　　　　　　　(　　)

**二、单选题**

1. 通用操作系统的基本功能不包括_____。

    A. 系统调用　　　　B. 文件系统　　　　C. 进程管理　　　　D. 实时服务

2. 下列_____不属于按设备共享属性分类的项目。

    A. 虚拟设备　　　　B. 块设备　　　　C. 共享设备　　　　D. 独占设备

3. Windows XP 版是一个_____操作系统。

    A. 单用户单任务     B. 单用户多任务     C. 多用户单任务     D. 多用户多任务

4. 操作系统的主体是_____。

    A. 数据          B. 程序          C. 内存          D. CPU

5. 文件系统的多级目录结构是一种_____.

    A. 线性结构        B. 树形结构        C. 散列结构        D. 双链表结构

6. 在搜索文件或文件夹时，若用户输入"*.*"，则将搜索_____。

    A. 所有含有 * 的文件              B. 所有扩展名中含有 * 的文件

    C. 所有文件                    D. 以上全不对

7. 在下列操作系统中，属于分时系统是_____。

    A. UNIX                    B. MS DOS

    C. Windows 2000/XP        D. Novell Netware

8. Windows XP 支持的文件系统不包括_____。

    A. FAT32        B. NTFS        C. EXT2        D. EXFAT

# 第 4 章　字处理软件

**学习目标:**

本章所介绍的 Word 2010 是微软公司推出的 Microsoft Office 2010 办公套件中的一个组件,是世界上最流行的文字编辑软件。使用它可以编排出精美的文档,制作报表、信函以及一些简单的出版物等,并且可以在文档中插入图片、图形、表格等各种对象,还可以方便地编辑和发送电子邮件、编辑和处理网页等。本章介绍以下内容:

- Office 2010 概述。
- Word 2010 基础。
- 格式化文档。
- 表格制作。
- 图形处理。
- 长文档排版。
- 修订和审阅文档。
- 邮件合并。
- 智能设备中 Office 的使用。

## 4.1　Office 2010 简介

Office 是一套由微软公司开发的风靡全球的办公软件,Office 2010 可以让你随心所欲地工作,既可以通过 PC 使用,又可以通过 Web 使用,甚至在智能移动设备上也可以使用。它的一大变化首先是体现在界面上,Office 2010 采用了 Ribbon(功能区)新界面主题,界面更加简洁明快、更加干净整洁,并且标识也改为了全橙色;二是体现在功能上,Office 2010做了很多功能上的改进,同时也增加了很多新的功能,特别是在线应用,可以让用户更方便、更自由地去表达使用者的想法、去解决问题以及与他人联系。

### 4.1.1　Office 2010 组件

Office 2010 包含集成组件和独立组件,具体介绍如下。

**1. 集成组件**

Microsoft Word 2010(图文编辑工具:用来创建和编辑具有专业外观的文档,如信函、论文、报告和小册子)。

Microsoft Excel 2010(数据处理程序:用来执行计算、分析信息以及可视化电子表格中的数据)。

Microsoft PowerPoint 2010(幻灯片制作程序：用来创建和编辑用于幻灯片播放、会议和网页的演示文稿)。

Microsoft Access 2010(数据库管理系统：用来创建数据库和程序来跟踪与管理信息)。

Microsoft InfoPath Designer 2010(用来设计动态表单，以便在整个组织中收集和重用信息)。

Microsoft InfoPath Filler 2010(用来填写动态表单，以便在整个组织中收集和重用信息)。

Microsoft OneNote 2010(笔记程序：用来搜集、组织、查找和共享笔记和信息)。

Microsoft Outlook 2010(电子邮件客户端：用来发送和接收电子邮件，管理日程、联系人和任务，以及记录活动)。

Microsoft Publisher 2010(出版物制作程序：用来创建新闻稿和小册子等专业品质出版物及营销素材)。

Microsoft SharePoint Workspace 2010(相当于 Office 2007 的 Groove)。

Office Communicator 2007(统一通信客户端)等。

**2. 独立组件**

Office Visio 2010(使用 Microsoft Visio 创建、编辑和共享图表)。

Office Project 2010(使用 Microsoft Project 计划、跟踪和管理项目，以及与工作组交流)。

Office SharePoint Designer 2010(使用 SharePoint Designer 创建 SharePoint 网站)。

Office Communicator 2007(统一通信客户端，集成到 Office 2010 套件中)。

Office Lync 2010 Attendee (一个聊天工具)。

## 4.1.2 Office 2010 常用组件简介

### 1. Word 2010

Word 可以说是 Office 套件中的元老，也是其中被用户使用最为广泛的应用软件，它的主要功能是进行文字(或文档)的处理。Word 2010 的最大变化是改进了用于创建专业品质文档的功能，提供了更加简单的方法来让用户间协同合作，使用户可以很方便地异地访问自己的文件。

具体的新功能如下：全新的导航搜索窗口、生动的文档视觉效果应用、更加安全的文档恢复功能、简单便捷的截图功能等。

### 2. Excel 2010

Excel 同样也是 Office 中的元老，被称为电子表格，其功能非常的强大，可以进行各种数据的处理、统计分析和辅助决策操作，广泛地应用于管理、统计、财经、金融等众多领域。Excel 2010 能够用比以往更多的方式来分析、管理和共享信息，从而帮用户做出更明智的决策。新的数据分析和可视化工具会帮用户跟踪和亮显重要的数据趋势，将文件轻松上传到Web 并与他人同时在线工作，而用户也可以从几乎任何的 Web 浏览器来随时访问重要数据。具体的新功能如下：能够突出显示重要数据趋势的迷你图，全新的数据视图切片和切块功能能够让用户快速定位正确的数据点，支持在线发布随时随地访问、编辑它们，支持多人协助共同完成编辑操作，简化的功能访问方式让用户几次单击即可保存、共享、打印和发布电子表格等等。

### 3. PowerPoint 2010

PowerPoint 也是 Office 中非常出名的一款应用软件，它的主要功能是进行幻灯的制作和演示，可有效帮助用户演讲、教学和产品演示等，更多地应用于企业和学校等教育机构。PowerPoint 2010 提供了比以往更多的方法创建动态演示文稿并与访问群体共享。使用令人耳目一新的视听功能及用于视频和照片编辑的新增和改进工具可以让用户创作出更加完美的作品。

具体的新功能如下：可为文稿带来更多的活力和视觉冲击的新增图片效果应用、支持直接嵌入和编辑视频文件、依托新增的 SmartArt 快速创建美妙绝伦的图表演示文稿、全新的幻灯动态切换展示等等。

### 4. Access 2010

Access 是 Office 套件中被广泛使用的产品之一，可以说是历史悠久。它是基于 Windows 的小型桌面关系数据库管理系统，提供了表、查询、窗体、报表、页、宏、模块 7 种用来建立数据库系统的对象；提供了多种向导、生成器和模板把数据存储、数据查询、界面设计、报表生成等操作规范化；为建立功能完善的数据库管理系统提供了方便，也使得普通用户不必编写代码，就可以完成大部分数据管理的任务。最新的 Access 2010 通过最新添加的 Web 数据库，可以增强用户运用数据的能力，从而可以更轻松地跟踪、报告和与他人共享数据。

具体的新功能如下：改进的条件格式和计算工具可以使用户创建内容更加丰富且具有视觉影响力的动态报表，将数据库扩展到 Web 用户，无须使用 Access 客户端也可操作 Web 数据库并进行同步，使用改进的宏设计器更轻松地创建、编辑和自动化数据库逻辑等等。

# 4.2　Word 2010 基础

## 4.2.1　Word 2010 基本操作

### 1. 启动 Word 2010 应用程序的三种方式

- 执行"开始"→"程序"→Microsoft Office→Microsoft Office Word 2010 命令；
- 双击一个 Word 文档的文件名；
- 双击桌面上的 Word 2010 快捷方式图标。

### 2. 退出 Word 2010 应用程序的四种方式

- 执行"文件"→"退出"命令；
- 按 Alt＋F4 键；
- 单击 Word 程序右上角的"关闭"按钮；
- 双击 Word 程序左上角的控制菜单按钮或右击控制菜单后选择"关闭"命令。

### 3. Word 2010 的操作界面

Word 2010 的操作界面主要包括标题栏、快速访问工具栏、功能区、"文件"按钮、文档编辑区、滚动条、视图切换区及比例缩放区等组成部分，如图 4.1 所示。

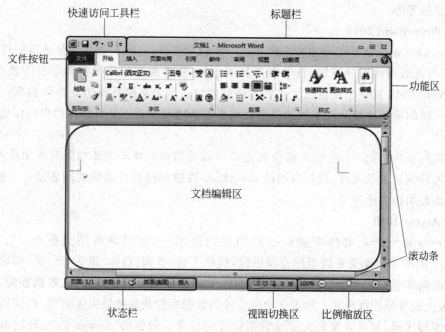

图 4.1 Word 2010 操作界面

1) 标题栏

标题栏主要用于显示正在编辑的文档的文件名及所使用的软件名,另外还包括标准的"最小化"、"还原"和"关闭"按钮。

2) 快速访问工具栏

快速访问工具栏主要包括一些常用命令,例如"保存"、"撤销"和"恢复"按钮等。快速访问工具栏的最右端是一个下拉按钮,单击此按钮,在弹出的下拉列表中可以添加其他常用命令按钮。

3) 功能区

功能区主要包括"开始"、"插入"、"页面布局"、"引用"、"邮件"、"审阅"、"视图"等选项卡以及工作时需要用到的命令。

4) 文档编辑区

文档编辑区主要用于编辑和显示文档的内容。

5) 滚动条

滚动条包括水平滚动条和垂直滚动条,可用于更改正在编辑的文档的显示位置。

6) 状态栏

状态栏主要用于显示正在编辑的文档的信息。

7) 视图切换区

视图切换区可用于更改正在编辑的文档的显示模式,以便符合用户的要求。

8) 比例缩放区

比例缩放区可用于更改正在编辑的文档的显示比例设置。

**4. Word 2010 的视图模式**

在 Word2010 中提供了多种视图模式供用户选择,这些视图模式包括"页面视图"、"阅读版式视图"、"Web 版式视图"、"大纲视图"和"草稿视图"5 种视图模式。用户可以在"视图→文档视图"选项组中选择需要的文档视图模式,也可以在 Word 2010 文档窗口的右下方单击视图按钮选择视图。

- 页面视图:可以显示 Word 2010 文档的打印结果外观,主要包括页眉、页脚、图形对象、分栏设置、页面边距等元素,是最接近打印结果的视图。
- 阅读版式视图:以图书的分栏样式显示 Word 2010 文档,"文件"按钮、功能区等窗口元素被隐藏起来。在阅读版式视图中,用户还可以单击"工具"按钮选择各种阅读工具。
- Web 版式视图:以网页的形式显示 Word 2010 文档,Web 版式视图适用于发送电子邮件和创建网页。
- 大纲视图:主要用于设置 Word 2010 文档的设置和显示标题的层级结构,并可以方便地折叠和展开各种层级的文档。大纲视图广泛用于 Word 2010 长文档的快速浏览和设置中。
- 草稿视图:取消了页面边距、分栏、页眉页脚和图片等元素,仅显示标题和正文,是最节省计算机系统硬件资源的视图方式。当然现在计算机系统的硬件配置都比较高,基本上不存在由于硬件配置偏低而使 Word 2010 运行遇到障碍的问题。

**5. 创建新文档**

用户在 Word 2010 中可以用以下两种方式新建文档。

1) 创建空白的新文档

启动应用程序时,系统会自动创建一个基于 Normal 模板的空白文档,用户可以直接在该文档中输入并编辑内容。

如果用户已经启动了 Word 2010 应用程序,则创建新文档的操作步骤如下:

(1) 单击"文件"选项卡,在打开的后台视图中执行"新建"命令。

(2) 在"可用模板"选项区中选择"空白文档"选项,如图 4.2 所示。

(3) 单击"创建"按钮,即可创建出一个空白文档。

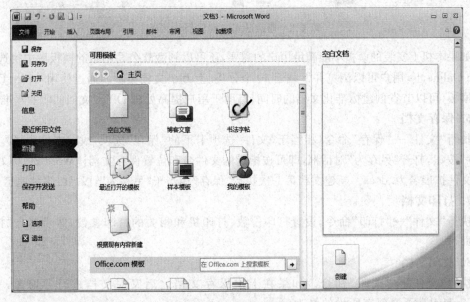

图 4.2　创建空白文档

2) 利用模板创建新文档

使用模板可以快速创建出外观精美、格式专业的文档。Word 2010 提供了多种模板,包括 Office Online 上的模板也嵌入到了应用程序中,用户可以根据具体的应用需要选用不同的模板,从而减轻工作负担。

利用模板创建新文档的操作如下:

(1)单击"文件"选项卡,在打开的后台视图中执行"新建"命令。

(2)在"可用模板"选项区中选择"样本模板"选项即可打开在计算机中已经安装的 Word 模板类型,选择需要的模板后,在窗口右侧将显示利用该模板创建的文档外观,如图 4.3 所示。

(3)单击"创建"按钮,即可快速创建出一个带有格式和内容的文档。

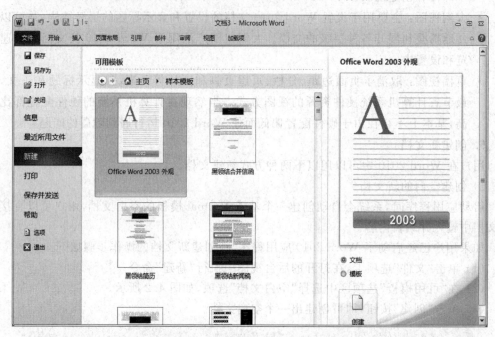

图 4.3　通过已安装模块创建文档

如果本机上安装的模板不能满足用户的需要,还可以到微软公司网站的模板库中挑选。在 Office Online 上,用户可以浏览并下载近 40 个分类、上万个文档模板。通过使用 Office Online 上的模板,可以节省创建标准化文档的时间,有助于用户提高处理 Office 文档的职业水准。

**6. 保存文档**

执行"文件"→"保存"命令(相当于"文件"选项卡下的"保存"选项)或单击标题栏左边的"保存"按钮,打开"另存为"对话框,即可按指定的文件名和位置保存文档。Word 2010 文档默认的文件扩展名为.docx。新建文档第一次执行"保存"相当于"另存为",以后二者才有区别。

**7. 打印文档**

执行"文件"→"打印"命令,设置打印份数、打印机和相关的打印参数,然后单击"打印"按钮即可。

**8. 关闭文档**

执行"文件"→"关闭"命令。如果在上次保存文档之后又对文档进行了修改,Word 2010 会询问是否要保存所做的修改。

### 4.2.2 文档内容的输入

**1. 输入文本**

对于汉字、英文字母和数字等普通文本,定位光标插入点后直接进行输入即可。输入文本时,Word 会自动进行换行,若要换行另起一段则需按回车键。按空格键可输入空格,一般文本每段开始处需空两格。

**2. 输入符号**

除了输入文本以外,还可在"插入"→"符号"选项组中单击"符号"按钮输入各种符号,在"符号"按钮的下拉菜单中选择"其他符号"命令,就会打开"符号"对话框,在对话框中的"特殊符号"选项卡中可实现各种特殊符号的输入,如图 4.4 所示。

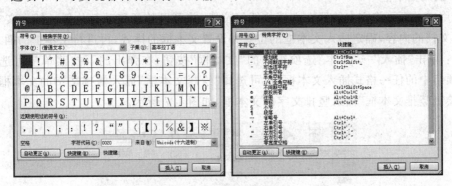

图 4.4 "符号"对话框

**3. 插入公式**

在文档处理中经常会涉及数学公式,Word 2010 中提供了插入公式的功能,可完成绝大部分公式的输入与编辑操作。

1) 插入内置公式

Word 2010 中内置了许多常用的公式,包括二次公式、二项式定理和勾股定理等。插入内置公式后,可根据需要对其进行修改。其操作步骤如下:

(1) 单击文档确定插入点,单击"插入"→"符号"选项组中的"公式" π公式 按钮右边的 ；

(2) 在打开的下拉列表中选择所需公式选项即可进行内置公式的插入,如图 4.5 所示。

2) 插入新公式

有时需要插入一些不常用的公式,这时就需要用户自行进行公式的设计输入了。方法很简单,只需直接单击"插入"→"符号"组中的"公式"按钮 π公式 ,打开"公式工具"对话框的"设计"选项卡,如图 4.6 所示。单击文档中的 在此处键入公式。 按公式的实际结构进行输入即可。

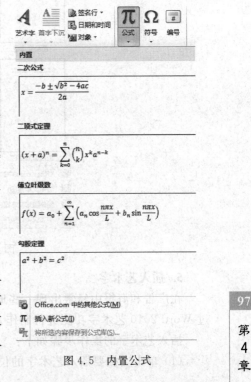

图 4.5 内置公式

字处理软件

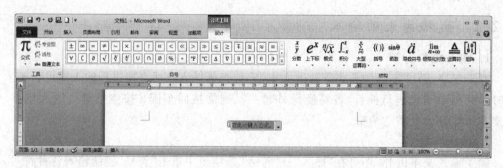

图 4.6 "公式工具"对话框中的"设计"选项卡

### 4. 插入文本框

使用文本框可将文本放置在文档的任何位置,并可以随意移动其位置。插入文本框时可根据文档的内容,确定插入文本框的位置并设置文本框的样式,再进行文本框的插入。其操作为:单击"插入"→"文本"选项组中的"文本框"按钮,在弹出的下拉菜单中可选择"内置"选项组中的任一格式插入文本框,也可选择"绘制文本框"插入横排文字的文本框,还可选择"绘制竖排文本框"插入竖排文字的文本框,如图 4.7 所示。

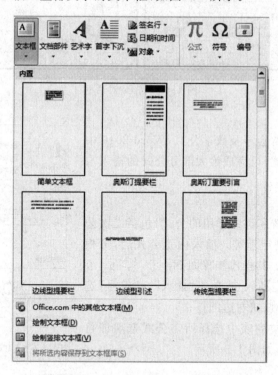

图 4.7 "文本框"下拉列表

### 5. 插入艺术字

在广告和海报中经常出现一些形状特别,带有特殊效果和颜色的文字,这些文字可以通过 Word 2010 艺术字功能进行制作。

插入艺术字的操作步骤如下:

(1) 单击文档要插入艺术字的位置;

（2）单击"插入"→"文本"选项组中的"艺术字"按钮，在下拉列表中选择一种艺术字样式；

（3）将鼠标移到艺术字文本框上，将其拖到合适的位置；

（4）单击艺术字文本框，输入相应的文本；

（5）设置文本的格式，调整文本框大小，单击文本框外的位置就实现了艺术字的插入。

之后，可以通过功能区的"绘图工具"→"格式"选项组的"艺术字样式"选项对其进行修饰和更改。

**6. 添加编号和项目符号**

在文档中适当地添加编号和项目符号，可使文档层次更加清晰，便于理解。编号常用于具有一定顺序关系的内容，项目符号则常用于具有并列关系的内容。

1）添加编号

添加编号的相关操作可利用"开始"→"段落"选项组完成，具体操作如下：

（1）单击文档中要添加编号的位置，单击"开始"→"段落"选项组中的"编号"按钮右侧的按钮。

（2）在打开的下拉列表中选择"编号库"选项组中的选项插入编号，或者单击"定义新编号格式"选项打开"定义新编号格式"对话框插入自定义的新编号，如图 4.8 所示。

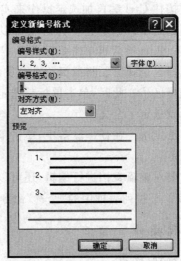

图 4.8　插入编号下拉列表及对话框

2）添加项目符号

添加项目符号的操作步骤如下：

（1）单击文档中要添加项目符号的位置，单击"开始"→"段落"选项组中的"项目符号"按钮右侧的按钮。

（2）在打开的下拉列表中选择"项目符号库"选项组中的选项插入编号，或者单击"定义新项目符号"选项打开"定义新项目符号"对话框插入自定义的新项目符号，如图 4.9 所示。

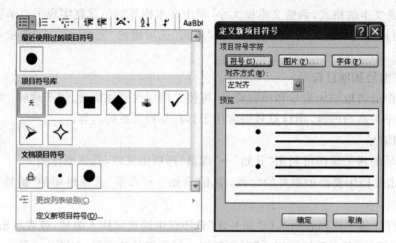

图 4.9　插入项目符号下拉列表及对话框

## 4.2.3　文本选定

输入文本后，对文本进行编辑之前要首先选定文本，常用方法如下：

- 鼠标拖动选定法。在选择区域的起始位置处按下鼠标左键并拖动到结束位置；要选择矩形区域则需要按下 Alt 键后再加选定操作来实现；要同时选定多块区域，可以通过按住 Ctrl 键再加选定操作来实现。
- 大范围选定法。选定连续的区域可以先单击起始位置，然后将鼠标移到结束位置处，按下 Shift 键后再单击鼠标。
- 文本选择区选择法。将鼠标移动到文档左边，当鼠标变成一个向右的箭头时就位于文本选择区了。此时，单击鼠标就选定当前所指行，双击鼠标选定当前所指段落，三击鼠标就选定了全文。
- 段落内选定法。在任一段落中，单击鼠标可以确定插入点，双击选定一个词，三击选定该段落。
- 全选。要对整篇文档进行编辑，还可以通过执行"开始"→"编辑"选项组中"选择"按钮 选择·下拉列表框中的"全选"命令，或按 Ctrl＋A 键来选定文档的全部内容。

## 4.2.4　编辑操作

### 1. 文本的复制（移动）

在文档的编辑中，文本的复制和移动操作是不可避免的，此类操作需要借助剪贴板为中介来实现。文本的复制（移动）一般由四个步骤组成：

（1）选中文本；
（2）复制（剪切）文本；
（3）将光标移至要插入文本的位置；

（4）粘贴文本。

其中步骤（2）和（4）都有三种实现方式：

（1）单击"开始"→"剪贴板"选项组中相应的命令按钮；

（2）右击，使用快捷菜单中的命令；

（3）使用快捷组合键。

**2. 文本的删除**

删除选定文本常用三种方法：

- 单击"开始"→"剪贴板"选项组中的"剪切"按钮。

- 按键盘上的 Delete 键。

- 右击选定文本，在弹出的快捷菜单中单击"剪切"命令。

**3. 撤销和恢复**

如果用户操作出现了失误，可以利用"撤销"按钮 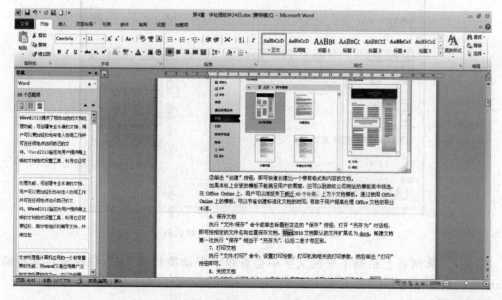 恢复到原来的状态；利用"恢复"按钮 来恢复刚才被"撤销"的操作。

**4. 文本查找与替换**

查找与替换是字处理软件中的一个高效率的编辑功能，该功能根据输入的要查找或替换的内容在指定范围中进行查找和替换。利用该功能可以进行批量修改，还可以提高输入效率。

1）查找文本

查找文本功能可以帮助用户快速找到指定的文本以及这个文本所在的位置，同时也能帮助核对该文本是否存在。查找文本的操作步骤如下：

（1）单击"开始"→"编辑"选项组中的"查找"按钮。

（2）打开"导航"任务窗格，在"搜索文档"区域中输入需要查找的文本。

（3）此时，在文档中查找到的文本便会以黄色突出显示出来，如图 4.10 所示。

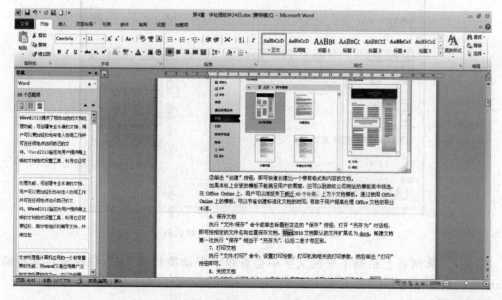

图 4.10 "查找"文本"导航"窗格

2）替换文本

使用"查找"功能，可以迅速找到特定文本或格式的位置，而若要将查找到的目标进行替换，就要使用"替换"命令。替换文本的操作步骤如下：

（1）单击"开始"→"编辑"选项组中的"替换"按钮，打开"查找和替换"对话框。

（2）在"替换"选项卡中的"查找内容"文本框中输入用户需要查找的文本，在"替换为"文本框中输入要替换的文本，如图 4.11 所示。

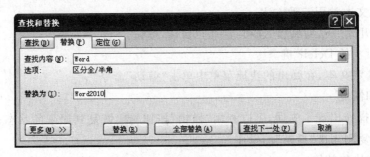

图 4.11 "查找和替换"对话框

（3）然后单击"全部替换"按钮进行全文替换。也可以连续单击"替换"按钮逐个进行查找和替换。

（4）替换完后在弹出的对话框中单击"确定"按钮，即可完成文本的自动替换。

此外，用户还可以在"查找和替换"对话框中单击"更多"按钮，打开如图 4.12 所示的对话框，进行高级查找和替换设置。

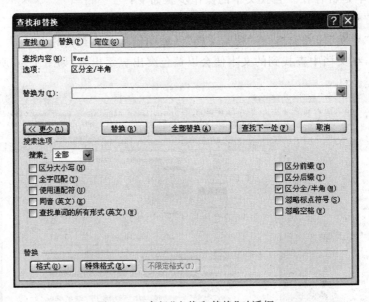

图 4.12 高级"查找和替换"对话框

**例 4-1** 从网页上粘贴下来的文字中会有很多手动换行符"↓"，快速地将其替换为Word 中的段落标记"↵"。

操作步骤如下：

（1）打开已经保存好的文档资料，单击"开始"→"编辑"选项组中的"替换"按钮；

（2）在"查找和替换"对话框中单击"更多"按钮，下面会显示出更多选项，将光标置于"查找内容"后的文本框中，单击"特殊格式"按钮，从弹出的列表框中选择"手动换行符"选项，将光标移动到"替换为"后的文本框中，单击"特殊格式"按钮，从弹出的列表框中选择"段落标记"选项，如图 4.13 所示。

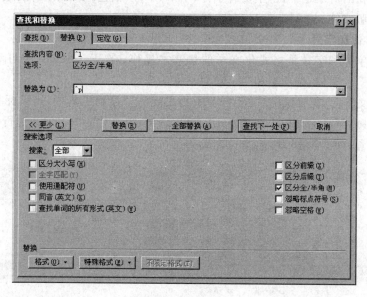

图 4.13　替换设置

（3）将查找内容和替换内容设置好后，单击"全部替换"按钮即可替换全面内容，如果不想全部替换，可以先单击"查找下一处"按钮，在想替换的位置再单击"替换"按钮即可。替换前的手动换行符如图 4.14 所示，替换后的段落标记如图 4.15 所示。

青天有月来几时，我今停杯一问之：↓　　　青天有月来几时，我今停杯一问之：↵
人攀明月不可得，月行却与人相随？↓　　　人攀明月不可得，月行却与人相随？↵
皎如飞镜临丹阙，绿烟灭尽清辉发？↓　　　皎如飞镜临丹阙，绿烟灭尽清辉发？↵
但见宵从海上来，宁知晓向云间没？↓　　　但见宵从海上来，宁知晓向云间没？↵
白兔捣药秋复春，嫦娥孤栖与谁邻？↓　　　白兔捣药秋复春，嫦娥孤栖与谁邻？↵
今人不见古时月，今月曾经照古人。↓　　　今人不见古时月，今月曾经照古人。↵
古人今人若流水，共看明月皆如此。↓　　　古人今人若流水，共看明月皆如此。↵
唯愿当歌对酒时，月光长照金樽里。↵　　　唯愿当歌对酒时，月光长照金樽里。↵

图 4.14　替换前的手动换行符　　　　　图 4.15　替换后的段落标记

# 4.3　格式化文档

作为字处理软件，Word 2010 在文档的编辑和修饰方面提供了强大的功能，用户可以很方便、快捷地完成对文档的格式化，使文档具有漂亮的外观，更方便阅读，更能体现创作者的风格。

因为文档具体表现为字符、段落和页面形式，文档格式化也就分为字符格式化、段落格式化和页面格式化三种。

### 4.3.1　字符格式化

字符格式化的对象是字符,主要有字体、字形、字号、颜色、效果、字符间距、文字效果、字体修饰和中文版式等。

**1. 设置字体和字号**

设置文本字体和字号是格式化文本的最基本操作,在 Word 2010 中可利用浮动工具栏,通过"开始"→"字体"选项组和"字体"对话框实现。

(1) 选择文本后,释放鼠标时,会自动隐约出现一个浮动工具栏,当鼠标指向该工具栏时会变得很清晰,浮动工具栏中包含常用的设置选项,单击相应的按钮或进行相应选择即可对文本进行设置,如图 4.16 所示。

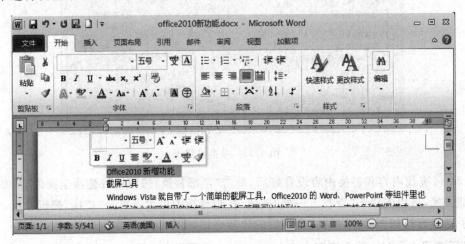

图 4.16　浮动工具栏

(2) 在"开始"→"字体"选项组中可对文本进行更多的设置,操作方法与在浮动工具栏中的操作方法相同,如图 4.17 所示。

(3) 单击"开始"→"字体"选项组右下角的扩展按钮 🢒,即弹出"字体"对话框,如图 4.18 所示。"字体"对话框中包含的设置内容更加丰富,用户可以根据实际需要选择相应的设置。

图 4.17　"开始"→"字体"
选项组

注:

- "字体"是指文字在屏幕或打印机上呈现的书写形式,中文操作系统提供了常用的宋体、楷体、黑体等中文字体,也提供了 Times New Roman、Arial 等英文字体。要查看计算机上的字体,可打开 Windows 控制面板的"字体"程序。

- "字号"是文字的大小。在中文版 Word 中主要有两种表示字体大小的方法:一是常用的中文字体的计量单位——字号来表示;二是印刷业中的基本计量单位——磅(1 磅为 1/72 英寸)。Word 中字号从最大的初号到最小的八号字;磅值从最大的 72 磅到最小的 5 磅。如果需要显示或打印很大的文字,可以直接在"字体"编辑框中输入较大的磅值,如 300 磅等。

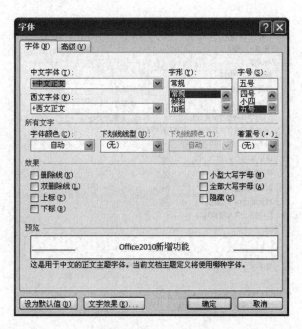

图 4.18　"字体"对话框

**2. 设置字符颜色和字形**

在设置字体和字号后,可对文本进行进一步的设置,如改变重点文本的字符颜色和字形,以达到着重显示的效果等。设置字符颜色和字形同样可以利用浮动工具栏、"字体"组和"字体"对话框实现,此处不再赘述。

**3. 添加文本效果**

使用 Word 2010 新增的"文本效果"功能,可对文本添加多种特殊效果,使文本更加丰富、生动。该功能的设置通过单击"开始"→"字体"选项组中的"文字效果"按钮 Ａ ▾ 来实现。在单击该按钮后弹出的下拉列表中可直接选择一种文字效果作用于文本,也可以单独设置文本的轮廓、阴影、映像和发光的效果,如图 4.19 所示。

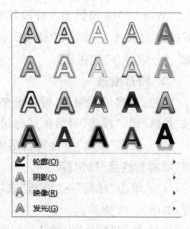

图 4.19　"文字效果"下拉列表

**4. 设置字符间距**

设置完文本效果以后,还可以对其进行字符间距的设置,使其更加一目了然,便于阅读。字符间距是文字间的距离,可以设置字符的缩放比例、加宽或紧缩字符的间距、提升或降低字符的位置。但字符位置的提升或降低不等同于上标或下标。字符间距的设置一般利用"字体"对话框实现。只需在"字体"对话框中单击"高级"选项卡,就可对字符间距进行调整,如图 4.20 所示。

**5. 设置字符边框和底纹**

单击"开始"→"字体"选项组中的"字符边框"按钮 Ａ 或"字符底纹"按钮 Ａ 可为选定字符添加边框和底纹。

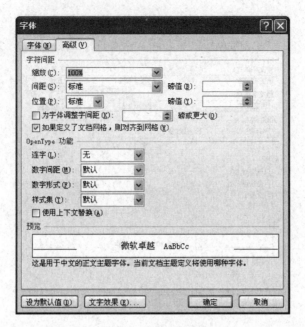

图 4.20 "字体"对话框的"高级"选项卡

## 4.3.2 段落格式化

段落是一个文档的基本组成单位,它包含了文本、图形、对象和其他内容。后面有一个段落标记(↵),该标记表示前一个段落的结束,同时也标志着后一个段落的开始。要对段落进行格式化,首先要选定段落,然后才可以对此段落进行格式修饰。

**1. 段落对齐方式**

Word 2010 提供了 5 种段落对齐方式,在"开始"→"段落"选项组中可以看到对应的对齐按钮:"文本左对齐"按钮 ≣ 、"居中"按钮 ≣ 、"文本右对齐"按钮 ≣ 、"两端对齐"按钮 ≣ 、"分散对齐"按钮 ▤ 。

**2. 段落缩进**

通过设置段落缩进,可以调整 Word 2010 文档正文内容与页边距之间的距离。用户通过"段落"组、"段落"对话框或标尺设置段落缩进。

(1) 使用"段落"组设置段落缩进:单击"开始"→"段落"组中的"减少缩进量"按钮 ≇ 或"增加缩进量"按钮 ≇ 。

(2) 单击"开始"→"段落"选项组中的功能扩充按钮,打开"段落"对话框,进行相关设置,如图 4.21 所示。

(3) 使用"标尺"设置法:切换到"视图"选项卡,在"显示"组中选中"标尺"复选框。在标尺上出现 4 个缩进滑块:"首行缩进"、"悬挂缩进"、"左缩进"和"右缩进",拖动相应滑块,就可以调整相应的缩进格式。

**3. 设置间距**

间距指的是行与行之间、段落与行之间、段落与段落之间的距离。在 Word 2010 中,设置间距的方法有三种:

（1）通过如图4.21所示的"段落"对话框来进行设置。

（2）单击"开始"→"段落"选项组中的"行和段落间距"按钮，在下拉列表中进行间距的设置，如图4.22所示。

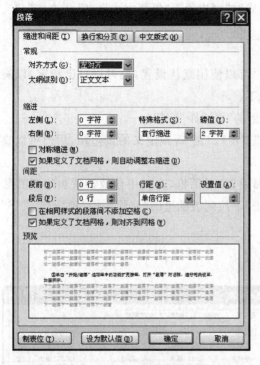

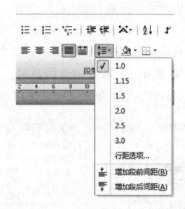

图4.21　"段落"对话框　　　　　　　图4.22　"行和段落间距"下拉列表

（3）通过"页面布局"→"段落"选项组来设置，如图4.23所示。

图4.23　"页面布局"→"段落"选项组

### 4. 首字下沉

在报刊和杂志中，常会看到文章开头的文字被放大数倍，并采用下沉的显示效果，这种版式称为首字下沉，可使文档更突出和醒目。具体操作如下：

（1）选择段落起始处的文本；

（2）单击"插入"→"文本"选项组的"首字下沉"按钮；

（3）在下拉列表中选择"下沉"、"悬挂"直接设置下沉方式；或者选择"首字下沉选项"打开"首字下沉"对话框进行详细的参数设置，如图4.24所示。

图4.24　"首字下沉"对话框

### 4.3.3 页面格式化

为了整个版面的美观,还需要对整个页面的格式加以修饰,即页面格式化。Word 2010 所提供的页面设置工具可以帮助用户轻松完成对"页边距"、"纸张大小"、"纸张方向"、"文字排列"等诸多选项的设置工作。

**1. 设置页边距**

Word 2010 提供了页边距设置选项,用户可以使用默认设置,也可以自己指定,以满足不同文档的版面要求。设置页边距的操作如下:

(1) 单击"页面布局"→"页面设置"选项组的"页边距"按钮;

(2) 在弹出的下拉列表中,提供了"普通"、"窄"、"宽"等预定义的页边距,用户可以直接选择快速完成设置,如图 4.25 所示。

(3) 也可以单击"自定义边距"打开"页面设置"对话框,在其中修改设置页边距和装订线的具体参数,如图 4.26 所示。其中"应用于"下拉列表框里的"整篇文档"和"所选文字"两个选项,决定了该设置的作用范围。

(4) 设置完后单击"确定"按钮即可。

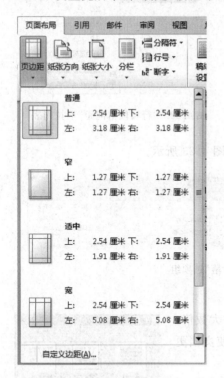

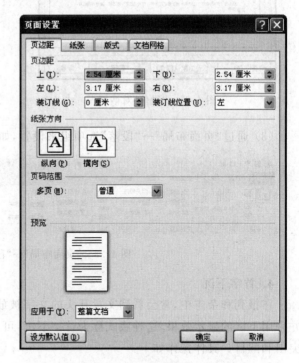

图 4.25 "页边距"下拉列表    图 4.26 "页面设置"对话框

**2. 设置纸张方向**

单击"页面布局"→"纸张方向"选项,可在下拉列表中选择"横向"或者"纵向"。

**3. 设置纸张大小**

单击"页面布局"→"页面设置"选项组中的"纸张大小"按钮,在下拉列表框中可快速进行选择设置,如图 4.27 所示。也可以选择"其他页面大小"选项打开"页面设置"对话框,在"纸张"选项卡中进行设置。

**4. 设置页面颜色和背景**

Word 2010 为用户提供了丰富的页面背景设置功能。用户可以非常便捷地为文档应用水印、页面颜色和页面边框的设置。

1) 水印设置

单击"页面布局"→"页面背景"选项组中的"水印"按钮,在下拉列表中可以直接选择"机密"模式中的任一版式;也可选择"自定义水印"打开"水印"对话框,在其中用图片或文字设置水印效果,如图 4.28 所示。

2) 页面颜色设置

单击"页面布局"→"页面背景"选项组中的"页面颜色"选项,在下拉列表中可以直接选择合适的颜色作为页面颜色。也可以选择"填充效果"选项打开"填充效果"对话框,在其中通过"渐变"、"纹理"、"图案"和"图片"等选项卡设置页面背景的特殊填充效果,如图 4.29 所示。

图 4.27 "纸张大小"
下拉列表

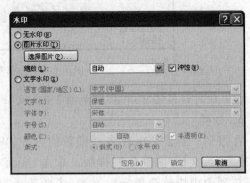

图 4.28 "水印"下拉列表及对话框

3) 页面边框设置

单击"页面布局"→"页面背景"选项组中的"页面边框"按钮,打开"边框和底纹"对话框,选择"页面边框"选项,可以设置各种效果的页面边框,也可以选择"艺术型"下拉列表中预设

第4章

字处理软件

好的一些边框格式,如图 4.30 所示。

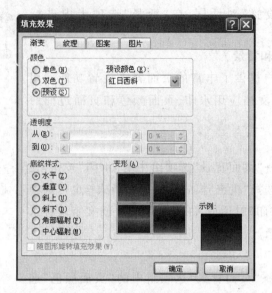

图 4.29 "填充效果"对话框

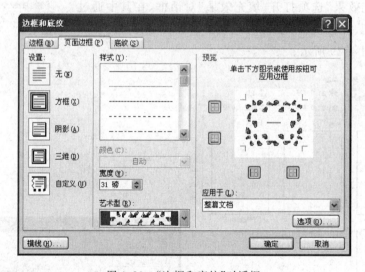

图 4.30 "边框和底纹"对话框

**注**:该对话框还可以通过"边框"、"底纹"选项卡设置作用于字符、段落的边框和底纹。

### 5. 分栏

在报刊中经常会出现多栏排版的方式,Word 提供了分栏的功能,可以在"插入点之后"或"整篇文档"实现分栏排版。单击"页面布局"→"页面设置"选项组的"分栏"按钮,在下拉列表中快速选择分栏方式,或者选择"更多分栏"选项打开"分栏"对话框,在其中进行分栏设置,如图 4.31 所示。"分栏"对话框中指定要分的栏数、每栏的栏宽、栏间距和是否加分隔线等。如果选中"栏宽相等"复选框,则系统会自动计算并设置栏宽和栏间距。

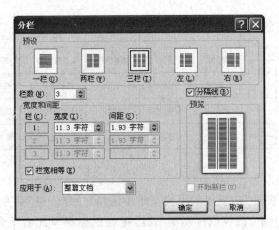

图 4.31 "分栏"对话框

### 4.3.4 使用格式刷

在对文档进行格式化的过程中,有时需对不同文本设置相同的格式,若逐一设置会浪费很多时间。使用格式刷可以将相同的格式应用到不同的文本中,从而达到节省时间、提高工作效率的目的。

格式刷的操作步骤如下:

(1)将单击已经设好格式的文本范围中的任意位置;

(2)单击"开始"→"剪贴板"选项组的"格式刷"按钮 格式刷,此时鼠标会变成一把刷子的状态;

(3)将鼠标移动到要应用该格式的对象附近,按下鼠标左键,将作用范围拖动选中,就可将前面设置好的格式应用于新的对象文本了。

此方法的格式刷只能用一次,要想连续多次使用,在步骤(2)时改单击为双击即可。要停止使用,可以单击"格式刷"按钮或按下 Esc 键。

# 4.4 制作"课程表"文档

表格的特点是简明扼要、信息丰富,文档中经常要用表格来组织有规律的文字和数字。特别是在处理大量信息时,使用表格显得尤为重要,因此表格在文档处理中占有很重要的位置。在 Word 中,对表格的处理包括建立、编辑、格式化、排序、计算和将表格转换成各类统计图表等功能,尤其突出的是可以随意绘制不规则的表格。

如图 4.32 所示的课程表就是一个不规则的表格。该表格需要绘制斜线表头,斜线表头下方的单元格需要通过表格的多次拆分、合并才能制作出来,该表格以文件名"课程表.docx"保存。

### 4.4.1 制作过程

下面介绍如图 4.32 所示的课程表的制作过程。

(1)新建一个空白文档,单击"插入"→"表格"选项组中的"插入表格"按钮,快速插入 6×5 的一个表格。

| 时间\\星期 | | 一 | 二 | 三 | 四 | 五 |
|---|---|---|---|---|---|---|
| 上午 | 1 | 高等数学 | 英语 | 大学物理 | 汉语言文学 | 英语 |
| | 2 | | | | | |
| | 3 | 计算机 | 化学 | 哲学 | 高等数学 | 机械制图 |
| | 4 | | | | | |
| 下午 | 5 | 法律 | 文学欣赏 | 听力 | 物理实验 | 上机实践 |
| | 6 | | | | | |
| | 7 | 口语 | 体育 | 自习 | 体育 | 思 修 |
| | 8 | | | | | |

图 4.32 "课程表"表格

（2）在"插入"→"表格"选项组的下拉菜单中选择"绘制表格"命令，将鼠标指针移到第 1 行第 1 列的单元格左上角，按住鼠标左键不放，拖动鼠标至单元右下角，释放鼠标即可完成斜线表头的绘制，调整该行高度为 2 行文字，上下分别输入"星期"和"时间"。

（3）鼠标拖动选中第 2 行的第 1 列，单击"表格工具"→"布局"→"合并"选项组中的"拆分单元格"按钮 ▦，将该单元格拆分为 2 列 2 行。以同样的方法将第 3 行的第 1 列也拆分为 2 列 2 行。拖动选中拆分后的最左列的 4 个小单元格，单击"合并单元格"按钮 ▦，将这 4 个小单元格合并为一个，在其中输入"上午"字样，单击"对齐方式"组中的"文字方向"按钮 ≋，将文字方向改为纵向。分别在拆分后的右边 4 个小单元格内输入数字 1、2、3、4。

（4）用同样的方法处理最后 2 行的第 1 列，输入"下午"和数字 5、6、7、8。

（5）在其余单元格中分别输入相应内容，单击"表格工具"→"布局"→"对齐方式"选项组中的"垂直水平居中"按钮 ▤ 进行简单格式修饰（斜线表头除外）。

（6）单击"文件"→"保存"选项，输入文件名"课程表.docx"保存该文档。

## 4.4.2　创建表格

表格的创建有以下三种方式：

（1）单击"插入"→"表格"选项组中的"表格"按钮 ▦，可以在打开的下拉列表中快速创建行列数在 8 行 10 列以内的表格，该方法插入的表格，行高和列宽都是固定的，并且平均分布各行、列。

（2）利用"插入表格"对话框可以插入任意行列数的表格。

（3）可以通过"绘制表格"按钮 ▧ 绘制不规则的表格，利用该方法，用户可以根据实际情况绘制需要的表格样式，如带有斜线的表格等。手动绘制通常在前两种方法创建的表格上进行，以实现一些特殊布局。

## 4.4.3　表格的编辑和美化

表格的编辑是指对表格、行、列或单元格的复制、插入、删除，以及合并、拆分单元格等。

### 1. 表格的选择

表格的编辑操作仍遵循"先选中，后操作"的原则。表格的选择分为单元格、行、列、表格选择。将鼠标在单元格中双击就选定了该单元格；将鼠标移到表格左边，当鼠标变成向右的箭头时单击或拖动鼠标就可以选中一行或多行；将鼠标移到表格的上端，当鼠标变成一个向下的粗黑箭头时单击或拖动鼠标就可以选中一列或多列；将鼠标移动到表格的左上角外,当鼠标变为 田 时,单击鼠标就可以选中整张表格。

### 2. 表格的编辑

表格的编辑主要通过"表格工具"→"布局"选项卡来实现,如图 4.33 所示。

图 4.33 "布局"选项卡

### 3. 表格的美化

表格的美化可以很方便地直接选择内置表格样式,也可以根据需要自行设置。主要通过"表格工具"→"设计"选项卡来实现,如图 4.34 所示。

图 4.34 "设计"选项卡

要注意的是,设置不规则表格的边框时要选定正确的单元格。以"课程表"为例,要在"上午"和"下午"中间设置较粗的双边框线分隔时,需要设置好边框为 1.5 磅双线,然后再按住 Ctrl 键的同时选中"上午"、"4"以及第 3 行的其他单元格,然后在"边框"下拉列表框中选择下框线选项,设置效果如图 4.35 所示。

| 时间\星期 | | 一 | 二 | 三 | 四 | 五 |
|---|---|---|---|---|---|---|
| 上午 | 1 | 高等数学 | 英语 | 大学物理 | 汉语言文学 | 英语 |
| | 2 | | | | | |
| | 3 | 计算机 | 化学 | 哲学 | 高等数学 | 机械制图 |
| | 4 | | | | | |
| 下午 | 5 | 法律 | 文学欣赏 | 听力 | 物理实验 | 上机实践 |
| | 6 | | | | | |
| | 7 | 口语 | 体育 | 自习 | 体育 | 思修 |
| | 8 | | | | | |

图 4.35 设置了边框和底纹的课程表

## 4.4.4 使用公式计算单元格数值

在 Word 2010 中提供了多种运算公式,用户可根据实际需要选择使用。其操作步骤如下:

(1) 单击第 1 个需要公式计算的单元格,在"布局"→"数据"选项组中单击"公式"按钮 $f_x$ 公式,打开"公式"对话框,输入所需公式。

(2) 返回文档编辑区,光标所在的单元格中将显示公式自动计算的结果,将该结果复制到该列的其他单元格,然后逐一选中后右击,在弹出的快捷菜单中选择"更新域"命令即可计算出其他相同公式的结果值。

### 4.4.5　创建图表

图表是数据的图示表现,与 SmartArt 图形不同,图表所针对的对象是数字数据。使用图表可生动形象地将表格中的数据表现出来,使复杂的数据一目了然。利用表格数据创建图表的具体过程如下:

(1) 在需要插入图表的位置单击,定位光标插入点。

(2) 在"插入"→"插图"选项组中单击"图表"按钮 ,打开"插入图表"对话框,选择图表类型。

(3) 单击"确定"按钮后,在打开的"Microsoft Word 中的图表"窗口,在表格中输入数据,并拖动区域右下角将建图表的数据选中。

(4) 关闭 Excel 窗口,返回 Word 文档编辑区即可查看创建的图表。

公式计算和图表操作是 Excel 的特色,在第 5 章中将详细介绍,此处不再赘述。

## 4.5　制作"展会宣传单"

在文档中插入相关图片时可使文档内容更加丰富。图片不仅能起到美化文档的作用,合适的图片也有助于文档内容的表达。在 Word 2010 中可插入不同格式的图片,如.jpg、.png、.bmp、.wmf、.gif 等,插入图片后还可使用 Word 2010 中的图片编辑功能对其进行编辑和美化。

比如制作"展会宣传单"文档,这类型的文档除了展会的基本信息以外,还需要插入与宣传主题相匹配的图片和醒目的标题。这些可以通过插入图片、艺术字、文本框,并进行图片效果的设置和美化来实现。

### 4.5.1　制作过程

(1) 打开素材文档"展会宣传单",单击文档任意位置确定鼠标定位光标插入点,在"插入"→"插图"选项组中单击"剪贴画"按钮 ,打开"剪贴画"窗格。

(2) 在"搜索文字"文本框中输入"环保"字样,单击"搜索"按钮开始搜索,在搜索出来的合适的剪贴画上单击将其插入到文档中,如同 4.36 所示。

(3) 右击插入的剪贴画,在弹出的快捷菜单中选择"自动换行"→"浮于文字上方"命令,在"格式"→"图片样式"选项组中单击"图片效果"按钮 图片效果,在打开的下拉列表中选择"阴影"→"右上对角透视"选项,以同样方式选择"三维旋转"→"极左极大透视"选项。

(4) 在文档中单击要插入艺术字的位置,单击"插入"→"文本"选项组中的"艺术字"按钮 ,在打开的下拉列表框中选择右下角的最后一个样式,插入艺术字。用鼠标将艺术字文本框拖到合适的位置处,单击文本框并输入相应的文本,调整文本框大小以适应艺术字。

(5) 保持艺术字的选中状态,在"艺术字样式"组中单击"文本填充"按钮 ,在打开的下拉列表中选择"渐变"→"变体"→"中心辐射"选项;单击"文本轮廓"按钮 ,在打开的下

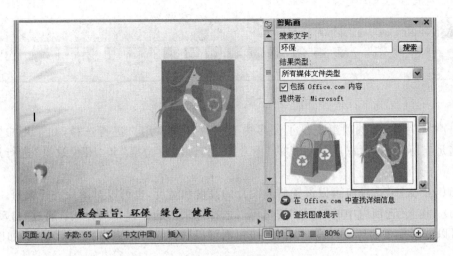

图 4.36 "剪贴画"窗格

拉列表中选择"其他轮廓颜色"为蓝色；单击"文字效果"按钮 A，在打开的下拉列表中选择"转换"→"正三角"选项，得到如图 4.37 所示的排版效果。

图 4.37 "艺术字"排版效果

## 4.5.2 插入图片

在文档中插入图片并设置图片样式的操作步骤如下：

（1）首先将鼠标指针定位在插入图片的位置，然后单击"插入"→"插图"选项组中的"图片"按钮 ，在打开的"插入图片"对话框中，选择所需图片，单击"插入"按钮，即可将所选图片插入到文档中。

（2）插入图片后，会自动出现"图片工具"中的"格式"选项卡，如图 4.38 所示。

（3）"调整"选项组中的"更正"、"颜色"和"艺术效果"选项可以让用户自由地调节图片的亮度、对比度、清晰度及艺术效果。

图 4.38 "图片工具/格式"选项卡

（4）"图片样式"选项组提供了许多内置图片样式供用户进行选择，如果用户觉得还不能满足实际需求，可以通过组里的"图片版式"、"图片边框"和"图片效果"进行属性的设置。

（5）在"大小"选项组可以设置修改图片的高度和宽度，也可以对图片进行裁剪。

（6）"排列"选项组中的"位置"按钮可以选择想采用的位置布局方式；通过"自动换行"按钮可以选择想要的环绕方式；"对齐"按钮则可以选择某种对齐方式进行布局，如图 4.39 所示。

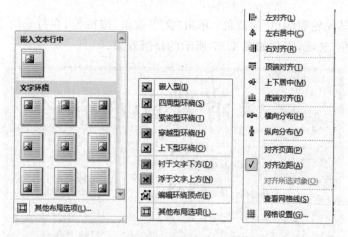

图 4.39 "排列"选项组的三种布局方式

### 4.5.3　删除图片背景与裁剪图片

插入文档的图片，有时往往由于原始图片的大小、内容等因素不能满足需要，期望能够对所采用的图片进行进一步处理。而 Word 2010 中的去除图片背景及裁剪图片的功能，让用户在文档制作的同时就可以完成图片的处理工作。

**例 4-2**　将"删除背景.docx"文档中的图片删除背景，并将图片裁剪到合适尺寸。

操作步骤如下：

（1）选中要操作的图片，打开"图片工具"的"格式"选项卡；

（2）在"格式"选项卡中，单击"调整"选项组中的"删除背景"命令，此时在图片上出现遮幅区域，如图 4.40 所示。

（3）在图片上调整选择区域拖动柄，并配合使用"背景消除"选项组中的"标记要删除的区域"按钮进行轮廓勾勒，使要保留的图片内容浮现出来，如图 4.41 所示。

（4）调整完成后，在"背景消除"中单击"保留更改"按钮，完成图片背景消除操作，消除背景后的效果如图 4.42 所示。

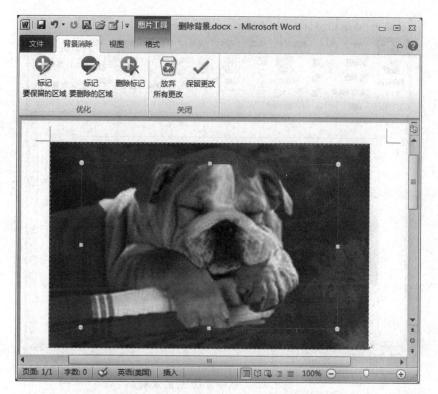

图 4.40　选择"删除背景"命令后的自动遮幅区域

图 4.41　"标记要删除的区域"效果

图 4.42 "删除背景"后的效果

（5）可以看出，虽然图片中的背景消除了，但该图片的尺寸仍然与之前的图片相同。利用"大小"选项组中的"裁剪"按钮，可以将图片调整到适当大小，如图 4.43 所示。

图 4.43 "裁剪"后的效果

（6）其实，裁剪完成后，图片的多余区域依然保留在文档中。如果期望彻底删除图片中被裁剪的多余区域，可以单击"调整"选项组中的"压缩图片"按钮，在弹出的对话框中选中"压缩选项"区域中的"删除图片的裁剪区域"复选框，单击"确定"按钮并保存文档后可以看到文档所占的存储容量明显变小了。

### 4.5.4　绘制形状图形

Word 2010 中提供了多种形状，包括线条、正方形、箭头、椭圆、流程图和旗帜等，将这些形状插入到文档中，并对其进行编辑，可制作非常漂亮的文档。向 Word 中插入自绘形状的图形时，可以将图形对象放置在绘图画布中。

绘图画布在绘图和文档之间提供了一条框架式的边界。在默认情况下，绘图画布没有背景或边框，但是如同处理图形对象一样，可以对绘图画布进行格式设置。

绘图画布还能将绘图的各个部分组合起来，这在绘制图形由多个形状组成的情况下尤其有用。

插入画布图形的操作步骤如下：

（1）单击文档中要插入绘布的地方。

（2）单击"插入"→"插图"选项组的"形状"按钮，在下拉列表中选择"新建绘图画布"选项，就在文档中选定的位置处插入了画布。

（3）此时，功能区中自动出现了"绘图工具"的"格式"选项卡，如图 4.44 所示。该选项卡包含"插入形状"、"形状样式"、"艺术字样式"、"文本"、"排列"和"大小"选项组。用户可以在"插入形状"选项组中单击需要的形状，然后在画布上按下鼠标左键，拖出该形状，以同样的方式可以在画布上绘制出各种不同的形状。"形状样式"选项组可以对画布中的形状的背景和填充色等进行设置。"大小"选项组可以设置形状的大小。双击绘制出的形状可以在该形状中添加文字，这时，"文本"和"艺术字样式"选项组就可以对所添加的文字进行格式设置。

图 4.44　"格式"选项卡

### 4.5.5　插入 SmartArt 图形

在办公中经常需要制作会议流程图或公司组织结构图这样的具有顺序或层次关系的文档，这些层次关系通常难以用文字进行阐述。使用 Word 2010 中的 SmartArt 图形功能创建不同布局的层次结构图形，就可以快速、有效地表达这些关系。

**例 4-3**　利用 SmartArt 图形插入公司的组织结构图。

操作步骤如下：

（1）单击"插入"→"插图"选项组中的"插入 SmartArt 图形"按钮 ，打开"选择 SmartArt 图形"对话框，如图 4.45 所示。

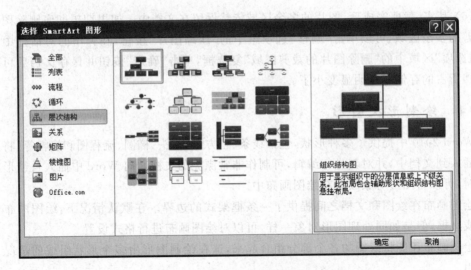

图 4.45 "选择 SmartArt 图形"对话框

（2）在对话框左侧单击任一选项卡，然后在右侧的列表中选择需要的选项，单击"确定"按钮。

（3）在打开的"此处键入文字"窗格中输入文本，文档的结构图中将同步显示输入的文本，如图 4.46 所示。

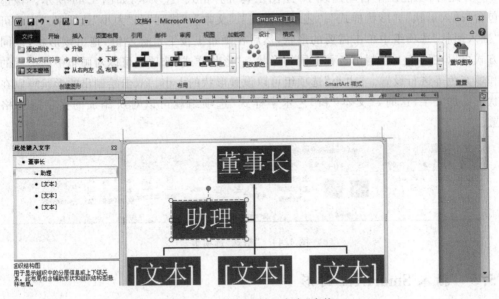

图 4.46 "在此处键入文字"窗格

（4）输入完毕后单击文档其他位置，取消 SmartArt 图形的选中状态，就可以查看效果了。

（5）如果还有不完善的地方，可以通过"SmartArt 工具"的"设计"或"格式"选项卡进一步修改、美化和完善。

# 4.6 "毕业论文"长文档排版

制作专业的文档除了使用常规的页面内容和美化操作以外,还需要注重文档的结构以及排版方式。

例如在编辑"毕业论文"之类的长文档时,不仅需要在正文之前插入自动生成的目录,有时还需要在最前面插入封面,对文中引用的参考文献也需要进行标识。这时 Word 2010 的"引用"选项卡就可以提供诸多简便的功能,使得此类长文档的编辑、排版、阅读更加轻松自如。

## 4.6.1 制作过程

(1)打开素材库中的"毕业设计论文.docx"。

(2)选中论文标题,单击"开始"→"样式"→"标题 1"按钮,设定标题样式。

(3)分别选中一、二、三、总结、参考文献、致谢等标题,单击"开始"→"样式"→"标题 2"按钮,设定下一级样式。

(4)分别选中(一)、(二)、(三)等标题,单击"开始"→"样式"→"标题 3"按钮,设定再下一级分类样式。

(5)在论文最前面单击鼠标确定目录插入点,单击"引用"→"目录"→"目录"→"插入目录"选项,弹出"目录"对话框,如图 4.47 所示。

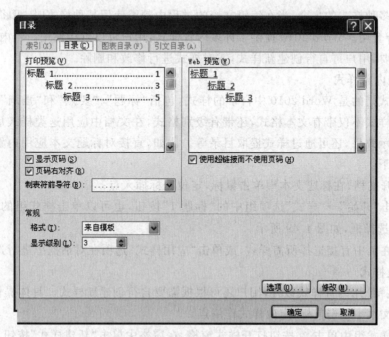

图 4.47 "目录"对话框

(6)单击"确定"按钮即在文档最前面插入了论文的目录,如图 4.48 所示。

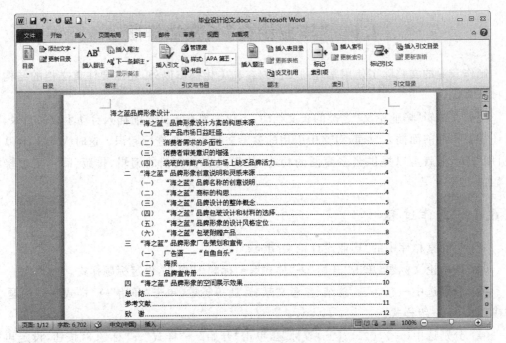

图 4.48　插入的目录

## 4.6.2　样式的定义及使用

样式是多种格式的集合,当在编辑文档的过程中频繁使用某种格式时,可将其创建为样式,直接进行套用。Word 2010 提供了许多内置样式,用户可以直接使用。若内置样式不能满足实际需要,用户可自行创建新样式,或对样式进行修改和删除。

**1. 应用内置样式**

内置样式指的是 Word 2010 中自带的样式,包括"标题"、"要点"和"强调"等多种样式效果。一些样式不仅带有文本格式,还带有级别格式,在文档中应用这类样式后,不仅可更改文本的显示效果,还可通过样式提取目录等。比如,直接对标题文本应用内置样式"标题1"的步骤如下:

(1) 打开文档,在标题文本中单击鼠标,定位光标插入点;

(2) 单击"开始"→"样式"选项组中的"标题 1"按钮,也可以单击样式组的"其他"按钮 打开样式选择框,如图 4.49 所示。

(3) 可在其中直接选择所需样式,或单击"应用样式"选项在对话框中进行选择应用。

**2. 创建样式**

除了选择使用内置样式以外,用户还可根据需要自行创建新样式。具体操作如下:

(1) 在文本中单击鼠标,定位样式作用点。

(2) 在样式组中单击 按钮打开样式窗格,在窗格中单击"新建样式"按钮 ,打开"根据格式设置创建新样式"对话框。

(3) 在对话框中输入新建样式的名称为"论文标题",设置字体、字号、颜色、对齐等格式参数,单击"确定"按钮,就完成了新样式的创建并应用到了鼠标所在位置的文本,如图 4.50 所示。

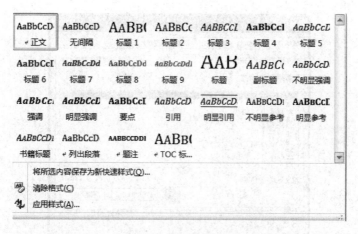

图 4.49 "样式"选择框

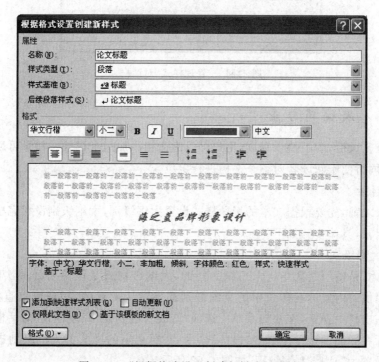

图 4.50 "根据格式设置创建新样式"对话框

### 3. 管理样式

对于内置或创建的样式,还可以进行修改和删除等一系列操作,具体操作如下:

(1) 单击"样式"窗格中的"管理样式"按钮 ,打开"管理样式"对话框,如图 4.51 所示。

(2) 在对话框中,选择要编辑的样式的名称,单击"修改"按钮可打开"修改样式"对话框,按需要进行修改;单击"删除"按钮可删除选定的样式。

**注**:修改样式也可直接单击"更改样式"按钮 来完成。

图 4.51 "管理样式"对话框

### 4.6.3 插入及编辑目录

文档创建完成后,为了便于阅读,用户可以为文档添加一个目录。目录可以使文档的结构更加清晰,同时便于阅读者对整个文档进行定位。

**1. 插入目录**

生成目录之前,先要根据文本的标题样式设置大纲级别,大纲级别设置完毕即可在文档中插入自动目录,具体步骤如下。

1) 设置大纲级别

Word 2010 是使用层次结构来组织文档的,大纲级别就是段落所处层次的级别编号。Word 2010 提供的内置标题样式中的大纲级别都是默认设置的,用户可以直接生成目录。当然也可以右击任一样式,在快捷菜单中选择"修改",然后在"修改样式"对话框中通过单击"格式"按钮后在弹出的选项中选择"段落"命令,对所选定的样式的大纲级别进行修改。将"论文标题"设置为"1 级"大纲级别,如图 4.52 所示。

2) 生成目录

大纲级别设置完毕,接下来就可以生成目录了。生成目录的具体步骤如下:

(1) 将光标定位到文档第 1 行的行首,切换到"引用"选项卡,在"目录"选项组中,单击"目录"按钮;

(2) 在弹出的"内置"下拉列表中选择合适的目录选项即可,如图 4.53 所示。

(3) 返回文档,在光标所在位置就自动生成了一个目录。

**2. 修改目录**

如果用户对插入的目录不满意,还可以修改目录或自定义个性化的目录。修改目录的具体步骤如下:

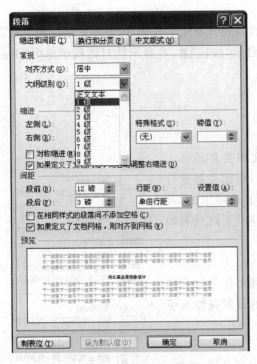

图 4.52 "大纲"级别设置

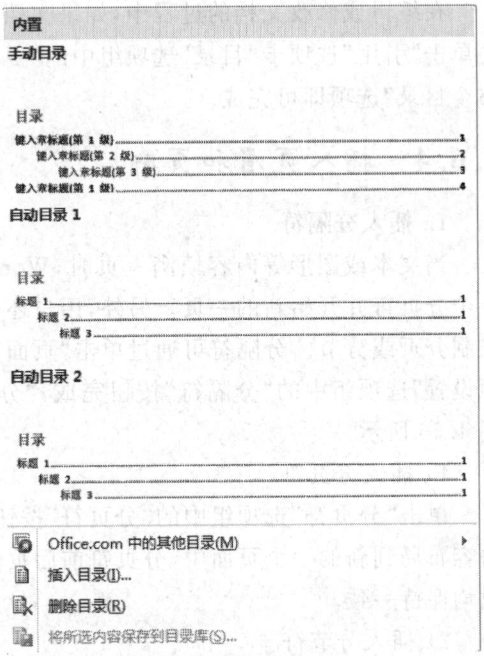

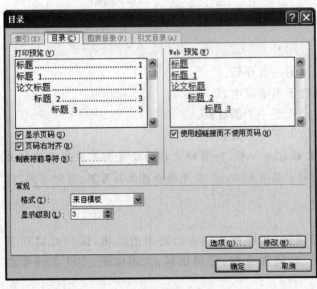

图 4.53 "内置"下拉列表

（1）单击图 4.53 中的"插入目录"选项，打开"目录"对话框，如图 4.54 所示。

（2）单击"修改"按钮，弹出"样式"对话框，如图 4.55 所示。

图 4.54 "目录"对话框

图 4.55 "样式"对话框

（3）单击"修改"按钮，对弹出的"修改样式"对话框中的参数进行修改设置，完成后单击"确定"按钮，在出现的"是否替换所选目录"对话框中单击"是"按钮即可。

**3. 更新目录**

在编辑或修改文档的过程中,如果文档内容或格式发生了变化,则需要更新目录。只需要单击"引用"选项卡"目录"选项组中的"更新目录"按钮 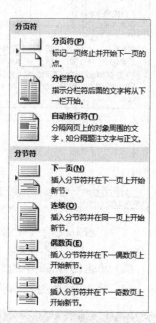,在弹出的对话框中选中"更新整个目录"选项即可完成。

## 4.6.4 插入页眉和页脚

### 1. 插入分隔符

当文本或图形等内容填满一页时,Word 文档会自动插入一个分页符并开始新的一页。另外,用户还可以根据需要进行强制分页或分节。分隔符可通过单击"页面布局"选项卡的"页面设置"选项组中的"分隔符"按钮完成,"分隔符"下拉列表如图 4.56 所示。

1) 插入分页符

单击"分页符"选项组中的"分页符"按钮,即可将光标后的内容布局到新的一个页面中,分页符前后页面的设置属性及参数均保持一致。

2) 插入分节符

单击"分节符"选项组中的任一按钮,可以插入分节符。在文档中插入分节符,不仅可以将文档内容划分为不同的页面,而且还可以分别针对不同的节进行页面设置操作。分节符起着分隔前面文本格式的作用,如果删除了某个分节符,它前面的文字会合并到后面的节中,并且采用后者的格式设置。

图 4.56 "分隔符"下拉列表

分节符有四种类型,分别为:

- 下一页——分节符后的文本从新的一页开始。
- 连续——新节与其前面一节同处于当前页中。
- 偶数页——分节符后面的内容转入下一个偶数页。
- 奇数页——分节符后面的内容转入下一个奇数页。

**注**:在默认方式下,Word 将整个文档视为一节,所有对文档的设置都是应用于整篇文档的。要想将同一文档进行纵向、横向同时存在的排版,或者部分页面的页眉、页脚不同,就需要插入分节符将文档分成不同的节。

### 2. 插入页眉页脚

页眉和页脚是文档中每个页面的顶部、底部和两侧页边距中的区域,用户可以在页眉、页脚中插入文本或图形,例如页码、时间和日期、公司徽标、文档标题、文件名或作者姓名等。

1) 插入预设的页眉或页脚

打开"插入"选项卡,在"页眉和页脚"选项组中单击"页眉"按钮,在打开的"页眉库"中选择合适的页眉样式,就可以将所选样式应用到文档了,如图 4.57 所示。

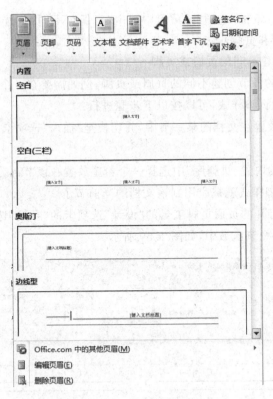

图 4.57 "页眉"下拉列表

如果单击"页脚"按钮,在打开的内置"页脚库"中可以选择合适的页脚设计,然后将其插入到整个文档中。

另外,在文档中插入页眉或页脚后,Word 2010 会自动出现"页眉和页脚工具"中的"设计"选项卡,在这个选项卡中单击"关闭"选项组中的"关闭页眉和页脚"按钮,即可关闭页眉和页脚区域。

2) 创建首页不同的页眉页脚

如果希望将文档首页的页眉和页脚设置得与众不同,可以双击已经插入文档中的页眉或页脚区域,此时在功能区中自动出现"页眉和页脚工具"选项组中的"设计"选项卡,如图 4.58 所示。在"选项"选项组中选中"首页不同"复选框,原先定义的页眉和页脚就被删除了,用户可以另行设置。

图 4.58 页眉和页脚工具

3) 为奇偶页创建不同的页眉和页脚

有时一个文档中的奇偶页上需要使用不同的页眉和页脚。例如,在制作书籍资料时用户选择在奇数页上显示书籍名称,而在偶数页上显示章节标题。要对奇偶页使用不同的页眉和页脚,只要在图4.58的"选项"选项组中选中"奇偶页不同"复选框,就可以分别创建奇数页和偶数页的页眉(和页脚)了。

4)为文档各节创建不同的页眉或页脚

用户可以为文档的各节创建不同的页眉或页脚,例如需要在一个长文档的"目录"与"内容"两部分应用不同的页脚样式,可以按以下步骤进行:

(1)将鼠标指针放置在文档的某一节中,并切换至"插入"选项卡,在"页眉和页脚"选项组中单击"页脚"按钮。

(2)在随后打开的内置"页脚库"中选择一个希望放置在该节部分的页脚样式,例如"传统型"。这样,所选页脚样式就被应用到该文档的当前节了。

(3)在随后自动打开的页眉页脚工具的"设计"选项卡的"导航"选项组中单击"下一节"按钮,进入到页脚的第2节区域中,如图4.59所示。

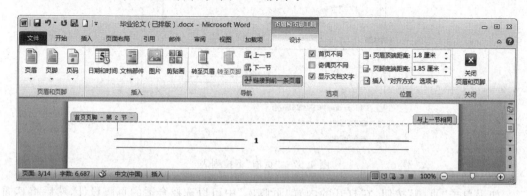

图4.59 "下一节"按钮转换

(4)在"导航"选项组中单击"链接到前一条页眉"按钮,断开新节中的页脚与前一页中的页脚之间的链接。此时,页面中将不再显示"与上一节相同"的提示信息,也就是说用户可以更改本节现有的页脚,或可以创建新的页脚了。

(5)在"页眉和页脚"选项组中,单击"页脚"按钮。

(6)在打开的内置"页脚库"中选择一个希望放置在文档内容部分的页脚样式,例如"飞越型(奇数页)"。这样,所选页脚样式就被应用到文档的内容部分了,从而实现在文档的各部分创建不同的页脚。

5)删除页眉或页脚

在整个文档中删除所有页眉或页脚的方法很简单,其操作步骤如下:

(1)单击文档中的任何位置,在功能区中打开"插入"选项卡;

(2)在"页眉和页脚"选项组中,单击"页眉"按钮;

(3)在弹出的下拉列表框中选择"删除页眉"选项即可将文档中的所有页眉删除,删除页脚的操作也类似。

6)插入页码

页码用于显示文档的页数,可插入到页眉区、页脚区或页面两侧。但通常只在页面底端的页脚区插入页码,且首页一般不计入页数中。插入页码的具体操作如下:

(1)在"插入"选项卡的"页眉和页脚"组中单击"页码"按钮。

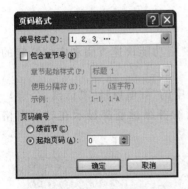

图 4.60 "页码格式"对话框

（2）在打开的下拉列表框中选择"设置页码格式"选项，打开"页码格式"对话框，如图 4.60 所示。

（3）在"页码编号"选项组选中"起始页码"单选按钮，在其数值框中输入数值"0"，单击"确定"按钮。

（4）在第二页下方的页脚编辑区双击鼠标左键，激活"设计"选项卡，在"选项"组中选中"首页不同"复选框。

（5）在"设计"→"页眉和页脚"选项组中单击"页码"按钮，在打开的下拉列表框中选择"页面底端/普通数字 2"选项。

（6）将鼠标指针移到首页的页脚编辑区，将首页页码删除即可。

## 4.6.5 脚注和尾注

在编写长文档时，常需对文本中的一些内容进行补充说明，此时可在文档中添加脚注和尾注进行说明。通常情况下脚注位于页面底部，作为该页某处内容的注释；尾注则位于整篇文档末尾，列出引文出处等。

**1. 插入脚注和尾注**

在 Word 2010 中可直接添加默认格式的脚注和尾注，并自动对插入的脚注和尾注进行编号，根据需要也可手动设置编号格式。添加脚注和尾注的操作如下：

（1）单击作者姓名后的要插入脚注的位置，在"引用"→"脚注"选项组中单击"功能扩展"按钮，打开"脚注和尾注"对话框，如图 4.61 所示。

（2）在对话框的"位置"选项组选中"脚注"单选按钮，在"格式"选项组的"编号格式"下拉列表框中选择需要的编号格式；在"编号"下拉列表框中选择"每页重新编号"选项；在"将更改应用于"下拉列表框中选择"整篇文档"选项，单击"插入"按钮。

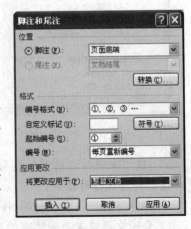

图 4.61 "脚注和尾注"对话框

（3）光标插入点跳转到该页下方的脚注编辑区，在其中输入文本"硕士，研究方向：包装设计"，为作者在当前页下方插入了简介脚注。

（4）单击文档要插入尾注的位置，在"脚注"组中单击"插入尾注"按钮。

（5）光标插入点跳转到文档末尾，输入文本"详见附录 A"，为文档插入了一个尾注，可照此插入多个尾注。

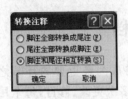

图 4.62 "转换注释"
对话框

**2. 转换脚注和尾注**

在使用脚注和尾注时，可根据文档版式和实际需要，在两者间进行转换。其操作步骤如下：

（1）打开"脚注和尾注"对话框，在"位置"选项组中单击"转换"按钮。

（2）在打开的"转换注释"对话框中选中"脚注和尾注相互转换"单选项，如图 4.62 所示。

（3）单击"确定"按钮即可。

### 4.6.6 用"导航窗格"查看长文档

用户在查看长文档时，可以使用 Word 2010 中的导航窗格功能快速查阅和定位特定的段落、页面、文字和对象。其操作步骤如下：

（1）打开要查看的长文档，选中"视图"→"显示"选项组中的"导航窗格"复选框。

（2）此时，导航窗格已经出现在文档的左侧，而且文档的各级标题都显示在导航窗格中，如图 4.63 所示。

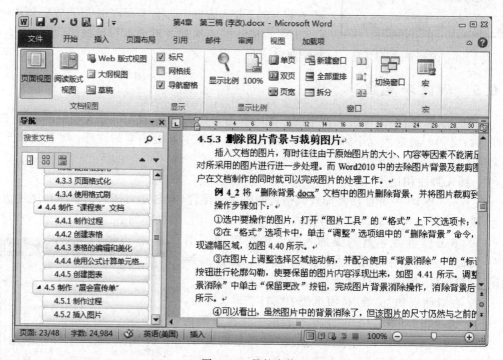

图 4.63　导航窗格

（3）接下来就可以利用标题导航、页面导航、搜索导航三种导航方式进行文档的查看了。这三种方式各有特点：

- 标题导航——层次分明，操控灵活自如，但是必须对长文档设置好各级标题，特别适合论文等要求条理清晰的长文档。
- 页面导航——方便快捷，但是只能定位到相关页面，精确度不高。
- 搜索导航——可以针对关键词和特定对象做搜索和导航，结果精确，但如果文档中搜索对象数量较多，还需要进行"二次查找"。

## 4.7　修订和共享"聘用合同"文档

在与他人一同处理文档的过程中，审阅、跟踪文档的修订状况将成为最重要的环节之一。以修订"聘用合同.docx"文档为例，该类型的文档需要合同双方多次更改、修订，每个用户都需要及时了解其他用户更改了文档的哪些内容，以及为何要进行这些更改。Word 2010 的审阅功能是通过"审阅"菜单来完成的，该菜单项包含校对、语言、中文简繁转换、批注、修订、更改、比较、保护、OneNote 等分组，如图 4.64 所示。

图 4.64 "审阅"选项卡

## 4.7.1 制作过程

(1) 打开素材库中的"聘用合同.docx"文档，单击"校对"组中的"拼写和语法"按钮 $\underset{}{\text{字}}$，在弹出的对话框中提示"岗位聘永合同"存在"输入错误或特殊用法"，如图 4.65 所示。将"永"修改为"用"以后，单击"更改"按钮，显示通过了拼写和语法检查。

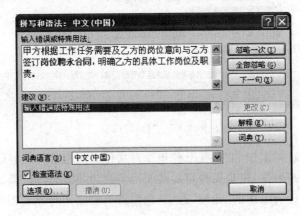

图 4.65 "拼写和语法"检查提示框

(2) 选中标题"聘用合同"，单击"新建批注"按钮，添加批注"第二稿"；选中"李靖"，添加批注"请附上身份证号码"，如图 4.66 所示。

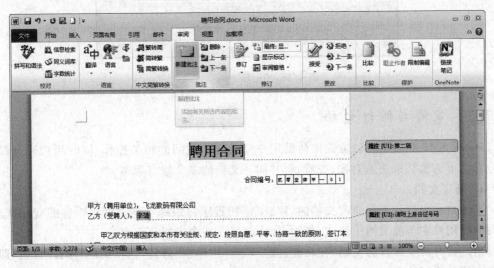

图 4.66 添加"批注"效果

字处理软件

(3) 单击"修订"→"修订"选项对文档进行修订,如图 4.67 所示。

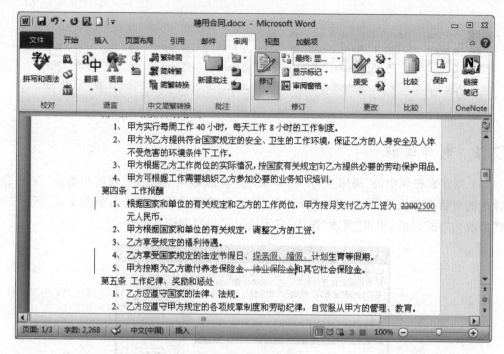

图 4.67 "修订"选项

(4) 单击"更改"选项组中的"接受"→"接受对文档的所有修订"选项,认可所做的修改。

(5) 单击"另存为"按钮,将接受修订后的文档另存为"聘用合同(第二稿).docx"。

(6) 单击"比较"选项组中的"比较"选项,将修订后的文档与原文档进行比较,文档选择如图 4.68 所示。

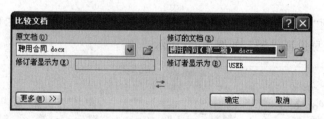

图 4.68 "比较文档"对话框

## 4.7.2 审阅与修订文档

Word 2010 提供了多种方式来协助用户完成文档审阅的相关操作,同时用户还可以通过全新的审阅窗格来快速对比、查看、合并同一文档的多个修订版本。

**1. 修订文档**

当用户在修订状态下修改文档时,Word 应用程序将跟踪文档中所有内容的变化状况,同时会把用户在当前文档中修改、删除、插入的每一项内容标记下来。

用户打开所要修订的文档,在功能区的"审阅"中单击"修订"选项组的"修订"按钮,即可开启文档的修订状态。

用户在修订状态下直接插入的文档内容会通过颜色和下划线标记出来,删除的内容可以在右侧的页边空白处显示出来。

当多个用户同时参与对同一文档进行修订时,文档将通过不同的颜色来区分不同用户的修订内容,从而可以很好地避免由于多人参与文档修订而造成的混乱局面。此外,Word 2010 还允许用户对修订内容的样式进行自定义设置,具体步骤如下:

(1) 在功能区的"审阅"选项卡的"修订"选项组中,执行"修订"→"修订选项"命令,打开"修订选项"对话框,如图 4.69 所示。

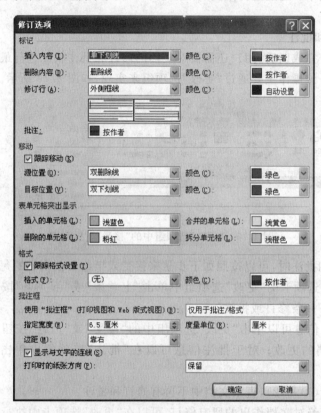

图 4.69 "修订选项"对话框

(2) 用户在"标记"、"移动"、"表单元格突出显示"、"格式"、"批注框"5 个选项区域中,可以根据自己的浏览习惯和具体需求设置修订内容的显示情况。

**2. 为文档添加批注**

在多人审阅文档时,可能需要彼此之间对文档内容的变更状况作一个解释,或者向文档作者询问一些问题,这时就可以在文档中插入"批注"信息。"批注"与"修订"的不同之处在于:"批注"并不在原文的基础上进行修改,而是在文档页面的空白处添加相关的注释信息,并用有颜色的方框括起来。

如果需要为文档内容添加批注信息,则只需在"审阅"选项卡的"批注"选项组中单击"新建批注"按钮,然后直接输入批注信息即可。

除了在文档中插入文本批注信息以外,用户还可以插入音频或视频批注信息,从而使文档在形式上更加丰富。

如果用户要删除文档中的某一条批注信息,则可以右击所要删除的批注,在随后打开的快捷菜单中执行"删除批注"命令。如果用户要删除文档中所有的批注,可单击任意批注信息,然后在"审阅"选项卡的"批注"选项组中执行"删除"→"删除文档中所有批注"命令。

另外,当文档被多人修订或审阅后,用户可以在功能区的"审阅"选项卡的"修订"选项组中,执行"显示标记"→"审阅者"命令,在显示的列表中将显示出所有对该文档进行过修订或批注操作的人员名单。通过选择审阅者姓名前面的复选框,查看不同人员对该文档的修订或批注意见。

**3. 审阅修订和批注**

文档内容修订完成以后,用户还需要对文档的修订和批注状况进行最终审阅,并确定出最终的文档版本。该操作主要通过"更改"选项组来实现,如图 4.70 所示。

图 4.70 "更改"选项组中的"接受"下拉列表

当审阅修订和批注时,可以按照如下步骤来接受或拒绝文档内容的每一项更改。

(1)在"审阅"选项卡的"更改"选项组中单击"上一条"或"下一条"按钮,即可定位到文档中的上一条或下一条修订或批注。

(2)对于修订信息可以单击"更改"选项组中的"接受"或"拒绝"按钮,来选择拒绝或接受当前修订对文档的更改;对于批注信息可以在"批注"选项组中单击"删除"按钮将其删除。

(3)重复步骤(1)和(2),直至文档中不再有修订和批注。

(4)如果要拒绝对文档作出的所有修订,可以在"更改"选项卡中执行"拒绝"→"拒绝对文档的所有修订"命令;如果要接受所有修订,可以在"更改"选项组中执行"接受"→"接受对文档的所有修订"命令。

### 4.7.3 构建并使用文档部件

文档部件实际上就是对某一段指定文档内容(文本、图片、表格、段落等文档对象)的封装手段,也可以单纯地将其理解为对这段文档内容的保存和重复使用,这为在文档中共享已有的设计或内容提供了高效手段。

**例 4-4** 将如图 4.35 所示的美化后的"课程表"表格保存为文档部件反复使用。

操作步骤如下:

(1)打开"课程表.docx"。

(2)选中表格,切换到功能区的"插入"选项卡,在"文本"选项组中单击"文档部件"按钮,并从下拉列表中执行"将所选内容保存到文档部件库"命令,如图 4.71 所示。

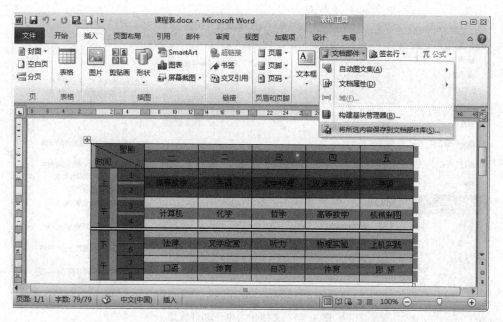

图 4.71 "文档部件"下拉列表

（3）在打开的"新建构建基块"对话框中，为新建
的文档部件设置"名称"属性。并在"库"下拉列表框中
选择"表格"选项，如图 4.72 所示。

（4）单击"确定"按钮，完成文档部件的创建工作。

创建完成后，再打开或新建另一个文档，将光标定
位在要插入文档部件的位置，在功能区的"插入"选项
卡的"表格"选项组中，单击"表格"→"快速表格"按钮，
从其下拉表中就可以直接找到刚才新建的文档部
件，并可将其直接重用在文档中。

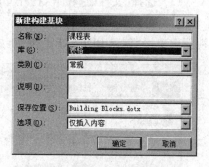

图 4.72 "新建构建基块"对话框

## 4.7.4  与他人共享文档

Word 文档除了可以打印出来供他人审阅外，也可以根据不同的需求通过多种电子化
的方式完成共享目的。

### 1. 通过电子邮件共享文档

如果希望将编辑完成的 Word 文档通过电子邮件的方式发送给对方，可以选择"文件"
选项卡，打开 Office 后台视图，然后执行"保存并发送"→"使用电子邮件发送"→"作为附件
发送"命令，如图 4.73 所示。

### 2. 转换成 PDF 文档格式

用户可以将文档保存为 PDF 格式，这样既保证了文档的只读性，同时又确保了那些没
有安装 Microsoft Office 产品的用户可以正常浏览文档内容。

将文档另存为 PDF 文档的具体操作步骤如下：

字处理软件

图 4.73　文档作为电子邮件发送

（1）选择"文件"选项卡，打开 Office 后台视图。

（2）在 Office 后台视图中执行"保存并发送"→"创建 PDF/XPS 文档"命令，在展开的视图中单击"创建 PDF/XPS"按钮，如图 4.74 所示。

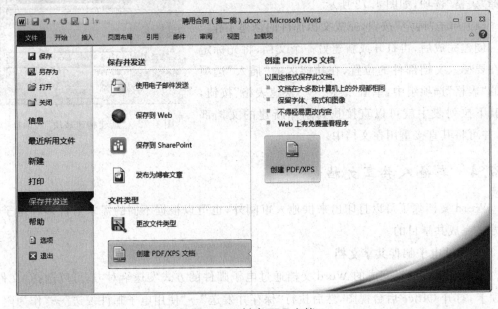

图 4.74　创建 PDF 文档

（3）在随后打开的"发布为 PDF 或 XPS"对话框中，单击"发布"按钮，即可完成 PDF 文档的创建。

# 4.8 批量制作"录取通知书"文档

日常工作中经常需要将信件或报表发送给不同单位或个人,这些信件或报表的主要内容相同,只是称谓或具体数据等有所不同。

以制作"录取通知书"为例,这类型的文档基本格式是固定的,而被录取人的姓名、准考证号、学院、专业和信封上的收信地址却是变化的。如果单独分别制作就会做大量的重复工作,为了提高效率,可以使用 Word 提供的邮件合并功能。

## 4.8.1 制作过程

邮件合并是在两个电子文档间进行的:一个是"主文档",另一个是"数据源文档"。"主文档"的内容由两部分组成:一部分是相对固定的内容(如正文、签名等),另一部分是变化的内容(如姓名、地址等);前者在"主文档"中直接制作,后者需要从"数据源文档"中合并进来。

具体制作过程如下:

(1)新建主文档"录取通知书.docx"如图 4.75 所示。

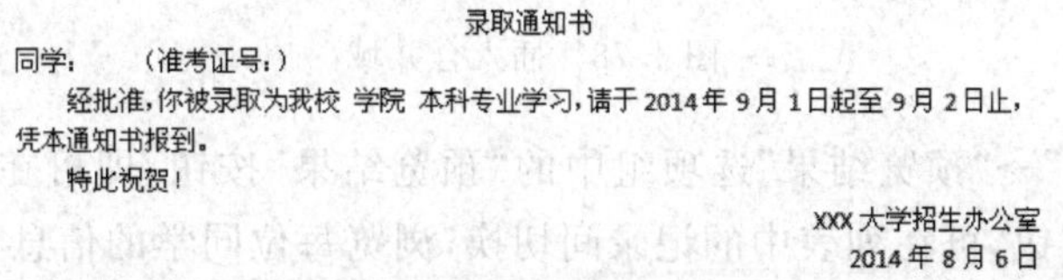

录取通知书

同学:  (准考证号:)
  经批准,你被录取为我校 学院 本科专业学习,请于 2014 年 9 月 1 日起至 9 月 2 日止,
凭本通知书报到。
  特此祝贺!

XXX 大学招生办公室
2014 年 8 月 6 日

图 4.75　创建的主文档

(2)在"邮件"→"开始邮件合并"选项组中单击"开始邮件合并"按钮,在打开的下拉列表中选择"信函"命令,将主文档创建为信函。

(3)在"邮件"→"开始邮件合并"选项组中单击"选择收件人"按钮,在打开的下拉列表中选择"键入新列表"命令,打开"新建地址列表"对话框,单击"自定义列"按钮进入"自定义地址列表"对话框,删除"名字"和"邮政编码"以外的字段,添加"准考证号"、"学院"、"专业"和"通信地址"字段,创建如图 4.76 所示的地址列表,单击"确定"按钮返回到"新建地址列表"对话框。

(4)在其中通过"新建条目"输入各位同学的姓名、准考证号等信息,如图 4.77 所示,然后单击"确定"按钮,在弹出的"保存通讯录"对话框中将

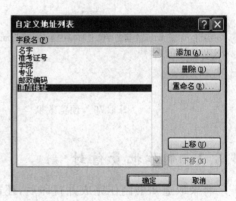

图 4.76　"自定义地址列表"对话框

该列表保存为数据表文件"录取信息.xlsx",完成"数据源文档"的创建。

(5)单击"邮件"→"编写和插入域"选项组中的"插入合并域"按钮,在打开的下拉列表中选择分别将数据源中的五个域插入到主文档的相应位置处,如图 4.78 所示。

第 4 章

字处理软件

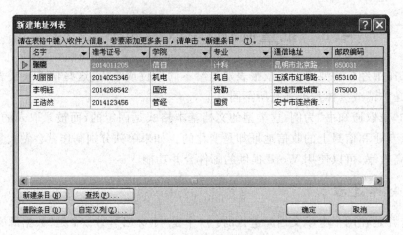

图 4.77 创建数据源文档

录取通知书

《名字》同学：　　（准考证号：《准考证号》）
　　经批准，你被录取为我校《学院》学院《专业》本科专业学习，请于 2014 年 9 月 1 日起
至 9 月 2 日止，凭本通知书报到。
　　特此祝贺！

XXX 大学招生办公室
2014 年 8 月 6 日

图 4.78 插入合并域

（6）单击"邮件"→"预览结果"选项组中的"预览结果"按钮，即可在文档编辑区中查看效果，单击相应的按钮，可在列表中的记录间切换，浏览每位同学的信息，如图 4.79 所示。

（7）单击"邮件"→"完成"选项组中的"完成并合并"按钮，在打开的下拉列表中选择"打印文档"命令，在打开的"合并到打印机"对话框中选中"全部"单选按钮，如图 4.80 所示。单击"确定"按钮，然后完成批量录取通知书的打印。

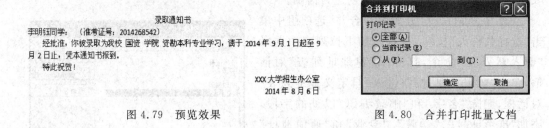

录取通知书

李明钰同学：　　（准考证号：2014268542）
　　经批准，你被录取为我校 国资 学院 资勤本科专业学习，请于 2014 年 9 月 1 日起至 9
月 2 日止，凭本通知书报到。
　　特此祝贺！

XXX 大学招生办公室
2014 年 8 月 6 日

图 4.79 预览效果　　　　　　　　　图 4.80 合并打印批量文档

### 4.8.2 制作批量信封

将录取通知书制作完成并打印后，还需制作相应的信封以供邮寄。在 Word 2010 中可制作单独的信封，也可以使用信封制作向导批量制作信封。

例 4-5 利用"录取信息.xlsx"中的信息，使用信封制作向导批量制作中文信封。

具体操作如下：

（1）在"邮件"→"创建"选项组中单击"中文信封"按钮，打开"信封制作向导"对话框，如图 4.81 所示。

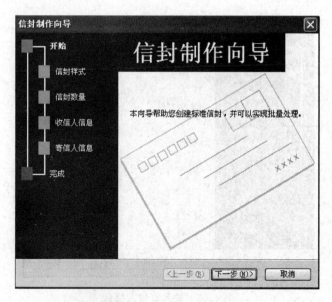

图 4.81 "信封制作向导"对话框

（2）单击"下一步"按钮选择"信封样式"选项，再单击"下一步"按钮，选择生成信封的方式和数量为"基于地址簿文件，生成批量信封"。

（3）在"从文件中获取并匹配收信人信息"窗格中单击"选择地址簿"按钮，将前面所创建的数据表"录取信息.xlsx"选中，并将数据表中的对应项与收信人信息进行匹配，如图 4.82 所示。

图 4.82　获取并匹配信息

（4）单击"下一步"按钮输入寄信人信息，如图 4.83 所示。

（5）单击"下一步"按钮再单击"完成"按钮即可得到批量信封，如图 4.84 所示。

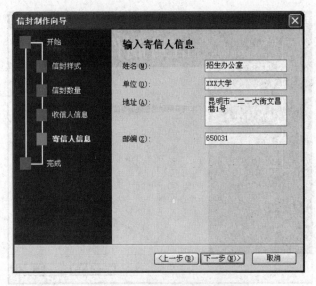

图 4.83   输入寄信人信息

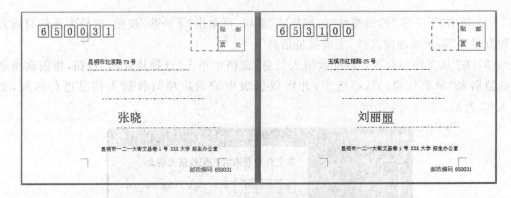

图 4.84   得到的批量信封

# 4.9   智能设备中 Office 的使用

如今智能手机和 iPad 等智能设备基本都已经人手一部,这些智能设备的性能、扩展、存储能力等都有了很大的提高,随着智能设备的发展,智能设备的功能以及作用也在不断扩展,比如高像素摄像头已经可以媲美卡片相机,另外超大存储空间也可以当做 U 盘使用。在这些设备中同样可以分别快捷地使用 Office。

**例 4-6**   在手机里使用 Office,以 Word 为例。

在手机里可以很方便地使用 Office 中的 Word、Excel 和 PowerPoint,其使用方法基本相同。在手机里只要下载安装了 Polaris Office 或 WPS Office 软件就可使用 Office,其中 WPS Office 的兼容性较好,此处介绍手机里安装 WPS Office 后使用 Word 的操作步骤:

(1)首先在手机中下载安装金山 WPS Office 手机版,打开 WPS Office,单击软件左上角的 WPS 按钮,然后选择"浏览目录"找到并打开已有的 Word 文件,如图 4.85 所示。

（2）也可以单击右边的"新建文档"按钮，打开"模板"选择框，如图 4.86 所示。

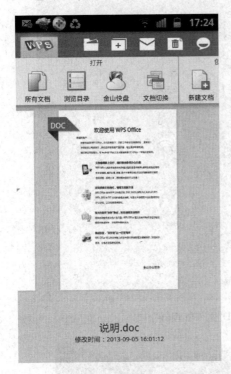

图 4.85　金山 WPS Office 操作界面　　　图 4.86　Office 文档模板选择

（3）如果选择"空白文档"模板，则可进入如图 4.87 所示 Word 文档编辑界面，在该界面下可进行 Word 文档的编辑和简单的美化操作。编辑完成后单击"保存"或"另存为"图标即可。

**注**：如果在图 4.86 中选择"空白表格"或"空白演示"选项，则可进行电子表格或演示文稿的制作。

**例 4-7**　在 iPad 里使用 Office，以 Word 为例。

在 iPad 里可以很方便地使用 Office 中的 Word、Excel 和 PowerPoint，其使用方法基本相同。其中，在 iPad 里使用 Word 的操作步骤如下：

（1）在 iPad 的 app store 中搜索并下载安装 Office 类免费软件，如橄榄办公 HD（OliveOfficeHD），单击其应用程序图标 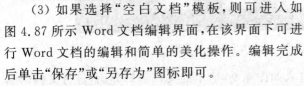，弹出操作界面如图 4.88 所示，单击左边第 2 个按钮，打开"文件管理器"。

（2）在"文件管理器"中可以搜索已有的办公文件，找到可直接打开；如果不存在已有文件，可单击左下角的"新建 Word 文档"按钮 ，弹出"新建文档模板"，如图 4.89 所示。

图 4.87　用手机打开 Word 文档效果演示

图 4.88　OliveOfficeHD"文件管理器"

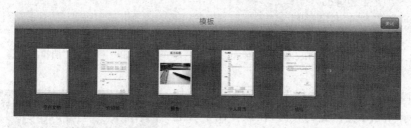

图 4.89　新建 Word 文档模板选择界面

（3）从中单击选择任一模板，即可进入如图 4.90 所示的文档编辑界面，进行文档的编辑。在编辑过程中可以单击"完成"按钮切换到格式设置操作下进行简单的格式设置。

图 4.90　Word 文档编辑界面

（4）文档编辑完成后，单击"完成"按钮，进行文档的保存、另存为或发送操作。

注：如果在图 4.88 中选择电子表格或演示文稿图标，则可利用同样的方法在 iPad 中进行 Excel 和 PowerPoint 文档的创建和编辑。

# 习　题

1. 用 Word 排版功能新建如下所示的"哲理故事.docx"文档。

## 三个小金人

曾经有一个国王，在大殿上拿出三个小金人，对大臣们出了一道奇怪的考题：这三个金人中，哪个最有价值？

大臣们纷纷上前，称重量、看材质、比做工，但是三个金人的鉴定结果一模一样。当所有人都无计可施的时候，一位老臣拿着三根稻草走上前。放入第一个金人的耳朵里，结果稻草从另一边耳朵掉了出来；第二个金人的稻草从嘴巴掉了出来；而第三个金人的稻草直接掉进了肚子，什么响动也没有。

"第三个金人最有价值"，老臣肯定地说道。

国王听后连连点头，"没错，这就是正确答案！"

{ 这个故事告诉我们，最有价值的人，不一定是最能说的人。在不同的环境下，一定要把握听和说的分寸：少说多听，才能获得更多有用的信息，而且也能给人谦虚、谨慎的好印象。善于倾听，才是一个成熟的人应具备的基本素质。 }

2. 用 Word 公式编辑器功能新建如下所示的"数学试卷.docx"文档。

**一、选择题**（每题 **3** 分，共 **9** 分）

1. 不等式 $2x-3\leqslant5$ 的非负整数解为（　　）。

   A. 4 个                  B. 5 个

   C. 6 个                  D. 无限个

2. 与 $7p-q^2$ 的积等于 $q^4-49p^2$ 的因式是（　　）。

   A. $(7p-q^2)$            B. $(-7p+q^2)$

   C. $(-7p-q^2)$          D. $(7p+q^2)$

3. 不等式组 $\begin{cases} 2x-3\leqslant0 \\ -3-6\leqslant0 \end{cases}$ 的整数解的个数是（　　）。

   A. 0 个                  B. 2 个

   C. 3 个                  D. 4 个

**二、解下列不等式**（组）（每题 **3** 分，共 **6** 分）

1. $\dfrac{y-1}{6}-\dfrac{y+1}{3}<1$（并把解集在数轴上表示出来）

2. $\begin{cases} 3x+1>5(x-1) \\ \dfrac{4}{3}x-6\geqslant\dfrac{6-5x}{3} \end{cases}$

3. 用 Word 的表格功能制作如下所示的"课程表.docx"文档。

## 应用数学专业课程表

| 日期<br>课程<br>时间 | | 星期一 | 星期二 | 星期三 | 星期四 | 星期五 | |
|---|---|---|---|---|---|---|---|
| 上<br>午 | 1、2节<br>8:00~10:00 | 数学分析 | 组合数学 | 数据库 | 离散数学 | 高等数学 | |
| | 3、4节<br>10:20~12:00 | 高等数学 | 解析几何 | 数学分析 | C++ | 数学分析 | |
| 下<br>午 | 1、2节<br>14:00~16:20 | 体育 | 英语 | 高等数学 | 英语 | 体育 | |
| | 3、4节<br>16:40~18:30 | 数据库 | C++ | 解析几何 | 组织生活 | | |
| 晚<br>上 | 1、2节<br>19:30~21:20 | 自习 | 自习 | 自习 | 自习 | | |

4. 用文本框和任意剪贴画制作如下效果的"运动专题.docx"文档。

5. 用 Word 的 SmartArt 功能制作如下所示的"公司组织结构图.docx"文档。

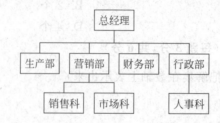

6．用 Word 的邮件合并功能基于以下数据自行设计格式制作一人一张的批量工资条。

| 姓名 | 月份 | 基本工资 | 考勤 | 餐补 | 提成 | 总计 |
|------|------|----------|------|------|------|------|
| 田　梅 | 8 | 800 | 5 | 200 | 1200 | 2195 |
| 李明海 | 8 | 800 | 10 | 200 | 1200 | 2190 |
| 陈小刚 | 8 | 800 | 0 | 200 | 1250 | 2250 |
| 刘　燕 | 8 | 800 | 5 | 200 | 1300 | 2305 |
| 张　庆 | 8 | 800 | 0 | 200 | 1400 | 2400 |

# 第5章  电子表格

**学习目标：**

Excel 是一种以"表格"形式管理和分析数据的软件，是目前相当流行、应用广泛的电子表格软件。通过本章学习应掌握以下内容：

- 在表格中输入各类数据并编辑修改，对数据及工作表格式化。
- 对工作表及工作簿进行各类操作。
- 重点掌握公式和函数的应用。
- 对数据进行各种汇总、统计分析。
- 迷你图及图表的创建及编辑。
- 数据的协同于共享。
- 宏的简单应用。

## 5.1  基本知识及基本操作

### 5.1.1  Excel 操作界面

Excel 2010 操作界面与 Word 2010 相似，如图 5.1 所示。功能区分为如下几个部分："文件"、"开始"、"插入"、"页面布局"、"公式"、"数据"、"审阅"、"视图"等项，其中"文件"、"开始"、"插入"、"审阅"、"视图"等项目在使用中功能和 Word、Powerpoint 相似，"页面布局"功能与 Word 相似，"公式"、"数据"为 Excel 2010 特有的菜单项目。关于名称框、编辑栏等在 5.1.2 节介绍。

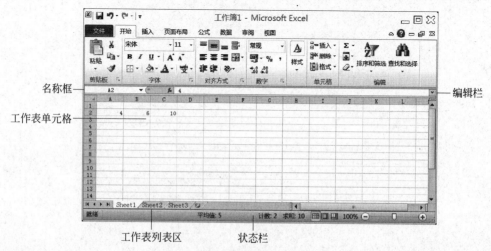

图 5.1  操作界面

## 5.1.2  基本知识

### 1. 工作簿（Book）

工作簿是 Excel 中用于存储和处理数据的文件。Excel 2010 的文件扩展名为.xlsx（Excel 2003 以前的版本扩展名为.xls）。新建一个工作簿时默认有 3 张工作表，系统分别以 Sheet1、Sheet2、Sheet3 来命名这 3 张工作表，工作表名在工作区的底部，即工作表列表区显示，用户可右击工作表标签从快捷菜单中选择相应的命令更改工作表的名字、插入、删除工作表等。

### 2. 工作表（Sheet）

是 Excel 窗口的主体，每张工作表由 16 384 列（A…XFD）×1 048 576 行（1… 1 048 576），相当于 17 179 869 184 单元格构成。行号用数字 1~1 048 576 编号，列号用 A、B、…、AA、AB、…、XFD 编号。

### 3. 单元格（Cell）

行列交叉构成单元格。单元格是 Excel 的基本元素，输入的数据保存在单元格中。每个单元格由唯一的地址进行标识，地址用列号字母和行号数字进行编址，如 A1、B12 等。活动单元格是指当前正在使用或选中的单元格，由黑框框住。

### 4. 名称框

名称框 [ F11 ▼] 显示当前单元格名称，在名称框中输入单元格名称也可快速定位到该单元格，如在名称框输入 XFD1048576，则活动单元格迅速定位在最后一个单元格。在单元格中输入等号后，单击名称框右侧的下拉按钮，则可选择需要的函数。

### 5. 编辑栏

在对单元格的内容进行输入和修改时可在编辑栏进行。默认情况下，编辑栏中显示公式，单元格中显示公式的计算结果。

### 6. 状态栏

状态栏就是 Excel 窗口底部的水平区域。在工作表中选择一些单元格时，状态栏中会自动显示出对这些单元格进行某种运算后的结果。可进行的运算有计数、最大值、最小值、平均值、求和、计数值，右击状态栏任何位置，在弹出的快捷菜单中可方便地选择需要的运算方式及其他自定义选择。

### 7. Excel 中常见鼠标指针形状的含义

光标的形状是系统与用户对话的一种方式，操作时应观察光标的形状是否满足要求，不满足要求，则不能完成相应的操作。

空心十字光标 ▱：工作表中的默认光标，也称为选择光标，单击单元格可使其变成活动单元格，也可选择单元格区域。

插入光标 ▯：双击单元格时出现，用于输入数据、选取数据、编辑数据。

箭头光标 ▰：鼠标指向已选择的单元格或单元格区域的边缘时出现，用于移动、复制所选区域的内容。当箭头上有加号时为复制，否则为移动。

填充柄 ▱：位于已选择的单元格或单元格区域的右下角，是一个方形的小块。当指针指向它时变成一个黑色的十字，用于自动填充一些有规律的数据。

双向箭头光标 ✛：鼠标指针指向行号或列号的分隔线时会变成双向箭头光标，此时可以方便地调整行高和列宽。

### 5.1.3 Excel 基本设置

在使用 Excel 之前,要根据办公需要、个人需要进行总体设置,从而达到方便好用的效果。打开 Excel,单击"文件"选项卡,在展开的"文件"界面上,单击"选项"图标,弹出"Excel 选项"对话框,如图 5.2 所示。

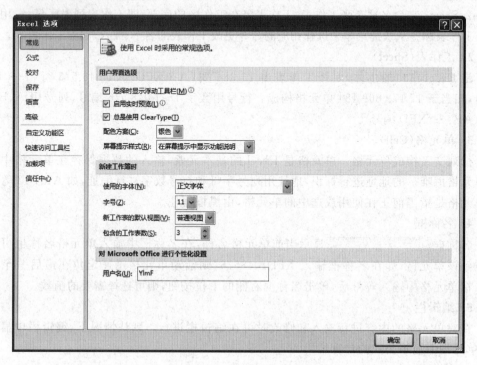

图 5.2 "Excel 选项"对话框

通过该对话框,可对"常规"、"公式"、"校对"、"保存"等进行设置。

## 5.2 学生基本情况表的制作

用 Excel 制作学生基本情况表,如图 5.3 所示,标题为宋体 22 号,其余为宋体 16 号,外边框为红色,内框线为黑色,并以文件名"学生数据.xlsx"保存。

| 学号 | 姓名 | 性别 | 专业 | 出生年月 | 家庭住址 | 联系电话 | 入学成绩 | 照片 |
|---|---|---|---|---|---|---|---|---|
| \multicolumn{9}{c}{学生基本情况表} | | | | | | | | |
| 201340105301001 | 宋李子 | 男 | 会计 | 1995/3/26 | 昆明 | 6613456 | 537 | |
| 201340105301002 | 张小分 | 男 | 计算机 | 1995/5/27 | 昆明 | 6613457 | 519 | |
| 201340105301003 | 刘郎 | 男 | 材料 | 1995/4/28 | 云南丽江 | 6613458 | 541 | |
| 201340105301004 | 王兰兰 | 女 | 计算机 | 1996/3/29 | 云南丽江 | 6613459 | 524 | |
| 201340105301005 | 区里 | 女 | 计算机 | 1995/3/30 | 北京 | 6613460 | 545 | |
| 201340105301006 | 五三 | 女 | 材料 | 1995/3/31 | 天津 | 6613461 | 547 | |
| 201340105301007 | 周冈 | 男 | 计算机 | 1995/4/1 | 云南大理 | 6613462 | 519 | |
| 201340105301008 | 胡任 | 男 | 会计 | 1995/4/2 | 武汉 | 6613463 | 551 | |
| 201340105301009 | 立兵 | 女 | 会计 | 1995/4/3 | 成都 | 6613464 | 553 | |

图 5.3 学生基本情况表

## 5.2.1 制作过程

基本操作过程是：打开 Excel 软件，选定表，选定单元格或单元格区域，输入相应的文字、数据即可，操作与 Word 的操作类似。特别要注意的是以下几点。

**1. 有规律的长数字的输入**

（1）在该例中特别要注意学号的输入。该例中学号是递增的，如果学号小于 12 位，可以输入前两个人的学号后，选中这两个单元格，拖动单元格右下角的自动填充柄即可快速完成学号的输入。

（2）如果学号超过 12 位，会被转化为科学记数法显示，令人不知所云，因此在输入之前，选中需要输入号码的单元格区域，右击，在弹出的快捷菜单中选择"设置单元格格式"命令，打开如图 5.4 所示的对话框，选择"数值"选项，并选定小数位数为 0，单击"确定"按钮，然后输入前两个人的学号后，拖动自动填充柄即可完成所有学生学号的输入。

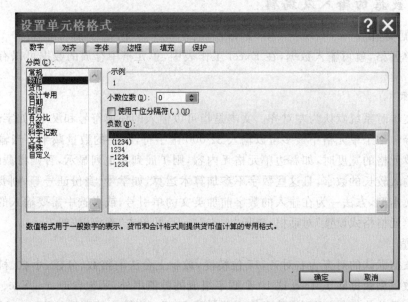

图 5.4 "设置单元格格式"对话框

（3）如果学号超过 15 位，如身份证号码，若直接输入数字，则从第 16 位开始都是 0，因此应将其单元格转换为文本型。方法是在输入之前，选中需要输入号码的单元格区域，右击，在弹出的快捷菜单中选择"单元格格式设置"命令，在出现的对话框中选择"文本"选项，单击"确定"按钮，这样选中的这些单元格将会以文本的形式出现。另外在每个单元格输入之前先输入一个单引号"'"，再输入数字，数字将会自动转换为文本型。

**2. 日期的输入**

输入日期时年、月、日之间的分隔符只能是"/"或"-"，否则不当日期对待。

**3. 格式化**

（1）简单的格式化可以使用工具栏、快捷菜单、快捷键完成。选中要格式化的单元格后，使用"开始"选项卡上的"字体"、"对齐方式"、"数字"、"单元格"选项组就可完成复杂的格式化。

（2）工作表中，单元格之间初始的行线和列线在打印预览和打印时不会显示，这些线需要重新添加。添加边框的操作过程为：先选择单元格或单元格区域，然后设置线条样式和颜色，最后选择要加的边框类型，使用"开始/字体"组工具栏中的按钮就可完成。

（3）本例中的标题要用"格式"工具栏上的 ▦ 按钮使其标题对整个表格居中，该按钮的功能也称为"合并及居中"。具体操作是选中该标题需要居中的宽度，一般是整个表格的宽度，然后单击 ▦ 按钮。注意不要选中整个标题行。

**4. 保存电子表格**

当对工作簿的操作完成后，或需要暂时停止操作时，应执行"文件"菜单中的"保存"或"另存为"命令，为工作簿取一个适合的文件名，输出到外存永久保存，Excel 2010 的文件扩展名为.xlsx，若要使其也能在低版本中打开使用，应选择"另存为"对话框中的"97—2003工作簿"选项，这样文件的扩展名为.xls，在低版本的 Excel 中也可以使用。

## 5.2.2 数据的输入及编辑

**1. 数据类型**

选中单元格，就可输入数据，在 Excel 工作表中，单元格中存放的数据可以有以下几种类型。

1）文本

输入文本时系统默认为左对齐。文本是指可以输入的任何符号和汉字，如字母、数字或其他符号等。一个单元格中最多可以输入 32 000 个字符，汉字的数量减半。当输入的文本长度超过单元格的宽度时，如右边单元格无内容，则扩展到右边列显示，否则将截断显示。

若要输入较长的数字，且这些数字不参加算术运算，如学号、身份证号等，则要将这些数字转换成文本型，方法一为在输入的数字前加英文的单引号，或者选中需要输入的单元格区域，打开"单元格格式设置"对话框，选择"文本"选项，并单击"确定"按钮。

2）数值

数值数据默认的对齐为右对齐，15 位精度，数学上合法的整数、分数、小数、科学计数都是数值。数值型数据除了 0～9 这 10 个数字组成的数值串外，还包含＋、－、E、e、$、√、%以及小数点和千分位符号"，"等特殊字符，如"￥12 500"。当输入的数据长度 >= 12 时，Excel会自动以科学记数法表示，如输入 123456789012 时，则以 1.23457E+11 表示。

在单元格中可以输入分数，输入的方法为：0 空格分子/分母或整数空格分子/分母，如 0 1/2（2 分之 1）、3 3/5（3 又 3 分之 1）等。输入负数时要注意－3 和（3）都是负 3，而（－3）是文本型，不能参加算术运算。

在 Excel 表格中输入诸如"001"、"1.00"之类数字时，输入完成后，输入的数据就会自动变成"1"，这是 Excel 默认的"常规"数据格式，使用中如果一定要输入"001"就必须把单元格变成文本型。要输入"1.00"，可通过"开始"→"数字"选项组右下角的箭头打开"设置单元格格式"对话框，将该单元格设置为"数值"、小数位数为 2 位，即可。

3）日期和时间

输入日期或时间时，默认的对齐方式为右对齐。Excel 内置了一些日期时间的格式，常见的日期时间格式为：yy/mm/dd、yy-mm-dd、hh:mm（AM/PM）。在时间格式中，AM 或PM 与分钟之间应有空格，比如 10:30AM，缺少空格将被当作字符处理。

输入日期时的分隔符只能是"/"或"-",否则不当日期对待。组合键 Ctrl＋;的功能是输入系统日期;组合键 Ctrl＋Shift＋;的功能是输入系统时间。

4) 逻辑值

用 True(真)和 False(假)表示逻辑值时可以直接输入,默认对齐方式为居中;也可以是关系或逻辑函数产生的逻辑值。

5) 插入批注

批注是对单元格内容的补充说明,以便日后了解创建时的意图,或供其他使用者参考。

**例 5-1**    对学生基本情况表中姓名为"立兵"的单元格插入一个批注"班长"。并对其修改为"3 班班长"。最后将其批注删除。

(1) 对"立兵"单元格单击右键,从快捷菜单中选择"插入批注"命令,在批注编辑框中输入"班长"。

(2) 从快捷菜单中选择"编辑批注",将其修改为"3 班班长"。

(3) 当不需要批注时,从快捷菜单中选择"删除批注"命令快速地删除。

此例是用快捷菜单操作批注,还可以通过"审阅"→"批注"选项组中的命令对批注进行操作。

在单元格中还可以插入图片、图形、艺术字、文本框等对象,插入方法与 Word 类似。

**2. 编辑修改**

- 双击单元格就可进入编辑状态,可直接在单元格中修改,单击单元格后也可在编辑栏中进行修改。

- 清除:是清除单元格中的内容,删除是连同单元格本身也删除。选定想要清除的单元格或单元格范围,在"开始"→"编辑"选项组中选择"清除"按钮,可以选择清除全部、清除格式、清除批注等单元格中包含的内容,右击活动单元格,在出现的快捷菜单中选择"清除"(默认清除全部)命令,将把单元格内容与格式全部清除。选定需要删除内容的单元格,按 Delete 键或者在右键快捷菜单中选择"删除"或"清除内容"命令,这时即删除了单元格内容,而不删除单元格格式和批注。

- 删除:是连同单元格本身也删除,选定想要删除的单元格或单元格范围,在"开始"→"单元格"选项组中选择"删除"按钮,可删除单元格、行、列、工作表。

## 5.2.3　自动填充有规律的数据

有规律的数据是指等差、等比、系统预定义的数据填充序列以及用户自定义的序列。系统预定义的数据,如"星期一、星期二、…"等,只需输入第一项,然后用鼠标左键拖动自动填充柄到这个系列所在的最后一个单元格,就可完成。自动填充可以沿水平方向填充,也可以沿垂直方向填充。等差序列只需先输入前两个数据,然后用鼠标左键拖动自动填充柄到这个系列所在的最后一个单元格,系统会根据所选的前两个单元格的等差关系来自动填充出后面的数据。等比系列可通过以下几种方法进行数据的自动填充。

**1. 左键拖动填充柄**

在活动单元格中输入序列的第一个数据,然后用鼠标左键拖动单元格右下角的自动填充柄,放开鼠标后,所填充区域右下角显示"自动填充选项图标",单击该图标,可从下拉列表中更改填充方式。

**2. 右键拖动填充柄**

在活动单元格中输入序列的第一个数据,然后用鼠标右键拖动单元格右下角的自动填充柄,放开鼠标后,从快捷菜单中选择"填充系列"命令。

**3. 使用填充命令**

先输入序列的第一个数据,然后选择该系列所在的区域,在"开始"→"编辑"选项组中选择"填充"选项,从下拉列表中选择"序列"命令,在"序列"对话框中选择填充方式,如图 5.5 所示。

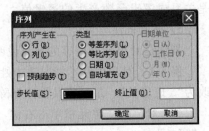

图 5.5 "序列"对话框

**4. 自定义系列**

单击"文件"选项卡中的"选项"按钮,在弹出的"Excel 选项"对话框中选择"高级"选项,然后向下操纵右侧的滚动条,直到"常规"选项区域出现,如图 5.6 所示。单击"编辑自定义列表"按钮,打开"自定义系列"对话框。

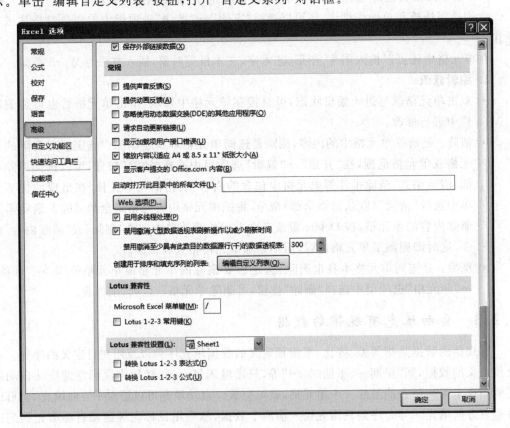

图 5.6 "常规"选项组

单击"编辑自定义列表"按钮,打开"自定义序列"对话框,如图 5.7 所示,对话框中列出了系统预定义的数据填充序列,如星期名序列、月份名序列等。若在对话框的"自定义序列"列表框中选择"新序列",在"输入序列"编辑框中依次输入序列的各个条目,每个条目按回车键确认。全部条目输入完成后,单击"添加"按钮,就能创建一个新的序列。

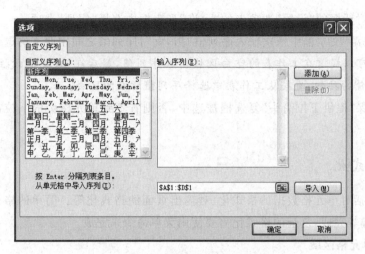

图 5.7 "自定义序列"对话框

### 5.2.4 数据有效性控制

在输入数据时为了减少出错,提高速度,可以使用数据有效性控制。例如在输入百分制的学生成绩时,为防止在单元格中输入 0～100 以外的非法数据,可对相应单元格进行"有效性"控制。数据有效性可实现以下功能:

- 将数据输入限定为指定序列的值,以实现大量数据的快速输入。
- 将数据输入限定为指定的范围,如最大值、最小值等。
- 将数据输入限定为指定长度的文本,如身份证号只能是 18 位。限制重复数据的出现,如学号、身份证号不能重复。

**例 5-2** 为学生档案表中的入学成绩列中的数据限定为大于等于 400 分。

操作步骤如下:

(1) 打开工作簿、选择表、选择入学成绩列中的数据单元格区域 H3:H11。

(2) 在"数据"→"数据工具"选项组中,单击"数据有效性"按钮下方的黑色箭头,从打开的下拉列表中选择"数据有效性"选项,打开"数据有效性"对话框,如图 5.8 所示。

(3) 在该对话框的"设置"选项卡的"允许"列表框中选择"自定义"选项,并在"公式"编辑框中输入">=400",单击"确定"按钮即可。

图 5.8 "数据有效性"对话框

**例 5-3** 为学生档案表中的性别列中的数据限定为男、女,通过下拉列表方式选择性别。

操作步骤如下:

(1) 选择性别列中的数据单元格区域 C3:C11。

(2) 在"数据"→"数据工具"选项组中,单击"数据有效性"按钮下方的黑色箭头,从打开的下拉列表中选择"数据有效性"选项,打开"数据有效性"对话框。

（3）在该对话框的"设置"选项卡的"允许"列表框中选择"序列"选项。

（4）在"来源"文本框中依次输入序列值"男，女"，序列值之间用西文的逗号隔开。

**提示：**也可以提前在工作表的空白区域输入序列值，然后在"数据有效性"对话框中单击"来源"框右侧的按钮，直接从工作表中选择序列值所在的区域。

（5）要确保"提供下拉箭头"复选框被选中，否则看不到单元格旁的下拉箭头，单击"确定"按钮即可。

## 5.2.5 格式化

格式化包括对单元格数据的格式化、对输出页面的格式化等。简单的格式化可以使用工具栏、快捷键等完成，复杂的格式化需要使用菜单命令来完成。

### 1. 选择单元格区域

对表格修饰前，要选择需要修饰的对象，即要修饰的单元格或单元格区域，常用方法如表 5.1 所示。

表 5.1　选择单元格及单元格区域

| 操　　作 | 方　　法 |
| --- | --- |
| 选择单元格 | 用鼠标单击单元格 |
| 选择整行或整列 | 单击相应的行号或列标 |
| 选择一个区域 | 明确该区域的第一个单元格，然后拖动鼠标直至选定最后一个单元格 |
| 选择不相邻区域 | 选取第一个单元格或区域，然后按住 Ctrl 键再选定其他的单元格或区域 |
| 选择较大的区域 | 明确该区域的第一个单元格，然后再按住 Shift 键选定最后一个单元格 |
| 选择所有单元格 | 单击全选按钮<br>或者按 Ctrl＋A |

### 2. 单元格格式化

（1）前面介绍过简单的格式化可以使用工具栏完成。选中要格式化的单元格后，使用"开始"选项卡的"字体"、"对齐方式"、"数字"、"单元格"选项组就可完成格式化。如果还不能满足要求，可在"开始"→"单元格"选项组中，单击"格式"按钮，打开相应的下拉列表，选择最下面的"设置单元格格式"命令，打开"单元格格式"对话框，如图 5.9 所示。通过选择"单元格格式"对话框中的数字、对齐、字体、边框等选项卡，可以将单元格中的数据设置为数值、文本、货币、百分比、日期、会计专用等类型；可以进行水平对齐、垂直对齐、合并单元格、自动换行操作；可设置字体、文字方向；可添加边框和底纹等。

选中要格式化的单元格后，在右键快捷菜单中也可以选择"单元格格式"命令。

（2）在单元格中输入文本时，默认为一行。需要输入多行时，可将单元格设置为"自动换行"，即在图 5.9 中的"对齐"选项下选择自动换行；也可以在换行处按下快捷键 Alt＋Enter 来添加新行。

（3）"格式"工具栏上 按钮的功能是对已选择的多个单元格进行"合并及居中"操作。若在合并的单元格中有多个数据，则只有左上角单元格中的数据被保留在合并后的单元格

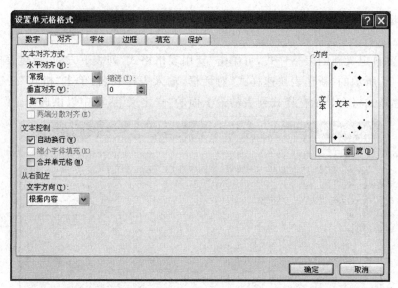

图 5.9　在"单元格格式"对话框的"对齐"选项卡中设置自动换行

中,其他单元格中的数据将自动删除。合并后的单元格还可以拆分为原来的样子,先选择合并后的单元格,再单击按钮 ▦ 即可,但单元格中的原始数据不能恢复。"合并及居中"与水平对齐中的"跨列居中"的功能是不同的,前者是将多个单元格合并成一个单元格,后者只将内容居中显示,不合并单元格。

**3. 自动套用格式**

Excel 提供了多种样式的表格格式让用户套用,可自动实现字体大小、填充图案和对齐方式等单元格格式集合的应用,可根据实际需要为表格快速指定格式,提高表格格式化的效率。

1) 指定单元格样式

即对指定的单元格设定预制格式,具体操作如下:

选择需要应用样式的单元格,在"开始"→"样式"选项组中,单击"单元格"样式按钮,从打开的预置样式列表中选择某一个预定的样式,相应的格式即可应用到当前选定的单元格中。

如果要自定义样式,可单击样式列表下方的"新建单元格样式"命令,打开如图 5.10 所示的"样式"对话框,输入样式名、单击"格式"按钮设定相应的格式,新建样式将会显示在样式列表的最上面的"自定义"区域中以供选择。

2) 套用表格格式

自动套用表格格式将把格式集合应用到整个表格的数据区。具体操作如下:

单击选择需要套用表格格式的表格的任意单元格,在"开始"→"样式"选项组中,单击"套用表格格式"按钮,从打开的预置样式列表中选择某一个预定的样式,相应

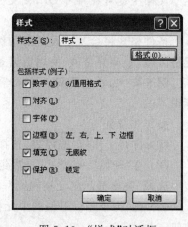

图 5.10　"样式"对话框

的格式即可应用到当前选定的表中。注意,自动套用格式只能应用在不包含合并单元格的数据表中。

如果需要自定义新的表格样式,可单击"套用表格格式"列表下方的"新建表样式"命令,打开如图 5.11 所示的"新建表快速样式"对话框,输入表样式名、单击"格式"按钮设定相应的格式,新建样式将会显示在样式列表的最上面的"自定义"区域中以供选择。

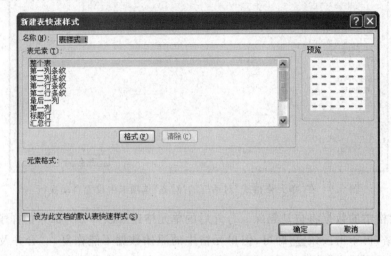

图 5.11 "新建表快速样式"对话框

如果要取消套用格式,将光标定位在已套用格式的单元格中,在"表格工具设计"选项卡中单击"表格样式"组右下角的"其他"箭头,打开样式列表,单击最下方的"清除"命令即可。

**4. 设定与使用主题**

主题是一组格式集合,包括主题颜色、主题字体(标题字体和正文字体)和主题效果(线条和填充效果)等。应用主题可以快速设定文档格式基调,使其外观更加美观专业。

设定主题的方法是:打开需要设定主题的工作簿,在"页面布局"选项卡的"主题"选项组中,单击"主题"按钮,从打开的列表中选择需要的主题类型即可。

如果要自定义主题可在"页面布局"选项卡上的"主题"选项组中选择"颜色"→"新建颜色","字体"→"新建字体"选项自行设定,单击"效果"按钮选一组主题效果即可。

文档主题可在各种 Office 文件之间共享,使所有文档都具有统一的外观。

**5. 条件格式**

条件格式将会基于设定的条件来自动更改单元格区域的外观,可突出显示所关注的单元格区域、强调异常值、使用数据条、颜色刻度和图标集来直观地显示数据。

**例 5-4** 为学生档案表中入学成绩低于 530 分的数据用红色、斜体、加删除线的格式标识。

操作步骤如下:

(1)打开工作簿、选择表、选择入学成绩列中的数据单元格。

(2)在"开始"→"样式"选项组中单击"条件格式"旁的下拉按钮,从打开的规则下拉列表中选择"突出显示单元格规则"→"小于"选项。

(3)在"为小于以下值的单元格设置格式"文本框中输入530,单击"设置为"右侧的下拉按钮。

（4）从下拉列表中选择"自定义格式"选项，在打开的"设置单元格格式"对话框中设置即可。

该例只用了预置条件格式中的"突出显示单元格规则"，条件格式的各项规则介绍如下：

1）利用预置条件实现条件格式

选择需要设置条件格式的单元格区域，在"开始"→"样式"选项组中，单击"条件格式"旁的下拉按钮，从打开的规则下拉列表中选择某一预置的条件就可实现条件格式化，如图 5.12 所示。

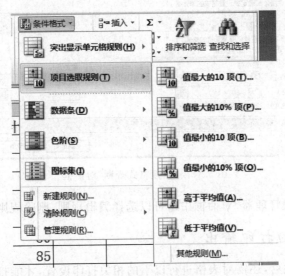

图 5.12　"条件格式"选项组

各项条件规则说明如下：

- 突出显示单元格规则。通过使用比较运算符限定数据范围，对属于该数据范围的单元格设定特殊格式，如例 5-3。
- 项目选取规则。对选定单元格区域中的前若干个最高值或最低值、高于或低于该区域平均值的单元格设定特殊格式。例如，在成绩表中，用红色字体标识某科成绩排在最后 5 名的分数。
- 数据条。查看某单元格相对于其他单元格的值。数据条的长度代表单元格中的值。数据条长，表示数据大，数据条短，表示数据小。在观察大量数据（如节假日销售报表中最畅销和最滞销的玩具）中的较高值和较低值时尤其有用。
- 色阶。用颜色来显示数据分布和数据变化，通过使用两三种颜色的渐变效果来直观地比较单元格区域中的数据。通常用颜色的深浅表示数值的大小。例如，在黄绿两色的双色色阶中，可以指定数值越大的单元格颜色越绿，数值越小的单元格颜色越黄。
- 图标集。对数据进行注释，每个图标代表一个值的范围。

2）自定义规则实现高级格式化

选择需要设置条件格式的单元格区域，在"开始"→"样式"选项组中，单击"条件格式"按钮下方的黑色箭头，从打开的规则下拉列表中选择"管理规则"选项，在弹出的"条件格式规则管理器"对话框中选择"新建规则"按钮,弹出"新建格式规则"对话框,如图 5.13 所示,在该对话框中选择规则类型、设定条件及格式,单击"确定"按钮退出即可。

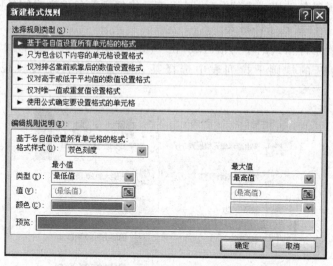

图 5.13 "新建格式规则"对话框

在"条件格式规则管理器"对话框中还可以选择编辑规则、删除规则。

### 5.2.6 工作表的打印输出

输入数据,格式化后,还需对表格进行以下的相关打印设置,才能打印输出表格。

**1. 页面格式化**

执行"页面布局"选项卡"页面设置"选项组中的命令,可对页边距、纸张方向、纸张大小等设置,若要设置页眉、页脚要单击"页面设置"右侧的扩展箭头,打开"页面设置"对话框,如图 5.14 所示。通过选择"页面设置"对话框中的各选项卡,可以设置纸张大小、页面方向、页边距、对齐方式、打印区域、打印标题、行号和列号、插入或自定义页眉页脚等。

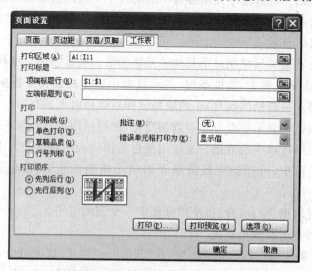

图 5.14 "页面设置"对话框

打印区域是工作表中实际需要打印输出的单元格区域；打印标题是打印输出时出现在每一页中的表格标题，也称为重复打印的标题行，可以置于页面的顶端或左端。设置完成后，单击对话框下方的“打印预览”按钮，可观察打印效果。

**2. 打印设置**

单击“文件”选项组的“打印”选项，可进入到打印设置窗口。在该窗口可设置打印份数，打印机(打印前需要先连接到计算机并正确安装好驱动程序)等，设置完成后，单击左上角的“打印”按钮，即可进行打印。

# 5.3 学生成绩表的制作

打开 5.2 节所制作的“学生数据.xlsx”工作簿，在档案表后插入一张工作表，命名为“成绩表”，输入如图 5.15 所示的相应数据，并按图要求完成计算。

| | A | B | C | D | E | F | G | H | I |
|---|---|---|---|---|---|---|---|---|---|
| 2 | 学号 | 姓名 | 英语 | 数学 | 物理 | 计算机 | 总分 | 平均分 | 计算机及格否 |
| 3 | 201340105301001 | 宋李子 | 85 | 66 | 80 | 80 | | | |
| 4 | 201340105301002 | 张小分 | 83 | 80 | 72 | 85 | | | |
| 5 | 201340105301003 | 刘郎 | 87 | 87 | 81 | 80 | | | |
| 6 | 201340105301004 | 王兰兰 | 76 | 59 | 85 | 85 | | | |
| 7 | 201340105301005 | 区里 | 81 | 84 | 87 | 72 | | | |
| 8 | 201340105301006 | 五三 | 69.5 | 79 | 75 | 80 | | | |
| 9 | 201340105301007 | 周冈 | 72 | 80 | 71 | 85 | | | |
| 10 | 201340105301008 | 胡任 | 65 | 60 | 40 | 55 | | | |
| 11 | 201340105301009 | 立兵 | 80 | 80 | 85 | 85 | | | |
| 12 | 各科成绩最高分 | | | | | | | | |

图 5.15 学生成绩表

## 5.3.1 制作过程

**1. 插入新工作表**

打开上例已经建立的“学生数据.xlsx”工作簿，选中“档案表”，右击，在弹出的快捷菜单中选择“插入”命令，然后对新插入的工作簿标签右击，在弹出的快捷菜单中选择“重命名”命令，将工作表标签名改为“成绩表”。

**2. 公式和函数的应用**

1) 用公式计算总分

凡是要计算，就要在相应的单元格中输入“＝”号，等号就是通知系统这里是计算公式，该例中在 G3 单元格输入“＝C3＋D3＋E3＋F3”，回车后就可计算出第一个同学的总分，然后用自动填充的方法就可以计算出所有同学的总分。

2) 用函数计算平均分

计算总分用的是公式，也可以用系统已定义好的函数完成。该例中选定 H3，在其中输入等号后，显示单元格名称的名称框中就会显示常用函数的英文名称，本例求平均分要选择 AVERAGE 函数，选择 AVERAGE 后会弹出一个对话框，要求回答函数的参数，本例中就是回答求哪些单元格的平均值。Excel 系统有一定的智能，它会根据公式左边的数据给出范围,如果范围不对,可对该范围进行修改,检查正确后,单击"确定"按钮即可求出平均值。

3)用 IF 函数计算出计算机成绩及格否

选中 I3 单元格,在其中输入等号后,选名称框中的 IF 函数,弹出函数参数对话框如图 5.16 所示,IF 函数需要三个参数,第一个是判断的条件(Logical_test),本例中为"F3≥60";第二个是条件为真时如何处理(Value_if_true),本例中为:"及格";第三个是条件为假时如何处理(Value_if_false),本例中为"不及格"。"及格"和"不及格"是文本型,在对话框中系统会自动加西文的双引号,如果自己在编辑栏中输入要自己加上西文的双引号。

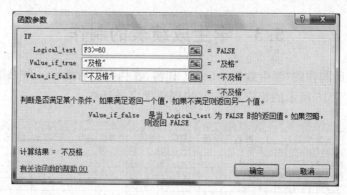

图 5.16　IF 函数的参数对话框

## 5.3.2　公式与函数

### 1. 使用公式

公式是用运算符将常量、单元格引用、函数等连接起来形成的合法式子,用于对数据进行计算和分析。在单元格中输入公式时必须以等号开始,如"=(a1+b1)/2"。Excel 中常用的运算符如表 5.2 所示。

表 5.2　Excel 常用运算符

| 运算符类型 | 运算符表示形式及意义 |
| --- | --- |
| 算术运算符 | %(百分号)、^(乘方)、*(乘)、/(除)、+(加)、-(减) |
| 关系运算符 | >(大于)、>=(大于等于)、<(小于)、<=(小于等于)、<>(不等于)、=(等于) |
| 文本运算符 | &(连接两个文本) |
| 引用运算符 | 冒号(区域运算符)、空格(交集运算符)、逗号(连接运算符) |

表中算术运算符%的功能是将单元格中的数值转换成百分比的形式;文本运算符 & 的功能是将两个文本的值连接起来,如"中国"&"北京"的运算结果是"中国北京";关系运算的结果是一个逻辑值 TRUE 或 FALSE,如 5>3 的结果是 TRUE。

区域引用运算符的功能如图 5.17 所示。冒号用于定义一个区域,如区域"A2:B5",它包含以 A2 至 B5 为对角线所围成的矩形区域中的所有单元格;逗号用于连接多个单元格区域,如"A2:B5,C4:F6",它包含区域 A2:B5 和 C4:F6 中的所有单元格;空格用于找出各区域的重叠部分,如"C4:F6 E1:E8",两个区域的重叠部分包含 E4、E5、E6 三个单元格。

当多种类型的运算符同时出现在一个公式中时,Excel 对运算符的运算优先级有以下

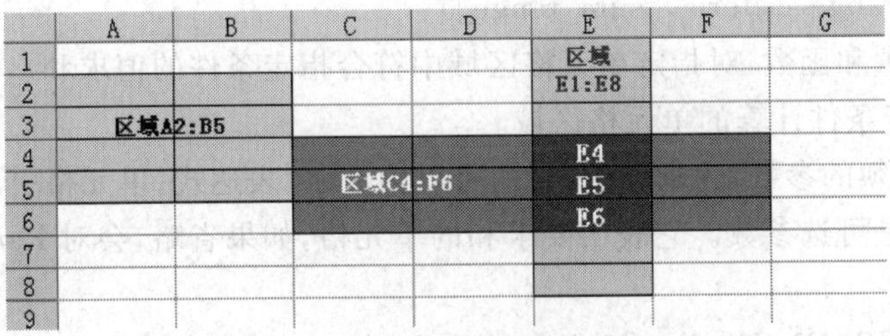

图 5.17　区域引用运算符示例

严格的规定：

(1) 算术运算符的优先级为 3 级：百分号和乘方最高，乘、除其次，加、减最低。

(2) 关系运算符的优先级相同。

(3) 引用运算符的优先级为：冒号最高，空格其次，逗号最低。

各种类型运算符的优先级从高到低为：冒号、空格、逗号、负号、百分号和乘方、乘和除、加和减、文本运算符、关系运算符。可通过在公式中加圆括号来改变运算的优先级。

在工作表中使用公式进行计算时，若同行或同列的计算公式相同，只需要输入一个公式，其他的可通过自动填充得到。

在单元格中输入公式后，单元格中显示的是计算结果，而不是公式，公式显示在编辑栏中。可以在编辑栏的编辑框中直接修改公式，也可以双击单元格来编辑单元格中的公式。

### 2. 常用函数及应用

函数是 Excel 自带的一些已定义好的公式。Excel 提供了许多内置函数，包括财务、日期与时间、数学与三角函数、统计、查找与引用、数据库、文本、逻辑、信息、工程等 13 个类别几百个函数，为用户对数据进行运算和分析带来极大方便。

函数的使用格式为：

**函数名(参数 1,参数 2,…)**

其中参数可以是常量、单元格引用、区域引用、公式或其他函数等。

可以直接在公式中输入函数，但函数名、函数的参数不好记忆，通常采用系统提供的函数向导方法输入函数，这种方法除了上面介绍的在名称框中找函数外，还可以通过"公式"选项卡中的函数库组选择函数名，在参数对话框中输入相应的参数即可。也可单击"公式"选项卡上最左边的"插入函数"按钮，从弹出的对话框中选择函数类别、函数名，再回答相应的参数即可。下面介绍常用函数及使用方法。

1) 求和函数

下面介绍 3 个与求和相关的常用函数 SUM、SUMIF、SUMIFS。

• SUM(number,[number2],…)

功能：将指定的参数 umber,number2…相加求和。

方括号中的参数为可选参数，因此该函数至少需要包含一个参数，每个参数都可以是区域、单元格引用、常量、公式或另一函数的结果。

例如，=SUM(B3:B8,A9:E9)是求出 B3～B8 之和，再与 A9、B9、C9、D9、E9 之和相加，共 10 个单元格之和；=SUM(A1,B1,C1)是将 3 个单元格中的数字相加。

- SUMIF(range,criteria,[sum_range])

功能：条件求和函数，对指定单元格区域中符合指定条件的值求和。

range 为用于条件计算的单元格区域。

criteria 是必须的参数，为求和的条件，可以为数字、表达式、单元格引用、文本或函数。

sum_range 是可选参数。它表明要求和的单元格，如果省略，会对 Range 参数中指定的单元格求和。

例如：＝SUMIF(C2:C20,">=60")表示对 C2:C20,区域中大于等于 60 的数值进行相加；

＝SUMIF($C$2:$C$11,E2,$B$2:$B$11)表示对 C2:C11 区域中内容等于 E2 单元格内容的数据对 B2:B11 中的数据求和。如果 C2:C11 是销售人员名单,E2 的内容是"张三",B2:B11 是各位销售员每月的销售额,则该公式可以求出张三的销售总额。公式中用绝对引用,则公式用自动填充柄向下拖动后,总是在 $C$2:$C$11 中找与 E 列匹配的销售员,总是对相应的销售员求 $B$2:$B$11 中的数据总额。

- SUMIFS( sum_range,criteria_range1,criteria1, [criteria_range2,criteria2], …)

功能：多条件求和函数，对指定单元格区域中满足多个条件的单元格值求和。

sum_range 表示求和的单元格区域。

criteria_range1 表示在其中计算关联条件的第一个区域。

criteria1 为求和的条件，可以为数字、表达式、单元格地址或文本。用于定义将对 criteria_range1 参数中的哪些单元格求和。

criteria_range2,criteria2…为可选的参数,是附加的区域及其关联条件。最多允许 127 个区域/条件对,区域条件对之间的关系是与的关系。

其中每个 criteria_range 参数区域所包含的行数和列数必须与 criteria_range 参数相同。

例如：＝SUMIFS(A1:A20,B1:B20,">0",C1:C20,"<10")表示对 A1:A20 区域中符合以下条件的单元格的数值求和：B1:B20 中的相应数据大于 0,且 C1:C20 中的相应数据小于 10。该例中有两个区域/条件对,两个区域/条件对的关系式是与的关系。

2) 计数函数

与计数相关的函数也主要有 3 个,即 COUNT、COUNTIF、COUNTIFS,叙述如下。

- COUNT(value1,[value2],…)

功能：统计指定区域中包含数值的个数。至少包含一个参数,最多可包含 255 个。

例如,＝COUNT(A2:A8)表示统计单元格 A2:A8 中包含数值的单元格的个数。

- COUNTIF(range,criteria))

功能：条件统计函数，求指定区域中满足单个指定条件的单元格的个数。

range 是计数的单元格区域。

criteria 是计数的条件。条件的形式可以是数字、表达式、单元格地址或文本。

例如,＝COUNTIF(A2:A18,">=60")表示统计单元格 A2:A18 中数值大于等于 60 的单元格的个数;＝COUNTIF(C$2:C$11,E2)表示统计单元格 C2:C11 中等于 E2 内容的单元格的个数,如果 E2 中的值为"张三",则可以统计出 C2:C11 中有几个"张三"。

- COUNTIFS(criteria_range1,criteria1, [criteria_range2,criteria2], …)

功能：多条件计数函数,统计指定单元格区域中满足多个条件的单元格数量。

criteria_range1 为在其中计算关联条件的第一个区域。

criteria1 为求和的条件，可以为数字、表达式、单元格地址或文本。用于定义将对 criteria_range1 参数中的哪些单元格求和。

criteria_range2…是可选的参数，是附加的区域及其关联条件。最多允许 127 个区域/条件对，各区域条件对之间的关系是与的关系。每一个附加的区域都必须与参数 criteria_range1 具有相同的行数和列数。这些区域可以不相邻。

例如，=COUNTIFS(D3:D11,">=85",F3:F11,">=80")统计单元格区域 D3 到 D11 中包含大于等于 85，且 F3 到 F11 中大于等于 80 的单元格数目。如果 D3～D11 是数学成绩，F3 到 F11 是计算机成绩，则该函数统计数学成绩大于等于 85，计算机成绩大于等于 80 的学生人数。

=COUNTIFS(D3:D11,">=80",D3:D11,"<90")统计 D3 到 D11 中大于等于 80 且小于 90 的人数，可见，该函数可以统计各分数段的人数。

3) 求平均值函数

与求和、计数函数一样，求平均值的函数也主要有 3 个，它们是 AVERAGE、AVERAGEIF、AVERAGEIFS。

• AVERAGE(number,[number2],…)

功能：求指定的参数 umber,number2…的算术平均值。该函数至少需要包含一个参数，最多可包含 255 个。

例如，=AVERAGE(b3:b8)是求出 b3～b8 中的平均值；=AVERAGE(A1,B1,C1)是求 A1、B1、C1 单元格中的数字平均值。

• AVERAGEIF(range,criteria,[average_range])

功能：条件平均值函数，对指定单元格区域中符合指定条件的数值求平均值。

range 用于条件计算的单元格区域。

criteria 求平均值的条件，可以为数字、表达式、单元格引用、文本或函数。

average_range 为可选参数。它表明要计算平均值的单元格，如果省略该参数，会对 Range 参数中指定的单元格求平均。

例如，=AVERAGEIF(C2:C20,">=60")表示对 C2:C20 区域中大于等于 60 的数值求平均值。

=AVERAGEIF(C2:C11,">=60",B2:B11)表示对 C2～C11 区域中满足条件大于等于 60 的数值，对应在 B2～B11 中求平均值，如其中的 C3:C5 满足条件，就对 B3:B5 中的值求平均值。

• AVERAGEIFS（average_range,criteria_range1,criteria1,[criteria_range2,criteria2],…)

功能：多条件平均值函数，对指定单元格区域中满足多个条件的单元格值求算术平均值。

average_range 表示要计算平均值的单元格区域。

criteria_range1 表示在其中计算关联条件的第一个区域。

criteria1 为求平均值的条件，可以为数字、表达式、单元格地址或文本。用于定义将对 criteria_range1 参数中的哪些单元格求平均值。

criteria_range2,criteria2 为可选的参数,是附加的区域及其关联条件。最多允许 127 个区域/条件对,区域条件对之间的关系是与的关系。

例如,＝AVERAGEIFS(A1:A20,B1:B20,">70",C1:C20,"<90")表示对 A1:A20 区域中符合以下条件的单元格的数值求平均值:B1:B20 中的相应数据大于 70,且 C1:C20 中的相应数据小于 90。

4) 最大值和最小值函数

• MAX (number,[number2],…)

功能:最大值函数,返回一组值或指定区域中的最大值,参数至少有一个,且必须是数值,最多可有 255 个。

例如,＝MAX(A1,B3,D5)求 A1、B3、D5 单元格中的最大值。

• MIN (number,[number2],…)

功能:最小值函数,返回一组值或指定区域中的最小值,参数至少有一个,且必须是数值,最多可有 255 个。

例如,＝MIN(B3:B11)求 B3 到 B11 单元格中的最小值。

在成绩统计中用这两个函数可以求出最高分和最低分。

5) 舍入函数

• INT(number)

功能:将数值 number 向下舍入到最接近的整数,即取不大于 number 的最大整数。

例如,＝INT(8.9)将 8.9 舍入为 8;＝INT(-8.9)将-8.9 舍入为-9。

• TRUNC(number,[num_digits])

功能:取整函数,将指定数值 number 的小数部分截去,返回整数。num_digits 为取整精度,默认为 0。

例如,＝TRUN(8.9),结果为 8;＝TRUN(-8.9)结果为-8。

• ROUND(number, num_digits)

功能:四舍五入函数,将指定数值 number 按指定的位数 num_digits 进行四舍五入。

例如,＝ROUND(25.7825,2),将数值 25.7825 四舍五入为小数点后两位,即 25.78;＝ROUND(25.7855 2)结果为 25.79。

如果希望始终进行向上舍入,可使用 ROUNDUP 函数;如果希望始终进行向下舍入,则使用 ROUNDDOWN 函数。

6) 日期函数

• NOW()

功能:返回当前日期和时间函数。如果将该公式所在的单元格设置为数值型,将返回一个数值,该数值是当前与 1900 年 1 月 1 日之间的天数。

• YEAR(serial_number)

功能:返回指定日期的年份。返回值是 1900～9999 的整数。

例如,＝YEAR(2013/7/28),返回值为 2013。

**注意**:该公式所在的单元格不能是日期格式。

• TODAY()

功能:当前日期函数,返回当前计算机系统的日期。

例如，＝YEAR(TODAY())－1983，该函数取出今天的年份，减去 1983，可以求出 1983 年出生的人现在有几岁。

7）文本操作函数

• CONCATENATE(test1,[text2]…)

功能：文本合并函数，将几个文本项合并为一个文本。连接项可以是文本、数字、单元格地址或这些项目的组合，最多可将 255 个文本字符串连接成一个文本字符串。

例如，＝CONCATENATE(B2,"" ,C2)将 B2 中的字符串、空格以及 C2 中的内容相连接，构成一个新的字符串。该函数的功能与运算符"&"相同，因此本例也可以写成：

＝B2&""&c2

• MID(test,start_num,num_chars)

功能：截取字符串函数。从文本字符串的指定位置开始返回指定个数的字符。

test 是要提取字符的文本字符串。

start_num 是要提取的第一个字符的位置。

num_chars 是要提取的字符个数。

例如，＝MID("530102199503040357",7,4)表示从字符串的第 7 个位置开始提取 4 个字符，这样可以把身份证中的年份提取出来。

• LEFT(test,[ num_chars])

功能：左侧截取字符串函数，从文本字符串最左边开始返回指定个数的字符。

test 是要提取字符的文本字符串。

num_chars 为可选的参数，要提取的字符个数，必须大于等于 0，如果省略，则默认其值为 1。

例如，＝LEFT("中国北京",2)表示提取字符串的最前面的 2 个字符，该例可以把"中国"提取出来。

• RIGHT(test,[ num_chars])

功能：右侧截取字符串函数，从文本字符串最右边开始返回指定个数的字符。

test 是要提取字符的文本字符串。

num_chars 为可选的参数，要提取的字符个数，必须大于等于 0，如果省略，则默认其值为 1。

例如，＝RIGHT("云南丽江",2)表示提取字符串最后面的 2 个字符，该例可以把"丽江"提取出来。

• TRIM(text)

功能：删除空格函数，删除指定文本区域中的空格。出了单词之间的单个空格外，该函数会清除文本中所有的空格。使用该函数可以清除文本中不规则的空格。

例如，＝TRIM("云南丽江")表示清除文本中的前导空格、尾部空格。

• LEN(text)

功能：统计并返回指定文本区域中的字符个数，即文本的长度。

test 为要统计其长度的文本字符串。空格也作为字符进行统计。

例如，＝LEN(A3)表示统计 A3 单元格中字符串的长度。

8）逻辑函数

• IF(logical_test,[value_if_true], [value_if_false])

功能：逻辑判断函数。该函数的第 1 个参数是判断条件，如果条件为 TRUE，函数的结果是第 2 个参数的值，如果条件为 FALE，函数的结果是第 3 个参数的值。

logical_test 是判断条件，可以是任意值或表达式。例如，A3＝90 就是一个逻辑表达式，即如果 A3 的值为 90，表达式的结果为 TRUE，否则为 FALSE。该参数中使用比较运算符。

value_if_true 即判断条件为 TRUE 时，函数的返回结果。

value_if_false 即判断条件为 FALSE 时，函数的返回结果。

在 Excel 2010 中，最多可使用 64 个 IF 函数进行嵌套，也就是说，value_if_true 和 value_if_false 参数可以是 IF 函数。

例如，显示"及格"与"不及格"两个级别：

= IF(C3 < = 60,"不及格","及格");

显示"优秀"、"及格"、"不及格"三个级别：

= IF(C3 < = 60,"不及格",IF(C3 < = 90,"及格","优秀"));

显示"优秀"、"良好"、"及格"、"不及格"三个级别：

= IF(C3 < = 60,"不及格",IF(C3 < = 70,"及格",IF(C3 < 90,"良好","优秀")))

**注意**：所输入符号为英文输入法下半角，IF 与括号之间不能有空格。

• NOT(logical)

功能：逻辑非。如果逻辑值（logical）为 FALSE，函数返回 TRUE；如果逻辑值为 TRUE，函数返回 FALSE。logical 是必需的参数，一个计算结果可以为 TRUE 或 FALSE 的值或表达式。

• AND(logical1, [logical2], …)

功能：逻辑与。

logical1 为必须要检验的第一个条件，其计算结果可以为 TRUE 或 FALSE。

logical2，…是可选参数，要检验的其他条件，其计算结果可以为 TRUE 或 FALSE，最多可包含 255 个条件。所有参数的计算结果为 TRUE 时，返回 TRUE；只要有一个参数的计算结果为 FALSE，即返回 FALSE。通过将 AND 函数用作 IF 函数的 logical_test 参数，可以检验多个不同的条件，而不仅仅是一个条件。

例如，在成绩表中要挑选数学成绩高于 80 分，总分必须大于 270 分的学生，可用公式：

= IF(AND(D3 > 80,G3 > 270),"合格","不合格")

• OR(logical1, [logical2],…)

功能：逻辑或。在其参数组中，任何一个参数逻辑值为 TRUE，即返回 TRUE；任何一个参数的逻辑值为 FALSE，即返回 FALSE。

logical1 是必需的，后继的逻辑值是可选的。参数是 1 到 255 个需要进行测试的条件，测试结果可以为 TRUE 或 FALSE。

例如，=IF(OR(J3＝4,J3＝5,J3＝6),"三等奖"," ")，如果 J3 中是名次，则该例为名次是 3、4、5 名的为三等奖，否则无奖。

9) 其他函数

• VLOOKUP(lookup_value,table_array,col_index-num,[range_Lookup])

功能：垂直查询函数，搜索指定单元格区域的第一列，然后返回该区域相同行上任何指定单元格中的值。

lookup_value 是要在表格或区域的第 1 列中搜索的值。

table_array 为要查找的数据所在的单元格区域。该区域第 1 列的值就是 Lookup_value 要搜索的值。

col_index-num 为最终返回数据所在的列号。为 1 时，返回 table_array 第 1 列的值；为 2 时，返回 table_array 第 2 列的值，以此类推。如果参数小于 1，则返回错误值 ♯VALUE！；大于 table_array 的列数，则返回错误值 ♯REF！。

range_Lookup 是可选的参数。一个逻辑值，值为 TRUE 或 FALSE，指定希望 VLOOKUP 查找精确值还是近似匹配值。如果为 TRUE 或被缺省，则返回近似匹配值。若找不到精确匹配值，则返回小于 lookup_value 的最大值。如果该参数为 FALSE，将只查找精确匹配值。如果 table_array 的第 1 列中有两个以上的值与 lookup_value 匹配，则使用找到的第 1 个值。如果找不到精确匹配值，则返回错误值 ♯N/A。

例如，=VLOOKUP(1,A2:C10,2)要查找的区域为 A2:C10，因此 A 列为第 1 列，即使用近似匹配在 A 列(第 1 列)找 1，如果在 A 列没有 1，则近似找到与 1 最接近的值，然后返回同一行中 B 列的值。

=VLOOKUP(B3,B3:F10,3)在 B3:F10 中查找 B3 的值返回同一行上 D 列(第 3 列)的值，在成绩表中输入此函数，可以取出各位同学的数学成绩(D 列)。

• RANK.EQ(number,ref,[order])、RANK.AVG(number,ref,[order])和 RANK (number,ref,[order])

功能：排位函数，返回一个数值在指定数值列中的排位；如果多个值具有相同的排位，RANK.AVG 将返回平均排位；使用 RANK.EQ 则返回实际排位。RANK 与 2010 之前的版本兼容，返回一个数值在指定数值列中的排位。

number 为要确定其排位的数值。

ref 为要查找的数值列表所在的位置。

order 为指定数值列表的方式，为 0 或忽略，按降序排列；不为 0，按升序排列。

例如，=RANK.EQ(F2,＄F＄2:＄F＄88)，求 F2 的值在区域 ＄F＄2:＄F＄88 中的排位或排名。如果 F2:F88 存放的是总评成绩，自动填充该函数后，就可以求出每个同学的总评成绩排名。

在这三个 RANK 函数中，排名的参照数值区域必须用绝对引用，因为每一个总评成绩都是与该区域的值进行比较，使用自动填充功能输入其他单元格中的公式时，不希望排名的参照数值区域发生变化。

### 5.3.3 函数的应用

该节通过两个例子学习函数在实际制表中的应用。

**例 5-5** 制作如图 5.18 所示的演讲比赛评分表,用公式求出选手得分、选手名次和获奖等级。选手得分是去掉一个最高分,去掉一个最低分,求出平均分;名次是按得分高低求出 1、2、3、4、…名;获奖等级是第 1 名是一等奖,第 2、3 名是二等奖,第 4、5、6 名是三等奖,其余名次无奖。操作提示如下:

| 选手编号 | 1号评委 | 2号评委 | 3号评委 | 4号评委 | 5号评委 | 6号评委 | 7号评委 | 选手得分 | 选手名次 | 获奖等级 |
|---|---|---|---|---|---|---|---|---|---|---|
| 1 | 9.00 | 8.80 | 8.90 | 8.40 | 8.20 | 9.10 | 8.90 | | | |
| 2 | 5.80 | 6.80 | 5.90 | 6.00 | 6.90 | 6.90 | 6.40 | | | |
| 3 | 8.00 | 7.50 | 7.30 | 7.40 | 7.90 | 8.20 | 8.00 | | | |
| 4 | 8.60 | 8.20 | 8.90 | 7.90 | 8.30 | 8.50 | | | | |
| 5 | 8.20 | 8.10 | 8.90 | 8.90 | 8.40 | 9.00 | 9.10 | | | |
| 6 | 8.00 | 7.60 | 7.80 | 7.50 | 7.90 | 7.80 | 8.00 | | | |
| 7 | 9.00 | 9.20 | 8.50 | 8.70 | 9.00 | 9.10 | | | | |
| 8 | 9.60 | 9.50 | 9.40 | 8.90 | 8.80 | 9.50 | | | | |
| 9 | 9.20 | 9.00 | 8.70 | 8.30 | 9.00 | 9.10 | | | | |
| 10 | 8.80 | 8.60 | 8.90 | 8.80 | 9.00 | 8.30 | 8.40 | | | |

图 5.18 演讲比赛评分表

(1) 求选手得分。

根据要求,在该例中只要在 I3 单元格输入公式"=(SUM(B3:H3)-MAX(B3:H3)-MIN(B3:H3))/5",拖动自动填充柄就可求出所有选手得分。

(2) 求选手名次。

求选手名次要用到 RANK 函数,该函数也是常用函数,它要求三个参数,第一个参数指出哪个单元格需要得出名次,第二个参数指出在哪一片区域求名次,第三个参数是排序方式,非 0 值为升序。本例中在 J3 单元格输入公式:=RANK.EQ(I3,$I$3:$I$12,0)后,用自动填充柄拖动,即可求出所有选手的名次。注意第二个参数是绝对引用,因为不管公式复制到何处,总是求这片区域中的名次。

(3) 求获奖等级。

在 K3 单元格输入:

=IF(J3=1,"一等奖",IF(OR(J3=2,J3=3),"二等奖",IF(OR(J3=4,J3=5,J3=6),"三等奖","")))

**例 5-6** 根据如图 5.19 所示的员工档案表数据,用函数求出员工的出生日期、年龄、工龄、工龄工资,基础工资。在该表后计算员工数量、女员工数量、管理人员工资总额、本科生平均基本工资。

(1) 提取员工生日:身份证号的第 7 位到第 14 位为出生年月,通过 MID 函数依次提取年、月、日,并用连接运算符 & 将其连接在一起。在 G2 单元格输入:

=MID(F2,7,4)&"年"&MID(F2,11,2)&"月"&MID(F2,13,2)&"日"

向下填充即可。

| | A | B | C | D | E | F | G | H | I | J | K | L | M | N |
|---|---|---|---|---|---|---|---|---|---|---|---|---|---|---|
| 1 | 员工编号 | 姓名 | 性别 | 部门 | 职务 | 身份证号 | 出生日期 | 年龄 | 学历 | 入职时间 | 工龄 | 基本工资 | 工龄工资 | 基础工资 |
| 2 | DF001 | 莫一丁 | 男 | 管理 | 总经理 | 110108196301020119 | | | 博士 | 2001年2月 | | 40,000.00 | | |
| 3 | DF002 | 郭晶晶 | 女 | 行政 | 文秘 | 110105198903040128 | | | 大专 | 2012年3月 | | 3,500.00 | | |
| 4 | DF003 | 侯大文 | 男 | 管理 | 研发经理 | 310108197712121139 | | | 硕士 | 2003年7月 | | 12,000.00 | | |
| 5 | DF004 | 宋子文 | 男 | 研发 | 员工 | 372208197510090512 | | | 本科 | 2003年7月 | | 5,600.00 | | |
| 6 | DF005 | 王清华 | 男 | 人事 | 员工 | 110101197209021144 | | | 本科 | 2001年6月 | | 5,600.00 | | |
| 7 | DF006 | 张国庆 | 男 | 研发 | 员工 | 110108197812120129 | | | 本科 | 2005年9月 | | 6,000.00 | | |
| 8 | DF007 | 管晓军 | 男 | 管理 | 部门经理 | 410205196412278211 | | | 硕士 | 2001年3月 | | 10,000.00 | | |
| 9 | DF008 | 齐小小 | 男 | 管理 | 销售经理 | 110102197305120123 | | | 硕士 | 2001年10月 | | 15,000.00 | | |
| 10 | DF009 | 孙小红 | 女 | 行政 | 员工 | 551018198607311126 | | | 本科 | 2010年5月 | | 4,000.00 | | |
| 11 | DF010 | 陈家洛 | 男 | 研发 | 员工 | 372208197310070512 | | | 本科 | 2006年5月 | | 5,500.00 | | |

图 5.19　员工档案表

（2）计算员工年龄：用 TODAY 函数获取当前日期，然后减去员工的生日，余额除以 365 天得到年限，再通过 INT 函数向下取整，得到员工的周岁年龄。

提示：不足周岁的应当不计入年龄。

在 H2 单元格输入：

= INT((TODAY( ) - G2)/365)

（3）计算工龄：工龄计算与年龄计算相同，K2 单元格输入：

= INT((TODAY( ) - J2)/365)

（4）计算工龄工资：满一年工龄，工资增加 50 元，在 M2 单元格输入：

= 50 * K2

（5）计算基础工资：基本工资与工龄工作的合计就是基础工资，在 N2 单元格输入：

= SUM(L2:M2)

（6）计算员工数量：计算员工的编号数量，就是计算员工的数量。在 A14 输入"员工数量"，在 B14 输入"＝COUNTA(A2:A11)"即可。

（7）计算女员工数量：在 A15 输入"女员工数量"，在 B14 输入"＝COUNTIF(C2:C11，"女")"即可。

（8）计算管理人员工资总额：在 A16 输入"管理人员工资总额"，在 B16 输入：

= SUMIF(D2:D11,"管理",L2:L11)

（9）计算本科生平均基本工资：在 A17 输入"本科生平均基本工资"，在 B17 输入：

= AVERAGEIF(I2:I11,"本科",L2:L11)

# 5.4　家庭理财表的制作

在工作簿"家庭理财.xlsx"中，有两张表：家庭理财表，如图 5.20 所示，以及水电气使用量及单价表，如图 5.21 所示。请完成各月水、电、燃气费的计算，以及各月收入小计、支出小计、当月节余以及平均每月节余的计算。

| 项目 | 一月 | 二月 | 三月 | 四月 | 五月 | 六月 |
|---|---|---|---|---|---|---|
| 家庭理财 | | | | | | |
| 水费 | | | | | | |
| 电费 | | | | | | |
| 燃气费 | | | | | | |
| 交通费 | 200 | 180 | 200 | 150 | 170 | 300 |
| 餐费 | 348 | 200 | 300 | 350 | 420 | 280 |
| 管理费 | 20 | 20 | 20 | 20 | 20 | 20 |
| 电话费 | 179 | 190 | 65 | 180 | 150 | 210 |
| 购物 | 1340 | 2000 | 1800 | 2100 | 1500 | 1210 |
| 其它 | 300 | 200 | 210 | 180 | 150 | 280 |
| 支出小计 | | | | | | |
| 工资收入 | 3500 | 3500 | 3500 | 3500 | 3500 | 3500 |
| 奖金收入 | 1200 | 1200 | 1800 | 2000 | 2000 | 2000 |
| 其它收入 | 1000 | 1000 | 1200 | 2000 | 1100 | 1500 |
| 收入小计 | | | | | | |
| 当月节余 | | | | | | |
| 平均每月节余 | | | | | | |

图 5.20　家庭理财表

| 使用量记录表 | | | | | | | | 单价表 | |
|---|---|---|---|---|---|---|---|---|---|
| 项目 | 一月 | 二月 | 三月 | 四月 | 五月 | 六月 | | 项目 | 单价 |
| 水（吨） | 8 | 10 | 12 | 10 | 11 | 9 | | 水 | 2.20 |
| 电（度） | 70 | 80 | 120 | 70 | 80 | 120 | | 电 | 0.40 |
| 气（立方米 | 10 | 15 | 12 | 10 | 11 | 13 | | 燃气 | 2.40 |

图 5.21　水电气使用量及单价表

## 5.4.1　制作过程

**1. 不同表的单元格引用**

该例的操作难点是如何写出水、电、燃气费的计算公式，前面例子中的公式所引用的单元格都在同一工作表中，而该例的水、电、气量在另一工作表中，引用时要在工作表名后加“!”，本例中在家庭理财表的 B3 单元格输入：

=水电气用量及单价!B3*水电气用量及单价!J3

就可求出一月份的水费。

**2. 绝对引用**

如果用自动填充柄拖动该公式，求其他月份的水费，单元格地址就会发生变化，在该例中单价是固定的，要使其单元格地址不变化应在单元格的列名和行号前均加“$”，这也称为绝对引用。因此，上一个公式应作进一步修改，应在家庭理财表的 B3 单元格输入：

=水电气用量及单价!B3*水电气用量及单价!$J$3

用自动填充柄拖动后就可以很快求出其他月份的水费。用同样的方法可以很快求出每个月的电费、燃气费。

## 5.4.2 单元格引用和名称引用

### 1. 引用单元格

工作表中的数据计算是通过在单元格中插入公式和函数来完成的。在公式和函数中是通过单元格引用来调用单元格中的数据进行各种计算的。单元格引用有以下 3 种形式。

1）相对引用或称相对地址

用列号和行号直接表示，如 B10、D2:E4 等。当公式被复制到其他单元格时，相对地址会根据公式移动的位置自动调节或改变。例如，在 E4 单元格中输入公式：＝B1＋A2＋C2，将该公式复制到 F5 时，公式将自动变为：

＝C2＋B3＋D3

2）绝对引用或称绝对地址

在列号和行号前均加上"＄"符号，如 ＄B＄10、＄X＄88 等。当公式被复制到其他单元格时，绝对地址不会根据公式移动的位置自动调节或改变。

3）混合引用或称混合地址

在列号或者行号前加上"＄"符号，如 ＄B10、D＄12 等。当公式被复制到其他单元格时，相对引用部分会变，绝对引用部分不变。

若在工作表 Sheet1 中要引用工作表 Sheet2 中的单元格，引用方式为"工作表名！单元格地址"，如：Sheet2! A5；若在工作簿 Book1.xlsx 中要引用工作簿 Book2.xlsx 中的单元格，引用方式为"［工作簿名］工作表名！单元格地址"，如：

[Book2]Sheet1!D20

### 2. 名称的定义与引用

用单元格引用的方法，对引用区域的理解不够直观，如果频繁引用某区域，也比较麻烦。如果用已定义的名称来引用单元格或单元格区域，优点之一是便于理解单元格中的数据，其二是可以实现快速精确引用。可以定义为名称的对象包括常量、单元格或单元格区域、公式。

1）名称的语法规则

- 唯一性：名称在其适用范围内必须唯一。
- 有效字符：第一个字符必须是字母（汉字）、下化线或反斜杠（\）。其余字符可以是字母（汉字）、数字、句点和下化线。或反斜杠（\）。
- 不能与单元格地址相同，如 A1、＄B&2 等。
- 名称中不能用空格。
- 长度有限，最多 255 个字符。
- 不区分大小写，如 book 与 BOOK 是同一个名称，只能用其中一个，否则违反唯一性原则。

2）为单元格或单元格区域定义名称

- 快速定义名称：选定要定义的单元格或单元格区域，在编辑栏左侧的名称框中单击输入名称。
- 将现有行和列标题转换为名称：选定要定义的单元格区域，必须包括行或列标题，在"公式"选项卡的"定义的名称"选项组中,单击"从所选内容创建"按钮,在打开的"以选定区域创建名称"对话框中指定包含标题的位置。

- 使用"新名称"对话框定义名称:在"公式"选项卡的"定义的名称"选项组中,单击"定义名称"按钮,在"新建名称"对话框中输入新名称、指定名称的引用范围、引用位置,还可以在"备注"框中输入对该名称的说明。

3)引用名称

名称定义后,就可直接用来快速选定已命名的区域,当需要频繁引用该区域时,特别方便。更重要的是在公式中引用名称,可实现精确定位。

- 通过名称框引用:在"名称框"的下拉列表中显示所有已被命名的单元格名称,不包括常量和公式的名称。选中所要的名称,该名称所引用的单元格或单元格区域就被选中,如果是在输入公式的过程中,该名称将会出现在公式中。

- 在公式中引用:单击要输入公式的单元格,在"公式"→"定义的名称"选项组中,单击"用于公式",即打开名称下拉列表,从中选择需要引用的名称,该名称就出现在当前单元格的公式中。

4)更改或删除名称

在"公式"→"定义的名称"选项组中,单击"名称管理器"按钮,在打开的"名称管理器"对话框中可以编辑、删除、新建名称。

如果更改了某个已定义的名称,则工作簿中所有已引用该名称的位置,均自动随之更新。

## 5.4.3 避免循环引用

本节用一个例子讲解什么是循环引用,应如何避免。

**例 5-7** 某肉店有一张进货表,如图 5.22 所示。现在成交价均增加 10% 后,计算成交总额。

| | A | B | C | D | E | F |
|---|---|---|---|---|---|---|
| 1 | 编号 | 名称 | 规格 | 成交价 | 成交量 | 成交总额 |
| 2 | 104801 | 冻白条肉 | GB-A0 | 5710 | 163 | |
| 3 | 104802 | 冻白条肉 | GB-A1 | 5730 | 134 | |
| 4 | 104803 | 冻白条肉 | GB-A2 | 5750 | 235 | |
| 5 | 104804 | 冻精肉 | GB-A3 | 5770 | 124 | |
| 6 | 104805 | 冻白条肉 | GB-A4 | 5790 | 135 | |
| 7 | 104806 | 冻腿肉 | GB-S1 | 6000 | 206 | |
| 8 | 104807 | 冻腿肉 | GB-S2 | 6030 | 263 | |
| 9 | 104808 | 冻腿肉 | GB-S3 | 6090 | 336 | |
| 10 | 104809 | 冻黄牛肉 | GB-N1 | 7210 | 163 | |
| 11 | 104810 | 冻黄牛肉 | GB-N2 | 7750 | 206 | |
| 12 | | | | | | |

图 5.22　某肉店进货表

**1. 循环引用**

成交价均增加 10% 就是 D2:D11 中的数据增加 10%,如果在 D2 单元格中输入"＝D2＋(D2 * 10%)",按回车键后,出现循环引用警告提示信息,如图 5.23 所示。

所谓循环引用,是指公式引用了自己所在的单元格,此处在 D2 单元格中输入的公式又引用了 D2 单元格。所以,此例的关键是如何避免循环引用。

图 5.23　循环引用警告提示信息

**2. 避免循环引用**

此例可以用下面的方法避免循环引用：

（1）在其他单元格输入此公式。如在 G2 单元格输入公式，再用自动填充柄向下拖动，就可求出所有肉价均增加 10% 的数据。

（2）肉价均增加 10% 的数据用选择性粘贴到肉价列（D 例）。采用复制 G2:G11，将其粘贴到 D2:D11 的方法，又会将单元格中的所有内容（数据、公式、格式等）粘贴到 D2:D11，还是要发生循环引用，因此粘贴时，要用选择性粘贴命令，只将其中的数据粘贴到 D2:D11。具体操作是：复制完成，选择目标区域 D2:D11，在"开始"→"剪贴板"选项组中单击"粘贴"下拉按钮，选择"粘贴数值"选项组中的按钮。

（3）在 F2 中输入公式"=D2 * E2"就可计算出第一项的成交总额，再用自动填充柄向下拖动后，即可求出各种肉的成交总额。

**3. 处理循环引用的其他方法**

1）查找循环引用

例 5-7 的循环引用比较明显，容易查找、处理。如果发生了循环引用而又难于查找循环引用的位置，可通过"公式"→"公式审核"选项组中的"错误检查"按钮右侧的箭头，从弹出的下拉列表中选择"循环引用"，可看到当前工作表中所有发生循环引用的位置，可逐一更正。

2）更改 Excel 迭代公式的次数使循环引用起作用

如果要保留循环引用，可启用迭代计算，并确定公式重新计算次数。操作如下：

在发生循环引用的工作表中，单击"文件"选项卡上的"选项"按钮，在"Excel 选项"对话框中选择"公式"选项，然后在"计算"选项区域中单击选中"启用迭代计算"复选框，并设置迭代次数和最大误差。

## 5.4.4　公式与函数常见问题

**1. 常见的错误信息及解决方法**

输入计算公式后，常常因为输入错误，使系统看不懂该公式，会在单元格中显示错误信息。例如，在进行数值运算的公式中引用了文本，删除了被公式引用的单元格等。

1）＃＃＃＃

＃＃＃＃表示单元格容纳不下要显示的字符，或者出现了负的日期和时间值。只要增加列宽就可解决。

2）＃DIV/0!

＃DIV/0!表示公式中使用了指向空白的单元格或为零值的单元格作除数时会显示该信息，应避免。

3）♯N/A

当某个值不允许被用于函数或公式但被其引用，显示该信息。

4）♯NAME?

♯NAME?表明无法识别公式中的文本，如区域名或函数名拼写错，或者删除了公式中使用的名称或使用了不存在的名称以及拼写、输入错误，改正即可。

5）♯NULL!

♯NULL!表示使用了不正确的区域运算或不正确的单元格引用，改正即可。

6）♯NUM!

♯NUM!表示在需要数字参数的函数中使用了不能接受的参数或公式产生的数字太大或太小，Excel 不能表示，改正即可。

7）♯REF!

♯REF!表示单元格引用无效。删除了由其他公式引用的单元格或将移动单元格粘贴到由其他公式引用的单元格中，改正即可。

8）♯VALUE!

♯VALUE!表示在需要数字或逻辑值时输入了文本，无法将文本转换为正确的数据类型，改正即可。

**2. 审核和更正公式中的错误**

1）打开或关闭错误检查规则

在"文件"选项卡上单击"选项"选项，在对话框左侧类别列表中单击"公式"选项，在"错误检查规则"区域中按照需要选中或清除某一检查规则的复选框，如图 5.24 所示。

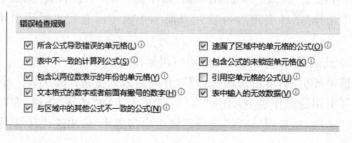

图 5.24　错误检查规则

2）检查并依次更正常见公式错误

选择要进行错误更正的工作表，在"公式"选项卡上的"公式审核"选项组中，单击"错误检查"按钮，自动对工作表中公式和函数进行检查。当找到错误时，会显示"错误检查"对话框。根据对话框的提示进行操作，逐一排除错误即可。

3）通过"监视窗口"监视公式及其结果

当表格较大，某些单元格在工作表上不可见时，可使用"监视窗口"监视公式及其结果。操作要点如下：

- 选择要监视的公式所在的单元格。在"开始"选项卡上的"编辑"选项组中，单击"查找和选择"按钮，从下拉列表中单击"公式"选项，可以选择当前工作表中所有包含公式的单元格。

- 在"公式"选项卡上的"公式审核"选项组中，单击"监视窗口"按钮，打开"监视窗口"对话框。单击对话框上的"添加监视"按钮，打开"添加监视点"对话框，其中显示已选中的单元格，可以重新选择监视单元格。
- 单击"添加监视点"对话框上的按钮，可将所选监视点显示在列表中。要定位"监视窗口"的监视点所引用的单元格，可双击该监视条目。如果要删除监视条目，在"监视"窗口选择监视点后，单击"删除监视"按钮。

## 5.5　快速生成一组工资表

员工工资簿中含有 12 个月工资（12 张工作表），每个月的基础数据和计算公式相同，是一组结构和基础数据相同的表格。用 Excel 快速处理这样的表格。

### 5.5.1　制作过程

该题要用对多张工作表进行成组操作的方法完成，该处用填充成组工作表的方法完成，具体操作如下。

**1. 建立 12 张工作表并输入基础数据**

建立 12 张工作表，并先输入 1 月工资表的基础数据，如图 5.25 所示，其余 11 张为空工作表。

图 5.25　工资表

**2. 对 1 月工资表中的数据格式化**

选择表中的数据区域 A3：M17，从"开始"→"样式"选项组中单击"套用表格格式"选择一个预置的表格样式，在弹出的对话框中选"包含表标题"复选框，单击"确定"按钮。再从随后的"表格工具设计"→"工具"选项组中单击"转换为区域"按钮，从打开的对话框中单击"是"按钮。

**3. 选定需填充的单元格区域及填充目标表**

在 1 月工资表中选定包含填充内容及格式的单元格区域 A1：M17，该区域的数据及格式将被填充到其他表中。再选定被填充的工作表，右击表标签"1月工资表"，从弹出的快捷菜单中选择"选定全部工作表"命令。

**4. 填充成组工作表**

在"开始"→"编辑"选项组中，单击"填充"按钮，从下拉列表中选择"成组工作表"命令，打开"填充成组工作表"对话框，如图 5.26 所示。选择"全部"单选按钮，单击"确定"按钮即可。

经过以上操作后，可观察到其他 11 张工作表也有了与"1月工资表"完全相同的数据和格式。

图 5.26　打开"填充成组工作表"对话框

## 5.5.2　同时对多张工作表进行操作

为快速处理一组结构和基础数据相同或相似的表格，Excel 2010 提供了"工作组"操作方法，允许同时对一组工作表进行相同的操作，如输入数据、修改格式等。

**1. 选择多张工作表**

对多张工作表进行相同的操作要首先选择多张工作表，选择方法有以下几种。

- 选择全部工作表：先在某张工作表标签上右击，从弹出的快捷菜单上选择"选定全部工作表"命令。
- 选择连续的多张工作表：在首张工作表标签上单击，按住 Shift 键不放，再在末张表的标签上单击。
- 选择不连续的多张工作表：在首张工作表标签上单击，按住 Ctrl 键不放，再依次单击要选的表标签。

当进行了多张工作表组合后，工作簿标题栏中的文件名之后将会增加"［工作组］"字样，如图 5.27 所示。

图 5.27　"工作组"标题栏

**2. 同时对多张工作表进行相同的操作**

同时对多张工作表进行操作的方法更简单，即同时选择多张工作表形成工作表组后，在其中一张表上做的任何操作都会同时出现在组中的其他表上。可用此方法完成上例 12 张表的其他数据输入和格式化。

## 5.5.3　工作簿基本操作

**1. 保存工作簿并为其设置密码**

单击"另存为"对话框左下角的"工具"按钮，从打开的下拉列表中选择"常规选项"选项，即可打开"常规选项"对话框，如图 5.28 所示。在该对话框中可设置打开权限密码、修改权限密码、建议只读。若要删除密码,只需再进入"常规选项"对话框,将密码设置为空即可。

**2. 保护工作簿的结构和窗口**

此种保护不能防止他人修改数据,仅能保护结构和窗口。操作方法是:打开需要保护的工作簿,在"审阅"→"更改"选项组中单击"保护工作簿"按钮,在打开的"保护结构和窗口"对话框中进行设置,如图 5.29 所示,其中:

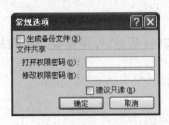

图 5.28 "常规选项"对话框

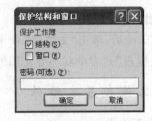

图 5.29 "保护结构和窗口"对话框

- 选中"结构"复选框,将阻止他人对该工作簿中的工作表的操作,包括查看已隐藏的工作表,移动、删除、隐藏工作表或更改工作表名,插入新工作表,将工作表移动或复制到另一工作簿中等。
- 选中"窗口"复选框:将阻止他人修改该工作簿窗口的大小、位置,包括移动窗口、调整窗口大小或关闭窗口等。
- 如果要防止他人取消工作簿保护,可在"密码(可选)"文本框中输入密码,使用密码自己一定要牢记,否则自己也无法再对结构和窗口进行修改。

**3. 工作簿的隐藏**

当打开多个工作簿后,可暂时隐藏其中的一个或几个工作簿,需要时再显示出来。操作方法是:选中需要隐藏的工作簿窗口,单击"视图"选项卡,在"窗口"选项组中单击"隐藏"按钮,当前窗口就被隐藏。若要取消隐藏,在"视图"选项卡的"窗口"选项组中单击"取消隐藏"按钮,在弹出的"取消隐藏"对话框中选择需要取消隐藏的工作簿名称,再单击"确定"按钮就可取消隐藏。

## 5.5.4 创建和使用工作簿模板

Excel 提供了大量内置模板可供选用,这些模板是一些常用的文本或数据,并进行了格式化,还可以包含公式和宏,当需要创建类似文件时,可以在此基础上进行修改,可快速完成常用文档的创作,Excel 2010 模板文件的扩展名为.xltx。如果内置模板不能满足需要时,还可以自己创建模板。

**1. 创建一个模板**

打开要作模板的工作簿,对工作簿中的内容进行调整修改,保留每个类似文件都有的公共项目,在"文件"选项卡上单击"另存为"按钮,在随后出现的对话框的"文件名"文本框中输入模板的名称,在"保存类型"下拉列表中选择"Excel 模板",(如果该工作簿中包含宏,则应选择"Excel 启用宏的模板"),单击"保存"按钮,新建模板将会自动存放在 Excel 的模板文件夹中以供调用。

**注意:** 在"另存为"对话框中不要改变文档的存放位置。

**2. 修改模板**

要对模板文件本身进行修改，应从"文件"选项卡上单击"打开"按钮，选择模板文件的存放位置，找到要编辑修改的模板文件名并对它进行修改。Excel 2010 默认的模板文件保存位置为：

C:\Users\[实际用户名]\AppData\Roaming\Microsoft\Templates\

**3. 使用自定义模板**

启动 Excel 后，单击"文件"选项卡上的"新建"按钮，单击"可用模板"→"我的模板"选项，在"个人模板"列表中双击要使用的模板。

## 5.5.5 工作表基本操作

**1. 插入工作表**

一个空白的工作簿在默认情况下有 3 张工作表，增加工作表的方法有以下几种：

- 单击工作表标签右边的"插入工作表"按钮，可在最右边插入一张空白工作表。
- 右击工作表标签，在弹出的快捷菜单中选择"插入"命令。
- 在"开始"→"单元格"选项组中单击"插入"按钮下的黑色箭头，从打开的下拉列表中单击"插入工作表"选项。

**2. 对工作表的其他操作**

对工作表的操作有删除工作表、改变工作表的名称、设置工作表标签颜色、移动或复制工作表、显示或隐藏工作表等，这些操作都可以通过对工作表右击鼠标，从弹出的快捷菜单中选择相应的命令完成，还可以在"开始"→"单元格"选项组中单击"格式"列表，从中选择相应的命令完成。

**3. 工作表的保护与取消保护**

保护整个工作表，使任何一个单元格都不允许更改。操作如下：

单击需要保护的工作表标签，在"审阅"→"更改"选项组中选择"保护工作表"按钮，打开如图 5.30 所示的"保护工作表"对话框。进行设定后，输入密码即可。

要取消保护，在"审阅"→"更改"选项组中选择"撤销工作表保护"按钮，回答密码即可撤销保护。

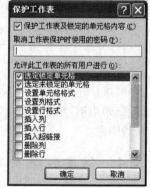

图 5.30 "保护工作表"
对话框

## 5.5.6 工作窗口的视图控制

本节介绍"视图"选项卡的"窗口"选项组中的相关命令。

**1. 多窗口显示与切换**

Excel 可以对打开的多个工作簿窗口或者对一个大表中划分出的多个窗口进行排列及切换，以便比较及引用。

- 定义窗口：打开要划分窗口的工作簿，在工作表中选择要划分为一个窗口的区域，在"视图"→"窗口"选项组中选择"新建窗口"命令，被选定的区域即会显示在一个新的窗口中。

- 切换窗口：当打开多个工作簿，或者在工作表中定义了多个窗口后，在"视图"→"窗口"选项组中选择"切换窗口"命令，在打开的下拉列表中将显示所有窗口名称，单击其中的窗口名称，可切换到该窗口。
- 并排比较：用于按上下排列的方式比较两个工作窗口中的内容。首先切换到一个待比较的窗口中，然后在"视图"→"窗口"选项组中选择"并排查看"命令，打开"并排查看"对话框，从中选择另一个用于比较的窗口，单击"确定"按钮，两个窗口将并排显示。默认情况下，操作一个窗口的滚动条，另一个窗口将会同步显示。在"视图"→"窗口"选项组中，单击"同步滚动"命令，可取消两个窗口的联动，再次单击"并排查看"命令可取消并排比较。
- 全部重排：要想同时查看所有打开的窗口，可在"视图"→"窗口"选项组中，单击"全部重排"命令，从"重排窗口"对话框中选择排列方式，如果选择"当前活动工作簿"则只对当前工作簿中已划分的窗口进行排列。
- 隐藏窗口：切换到要隐藏的窗口，在"视图"→"窗口"选项组中，单击"隐藏"即可，如要取消隐藏，可单击"窗口"选项组中的"取消隐藏"命令，从打开的对话框中选择需要取消隐藏的窗口名称即可。

**2. 冻结窗口**

如果一个工作表超长超宽，操作滚动条查看超出窗口大小的数据时，就会看不到行列标题，可能无法分清某行某列的含义。这时可以通过冻结窗口来锁定行列标题不随滚动条滚动。

在工作表中的某个单元中单击，该单元格上方的行和左侧的列将在锁定范围内，然后在"视图"→"窗口"选项组中单击"冻结窗口"按钮，从打开的下拉列表中选择"冻结拆分窗格"命令，当前单元格上方的行和左侧的列始终保持可见，不会随着操作滚动条而消失。

**3. 拆分窗口**

在工作表中的某个单元中单击鼠标，在"视图"→"窗口"选项组中，单击"拆分"按钮，将以当前单元格为坐标，将当前窗口拆分为 4 个，每个窗口中均可以进行编辑。要取消窗口拆分效果，可再次单击"拆分"按钮。

**4. 窗口缩放**

通过"视图"→"显示比例"组，可对当前窗口的显示进行缩放设置，其中：

- 显示比例——可以自由选定一个显示比例。
- 缩放到选定区域——选择某一个区域，单击该按钮，窗口中恰好显示选定的区域。
- 100%——可恢复到正常大小的显示比例。

# 5.6　迷你图及图表

图表是以图形形式来显示数值数据系列，是解释和展示数据的重要方式。以图表的形式显示数据，使得数据更能直观、形象地反映数据的变化规律和发展趋势，便于领导和有关部门做决策分析。在 Excel 的低版本中都有图表，迷你图是 Excel 2010 新增的功能。

### 5.6.1 创建历年利润迷你图

如图 5.31 所示是某公司近几年的利润统计表,请在 H4:H6 单元格插入迷你趋势图,以便观察近几年的收入、成本、净利润的变化趋势。

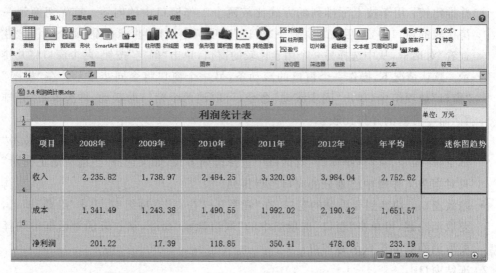

图 5.31　利润统计表

#### 1. 制作过程

(1) 选择要插入迷你图的单元格。

要插入迷你图,首先要选择要插入迷你图的单元格,此例单击 H4 单元格,

(2) 选择要插入的图形。

在"插入"→"迷你图"选项组中单击选择迷你图类型。可选的类型有"折线图"、"柱形图"和"盈亏图",此例单击"折线图",打开"创建迷你图"对话框,如图 5.32 所示。

(3) 在"创建迷你图"对话框中确定作图的数据范围以及放置迷你图的位置。

在"数据范围"框中输入迷你图所基于的数据单元格区域,此处选 B4:F4,即迷你图要反映 2008 至 2012

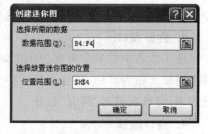

图 5.32　"创建迷你图"对话框

年的收入趋势,位置为"＄H＄4",单击"确定"按钮,迷你图已插入到指定单元格中,如图 5.33 所示。

图 5.33　迷你图

**2. 编辑迷你图**

1) 改变迷你图类型

在工作表上选择某个已创建的迷你图时,功能区将出现"迷你图工具设计"选项卡,单击该选项卡,将会出现迷你图设计工具,如图5.34所示,通过这些设计工具可以创建新的迷你图,更改其类型,设置格式,显示或隐藏折线迷你图上的数据点,或者设置迷你图组中的垂直轴的格式。

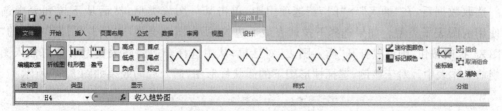

图5.34 迷你图设计工具

在该例中是通过填充柄的方式自动生成的系列迷你图,所以默认情况下这组图自动组合成一个图组。要改变其中的某一个图类型,就必须首先取消组合。选中系列图组的范围,此例为H4:H6,在"迷你图工具设计"选项卡的"分组"选项组中,单击"取消分组"按钮,即撤销图组合。单击要改变类型的迷你图,如H5,单击类型组中的想改变成的类型,如"柱形图",即可将H5改变成迷你柱形图。

2) 突出显示数据点

选择需要突出显示数据点的迷你图,如H6单元格,在"迷你图工具设计"→"显示"选项组中,单击相应的复选框即可进行设置。

3) 设置迷你图样式和颜色

选择需要突出显示数据点的迷你图,如H6单元格,在"迷你图工具设计"→"样式"选项组中,单击相应的某个样式或通过该组右下角的"其他"按钮选择已定义的样式。也可以通过"样式"选项组中的"迷你图颜色"按钮、"标记颜色"按钮进行自定义。

4) 清除迷你图

单击要清除的单元格,在"迷你图工具设计"选项卡的"分组"选项组中,单击清除按钮。

**3. 迷你图的特点与作用**

迷你图是Excel 2010版本的一个新功能,它是一个嵌入在单元格中的微型图,可以在单元格中输入文本并使用迷你图作为背景。

迷你图可以显示一系列数值的趋势,例如季节性增加减少,经济周期等,通过迷你图,可以一眼看出数据的分布形态。且迷你图只需占用少量的空间。

当数据发生变化时,可以立即在迷你图中看到相应的变化。打印包含迷你图的工作表时,迷你图也会同时打印。

## 5.6.2 创建5位同学的各科成绩的柱形图

迷你图是嵌入在单元格中的微型图,而图表是表格中的嵌入对象,类型更丰富、创建更灵活、功能更全面、作用更强大。

根据5.3节创建的学生成绩表数据,创建前5位同学的各科成绩的柱形图。

**1. 制作过程**

1）选取数据

图表是数值数据的图形化，根据要求，正确、完整地选择数据区域是非常重要的，否则得不到正确的图表。在如图 5.14 所示的学生成绩表中选 B2：F7，即选择了姓名以及各科成绩。

2）插入图表

选取数据后，在"插入"→"图表"选项组中，单击某一图表类型，然后从下拉列表中选择要使用的图表子类型。如果选择下拉列表最下边的"所有图表类型"或单击"图表"右侧的"创建图表"扩展按钮，则可以打开"插入图表"对话框，从中选择合适的图表类型后即可插入图表到当前工作表中。对于该例，选择柱形图下的簇状柱形图，插入后的效果如图 5.35 所示。

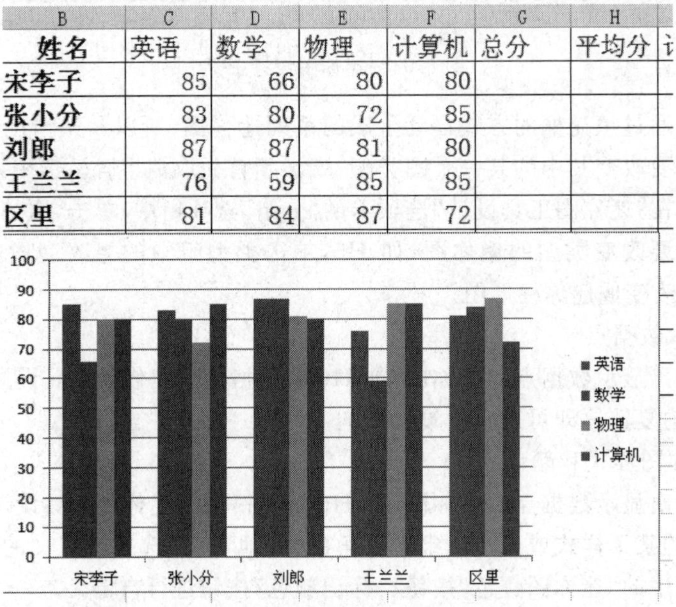

| B | C | D | E | F | G | H | |
|---|---|---|---|---|---|---|---|
| 姓名 | 英语 | 数学 | 物理 | 计算机 | 总分 | 平均分 | 讠 |
| 宋李子 | 85 | 66 | 80 | 80 | | | |
| 张小分 | 83 | 80 | 72 | 85 | | | |
| 刘郎 | 87 | 87 | 81 | 80 | | | |
| 王兰兰 | 76 | 59 | 85 | 85 | | | |
| 区里 | 81 | 84 | 87 | 72 | | | |

图 5.35　插入柱形图

**2. 图表类型**

Excel 提供以下几大类图表，每个大类下又包含若干子类型，如图 5.36 所示。

- 柱形图：用于显示一段时间内的数据变化或说明各项之间的比较情况。通常横坐标表示类别，纵坐标表示数值。如在成绩表中用柱形图表示各位同学的数学成绩。

- 条形图：表示各持续数据之间的比较情况。

- 折线图：显示随时间变化的连续数据，如表示某同学大学四年的英语成绩。

- 饼图：显示一个数据系列中各项数值的大小，各项数据占总和的比例。如用来表示某商店各类商品的销售额与总销售额的比例。

- 圆环图：像饼图一样，用于显示各个部分与整体之间的关系，但它可以包含多个数据系列。

- 面积图：表示数值随时间或其他类别数据变化的趋势线。强调数量随时间变化的程度，可引起人们对总值趋势的注意。

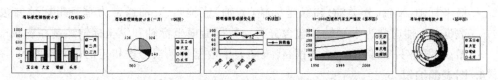

图 5.36　柱形图、饼图、折线图、面积图、圆环图

- 雷达图：如图 5.37 所示，用于比较几个数据系列的聚和值。如可以用雷达图直观地反映某考生各个部分（Word、Excel 等）的信息处理操作能力以及总体的信息处理操作水平。比较个体的多个数据系列与多个数据系列组成的总和比较。

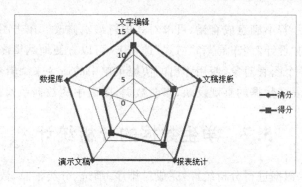

图 5.37　雷达图

### 3. 图表的基本组成

图表由许多元素组成，默认情况下某类图表只显示其中的部分元素，其他元素根据需要添加。可以移动图表元素、调整图表元素的大小或者更改其格式，还可以删除不希望显示的图表元素。图表的元素如图 5.38 所示。

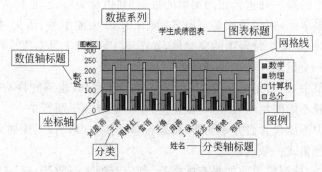

图 5.38　图表的组成要素

- 图表区：包含整个图表及全部元素。
- 绘图区：通过坐标轴来界定的区域，包括所有数据系列、分类名、刻度线标志和坐标轴标题等。
- 数据系列和数据点：数据系列是在图表中绘制的相关数据，这些数据源自数据表的行或列。每个数据系列具有唯一的颜色或图案且在图表的图例中表示。根据图表类型的不同，会有一个或多个数据系列，饼图只有一个数据系列。数据点是在图表中绘制的单个值，相同颜色的数据点组成一个数据系列。

- 横坐标轴(X 轴、分类轴)和纵坐标轴(Y 轴、值轴):Y 轴通常为垂直坐标轴并包含数据;X 轴通常为水平轴并包含分类。数据沿横坐标轴和纵坐标轴绘制在图表中。
- 图表的图例:图例是一个方框,代表图表中数据系列或分类指定的图案或颜色。

**4. 图表的编辑**

1)将图表移动到单独的工作表中

如果要将图表发到单独的工作表上,激活图表后,功能区会显示"图表工具"下的"设计"、"布局"和"格式"选项卡,单击"设计"→"位置"选项组的"移动图表"按钮,打开相应的对话框,选择新工作表按钮,输入新工作表名,就可移动图表到单独的工作表上。

2)编辑图表

图表创建完成后,若不满意或有错,可以对其进行编辑修改。单击图表会自动使功能区显示"图表工具"下的"设计"、"布局"和"格式"选项卡,可以方便地编辑修改整个图表。也可以右击图表区中的各个图表对象,使用弹出的快捷菜单中的命令来编辑修改单个图表对象。

特别要注意,图表是数据的直观反映,修改数据,图表中的数据系列将会发生变化。

# 5.7　学生数据的分析统计

本节通过对学生数据进行分析统计,完成对排序、筛选、分类汇总、数据透视表和数据透视图以及模拟运算的理解和掌握。由于分析统计任务较多,本节通过若干例子分别完成。

要完成数据分析统计工作,数据表必须满足一定的规则,也称为数据列表规则或数据清单规则,这些规则是:

- 数据列表是工作表中由行和列组成的数据记录的集合,是一个矩形的、连续的单元格区域,也是一张二维表,如图 5.40 中的单元格区域 A3:H9。
- 数据清单中的每一列包含相同类型的数据,列也称为字段,是构成记录的、不可再分的基本数据单元,列标题就是字段名,如图 5.40 中的学号、语文、数学等;每一行就是一个记录,是某个特定项的完整值,如图 5.40 中与学号 C120101 有关的所有字段值构成了一个记录。
- 在数据清单中,列名是唯一的,不允许有空行和空列,也不允许有完全相同的两行,列标题一般不能使用纯数字,不能重复,也不能分置于两行中。
- 数据列表中不能包含合并单元格,标题行单元格中(列名)不能插入斜线表头。每一列中的数据格式一般应该统一。
- 在工作表中,数据清单前如果有标题行,则应与列名行隔开一行或多行,不要在一张工作表上放置多份数据清单。

本节所介绍的操作主要通过"数据"选项卡完成。

## 5.7.1　合并计算

合并计算就是将若干张数据格式相同或相似的表合并计算为一张大表,这张大表也称主表。当合并计算执行分类合并操作时,会将不同的行或列的数据根据标题进行分类合并。相同标题的合并成一条记录、不同标题的则形成多条记录。最后形成的结果表中包含了数据源表中所有的行标题或列标题。合并计算的功能如图 5.39 所示,图中左边的两张表是合并前的表，最右边的表是合并后的表(主表)。

| | A | B | C |
|---|---|---|---|
| 1 | 城市 | 数量 | 金额 |
| 2 | 北京 | 100 | 2000 |
| 3 | 上海 | 130 | 2500 |
| 4 | 天津 | 150 | 2800 |
| 5 | 南京 | 200 | 3000 |

| | A | B | C |
|---|---|---|---|
| 1 | 城市 | 数量 | 金额 |
| 2 | 南京 | 100 | 2000 |
| 3 | 上海 | 130 | 2500 |
| 4 | 天津 | 150 | 2800 |
| 5 | 北京 | 200 | 3000 |

| | A | B | C |
|---|---|---|---|
| 1 | | 数量 | 金额 |
| 2 | 北京 | 300 | 5000 |
| 3 | 上海 | 260 | 5000 |
| 4 | 天津 | 300 | 5600 |
| 5 | 南京 | 300 | 5000 |

图 5.39 合并计算功能示意

合并计算的操作要点如下：

**1. 光标定位在主工作表数据区的起始位置中**

打开要进行合并计算的工作簿，切换到要放置合并数据的主工作表中，在要显示合并数据的单元格区域中，单击左上方的单元格。

**2. 打开“合并计算”对话框**

在“数据”→“数据工具”选项组中，单击“合并计算”按钮，打开“合并计算”对话框。

**3. 完成“合并计算”对话框中的选择**

- 在打开的“合并计算”对话框中，选择汇总函数，合并计算的计算方式默认为求和，但也可选择为计数、平均值等其他计算方式。
- 在引用位置中，选择要进行合并计算的工作表中的区域，单击“添加”按钮，选定的合并计算区域显示在“所有引用位置”的列表框中。
- 重复以上步骤，添加其他要合并的数据。
- 在“标签位置”组下，按照需要选中表示标签在源数据区域中所在位置的复选框，可以只选一个，也可以两者都选。当需要根据列标题进行分类合并计算时，则选取“首行”选项，当需要根据行标题进行分类合并计算时，则选取“最左列”选项，如果需要同时根据列标题和行标题进行分类合并计算时，则同时选取“首行”选项和“最左列”选项，但所生成的合并结果表会缺失第一列的列标题。一般情况下，只有当包含数据的工作表位于另一个工作簿中时才选择“创建指向源数据的链接”复选框，以便合并数据能够在另一个工作簿中的数据源发生变化时自动更新。单击“确定”按钮，完成数据合并。
- 对数据表修改完善，如在主表中写入第一列的列标题等。

**例 5-8** 现有一个工作簿，其中有 3 个工作表是 3 个班的成绩，还有全年级成绩工作表等，如图 5.40 所示，要求用合并计算功能将 3 个班的成绩合并到“全年级”(该工作表合并前无数据)一个工作表(主表)中，以便进行全年级成绩的分析统计。

(1) 打开要进行合并计算的工作簿，在工作表“全年级”中单击 A3 单元格。

(2) 在“数据”→“数据工具”选项组中，单击“合并计算”按钮，打开“合并计算”对话框，如图 5.41 所示。

(3) 在“合并计算”对话框中，选择汇总函数为“求和”。

(4) 在引用位置中选择工作表标签“电子(1)班”，选择其中的单元格区域 A3:H9。

(5) 单击“添加”按钮，依次添加工作表“电子(2)班”中的单元格区域 A3:H9 和工作表“电子(3)班”中的单元格区域 A3:H9。

(6) 在“标签位置”选项组中选中“首行”和“最左列”两个复选框。单击“确定”按钮，完成合并计算。

图 5.40　需要合并计算的工作簿

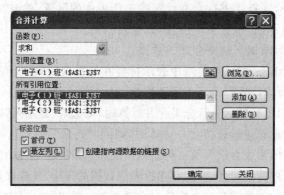

图 5.41　"合并计算"对话框

下面的工作是完善主表：

（7）在 A3 单元格输入"学号"，在学号列后插入一个空列，用于存放姓名，该列现为 B 列，在 B3 单元格输入"姓名"，作为字段名。

（8）选中 B4:B19 区域，右击，从快捷菜单中选择"设置单元格格式"命令，在弹出的对话框中选择"数字"→"常规"选项。

（9）在 B4 单元格输入函数：＝VLOOKUP(A4,电子系学生档案表! A2:B19,2)取电子系学生档案表(该表中 A 列为学号，B 列为姓名，C 列为班级)中的姓名数据到主表中，并用自动填充柄拖动，求出所有学生的姓名。

（10）参照（7）和（8）步，再插入一个列，用于存放"班级"数据。插入后，此列为 C 列。

（11）在 C4 单元格输入公式：＝IF(MID(A4,4,2)＝"01","1 班",IF(MID(A4,4,2)＝"02","2 班","3 班"))取电子系学生档案表中的班级数据到主表中。

这样就完成了合并计算操作，如图 5.42 所示。在主表中可用函数完成全年级每位同学的总分和平均分的计算。

| 学号 | 姓名 | 班级 | 语文 | 数学 | 英语 | 计算机 | 物理 | 化学 | 政治 | |
|---|---|---|---|---|---|---|---|---|---|---|
| | | | | 电子系全年级第一学期期末成绩单 | | | | | | |
| C120101 | 曾令煊 | 1班 | 97.50 | 106.00 | 108.00 | 98.00 | 99.00 | 99.00 | 96.00 | |
| C120102 | 郭晶晶 | 1班 | 110.00 | 95.00 | 98.00 | 99.00 | 93.00 | 93.00 | 92.00 | |
| C120103 | 侯小文 | 1班 | 95.00 | 85.00 | 99.00 | 98.00 | 92.00 | 92.00 | 88.00 | |
| C120104 | 宋子文 | 1班 | 102.00 | 116.00 | 113.00 | 78.00 | 88.00 | 86.00 | 73.00 | |
| C120105 | 王清华 | 1班 | 88.00 | 98.00 | 101.00 | 89.00 | 73.00 | 95.00 | 91.00 | |
| C120106 | 张杰 | 1班 | 90.00 | 111.00 | 116.00 | 72.00 | 95.00 | 93.00 | 95.00 | |
| C120201 | 曾晓军 | 2班 | 93.50 | 107.00 | 96.00 | 100.00 | 93.00 | 92.00 | 93.00 | |
| C120202 | 齐小娟 | 2班 | 86.00 | 107.00 | 89.00 | 88.00 | 92.00 | 88.00 | 89.00 | |
| C120203 | 孙如红 | 2班 | 93.00 | 99.00 | 92.00 | 86.00 | 86.00 | 73.00 | 92.00 | |
| C120204 | 陈家格 | 2班 | 95.50 | 92.00 | 96.00 | 84.00 | 95.00 | 91.00 | 92.00 | |
| C120205 | 李梦飞 | 2班 | 103.50 | 105.00 | 105.00 | 93.00 | 93.00 | 90.00 | 86.00 | |
| C120206 | 杜兰儿 | 2班 | 100.50 | 103.00 | 104.00 | 88.00 | 89.00 | 78.00 | 90.00 | |
| C120301 | 苏三强 | 3班 | 99.00 | 98.00 | 101.00 | 95.00 | 91.00 | 95.00 | 78.00 | |
| C120302 | 张乖乖 | 3班 | 78.00 | 95.00 | 94.00 | 82.00 | 90.00 | 93.00 | 84.00 | |

电子（1）班 电子（2）班 电子（3）班 全年级 电子系学生档案表

图 5.42　合并计算效果

此例并没有做任何计算，只是将 3 张表的数据放到一张大表中，因为是根据学号分类合并计算总和，而学号是唯一的，不存在求和的问题。

## 5.7.2　排序

可以对一列或多列中的文本、数值、日期和时间按升序或降序排列。还可以按自定义序列、格式（包括单元格颜色字体颜色等）进行排序。对列排序时，隐藏的列将不参与排序，因此在排序前应先取消隐藏的列。

**1. 对一列快速排序**

先单击要排序的列的某个单元格，如"总分"所在的单元格 K3，在"数据"→"排序和筛选"选项组中选择排序方式，即选择 （升序）或 （降序）按钮。此处选降序按钮，总分就能按由高到低排序。

排序依据的数据列中的数据格式不同，排序方式不同，其中：

- 对文本进行排序，则按字母顺序从 A 到 Z 为升序，从 Z 到 A 为降序。
- 对数字进行排序，则按数字从小到大是升序，从大到小是降序。
- 对日期和时间进行排序，则按从早到晚为升序，从晚到早为降序。

**2. 复杂多条件排序**

可以按多条件排序，即按多列进行排序。

**例 5-9**　在总分相同的情况下，语文成绩高的排名靠前。

先单击要排序的数据区域中的某个单元格。

（1）在"数据"→"排序和筛选"选项组中，单击"排序"按钮，打开"排序"对话框，如图 5.43 所示。

（2）在对话框中，通过对主要关键字、次要关键字进行相应的设置，就能完成多级排序，需要几级就设置几个关键字。在设置完主关键字后，单击"添加条件"按钮，条件列表中就填加一行,依次指定排序依据和次序。

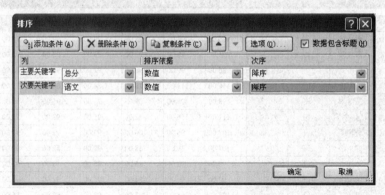

图 5.43 "排序"对话框

**3. 按自定义列表进行排序**

还可以按用户自定义列表的顺序进行排序。不过,只能基于数据(文本、数字以及日期或时间)创建自定义列表。

首先要通过"文件"选项卡中的"选项"、"高级"、"常规"、"编辑自定义列表"按钮创建一个自定义序列,如 5.2 节所述。然后,在"数据"→"排序和筛选"选项组中,单击"排序"按钮,打开"排序"对话框,在排序条件的"次序"列表中选择"自定义序列"选项,在打开的"自定义序列"对话框中选择自定义序列即可。

## 5.7.3 筛选

筛选是将数据清单中不满足条件的记录在工作表中隐藏起来,只显示满足条件的数据,并不删除隐藏的记录。筛选条件可以是数值或文本,可以是单元格颜色,还可以根据需要构建复杂条件实现高级筛选。

**1. 自动筛选**

自动筛选是对整个数据清单操作,可以方便快速地查找和使用数据列表中数据的子集,筛选结果将在原有数据区域显示。

将光标定位在数据清单中,在"数据"→"排序和筛选"选项组中,单击"筛选"按钮,进入到自动筛选状态,这时列标题旁会自动加上筛选箭头,单击某列的筛选箭头打开下拉列表框,框中列出了当前列中包含的所有值。当列中数据为文本时,显示"文本筛选"命令,当列中数据为数值时显示"数字筛选"命令,如图 5.44 所示。

可以用下列方式给出搜索或要显示的数据:

- 可以直接在"搜索"框中输入要搜索的文本或数字,可以输入通配符星号"﹡"或"?"号。
- 在"搜索"下方的列表中指定要搜索的数据:单击"全选"取消对该列复选框的选择,即删除所有复选框的选中标记,然后仅单击希望显示的值。
- 按指定条件筛选数据,将光标指向"数字筛选"或"文本筛选"命令,通过随后弹出的子菜单设置条件。单击最下边的"自定义筛选"命令,将会打开"自定义自动筛选方式"对话框,如图 5.45 所示,在其中设定筛选条件即可。

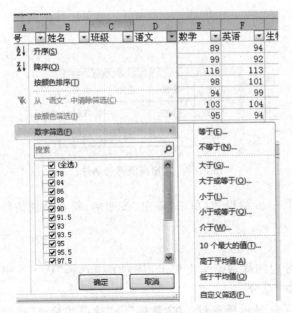

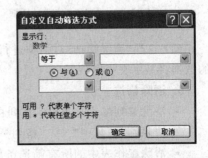

图 5.44 "数字筛选"命令      图 5.45 "自定义自动筛选方式"对话框

**例 5-10**　在成绩表中要筛选全年级总分前 8 名中 1 班有几名。

（1）单击成绩表的任意单元格，在"数据"→"排序和筛选"选项组中选择"筛选"命令。

（2）首先要选择全年级前 8 名，单击总分旁边的筛选箭头，从"数字筛选"子菜单中选择"10 个最大值"命令，在打开的对话框中将 10 改为 8。

（3）然后从筛选出的前 8 名中，筛选出 1 班的学生，单击"班级"旁边的筛选箭头，从"文本筛选"子菜单中先取消"全部"复选框，然后再选中"1 班"复选框。

**2. 高级筛选**

高级筛选是通过构建复杂条件实现，是对多个字段选择的条件取逻辑与或逻辑或的关系。进行高级筛选前，要在数据清单之外建立一个条件区域，高级筛选的复杂条件中可以像在公式中那样使用比较运算符比较两个值。

可以在数据区外，或者在一个空白工作表中创建条件区，条件区域至少有两行，首行输入字段名，其余行输入筛选条件，同一行的条件的关系为逻辑与，不同行的条件的关系为逻辑或。

条件区域建好后，单击要进行筛选的数据区域，在"数据"→"排序和筛选"选项组中，单击"高级"按钮，打开"高级筛选"对话框，如图 5.46 所示，对其中进行列表区域、条件区域等一系列设置后，便可快速得到所需的结果。

**例 5-11**　在全年级学生成绩单中筛选 1 班数学高于 100 分且总分高于 650 分，以及 3 班语文高于 95 分且总分高于 620 分的学生。

（1）新建"筛选条件"表，在该表中的 A1:D3 单元格创建筛选条件如图 5.47 所示。注意，班级列中的"＝1 班"在编辑栏中是公式"＝"＝1 班""。

（2）单击"期末成绩"表数据区的任意单元格，在"数据"→"排序和筛选"选项组中，单击"高级"按钮。

图 5.46 "高级筛选"对话框

| 班级 | 数学 | 语文 | 总分 |
|------|------|------|------|
| =1班 | >100 | | >650 |
| =3班 | | >95 | >620 |

图 5.47 构建高级筛选条件

(3) 打开"高级筛选"对话框进行如图 5.46 的设置,单击"确定"按钮后,符合筛选条件的数据将显示在指定位置。

**3. 清除筛选**

- 清除某列的筛选条件:在列标题旁边的筛选箭头上单击,从列表中选择"从××中清除筛选"其中"××"指列标题,如"总分"。
- 清除工作表中的所有筛选条件并重新显示所有行:在"数据"→"排序和筛选"选项组中,单击"清除"按钮。
- 退出自动筛选状态:选中在已处于自动筛选状态的数据列表中的任意位置,在"数据"→"排序和筛选"选项组中,单击"筛选"按钮。

### 5.7.4 分类汇总

分类汇总就是对数据清单按某一个字段进行分类,即对该字段进行排序,分类字段值相同的归为一类,对应的记录在表中连续存放,其他字段可按分好的类统一进行汇总运算,如求和、求平均、计数、求最大等。

**1. 插入分类汇总**

分类汇总要考虑三个问题:要分类的字段、汇总的方式、哪些字段要汇总。

**例 5-12** 在"期末成绩"工作表中,用分类汇总求出每个班各科成绩的平均成绩。

该题中要分类的字段是班级,汇总的方式是求平均,要汇总的字段是所有科目。具体操作如下:

(1) 首先对分类字段排序,升序、降序均可。在该例中对班级升序排序。

(2) 单击要分类汇总的数据区域任意单元格,在"数据"→"分级显示"选项组中,单击"分类汇总"按钮,打开"分类汇总"对话框,如图 5.48 所示。

(3) 对话框中设置分类字段为"班级"、汇总方式为"平均值"、汇总项为所有科目,即选中语文、数学等所有科目字段名前的复选框,单击"确定"按钮,即显示分类汇总结果,如图 5.49 所示。

对数据清单还可以进行多次分类汇总操作,但每次只能按一种汇总方式汇总。例如,要在图 5.49 的分类汇总的

图 5.48 "分类汇总"对话框

基础上再按班级进行分类汇总,汇总字段是总分,汇总方式是求最大值。若要保留多次汇总的结果,应在"分类汇总"对话框中取消选中"替换当前分类汇总"复选框。

**2. 分级显示**

对数据清单进行分类汇总后,在行号的左侧会出现分级显示按钮,如图 5.49 所示。分级显示按钮用于显示或隐藏某些明细数据。单击分级显示按钮 1,仅显示总和与列名;单击分级显示按钮 2,仅显示总和、分类总和与列名;单击分级显示按钮 3,显示全部。

| | 学号 | 姓名 | 班级 | 语文 | 数学 | 英语 | 计算机 | 物理 | 化学 | 政治 |
|---|---|---|---|---|---|---|---|---|---|---|
| 3 | C120101 | 曾令煊 | 1班 | 97.50 | 106.00 | 108.00 | 98.00 | 99.00 | 99.00 | 96.00 |
| 4 | C120102 | 郭晶晶 | 1班 | 110.00 | 95.00 | 98.00 | 99.00 | 93.00 | 93.00 | 92.00 |
| 5 | C120103 | 侯小文 | 1班 | 95.00 | 85.00 | 99.00 | 98.00 | 92.00 | 92.00 | 88.00 |
| 6 | C120104 | 宋子文 | 1班 | 102.00 | 116.00 | 113.00 | 78.00 | 88.00 | 86.00 | 73.00 |
| 7 | C120105 | 王清华 | 1班 | 88.00 | 98.00 | 101.00 | 89.00 | 73.00 | 95.00 | 91.00 |
| 8 | C120106 | 张杰 | 1班 | 90.00 | 111.00 | 116.00 | 72.00 | 95.00 | 93.00 | 95.00 |
| 9 | | | 1班 平均值 | | 101.83 | 105.83 | 89.00 | 90.00 | 90.00 | 93.00 | 89.17 |
| 10 | C120201 | 曾晓军 | 2班 | 93.50 | 107.00 | 96.00 | 100.00 | 93.00 | 92.00 | 93.00 |
| 11 | C120202 | 齐小娟 | 2班 | 86.00 | 107.00 | 89.00 | 88.00 | 92.00 | 88.00 | 89.00 |
| 12 | C120203 | 孙如红 | 2班 | 93.00 | 99.00 | 92.00 | 86.00 | 86.00 | 73.00 | 92.00 |
| 13 | C120204 | 陈家洛 | 2班 | 95.50 | 92.00 | 96.00 | 84.00 | 95.00 | 91.00 | 92.00 |
| 14 | C120205 | 李梦飞 | 2班 | 103.50 | 105.00 | 105.00 | 93.00 | 93.00 | 90.00 | 86.00 |
| 15 | C120206 | 杜兰儿 | 2班 | 100.50 | 103.00 | 104.00 | 88.00 | 89.00 | 78.00 | 90.00 |
| 16 | | | 2班 平均值 | | 102.17 | 97.00 | 89.83 | 91.33 | 85.33 | 90.33 |
| 17 | C120301 | 苏三强 | 3班 | 99.00 | 98.00 | 101.00 | 95.00 | 91.00 | 95.00 | 78.00 |
| 18 | C120302 | 张乖乖 | 3班 | 78.00 | 95.00 | 94.00 | 82.00 | 90.00 | 93.00 | 84.00 |

电子(1)班　电子(2)班　电子(3)班　全年级　电子系学生档案表

图 5.49　分类汇总示例

**3. 删除分类汇总**

当要删除工作表中分类汇总的结果时,先将光标置于数据清单中,然后在打开的"分类汇总"对话框中,单击"全部删除"按钮即可。

## 5.7.5　数据透视表

分类汇总只能按一个分类字段进行多次汇总,每次汇总只能按一种汇总方式进行运算。若要按多个分类字段进行多种分类汇总,需要使用数据透视表来完成。

数据透视表是一种可以快速汇总大量数据的交互式方法,是一个产生于源数据的动态总结报告。源数据可以是数据列表,也可以是一个外部文件,但源数据中必须包括数值型和文本型两种数据。数值型数据用于总结计算,文本型数据用于描述数据。

数据透视表可以把大量的行和列的数据字转变成有意义的数据表示,以方便对数值型数据进行深入分析。

**1. 创建一个数据透视表**

**例 5-13**　有一张学生勤工俭学情况统计表,如图 5.50 所示。要汇总每个班级每个时间段的全部商品的销售额,同时在数据表的最上方添加用于筛选商品的报表字段,做好的数据透视表如图 5.51 所示。

A1 电子系2012级勤工俭学销售情况统计表

| 电子系2012级勤工俭学销售情况统计表 | | | | | |
|---|---|---|---|---|---|
| 班级 | 商品名称 | 时间 | 销售量（件） | 销售额（元） | 利润 |
| 电子（1)班 | 文具 | 暑期 | 612 | 12,331.80 | |
| 电子（1)班 | 文具 | 寒假 | 302 | 6,085.30 | |
| 电子（1)班 | 文具 | 平时 | 411 | 8,281.65 | |
| 电子（1)班 | 运动服 | 暑期 | 303 | 24,240.00 | |
| 电子（1)班 | 运动服 | 寒假 | 102 | 8,160.00 | |
| 电子（1)班 | 运动服 | 平时 | 309 | 24,720.00 | |
| 电子（1)班 | 纪念品 | 暑期 | 1,001 | 10,240.23 | |
| 电子（1)班 | 纪念品 | 寒假 | 415 | 4,245.45 | |
| 电子（1)班 | 纪念品 | 平时 | 808 | 8,265.84 | |
| 电子（1)班 | 电子产品 | 暑期 | 1,203 | 64,962.00 | |
| 电子（1)班 | 电子产品 | 寒假 | 504 | 27,216.00 | |
| 电子（1)班 | 电子产品 | 平时 | 707 | 38,178.00 | |
| 电子（2)班 | 文具 | 暑期 | 680 | 13,702.00 | |
| 电子（2)班 | 文具 | 寒假 | 315 | 6,347.25 | |
| 电子（2)班 | 文具 | 平时 | 432 | 8,704.80 | |
| 电子（2)班 | 运动服 | 暑期 | 312 | 24,960.00 | |
| 电子（2)班 | 运动服 | 寒假 | 125 | 10,000.00 | |
| 电子（2)班 | 运动服 | 平时 | 307 | 24,560.00 | |

数据透视 电子系销售统计

就绪

图 5.50　学生勤工俭学表

| 商品名称 | 电子产品 | | | |
|---|---|---|---|---|
| | | | | |
| 求和项:销售额（元） | 列标签 | | | |
| 行标签 | 寒假 | 平时 | 暑期 | 总计 |
| 电子（1)班 | 27216 | 38178 | 64962 | 130356 |
| 电子（2)班 | 27972 | 39312 | 65124 | 132408 |
| 电子（3)班 | 24462 | 42390 | 61128 | 127980 |
| **总计** | **79650** | **119880** | **191214** | **390744** |

图 5.51　用学生勤工俭学表作的数据透视表

(1) 将光标定位于图 5.50 中的数据清单中，在“插入”→“表格”选项组中，单击“数据透视表”按钮，打开“创建数据透视表”对话框。

(2) 在对话框中指定数据来源，可以是当前数据源区，也可以是外部数据，此处对默认选择不修改；指定数据透视表存放位置，可以放在新工作表中，也可以放在现有工作表中，此处选新工作表。

(3) 单击“确定”按钮，一个空的数据透视表添加到指定位置，并在右则显示“数据透视表字段列表”窗口，如图 5.52 所示。该窗口的上部为源数据区域的列标题，即可使用的字段名列表；下半部分为布局部分，包含“报表筛选”区域、“列标签”区域、“行标签”区域和数值区域。

(4) 向数据表中添加字段：若要用字段的默认布局，可在字段列表中选中相应的字段名复选框。默认情况下，非数值字段将会自动添加到“行标签”区域，数值字段会添加到“数

图 5.52 "数据透视表字段列表"窗口

值"区域,格式为日期和时间的字段添加到"列标签"区域。此例,在字段列表中选"班级"和"销售额"两个字段,透视表区域中将自动汇总各个班级的销售额合计。

(5) 若要将字段放到布局部分的特定区域,可直接将字段名从列表中拖动到布局部分的某个区域中;也可在字段列表的字段名上单击右键,从快捷菜单中选择相应的命令。此例将"商品名称"字段拖到"报表筛选"区中,将"时间"字段拖到"列标签"区中,这样数据透视表将会汇总各个班每个时间段的全部商品的销售额。同时在数据表的最上方添加用于筛选商品的报表字段。加入到数据透视表中的字段名右侧均会出现筛选箭头,通过该箭头,可以对数据进一步遴选。

如果要删除字段,只要在字段列表中取消选中该字段的复选框即可。

**2. 维护数据透视表**

在数据透视表的任意单元格中单击,功能区将会出现"数据透视表工具"的"选项"和"设计"两个选项卡,通过"选项"可对数据透视表进行操作。

1) 刷新数据透视表

如果对数据源中的数据进行了修改,需要在"数据透视表工具"的"选项"选项卡上,单击"数据"选项组中的"刷新"按钮,所做的更改才能反映到数据透视表中。

2) 更改数据源

如果在源数据区域中添加了新的行或列,则可以通过"数据透视表工具"的"选项"选项卡上的"数据"选项组中的"更改数据源"命令,在打开的"更改数据透视表数据源"对话框更改数据源。

3）设置数据透视表的格式

可以通过"数据透视表工具"→"设计"选项卡上的"数据透视表样式"选项组中的样式快速指定一个预置的样式。也可以通过"开始"选项卡上的"字体"、"对齐方式"、"数字"以及"样式"等选项组进行相应的格式设置。

**3. 数据透视图**

- 与普通图表的区别之一是数据透视图的数据源是相关联的数据透视表中的数据，对相关联的数据透视表中的字段和数据的修改会立即反映到数据透视图中。其次，数据透视图的图表区中显示字段筛选器，以便对数据进行排序和筛选。

- 单击"数据透视表工具"→"选项"→"工具"选项组中的"数据透视图"按钮，就可以打开"插入图表"对话框，插入方法与普通图表相同。XY散点图、汽包图、或股价图不能用于数据透视图。

- 单击数据透视图，功能区会出现"数据透视图工具"中的"设计"、"布局"、"格式"和"分析"四个选项卡，可以对透视图进行修饰和编辑。

## 5.7.6 模拟分析和运算

Excel有三种模拟分析工具：单变量求解、方案管理、模拟运算表。通过使用模拟分析工具，可以在一个或多个公式中试用不同的几组值来分析所有不同的结果。

本节利用模拟分析工具，分析学生勤工俭学销售商品的单价、成本、销售量对利润的影响，寻求最优的方案。

**1. 单变量求解**

**例 5-14** 求利润的公式是"利润＝（单价－成本）＊销量"，若单价固定为49，成本固定为31，如果期望利润为15 000，销量要达到多少，才能满足利润目标。

这就是单变量求解问题。特点是，先假定一个公式的计算结果是某个值（利润是15 000），当公式中的某个变量（销量）取值几何，结果才成立。操作如下：

（1）先输入数据，如图5.53所示。

（2）在 C7 单元格输入求利润的公式"＝(C4－C5)＊C6"，单击 C7 单元格。

（3）在"数据"→"数据工具"选项组中，单击"模拟分析"按钮，从下拉列表中选择"单变量求解"选项，在打开的对话框中确定：目标单元格为 C7，目标值为 15 000，可变单元格 $C$6，如图5.54所示。单击确定按钮后，在数据区的 C6 单元格显示结果。

| | A | B | C |
|---|---|---|---|
| 1 | | | |
| 2 | | | |
| 3 | | | 2012年数据 |
| 4 | | 单价（元/每件） | 49.00 |
| 5 | | 成本（元/每件） | 31.00 |
| 6 | | 销量（件） | |
| 7 | | 利润（元） | |
| 8 | | | |
| 9 | | | |
| 10 | | | |

图 5.53　单价、成本、销量、利润数据

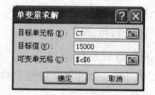

图 5.54　"单变量求解"对话框

**2. 模拟运算表的创建和应用**

**1）单变量模拟运算表**

**例 5-15** 要测算成本和销量固定时,不同单价下利润值的变化情况,即测试公式中一个变量的不同取值如何改变公式的结果,用单变量模拟运算表。操作如下:

（1）先输入数据,如图 5.55 所示,在 D4 单元格输入求利润的公式:

= ( A4 − B4 ) ∗ C4

| | A | B | C | D |
|---|---|---|---|---|
| 1 | 电子产品单变量模拟运算 | | | |
| 2 | | | | |
| 3 | 单价（元/每件） | 成本（元/每件） | 销量（件） | 利润（元） |
| 4 | 49.00 | 31.00 | 1,475.00 | |
| 5 | | | | |
| 6 | | | | |
| 7 | | | | |
| 8 | | | | |
| 9 | | | | |
| 10 | | | | |
| 11 | | | | |

图 5.55　单变量模拟运算测试数据

（2）选择要创建模拟运算表的单元格区域,其中第 1 行(或第 1 列)包含变量单元格和公式单元格。此处选 A4:D18,A4 单元格为数值要变化的单元格。D4 单元格为含有 A4 的利润计算公式。

（3）在"数据"→"数据工具"选项组中,单击"模拟分析"按钮,从下拉列表中选择"模拟运算表"选项,在如图 5.56 所示的对话框中确定数值要变化的单元格。如果模拟运算表要变化的变量值输入在一列中,应在"输入引用列的单元格"编辑框中选择第一个变量值所在的位置。如果模拟运算表要变化的变量值输入在一行中,应在"输入引用行的单元格"编辑框中,选择第一个变量值所在的位置。此处选 $A$4。单击"确定"按钮后,选定区域自动生成模拟运算表,依次输入不同的单价,将测算不同的利润。

**2）双变量模拟运算表**

**例 5-16** 要测算不同单价、不同销量所对应的利润,即测试公式中两个变量的不同取值如何改变公式的结果,就要用双变量模拟运算表。操作如下:

（1）先输入基础数据与公式,如图 5.57 所示,在 G6 单元格中输入公式"=（G3−G4）∗ G5",公式需要至少包括两个单元格引用。

图 5.56　模拟运算表"对话框

| | E | F | G |
|---|---|---|---|
| 1 | | | |
| 2 | | | |
| 3 | | 单价（元/每件） | 49.00 |
| 4 | | 成本（元/每件） | 31.00 |
| 5 | | 销量（件） | 1,475.00 |
| 6 | | 利润 | |

图 5.57　双变量模拟运算测试数据

（2）输入变量值（提示：也可以在创建了模拟运算表区域之后再输入相关的变量值）：在公式所在的行从左向右输入一个变量的系列值，沿公式所在的列由上向下输入另一变量的系列值。此处，从 H6 单元格依次向右输入一系列销量值；从 G7 单元格开始向下依次输入一系列单价值，如图 5.58 所示。

| | F | G | H | I | J | K | L |
|---|---|---|---|---|---|---|---|
| 1 | | | 电子产品双变量模拟运算 | | | | |
| 2 | | | | | | | |
| 3 | 单价（元/每件） | 49.00 | | | | | |
| 4 | 成本（元/每件） | 31.00 | | | | | |
| 5 | 销量（件） | 1,475.00 | | | 不同销量 | | |
| 6 | 利润 | 26,550.00 | 1,200 | 1,400 | 1,600 | 1,800 | 1,960 |
| 7 | | 38.00 | | | | | |
| 8 | | 40.00 | | | | | |
| 9 | | 42.00 | | | | | |
| 10 | | 44.00 | | | | | |
| 11 | | 46.00 | | | | | |
| 12 | 不 | 48.00 | | | | | |
| 13 | 同 | 50.00 | | | | | |
| 14 | 单 | 52.00 | | | | | |
| 15 | 价 | 54.00 | | | | | |
| 16 | | 56.00 | | | | | |
| 17 | | 58.00 | | | | | |
| 18 | | 60.00 | | | | | |
| 19 | | 62.00 | | | | | |
| 20 | | 64.00 | | | | | |

图 5.58　输入双变量模拟值

（3）选择要创建模拟运算表的单元格区域，其中第一行和第一列需要包含公式单元格，即公式要位于区域的左上角。此处选 G6:L10。

（4）在"数据"→"数据工具"选项组中，单击"模拟分析"按钮，从下拉列表中选择"模拟运算表"选项，在打开的对话框中确定：指定公式所引用的值要变化的变量所在的单元格。此处，在"输入引用行的单元格"编辑框中输入 G5 单元格，在"输入引用列的单元格"编辑框中输入 G3 单元格。单击"确定"按钮后，选定区域自动生成双变量模拟运算表。

### 3. 方案管理器

**例 5-17**　由于电子产品的成本上涨了 10%，导致利润下降，为了消除成本上涨带来的影响，拟采取两种措施，第一种，提高单价 8%，因此导致销量减少 5%；另一种是降低单价 3%，这使销量增加 20%，3 种不同的方案（第 3 种是不采取措施）如图 5.59 所示。创建、显示执行这 3 种方案，并建立方案报表。

| 项目 | 价量不变 | 提价 | 降价 |
|---|---|---|---|
| 单价增长率 | 0.00% | 8.00% | -3.00% |
| 成本增长率 | 10.00% | 10.00% | 10.00% |
| 销量增长率 | 0.00% | -5.00% | 20.00% |

图 5.59　三种不同的方案

要分析这 3 种方案对利润的影响，首先要选择分析工具。这 3 种方案都有 3 个可变单元格，模拟运算无法容纳两个以上的变量，要分析两个以上的变量，应使用方案管理器。方案管理器最多可获取 32 个不同的可变单元格，但却可以创建任意数量的方案，每个方案允许建立一组假设条件、自动生成多种结果，并可以直观地看到每个结果，还可以将多种结果放到一个工作表中进行比较。

1）创建分析方案

（1）输入基础数据及公式，如图 5.60 所示。其中，D5、D6、D7 为可变单元格，用于显示不同方案的变量值。D8 单元格输入的是计算新利润的公式。为了引用方便,提前为相关单元格进行了名称定义：C5 为单价、C6 为成本、C7 为销量、D5 为单价增长率、D6 为成本增长率、D7 为销量增长率。因此 D8 单元格输入的公式为:

=单价*(1+单价增长率)*销量*(1+销量增长率)-成本*(1+成本增长率)*销量*(1+销量增长率)

(2) 选择可变单元格所在区域,此为 D5:D7。在"数据"→"数据工具"选项组中单击"模拟分析"按钮,从下拉列表中选择"方案管理器"选项。

在打开的"方案管理器"对话框中,如图 5.61 所示。单击右上角的"添加"按钮,弹出"添加方案"对话框,如图 5.62 所示。在对话框的相应位置输入"价量不变"方案名及可变单元格区域 D5:D7,单击"确定"按钮,弹出"方案变量值"对话框,在对话框中输入该方案的三个可变变量值,如图 5.63 所示。

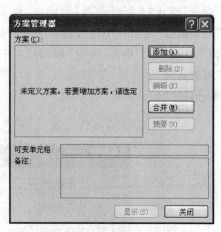

| | A | B | C | D |
|---|---|---|---|---|
| 1 | | | | |
| 2 | | 电子产品调价方案测试 | | |
| 3 | | | 2012年数据 | 方案测试 |
| 4 | | | | |
| 5 | | 单价（元/每件） | 49.00 | 0.00% |
| 6 | | 成本（元/每件） | 31.00 | 0.00% |
| 7 | | 销量（件） | 7,236 | 0.00% |
| 8 | | 利润（元） | 130,248.00 | |

图 5.60　输入方案管理的基础数据及公式　　　　图 5.61　"方案管理器"对话框

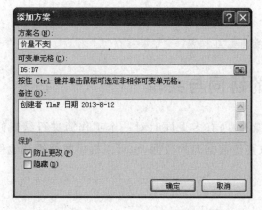

图 5.62　"添加方案"对话框

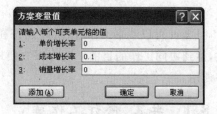

图 5.63　"方案变量值"对话框

(3) 接着在"方案管理器"对话框中单击"添加"按钮,在"添加方案"对话框中输入下一个方案名和可变单元格区域,在"方案变量值"对话框中输入该方案的三个可变变量值,如此循环就可以输入若干方案。所有方案输入完毕,单击"方案管理器"对话框中的"关闭"按钮。

197

第 5 章

电子表格

2）显示并执行方案

方案建立好后，就可以查看不同的执行结果。打开包含方案的工作表，在"数据"→"数据工具"选项组中，单击"模拟分析"按钮，从下拉列表中选择"方案管理器"选项，在打开的"方案管理器"对话框中单击想要查看的方案，单击"显示"按钮，在工作表的可变单元格中自动显示该方案的变量值及方案执行结果。通过"方案管理器"对话框还可以编辑方案、删除方案。

3）建立方案报表

要将所有方案都显示出来，以便进行比较，就要建立合并的方案报表。

（1）打开包含方案的工作表，在可变单元格中输入一组变量值，此处在 D5：D7 均输入0，表示当前是值未经变化的基础数据，如图 5.60 所示。

（2）通过"数据"→"数据工具"→"模拟分析"→"方案管理器"命令，打开"方案管理器"对话框，单击"摘要"按钮，在打开的"方案摘要"对话框中选择报表类型和指定运算结果单元格，如图 5.64 所示。单击"确定"按钮后，在当前工作表前自动插入"方案摘要"工作表，如图 5.65 所示，表中显示各方案的计算结果，以便比较。

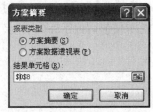

图 5.64　"方案摘要"对话框

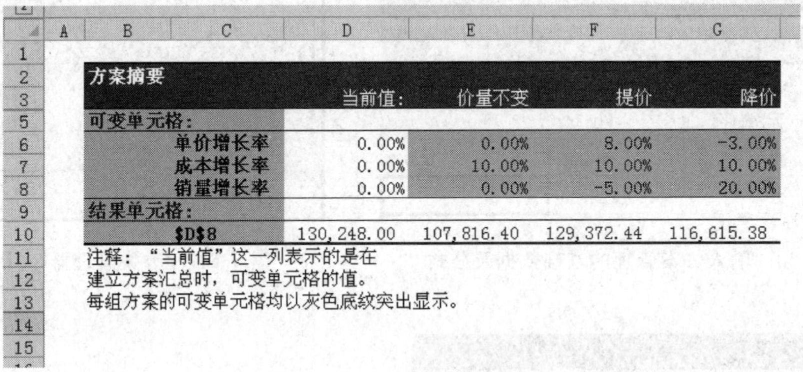

| | | 当前值： | 价量不变 | 提价 | 降价 |
|---|---|---|---|---|---|
| 方案摘要 | | | | | |
| 可变单元格： | | | | | |
| | 单价增长率 | 0.00% | 0.00% | 8.00% | -3.00% |
| | 成本增长率 | 0.00% | 10.00% | 10.00% | 10.00% |
| | 销量增长率 | 0.00% | 0.00% | -5.00% | 20.00% |
| 结果单元格： | | | | | |
| | $D$8 | 130,248.00 | 107,816.40 | 129,372.44 | 116,615.38 |

注释："当前值"这一列表示的是在
建立方案汇总时，可变单元格的值。
每组方案的可变单元格均以灰色底纹突出显示。

图 5.65　"方案摘要"工作表

# 5.8　Excel 的协同与共享

Excel 可以共享工作簿，从而允许在一定范围内有多人同时对一个工作簿进行编辑修改，达到协同工作的目的。还可以方便地获取其他数据源的数据，也可以提供数据给其他程序使用。

## 5.8.1　共享、修订工作簿

### 1. 共享工作簿

Excel 允许网络上的多个用户同时查看和修订工作簿，相关操作主要在"共享工作簿"对话框中完成，介绍如下。

1）设定工作簿共享

（1）打开要共享的工作簿，在"审阅"→"更改"选项组中，单击"共享工作簿"按钮，打开"共享工作簿"对话框，如图5.66所示，在"编辑"选项卡中，选中"允许多用户同时编辑，同时允许工作簿合并"复选框，单击"高级"选项卡选择要用于更新和变化的选项。

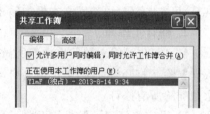

图5.66 "共享工作簿"对话框

如果该工作簿包含指向其他工作簿或文档的链接，可验证链接并更新任何损害的链接，方法是：在"数据"→"链接"选项组中，单击"编辑链接"按钮，在打开的对话框中查看并更新链接后，对更新结果保存。

（2）将该工作簿放到网络上其他用户可以访问的位置，如一个共享文件夹中。

2）编辑共享工作簿

（1）打开位于网络位置的共享工作簿，在"文件"→"选项"→"常规"→"对Microsoft Office进行个性化设置"选项组的"用户姓名"文本框输入一个用户名，该名称用于在共享工作簿中标识特定用户的工作。

（2）在共享工作簿的工作表中可以输入数据并对其编辑修改，可进行筛选和打印设置供当前用户使用。但不能更改和添加下列内容：合并单元格、条件格式、数据有效性、图表、图片、超链接、方案、外边框、分类汇总、模拟运算表、数据透视表、工作簿保护和工作表保护以及宏。默认情况下，单击"保存"按钮或按Ctrl＋S快捷键每个用户的设置都被单独保存。

（3）可在打开的"共享工作簿"对话框的"编辑"选项卡下查看有哪些用户在使用该工作簿。如果选中某个用户，单击"删除"按钮，可以断开该用户与共享工作簿的连接，但不会阻止该用户再次编辑共享工作簿。

3）解决共享工作簿中的冲突修订

当两位用户同时编辑同一个共享工作簿，并试图对影响同一个单元格的更改进行保存时，就会发生冲突。只能在该单元格里保存一种版本的修订，当第二个用户同时保存工作簿时，Excel就会显示"解决冲突"对话框。

若不希望显示该对话框，而自动使自己更改覆盖所有其他用户的更改，在"共享工作簿"对话框中的"高级"→"用户间的修订冲突"选项组中，选中"选用正在保存的修订"单选按钮。

4）取消共享工作簿

在确保所有用户都已完成工作后，可以取消共享工作簿。首先在"共享工作簿"对话框中的"编辑"选项卡下删除其他用户，确保当前用户是唯一用户，然后取消选中"允许多用户同时编辑、同时允许工作簿合并"复选框。

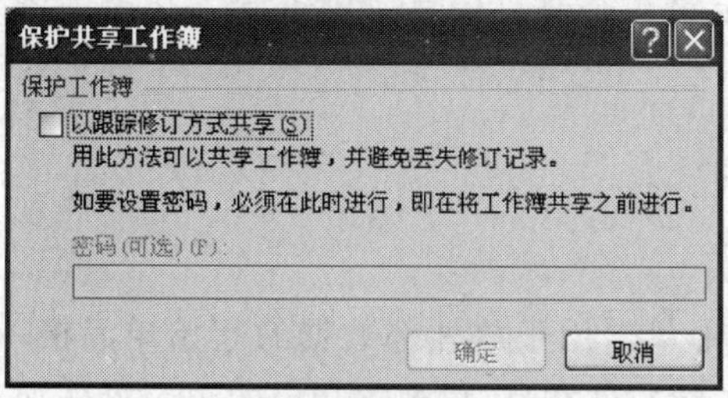

图5.67 "保护共享工作簿"对话框

5）保护共享工作簿

为了限制访问，可以对共享工作簿表中的特定工作区域或元素，以及工作簿元素设定保护，还可以设定查看和编辑的密码，具体操作见5.3节。其次在"审阅"→"更改"选项组中，单击"保护并共享工作簿"按钮，打开"保护共享工作簿"对话框，如图5.67所示，单击选中"以跟踪修订方式共享"复选框。如果希望其他用户提供密码才能关闭修订记录或取消工作簿的共享,可在"密码(可选)"文本框中输入密码。

### 2. 修订工作簿

修订可以记录对单元格内容所做的更改,包括移动和复制数据引起的更改,行和列的插入和删除。打开修订时,工作簿会自动变为共享工作簿,关闭修订或停止共享工作簿时,会永久删除所有修订。

#### 1) 设定修订记录保留的天数

默认情况下,Excel 将修订记录保留 30 天,如果希望将修订记录保留 30 天以上,打开"共享工作簿"对话框,在"编辑"选项卡中,选中"允许多用户同时编辑,同时允许工作簿合并"复选框,单击"高级"选项卡设定修订记录保留的天数。

#### 2) 突出显示修订

当工作簿的修订很少或是只想大致看一下已修订的内容,可以用突出显示功能,功能会用不同颜色标注每个用户的修订内容,并在将光标停留在每个修订单元格上时,以批注形式显示修订信息。设置方法如下:

在"审阅"→"更改"选项组中,单击"修订"按钮,在打开的下拉列表中单击"突出显示修订"命令,打开"突出显示修订"对话框,如图 5.68 所示。单击选中"编辑时跟踪修订信息,同时共享工作簿"复选框,就可对"突出显示的修订选项选"进行设置。其中:

"时间"复选框可设定记录修订的起始时间;"修订人"复选框可设定为哪些用户突出显示修订;"位置"复选框可设置需要突出显示的工作

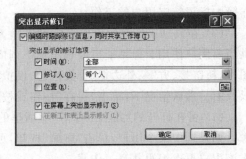

图 5.68 "突出显示修订"对话框

表区域的单元格引用。设置完毕,要选中"在屏幕上突出显示修订"复选框,突出显示才会在屏幕上显示。若要停止突出显示,则要清除对该复选框的选择。

#### 3) 查看修订

可在"突出显示修订"对话框中,通过"时间"、"修订人"、"位置"三个复选框,按照希望查看的修订内容进行选择。

#### 4) 接受或拒绝修订

在"审阅"→"更改"选项组中,单击"修订"按钮,在打开的下拉列表中选择"接受或拒绝修订"选项,打开"接受或拒绝修订"对话框,在该对话框中设置修订选项,指定要接受或拒绝的修订范围。单击"确定"按钮,对话框中自动显示第一个修订信息以供审阅。必须先接受或拒绝某项修订,才能进到下一项修订。

## 5.8.2 与其他应用程序共享数据

### 1. 获取外部数据

打开需要导入文件的工作簿,在某一工作表中单击用于放外部数据的起始单元格,在"数据"→"获取外部数据"选项组中,选择需要导入的文件类型,再根据相应的提示操作即可导入外部数据。

1）导入文本文件

（1）打开需要导入文本的工作簿，选择用于放导入文件的起始地址。

（2）在"数据"→"获取外部数据"选项组中，单击"自文本"按钮，在打开的"导入文本文件"对话框中选择导入文件的位置，单击"导入"按钮，进入"文本导入向导第1步"，主要是选择原始数据类型，即确定导入文件的列分隔方式，是用"分隔符"还是"固定宽度"。如果第一步选择"分隔符"，进入"文本导入向导第2步"，主要是确定具体的分隔符号，然后进入第3步，主要是确定数据格式，这三步完成后，数据即可导入。

默认情况下，所导入的数据与外部数据源保持关系，当外部数据源发生变化时，可以通过刷新来更新工作表的数据。断开该链接的方法是：在"数据"→"连接"选项组中，单击"连接"按钮，在打开的"工作簿连接"对话框的列表框中选择要取消的连接，单击右侧的"删除"按钮。单击"确定"按钮后，即可断开连接。

2）从互联网上获取数据

**例 5-18**　从国家统计局网站上获取一份统计数据。操作如下：

（1）确保计算机已连到互联网上。打开一个空白的工作表，并选定导入表格的起始位置。

（2）在"数据"→"获取外部数据"选项组中，单击"自网站"按钮，打开"新建 Web 查询"窗口。在"地址"栏中输入网站地址，也可以通过谷歌、百度等搜索引擎查找所需网址。此处输入网址：

http://www.stats.gov.cn/tjsj/qtsj/dzcszyspjg/t20130204_402871429.htm

（3）单击"地址"栏右侧的"转到"按钮，进入到相应的网页。每个可选表格的左上角均显示一个可选箭头，单击要选择的箭头，使其由黄色变为绿色，单击右下方的"导入"按钮，打开"导入数据"对话框，确定数据放入位置后即可导入网站的表格数据。

**2. 插入超链接**

对表格中的数据、图表等对象可以插入超链接，操作如下：单击要创建超链接的单元格或对象，在"插入"→"链接"选项组中，单击"超链接"按钮，打开"插入超链接"对话框，在对话框中选择指定要链接的目标位置即可。

**3. 将工作簿发布为 PDF/XPS 格式**

PDF 格式（可移植文档格式），可以保留文档格式并允许文件共享，他人无法轻易更改文件中的数据及格式。PDF 支持多种平台，在计算机上安装 PDF 阅读器（如 Acrobat Reader），就可查看 PDF 文件。

XPS 格式（纸张规格）是一种平台独立技术，可以嵌入文件中的所有字体，并使这些字体能按预期显示，而不必考虑接受者的计算机中是否安装了该字体。与 PDF 格式相比，也可以保留文档格式并允许文件共享，他人无法轻易更改文件中的数据及格式，不同的是 XPS 格式能够在接收者的计算机上呈现更加精确的图像和颜色。

- 可以从"文件"→"保存并发送"→"文件类型"区域下双击"创建 PDF/XPS 文档"选项，打开"发布为 PDF/XPS"对话框完成。
- 也可以通过"文件"→"另存为"命令，打开"另存为"对话框，在"保存类型"下拉列表框中选择"PDF（＊.Pdf）"选项或者"XPS 文档（＊.XPS）"选项完成。

### 5.8.3 宏的简单应用

宏是可运行任意次数的一个或一组操作,是由 Excel 自动记录的一个小程序,用来自动执行重复任务。

**例 5-19** 录制并运行一个宏,它能用红色标识任意数据列数值最小的后 5 名。

**1. 录制宏前的准备工作**

1)显示"开发工具"选项卡

录制要用到"开放工具"选项卡,但在默认情况下,不会显示该选项卡,要进行下列设置才能显示。

选择"文件"→"选项"命令,在打开的"Excel 选项"对话框左侧的类别列表中单击"自定义功能区"选项,在右上方的"自定义功能区"下拉列表中选择"主选项卡"选项,在"主选项卡"选项组中选中"开发工具"复选框。

2)临时启用所有宏

由于存在宏病毒的威胁,因此默认情况下,Excel 禁用宏。要录制宏并运行宏,可以设置临时启用宏,方法是:

在"开发工具"→"代码"组中,单击"宏安全性"按钮,打开"信任中心"对话框,在左侧的类别列表中单击"宏设置"选项,在右侧的"宏设置"区域下单击选中"启用所有宏(不推荐;可能会运行有潜在危险的代码)"单选按钮。

**2. 录制宏**

录制宏的过程就是系统自动记录鼠标点击和键盘操作的过程,宏记录器会记录完成需要宏来执行的操作所需的一切步骤。

1)准备录制

(1)打开"学生数据"工作簿中的"成绩表",先在数据列表外的任意单元格单击。

(2)在"开发工具"→"代码"组中,单击"录制宏"按钮,打开"录制新宏"对话框,如图 5.69 所示,在其中输入宏名,如"宏小 5",在"保存在"下拉列表中选择用来保存宏的位置,此处选择"当前工作簿",说明框中可输入对宏的说明,单击"确定"按钮,退出对话框,进入对宏的录制。

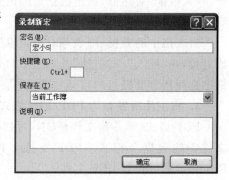

图 5.69 "录制新宏"对话框

**提示**:宏名必须以字母(汉字)或下划线开头,不能包含空格等无效字符,不能使用单元格地址等工作簿内部名称。

2)录制

对学生成绩表进行以下操作:从"开始"→"样式"选项组中依次单击"条件格式"、"项目选项规则"、"值最小的 10 项"命令,在值框中输入 5,格式选"红色文本",然后单击"确定"按钮。到此宏的录制完成,应在"开发工具"→"代码"选项组中单击"停止录制"按钮。

3)保存工作簿为(*.xlsm)

必须将工作簿保存为可以运行宏的格式:选择"文件"→"另存为"命令,在"另存为"对话框的"保存类型"下拉列表框中选择"Excel 启用宏的工作簿(*.xlsm)"选项,文件名改为

"启用宏的学生成绩单",然后单击"保存"按钮。

### 3. 运行宏

打开包含宏的工作簿,选择运行宏的工作表(成绩表),选择某科成绩(如英语)在"开发工具"→"代码"选项组中,单击"宏"按钮,打开"宏"对话框,如图 5.70 所示,在"宏名"列表框中选择要运行的宏(如宏小 5),单击"执行"按钮,Excel 自动执行宏,并显示相应结果。

### 4. 将宏分配给对象、图形或控件

执行宏要单击一系列按钮,还要选择宏名,如果要经常执行就比较烦琐,如果将宏指定给工作表中的某个对象、图形控件后,单击它就可立即执行宏。

打开包含宏的工作簿,选择运行宏的工作表(如成绩表),在工作表的适当位置创建对

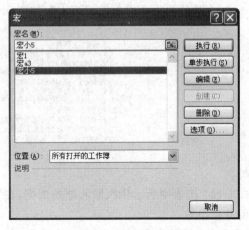

图 5.70 "宏"对话框

象、图形或控件,用鼠标单击该对象、图形或控件,从弹出的快捷菜单中单击"指定宏"命令,在打开的"指定宏"对话框的"宏名"列表框中,选择要分配的宏,单击"确定"按钮。

先选择要应用宏的区域(如数学列)然后单击已指定宏的对象、图形控件,即可执行宏,方便快捷。

### 5. 删除宏

打开要删除宏的工作簿,在"开发工具"→"代码"选项组中,单击"宏"按钮,打开"宏"对话框,在"宏名"列表框中选择要删除的宏(如"宏小 5"),单击"删除"按钮。

# 习　题

1. 某公司的销售数据如图 5.71 所示,请按下述要求完成销售统计工作。

| | A | B | C | D | E | F | G | H |
|---|---|---|---|---|---|---|---|---|
| | | | | | | 订单号 | | |
| 1 | 订单号 | 订单金额 | 销售人员 | | 销售人员 | 订单数 | 订单总额 | 销售奖金 |
| 2 | 2008111 | 500.00 | 张三 | | 张三 | | | |
| 3 | 2008115 | 150.00 | 张三 | | 李四 | | | |
| 4 | 2008116 | 950.00 | 张三 | | 王五 | | | |
| 5 | 2008120 | 350.00 | 张三 | | | | | |
| 6 | 2008113 | 250.00 | 王五 | | | | | |
| 7 | 2008114 | 420.00 | 王五 | | | | | |
| 8 | 2008119 | 300.00 | 王五 | | | | | |
| 9 | 2008112 | 450.00 | 李四 | | | | | |
| 10 | 2008117 | 100.00 | 李四 | | | | | |
| 11 | 2008118 | 200.00 | 李四 | | | | | |

图 5.71　某公司的销售数据

(1) 在表的第 1 行前插入标题行"3 月份销售统计表",合并居中,黑体 26 磅字。

(2) 表格要有可视的边框,将表格的内容设置为宋体、12 磅、居中。

(3) 将订单金额和订单总额设置为货币格式。

(4) 用函数计算每名销售人员的订单数和订单总额。

（5）用函数求每名销售人员的销售奖金，销售奖金的计算方法是：订单总额大于 1500，则销售奖金为：订单总额×5％，否则为：订单总额×3％。

2. 某公司 1 月份的银行流水账如图 5.72 所示，根据下述要求完成银行存款日记账。

| | A | B | C | D | E | F | G | H |
|---|---|---|---|---|---|---|---|---|
| 1 | 月 | 日 | 凭证号 | 摘要 | 本期借方 | 本期贷方 | 方向 | 余额 |
| 2 | 1 | 1 | 记-0000 | 上期结转余额 | | | 借 | 14748.01 |
| 3 | 1 | 5 | 记-0001 | 缴纳12月份增值税 | 0.00 | 1,186.88 | | |
| 4 | 1 | 5 | 记-0002 | 缴纳12月份城建税和教育费附加 | 0.00 | 125.29 | | |
| 5 | 1 | 18 | 记-0005 | 收到货款冲应收 | 29900.00 | 0.00 | | |
| 6 | 1 | 18 | 记-0006 | 公司购买办公家具 | 0.00 | 5,500.00 | | |
| 7 | 1 | 25 | 记-0009 | 公司支付程控电话费 | 0.00 | 354.00 | | |
| 8 | 1 | 25 | 记-0010 | 提现 | 0.00 | 20,000.00 | | |
| 9 | 1 | 25 | 记-0016 | 收到甲公司所欠货款 | 160000.00 | 0.00 | | |
| 10 | 1 | 31 | 记-00017 | 银行发放员工工资 | 0.00 | 45,364.00 | | |
| 11 | 1 | 31 | 记-00018 | 公司支付房租 | 0.00 | 5,000.00 | | |

图 5.72 某公司的银行流水账

（1）按表中所示依次输入原始数据，在"月"列中填充数字 1，将其数据格式设为数值、保留 0 位小数。

（2）在"余额"列输入计算公式：余额＝上期余额＋本期借方－本期贷方，并自动填充"余额"列的其他单元格。

（3）用数据有效性规则将"方向"列的输入范围设置为借、贷、平三种中的一种。然后通过 IF 函数输入"方向"列内容，判断条件如下：

余额　　　　大于 0　　　等于 0　　　小于 0

方向　　　　借　　　　　平　　　　　贷

（4）设置格式：将标题行居中显示；将借、贷、余 3 列的数据格式设为会计专用；为数据列表自动套用格式后，将其转换为区域。

（5）通过分类汇总，按日计算借方、贷方发生额合计并将汇总行放于明细数据下方。

3. "计算机类图书销售情况"工作簿如图 5.73 所示，其中有 3 张工作表分别是 10、11、12 月的图书销售情况，另有一张工作表是"图书目录"，该表中的 A、B、C、D 列与每月的销售量表中的列名相同。请完成下列工作：

图 5.73 计算机类图书销售情况

（1）将 10～12 月 3 张工作表的数据用合并计算功能合并到一张新的工作表中，将该张工作表更名为"四季度销售情况"。

（2）完善"四季度销售情况"表：为图书编号列输入标题"图书编号"；在图书编号列右侧插入"书名"、"图书类别"和"单价"3 列；通过 VLOOKUP 函数分别引用工作表"图书目录"中的相关数据，在"四季度销售情况"表中输入书名、图书类别和单价的数据。

（3）在数据列表的右侧增加一列"销售额"，根据"销售额＝单价×销量"构建公式，计算出各类图书的销售额。对数据进行适当的格式化操作：设置单价和销售额为货币格式，所有数据居中，设置表格的边框和底纹。

（4）为"四季度销售情况"创建一个数据透视表，放在新工作表中，表更名为"数据透视"，并将表标签移动到"四季度销售情况"表的右边。在数据透视表中汇总字段：按图书类别汇总销量，同时将书名作为"报表筛选字段"。

（5）为数据透视表数据创建一个类型为饼图的数据透视图，设置数据标签以百分数形式显示在外侧，将图表标题改为"四季度各类图书销量"，如图 5.74 所示。

图 5.74　四季度各类图书销量

# 第6章　演示文稿制作软件

**学习目标:**

　　演示文稿是一种电子讲演稿,常用来介绍人物、推介产品、课堂讲授、宣传成果。用 PowerPoint 制作的演示文稿以幻灯片的形式播放。在幻灯片中包含文字、声音、图形、图像、动画以及视频等多媒体元素。演示文稿以动态、可视的方式进行播放,具有表现丰富、信息量大、感染力强等特点。本章的学习重点:

- 学习演示文稿制作软件 PowerPoint 2010 的基础知识。
- 掌握创建、编辑演示文稿的基本方法。
- 掌握幻灯片播放效果设计。
- 学习演示文稿的美化方法。

## 6.1　PowerPoint 基础知识

### 6.1.1　PowerPoint 的基本概念

　　演示文稿制作软件 PowerPoint(PPT)是微软公司办公自动化软件(Office)的组件之一。在 PPT 推出的 20 多年中,微软公司对其进行了不断的完善、更新,具有代表性的产品有 PowerPoint 95、PowerPoint 2003、PowerPoint 2007、PowerPoint 2010 等版本。

　　PowerPoint 是制作演示文稿的工具软件。演示文稿由幻灯片组成,幻灯片中包含文字、声音、图形、图像、动画以及视频等对象。通过对这些对象的建立、编辑、美化就可以制作出具有多媒体效果的演示文稿。下面介绍 PowerPoint 的基本概念。

**1. 演示文稿**

　　演示文稿是 PowerPoint 建立的演示文件,扩展名为. pptx。在 PPT 环境中所编辑、保存的文档都是演示文稿。

**2. 幻灯片**

　　幻灯片是演示文稿的基本构成单位,是用 PPT 制作的一个基本页面。演示文稿由若干张幻灯片组成。演示文稿通过在幻灯片上建立、编辑各种对象来完成制作。每张幻灯片是一个单独的屏幕显示单位,通过对单独幻灯片的连续放映,完成演示文稿整体内容的播放。

**3. 对象**

　　对象是制作幻灯片的材料,包含文字、声音、图形、图像、动画以及视频等多媒体元素。通过建立各种对象,组成幻灯片的内容,通过进一步的设计、编辑修改即可完成幻灯片的制作。

**4. 占位符**

占位符是指幻灯片中用虚线框起来的部分,可在其中输入文字或插入图片。除空白幻灯片外每张新建的幻灯片均提供占位符。如果没有占位符,可通过插入文本框来输入文本,通过插入图片来处理图片。

**5. 视图**

视图是观察、处理幻灯片的方式,包含"普通视图"、"幻灯片浏览"、"备注页视图"和"阅读视图"四种视图。

**6. 幻灯片版式**

幻灯片版式是幻灯片的版面布局,是应用一些对象标志符以各种方式在幻灯片中进行组合而构成的幻灯片框架。在不同的对象标志符中可以插入不同的内容。主要有"标题幻灯片"、"内容与标题"、"图片与标题"等版式。

**7. 幻灯片母版**

幻灯片母版是一张底版式的特殊幻灯片,用于构建幻灯片的基本框架。母版的作用主要是用于统一幻灯片的风格。母版中一般包含有标志、标题、文本、日期、页码、背景等幻灯片所共同的内容。在演示文稿中应首先制作母版,这样所有的幻灯片都基于幻灯片母板而创建,以保证信息完整、风格统一。修改幻灯片母板的布局和内容时,所有与该母板相关的幻灯片都随着改变。

**8. 设计模板和主题**

设计模板和主题是一种含有背景颜色、图形、字体选择及各种效果设置的幻灯片模板。它构成了幻灯片的基调和框架,用于幻灯片的外观设计。它有一套预先定义好的背景、颜色、图案和文字特征,利用它能够快速改变幻灯片的风格。设计模板包含"样本模板"和"Office.com 模板"两种,其中样本模板有"都市相册"、"培训"、"宣传手册"等 9 种常用模板。主题有"内置主题"和"浏览主题"两种,其中"内置主题"是软件自带的,包含有"波形"、"活力"、"市政"等 44 种常用主题。Office.com 模板和浏览主题可以通过网络对 Office.com 进行浏览选择,大大丰富了模板和主题。

## 6.1.2 PowerPoint 的基本功能

PowerPoint 提供了快捷、方便地制作演示文稿的环境和手段,主要功能如下。

**1. 创建演示文稿**

PPT 能够建立、打开、保存、编辑、输出演示文稿;在演示文稿中新建、编辑、修改幻灯片,能够在幻灯片中输入普通文字、艺术字,插入图形、图像、表格、公式、超链接、SmartArt 图形、音频及视频等对象;可对各种对象进行编辑修改和格式化处理。

**2. 制作特殊效果**

能够对各种对象设置动画,使幻灯片具有动态变化的效果,使幻灯片播放生动活泼、有声有色;能够在幻灯片中插入声音、影片,还可以录制声音和旁白,增强幻灯片的感染力,提高演示文稿的观赏效果。

**3. 美化幻灯片**

能够对已经完成初步制作的幻灯片进行修饰、美化,使幻灯片更具有阅读性和观赏性。常用的美化手段有:应用"设计模板和主题"、"幻灯片背景"、"幻灯片版式"、"配色方案"等。

**4. 播放演示文稿**

将制作好的演示文稿(.pptx 文件)在计算机屏幕上或通过投影仪播放。

**5. 发布演示文稿**

能够将制作完成的演示文稿以多种处理方式和文件类型进行发布、展示、上传到网络上、生成 CD 文件,实现资源共享。发送方式有"保存到 Web"、"广播幻灯片"、"使用电子邮件发送"等。文件类型有"自动幻灯片放映形式.ppsx"、"PDF/XPS 文档"、"CD 文件包"等。

**6. 打印演示文稿**

能够将完成的演示文稿以纸质形式打印输出,打印形式有"整页幻灯片"、"备注页"、"大纲"和"讲义"。

## 6.1.3　PowerPoint 基本操作

演示文稿包含多张幻灯片,每张幻灯片通过插入对象承载一定的演示内容,一系列幻灯片构成一个完整的演示文稿。本节介绍 PowerPoint 2010 的基本操作方法。

**1. 启动 PowerPoint 2010**

启动 PowerPoint 2010 有三种方法:

(1) 单击"开始"→"所有程序"→Microsoft Office→Microsoft PowerPoint 2010 命令。

(2) 在 Windows 操作系统桌面,双击"PowerPoint 2010"快捷图标,进入 PowerPoint 2010 工作环境。

(3) 双击已经存在的 PowerPoint 2010 演示文稿文件(.pptx),打开演示文稿同时进入 PowerPoint 2010 工作环境。

启动 PowerPoint 2010 进入工作窗口,工作窗口由标题栏、快速工具栏、选项卡、功能区、幻灯片/大纲浏览窗口、幻灯片窗口、备注窗口、视图按钮等组成,如图 6.1 所示。

图 6.1　PowerPoint 2010 工作窗口

启动后,系统会自动生成一个空白演示文稿,同时打开普通视图窗口,幻灯片的制作与修改操作都在普通视图窗口完成。如果需要浏览幻灯片,则切换到浏览视图,放映演示文稿时切换到幻灯片放映视图。

**2. 插入幻灯片**

进入演示文稿软件后,即包含一张幻灯片。

选择"开始"→"幻灯片"选项组,单击"新建幻灯片"命令,即可插入一张幻灯片。用Ctrl+M快捷键也可以插入一张幻灯片。

**3. 在幻灯片中插入并编辑对象**

幻灯片中可以包含多媒体对象。通过执行"插入"选项卡中的各项命令,可以在幻灯片中插入文字、图形、图片、SmartArt、表格、声音、文本框、艺术字、图表、公式、超链接、动作按钮等对象。这些对象为制作图文并茂的演示文稿提供了丰富的资源。常用的对象操作方法如下。

1) 插入文本及编辑文本

- 插入文本:幻灯片版式选定之后,即可在占位符中直接输入文字和符号。
- 编辑文本:选中文字,选择"开始"→"字体"选项组,可以对文本的字体、字号、文字颜色进行编辑。
- 编辑段落:选中文字,选择"开始"→"段落"选项组,可以对"内容"文字的对齐方式、行间距、段前段后位置等进行修改。

在幻灯片中输入文字时,如果没有占位符,可以用插入文本框的方式或切换到大纲视图进行输入。

2) 插入图形和图片

- 插入图形:选择"插入"→"插图"选项组的"形状"命令,插入矩形、星与旗帜、流程图等特殊图形。
- 插入图片:选择"插入"→"图像"选项组的"图片或剪贴画"命令,插入图片和剪贴画。

**例 6-1** 在一个演示文稿中插入一张空白幻灯片,然后在幻灯片中插入文字、图形和图片。

操作步骤如下:

(1) 打开一个演示文稿,选择"开始"→"幻灯片"选项组,单击"新建幻灯片"命令,选择"空白"版式插入一张幻灯片。用 Ctrl+M 快捷键也可以插入一张幻灯片。

(2) 选择"插入"→"文本"选项组的"文本框"命令,在幻灯片上单击后在文本框中输入文字。

(3) 选择"插入"→"插图"选项组的"形状"命令,选择"基本形状"或"星与旗帜"图形组,插入图形。

(4) 选择"插入"→"图像"选项组的"图片"或"剪贴画"命令,插入图片和剪贴画。

结果如图 6.2 所示。

**4. 保存演示文稿**

演示文稿制作结束,即可将其以默认扩展名.pptx 的文件保存到指定文件夹。

保存文件操作:单击"文件"选项卡中"保存"或"另存为"命令,输入文件名。

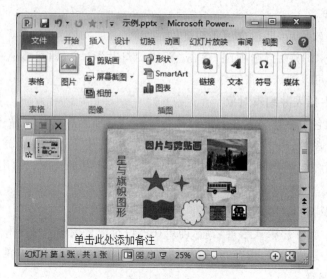

图 6.2　插入文字、图形和图片

# 6.2　制作"人物介绍"演示文稿

制作一个演示文稿,介绍计算机科技人物,文件命名为"人物介绍"。要求至少有两张幻灯片,除文字介绍人物之外,还有人物图片。

## 6.2.1　制作过程

设计分析:第一张幻灯片应该是标题页,选用"标题幻灯片"版式输入标题;第二张幻灯片选用"标题和内容"版式,分别输入人物简介和图片。幻灯片主题选用"行云流水",背景采用淡紫色。

操作步骤如下:

(1) 启动 PowerPoint,新建一个演示文稿,命名为"人物介绍"。

(2) 选择"开始"选项卡中的"新建幻灯片"命令,在列出的幻灯片版式中选择"标题幻灯片"版式,建立一张新的幻灯片,输入标题文字。

(3) 选择"设计"选项卡中的"主题"选项组,在列出的幻灯片主题中选择"行云流水"主题。

(4) 选择"开始"选项卡中的"新建幻灯片"命令,在列出的幻灯片版式中选择"标题和内容"版式,建立第二张幻灯片,输入标题文字(同时编辑字体、字号和文字颜色),输入人物介绍文字(同时编辑字体、字号和文字颜色)。

(5) 选择"插入"选项卡中"图像"命令组的"图片"命令,在文件夹中选择人物图片(必须是存在的图片文件)。

(6) 选择"设计"→"背景"命令组的"背景样式"→"样式 10"选项。

结果如图 6.3 所示。

图 6.3　人物介绍演示文稿

## 6.2.2　幻灯片的外观设计

### 1. 幻灯片设计与主题选择

生成幻灯片后,首先要进行的是幻灯片的板式和主题选择,从而完成演示文稿的布局和外观设计。

1) 幻灯片版式选择

版式是指幻灯片的布局,在 PowerPoint 2010 中包括"标题幻灯片"、"标题和内容"、"图片与标题"、"空白"等版式。选择了幻灯片版式就基本完成了幻灯片的架构设计。

版式选择操作:选择"开始"选项卡中的"新建幻灯片"命令,在列出的幻灯片版式中选择一个版式,建立一张新的幻灯片,如图 6.4 所示。

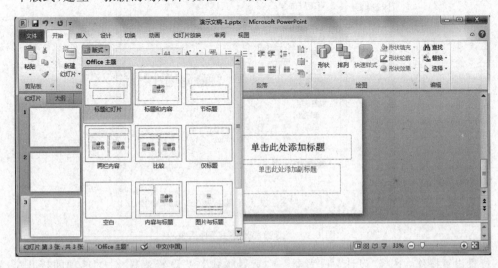

图 6.4　幻灯片版式

演示文稿制作软件

2）幻灯片主题选择

主题构成了幻灯片的基调和框架，用于幻灯片的外观设计。PowerPoint 2010 的主题有"复合"、"技巧"、"角度"等，如图 6.5 所示。

图 6.5　幻灯片主题

主题选择操作：选择"设计"选项卡中的"主题"选项组，在列出的幻灯片主题中选择一个主题。

**2. 背景设置**

背景的设置属于幻灯片外观设计方式之一，在需要特殊效果时，可以用背景设置来完成。背景格式有填充、图片颜色、图片更正、艺术效果等四类；"填充"分为纯色填充、渐变填充、图片或纹理填充等方式，如图 6.6 所示。

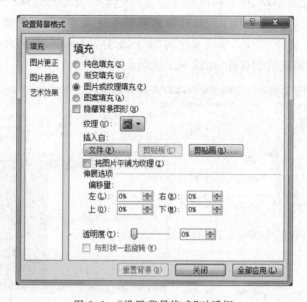

图 6.6　"设置背景格式"对话框

背景设置操作：选择"设计"→"背景"→"背景样式"→"设置背景格式"选项即打开"设置背景格式"对话框，在该对话框中选择纹理、剪贴画、文件等背景格式对幻灯片的背景进行处理。

**3. 母版制作**

母版用于设置演示文稿的统一格式,包括每一张幻灯片中都要出现的标题、文本、图形、图片、背景效果等。有幻灯片母版、讲义母版和备注母版三种母版。

幻灯片母版制作操作:选择"视图"→"母版视图"选项组中"幻灯片母版"命令。在母版幻灯片中设置标题样式、图标、日期、页脚文字、页码等内容。制作完成,单击"关闭母版视图"按钮返回页面视图,如图 6.7 所示。

图 6.7　幻灯片母版

说明:通常情况下,幻灯片母版在制作演示文稿幻灯片之前就应该设计制作完毕,这样能够保证整个演示文稿风格的统一。但是,母版并不是必选的,在不要求风格统一的情况下,可以不制作母版。

# 6.3　制作"旅游介绍"演示文稿

制作一个介绍旅游景点的演示文稿,文件命名为"旅游介绍"。要求如下:至少有五张幻灯片,标题用艺术字,介绍文字内容有彩色变化和多种字体,应用图片和图形加强效果,第一页幻灯片与其他页用超链连接跳转,幻灯片放映有动画效果。

## 6.3.1　制作过程

设计分析:介绍旅游景点的演示文稿第一张幻灯片用"标题幻灯片"版式,主题采用"气流"。第二至第五张幻灯片应用空白版式,为统一风格,主题同样用"气流"。在空白幻灯片中用"文本框"插入文字并做字体字号编辑,设计标题时插入艺术字,图片使用.jpg照片。当需要跳转页面时,应用超链接。

**1. 幻灯片设计与基本内容输入编辑**

(1) 打开 PowerPoint 2010,新建演示文稿,命名为"旅游介绍"。

(2) 选择"开始"选项卡中的"新建幻灯片"命令,在列出的幻灯片版式中选择"标题幻灯片"版式,建立第一张幻灯片。

(3) 选择"设计"选项卡中的"主题"选项组,点击右角处向下的小箭头,在列出的内置幻灯片主题中选择"气流"主题。

(4) 在第一张幻灯片的标题占位符处输入文字,并设置为"蓝色、姚体、60"。在副标题占位符处输入文字,并设置为"红色、方正舒题、23",如图6.8所示。

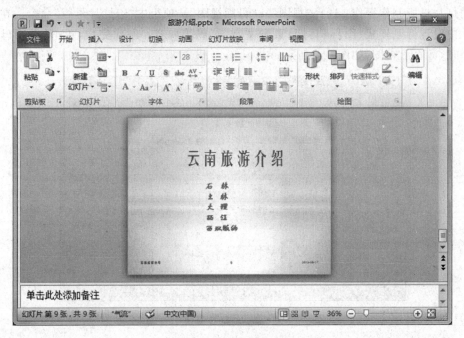

图6.8 标题幻灯片

(5) 选择"开始"选项卡中的"新建幻灯片"命令,在列出的幻灯片版式中选择"空白幻灯片"版式,建立第二张幻灯片("主题"自动沿用第一张的主题)。

(6) 在空白幻灯片上方,选择"插入"→"文本"→"艺术字"命令组中的"金属棱台映像"命令,输入主标题"石林"。其他副标题用文本框输入,设置字体、字号和颜色。

(7) 在空白幻灯片下方,插入"文本框",在文本框中输入说明文字,并设置为"宋体、16"。

(8) 选择"插入"选项卡中的"图像"选项组的"图片"命令插入相关图片(.jpg)。

(9) 重复以上第(5)、(6)、(7)、(8)步完成第3至6张幻灯片的制作。

**2. 幻灯片动画制作**

(1) 选中标题"石林",选择"动画"选项卡中"动画"选项组的"飞入"命令,效果选项为"自左下部"。在"期间"下拉列表框中选择"中速(2秒)"选项,如图6.9所示。

(2) 选中一张图片,选择"动画"选项卡中"动画"选项组的"轮子"命令,效果选项为"轮辐图案(3)"。

其他幻灯片中的文字和图片的动画效果,均可以参照以上(1)、(2)步骤进行制作。

**3. 幻灯片切换效果制作**

选中第一张幻灯片,选择"切换"选项卡中"切换到此幻灯片"选项组,单击该选项组小窗口右侧下拉箭头按钮打开切换方式列表,选择"动态内容"中"轨道"切换方式,效果选项为"自顶部"。

(其他幻灯片均参照以上方法制作相同或相似切换效果)

图 6.9　动画辅助设计对话框

### 4. 超链接制作

选中第一张幻灯片,选择超链接字符"石林",选择"插入"→"链接"选项组的"超链接"命令,进入"插入超链接"对话框。在对话框中选择"本文档中的位置"为"2.幻灯片2",即完成对第二张幻灯片的链接,如图 6.10 所示。

图 6.10　"插入超链接"对话框

(其他标题字符的超链接,重复以上步骤即可完成)

**制作小结:**

演示文稿制作分为框架设计、内容编辑、动画制作、切换制作等环节。这些环节可以分别完成,也可以交叉完成。在框架设计环节主要文件幻灯片的版式、主题和背景的设计;内容编辑环节主要完成文字内容输入、图片插入及对它们编辑修饰;动画制作环节主要完成幻灯片中各对象的动画和播放效果设计;切换制作环节主要完成幻灯片播放时幻灯片的顺序切换效果,应用超链接来完成跳转切换。旅游介绍演示文稿结果如图 6.11 所示。

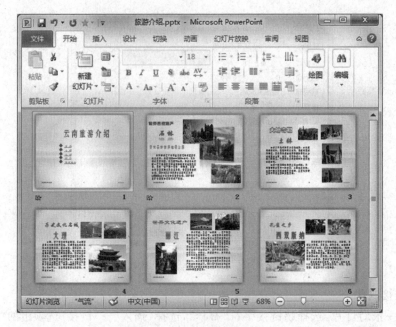

图 6.11　旅游介绍演示文稿

## 6.3.2　幻灯片美化处理

　　通过对幻灯片上的文字、图形、图片的修饰处理，可以达到美化幻灯片的效果，使其变化多彩、赏心悦目。

**1. 插入艺术字**

　　艺术字可以增加幻灯片的观赏性，增强播放效果。可以插入"渐变填充"、"塑料棱台"等30 种不同类型的艺术字。

　　插入艺术字操作：选择"插入"→"文本"选项组，选择"艺术字"命令，在列出艺术字类型中进行选择，如图 6.12 所示。

图 6.12　艺术字

**2. 修饰图形**

　　为使文字的显示具有美化的特殊效果，可将文字输入到图形（矩形、圆形等）上，然后对图形进行修饰以获得修饰效果。

　　修饰图形操作：

- 选中图形,选择"绘图工具"→"格式"选项组中的"形状样式"命令,选择形状样式和颜色;
- 右击图形,出现 8 个控制点和命令列表框,在命令列表框中单击"编辑顶点"命令,拖动边缘任意位置,改变图形的形状,如图 6.13 所示。

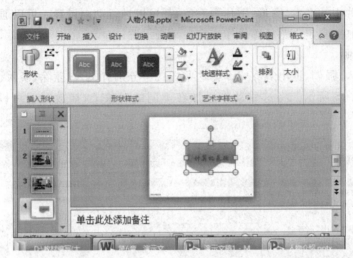

图 6.13　图形修饰

同样,选择"文本填充"、"文本轮廓"、"文本效果"同样也可以达到修饰效果。

### 3. 修饰图片

插入的图片,可以从图片样式、图片边框、图片效果、图片版式几方面来进行修饰。

修饰图片操作:选中图片,选择"图片工具"→"格式"选项卡中的"图片样式"选项组,选择图片样式以获得修饰效果,如图 6.14 所示。

图 6.14　图片样式

同样,选择"图片边框"、"图片效果"、"图片版式"同样也可以达到修饰图片的效果。

演示文稿制作软件

### 6.3.3 幻灯片播放效果设计

为使演示文稿在放映时具有感染力和吸引力,可对幻灯片中的对象进行动画设置,使其在播放时运动起来,增加视觉效果,达到突出重点的目的。

对于幻灯片中的文本、图形、图片等对象,都可以进行动画设置。可以通过添加动画、设置效果、调整顺序、自定义路径等操作来完成动画设置。

**1. 添加动画**

动画有进入、强调、退出等方式。在这些方式中分别有飞入、擦除、淡入、旋转、劈裂等动画方式,如图 6.15 所示。将这些动作添加在不同的对象上,播放时就可以实现动态播放效果。

图 6.15 动画方式

添加动画操作:单击选中一个对象(文本、图形、图片都可以),选择"动画"选项卡中的"动画"选项组,选择一个动画。

进入幻灯片放映模式后,添加了动画的对象,就会自动呈现动画效果。

**2. 设置动画效果**

添加了动画之后,可以设置动画效果、设置动画播放时间、调整动画速度。

设置动画操作:选择"动画"选项卡中"动画"选项组中的"效果选项"命令,添加动画效果。

动画计时操作:选择"动画"选项卡中"计时"命令,选择动画开始播放的时间、动画持续时间、动画延迟时间。

**3. 调整动画顺序**

在一张幻灯片中有多个对象,它们的播放顺序是按照添加动画时的顺序来排序的,需要时可以调整播放顺序。

选择"动画"选项卡中"高级动画"选项组中的"动画窗格"命令,在窗格中选中对象名称,单击下方的箭头,就可调整动画顺序,如图 6.16 所示。

图 6.16　动画窗格

**4. 自定义动画路径**

如果预设的动画路径达不到要求,还可以自定义动画路径。

选中一个对象,选择"动画"→"高级动画"选项组中的"添加动画"命令,在下拉列表框中选择"动作路径"下的"自定义路径"选项,单击定位,拖动鼠标(此时鼠标已经变成画笔)画出路径,结束时双击鼠标,就可以完成自定义动画路径的设置。

**5. 幻灯片切换**

幻灯片切换是指在放映时,幻灯片进入和离开画面的过程。

1) 切换方式选择

选中一张幻灯片,选择"切换"选项卡中"切换到此幻灯片"选项组,单击该选项组小窗口右侧的下拉箭头按钮打开切换方式列表即可选择切换方式。切换方式列表包括"微细型"、"华丽型"和"动态内容"。

2) 切换属性选择

选择"切换"选项卡中"切换到此幻灯片"命令组右侧的"效果选项"和"计时"命令组,就可选择切换属性。切换属性包含"效果选项"、"声音"、"持续时间"等,如图 6.17 所示。如果不选择切换属性,则默认效果为"垂直",切换方式为"单击鼠标时",持续时间为"1 秒",声音效果为"无声音"。

**6. 幻灯片放映**

演示文稿的放映类型有演讲者放映、观众自行浏览、在展台浏览三种。默认选择"演讲者放映"。其他"放映选项"、"换片方式"可根据要求进行设置。

选择"幻灯片放映"选项卡中单击"设置幻灯片放映"命令可进入设置幻灯片放映对话框,选择"放映类型"、"放映选项"、"换片方式"等幻灯片放映方式,如图 6.18 所示。

第 6 章

演示文稿制作软件

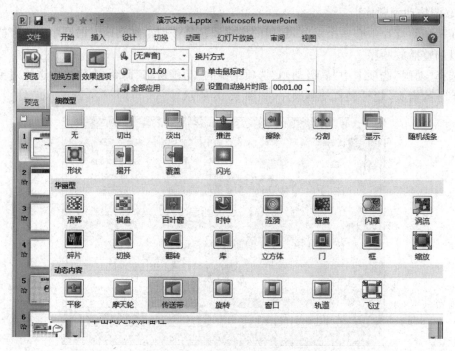

图 6.17　切换方案和属性

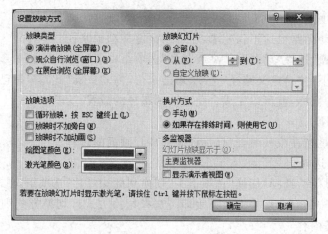

图 6.18　"设置放映方式"对话框

## 6.3.4　幻灯片超链接设计

超链接可以完成跳转连接,超链接的目标可以是本演示文稿中的一张幻灯片、现有文件或网页、电子邮件地址等。

### 1. 插入超链接

在幻灯片中可以为文本和图形等对象添加超链接。

插入超链接操作:选择"插入"→"链接"选项组中的"超链接"命令可插入超链接对象,如图 6.19 所示。

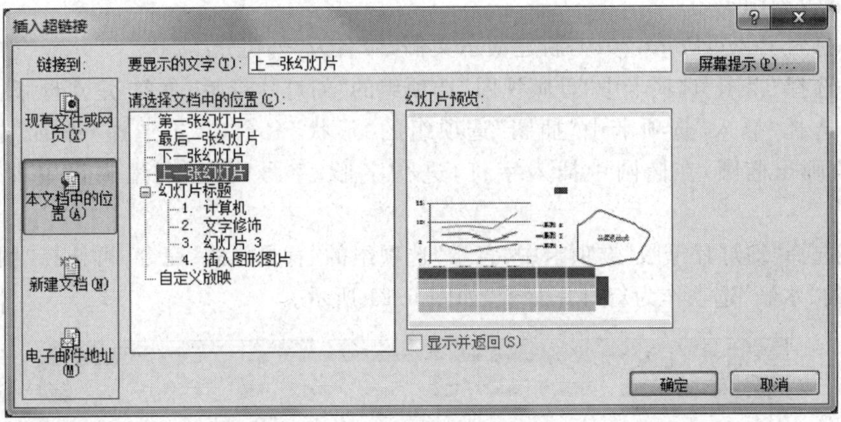

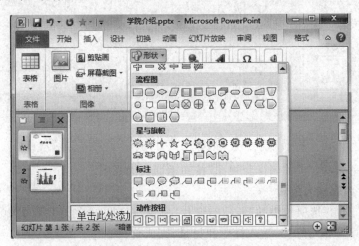

图 6.19 "插入超链接"对话框

## 2. 插入动作按钮

动作按钮通常用来在幻灯片中起一个指示、引导或控制播放的作用。

插入动作按钮操作：选择"插入"→"插图"选项组的"形状"命令，在"动作按钮"选项组中选择动作按钮，在"动作设置"对话框选择按钮的动作，如图 6.20 所示。

图 6.20 "动作按钮"选项

# 6.4 制作"公司介绍"演示文稿

制作一个介绍公司的演示文稿，文件命名为"公司介绍"。要求如下：至少有五张幻灯片，幻灯片风格统一，每张都有公司徽标，应用图示方式展示公司结构，用表格和图表方式反映公司经营产品和经营状况，制作完毕的演示文稿输出为自动放映文件。

## 6.4.1 制作过程

制作分析：用风格统一并带有徽标的幻灯片应用母版完成，公司部门、人员结构用SmartArt 图形完成，经营产品介绍用表格完成、经营状况通过插入图表完成。

演示文稿制作软件

**1. 母版制作**

（1）打开 PowerPoint 2010，新建演示文稿，命名为"公司介绍"。

（2）选择"视图"选项卡中"母版视图"选项组的"幻灯片母版"命令，建立母版。

（3）选择"插入"选项卡中"插图"选项组的"形状"命令，单击选择"椭圆"选项，在母版右上角画出椭圆，在椭圆中插入字符，进行字形、字号、颜色的编辑设置即制成公司徽标。

（4）选择"幻灯片母版"选项卡中"背景"选项组的"背景样式"命令，再选择"图片和纹理填充"中的"水滴"选项作为幻灯片背景，如图 6.21 所示。

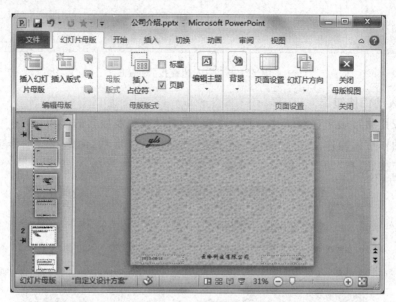

图 6.21　制作母版

（5）制作完毕，单击"关闭母版视图"按钮返回页面视图。

**2. 幻灯片内容输入编辑**

（1）选择"开始"选项卡中的"新建幻灯片"命令，在列出的幻灯片版式中选择"标题幻灯片"版式，建立第一张幻灯片，输入标题和目录，完成首页制作。

（2）同步骤（1），建立第二张幻灯片；选择"插入"选项卡中"插图"选项组的 SmartArt 命令，单击选择"层次结构"图形，在结构图形中插入文字，完成公司部门结构幻灯片制作，如图 6.22 所示。

（3）同步骤（1），建立第三张幻灯片；选择"插入"选项卡中"插图"选项组的 SmartArt 命令，单击选择"棱锥型列表"图形，在结构图形中插入文字，完成公司人员结构幻灯片制作。

（4）同步骤（1），建立第四张幻灯片；选择"插入"选项卡中"表格"选项组的"插入表格"命令，拖动鼠标生成 6 行 5 列表格，在表格输入文字或数组，完成公司产品介绍幻灯片制作。

（5）同步骤（1），建立第五张幻灯片；选择"插入"选项卡中"插图"选项组的"图表"命令，单击选择"簇状柱形图"，如图 6.23 所示。在对应的报表中编辑文字或数据，完成公司业绩公告幻灯片制作。

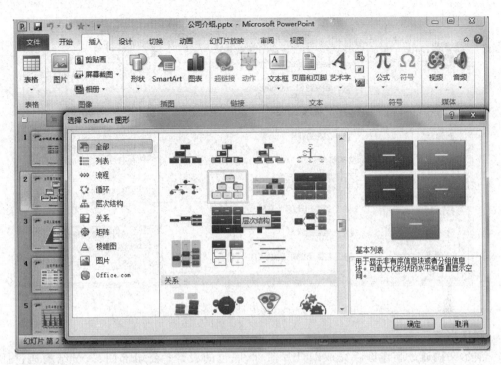

图 6.22 选择 SmartArt 图形

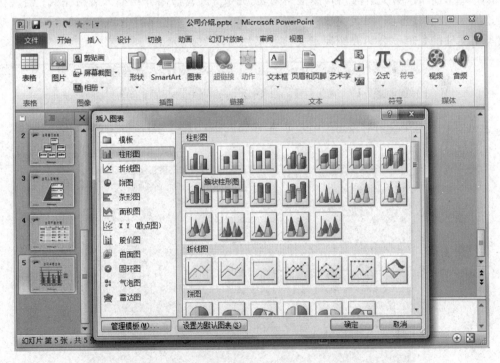

图 6.23 插入图表

### 3. 输出自动放映文件

选择"文件"→"保存并发送"选项组右侧的"更改文件类型"命令,单击选择"PowerPoint 放映(＊.ppsx)"选项,就可将演示文稿保存为自动放映类型,如图 6.24 所示。

演示文稿制作软件

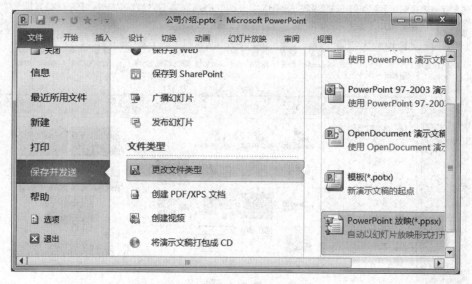

图 6.24 输出自动放映文件

**制作小结：**

　　演示文稿通过制作母版完成幻灯片徽标、底色的设计；公司部门、人员结构通过插入 SmartArt 图形的"层次结构"和"棱锥型列表"完成；经营产品介绍插入表格完成；经营状况通过插入"簇状柱形图"图表完成；应用文件"保存并发送"选项组中的相关命令完成自动放映类型文件的处理。公司介绍演示文稿结果如图 6.25 所示。

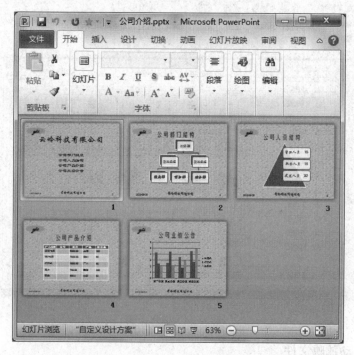

图 6.25 公司介绍演示文稿

### 6.4.2 使用 SmartArt 图形、表格和图表

#### 1. SmartArt 图形

SmartArt 图形是将形状、线条和文本框组合起来的图形,应用它能够快速生成表现力很强的构图,典型的 SmartArt 图形有流程、层次结构、矩阵棱锥图等。

插入 SmartArt 操作:选择"插入"→"插图"选项组中的 SmartArt 命令,插入 SmartArt 图形同时输入文字,如图 6.26 所示。

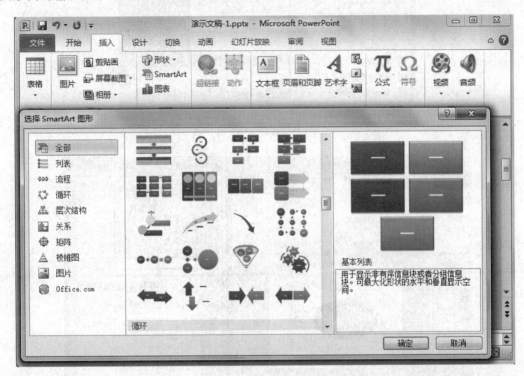

图 6.26 SmartArt 图形

#### 2. 表格

表格指一张二维空表,可以在其中填入文字和数字。制作表格有"插入表格"、"绘制表格"和"Excel 电子表格"三种方式。

插入表格操作:选择"插入"选项卡中的"表格"命令,单击表格图标,然后用鼠标从左上角往右下角对角拖动,产生 $n$ 行 $m$ 列的表格,如图 6.27 所示。

#### 3. 图表

图表是插入幻灯片中的数据图形,它的数据来源是 Excel 表格。图表包含柱形图、折线图、饼图、条形图、圆环图等。插入图表后,就自动进入 Excel 程序,修改编辑 Excel 表格中的数据,幻灯片上的图表就对应产生变化,如图 6.28 所示。

插入图表操作:选择"插入"选项卡中的"图表"命令,选择一个图表类型,双击。

图 6.27　插入表格

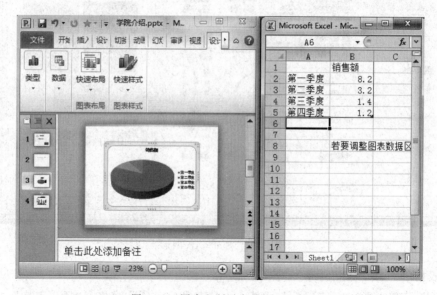

图 6.28　图表和所对应的 Excel 表

### 6.4.3　使用声音和视频

**1. 插入声音**

幻灯片中可以插入音频对象,增加播放的音响效果。音频文件包含"文件中的音频"、"录制音频"等,其中音频格式包括.mp3、.mid、.wav 等。插入声音文件后,在幻灯片中会显示一个小喇叭图形(可以隐去)。声音文件可自动播放或在单击时播放,可以在整个演示文稿的放映过程中播放,也可以在一张幻灯片放映时播放。

插入声音操作:选择"插入"选项卡中"媒体"选项组中的"音频"命令,在下拉列表中选择音频文件,如图 6.29 所示。

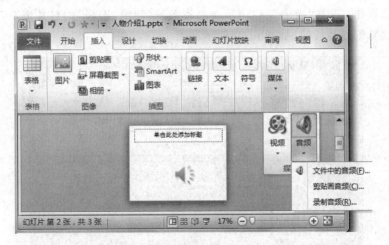

图 6.29 插入音频

一般情况下,音频文件只能在所插入的一张幻灯片中播放,如果希望跨幻灯片播放,可以用以下操作完成:

单击喇叭图标,选择"音频"选项卡中"播放"子选项卡,在"开始"下拉列表中,选择"跨幻灯片播放"选项,如图 6.30 所示。

图 6.30 设置"跨幻灯片播放"

**2. 插入视频**

幻灯片中可以插入音频对象,增加播放的视觉效果。视频文件包含"文件中的视频"、"来自网站的视频"等,其中视频格式包括.avi、.mpg、.wmv 等。

插入视频操作:选择"插入"→"媒体"选项组中的"视频"命令,选择列表中的视频对象。

## 6.4.4 演示文稿浏览、保存与输出

**1. 视图切换**

制作幻灯片主要是在普通视图中进行,文件制作完毕,可以通过不同的视图进行浏览。可以切换到"幻灯片浏览"、"备注页视图"和"阅读视图"进行浏览或阅读。

演示文稿制作软件

浏览视图操作：选择"视图"→"演示文稿视图"选项组，选择"幻灯片浏览"命令。或者单击底栏上浏览幻灯片按钮，如图 6.31 所示。

图 6.31　幻灯片浏览视图

### 2. 演示文稿保存与输出

演示文稿除普通保存之外，演示文稿还有多种保存和输出方式。

1）打包处理

可以将演示文稿打包到文件夹，也可以打包到 CD 光盘，还可以将 PowerPoint 播放器与演示文稿一起打包。播放器与演示文稿集成打包后的文件，在没有安装 PowerPoint 应用程序的计算机上，同样也可以播放演示文稿。

打包处理操作：选择"文件"→"保存并发送"选项组右侧的"将演示文稿打包成 CD"命令，继续单击"打包成 CD"按钮，选择就可将演示文稿保存到文件夹或打包成 CD，如图 6.32 所示。

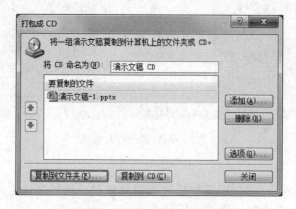

图 6.32　PPT 打包对话框

2）输出自动放映文件类型

选择"文件"→"保存并发送"选项组右侧的"更改文件类型"命令，选择"PowerPoint 放映（∗.ppsx）"选项，就可将演示文稿保存为自动放映类型。同样，还可以保存为"模板（∗.potx）"、"OpenDocument（∗.odp）"等文件类型或"PDF/XPS 文档"，以满足不同需求。

3）保存到 Web

选择"文件"→"保存并发送"选项组右侧的"保存到 Web"命令，就可将演示文稿保存到
Web，以便其他计算机访问此文档。同样，还可以保存为"广播幻灯片"、"电子邮件"等，实现
资源共享，如图 6.33 所示。

图 6.33 文件保存发送方式

**例 6-2** 制作一个计算机介绍演示文稿，文件命名为"计算机介绍"。要求至少有 4 张幻
灯片，每张幻灯片标题用艺术字，背景用"白色大理石"；每张幻灯片至少有 1 张照片，照片
要求美化处理；第一页插入音乐，实现跨幻灯片播放；演示文稿自动播放。

操作步骤如下：

（1）制作图片和艺术字。

① 打开一个演示文稿，选择"开始"选项卡中的"幻灯片"选项组，单击"新建幻灯片"命
令，选择"空白"版式插入幻灯片（或者用 Ctrl＋M 快捷键插入幻灯片）。

② 在第一张幻灯片中，选择"插入"选项卡中"文本"选项组的"艺术字"命令，在幻灯片
上单击后在文本框中输入文字。

③ 选择"插入"选项卡中"图像"选项组的"图片"命令，选择文件夹中的图片。

④ 单击图片，选择"图片工具格式"选项卡中"图片样式"选项组中的"棱台左透视"。

（重复以上 4 步，制作另外 3 张幻灯片）

（2）制作音乐效果。

① 选择第一张幻灯片，选择"插入"→"音频"→"文件中的音频"命令，在相应文件夹中
选择音频文件（.mp3）。

② 单击喇叭图标，选择"音频"选项卡中"播放"子选项卡，在"开始"下拉列表中，选择
"跨幻灯片播放"选项，同时选择"放映时隐藏"选项。

演示文稿制作软件

（3）幻灯片切换制作。

① 选择"切换"选项卡中"切换到此幻灯片"选项组的"旋转"命令。

② 选择"切换"选项卡中"计时"选项组的"设置自动换片时间"命令（00：03.00），即自动换片时间为 3 秒。

③ 选择"幻灯片放映"选项卡中"设置幻灯片放映"命令，在对话框中选择"循环放映"选项。结果如图 6.34 所示。

图 6.34　计算机介绍演示文稿

# 6.5　本　章　小　结

本章以实例为主导介绍了应用演示文稿制作软件 PowerPoint 2010 创建、编辑、播放演示文稿的基本方法。

演示文稿的制作应该学习掌握框架设计、幻灯片内容制作及播放设置三个主要环节。框架设计包括幻灯片版式、主题与模板、背景的设计及母版设计；幻灯片内容的制作是演示文稿的核心内容，包括输入普通文字、艺术字，插入图形、图像、表格、公式、超链接、SmartArt 图形、音频及视频等对象，通过这些对象的组合，实现幻灯片内容的突出及美化；播放设置是演示文稿提高传播效果重要手段，包含动画、音响、幻灯片切换、超链接等设置。

演示文稿以动态、可听、可视的方式进行播放，以图文并茂的形式进行演示，可形象直观、生动活泼地展示文稿的内容，具有表现丰富、信息量大、感染力强等特点。广泛地应用于学术报告、课堂教学、会议演讲、产品介绍、成果宣传等内容的展示上。

演示文稿可以用多种形式进行保存和播放，经过打包后的演示文稿在不启动演示文稿制作软件 PowerPoint 2010 的环境下也能进行播放，使得演示文稿的应用更加灵活方便。

# 习　　题

1. 参照 6.2 节制作一个个人影集演示文稿，文件命名为"个人影集"。

要求如下：

（1）至少有 5 张幻灯片，第一张为标题和目录，其余每张标题用艺术字；

（2）每张幻灯片选择一个主题，第二张之后每张幻灯片中至少有 2 张照片（照片可以从网络上下载或用自拍照片），每张照片有介绍文字，文字有彩色变化和字体、字号变化；

（3）第一页的目录与其他页用超链接跳转；

（4）每张幻灯片放映时图片、文字有动画效果；

（5）幻灯片切换时有动态效果。

2. 参照例 6.4 节制作一个学院情况简介演示文稿，文件命名为"学院简介"。

要求如下：

（1）包含四张幻灯片，每张必须有学院徽标志和学院名称（可以自编），背景为浅灰；

（2）第一张为标题页，要求有学院名称和图片（可以下载）；

（3）第二张为学院机构介绍，应用 SmartArt 图形的"层次结构"制作，其中文字有彩色变化和字体、字号变化；

（4）第三张为专业课程目录（至少 3 门，包含课程代码、课程名称、学分、考核方式 4 项），用插入表格方式制作；

（5）第四张为某门课成绩分析图，对 3 个班《计算机基础》课的优、良、中、差 4 个等级人数的数据用三维簇状图表示（数据自拟）。

# Access 数据库应用

**学习目标：**

在信息时代，用数据进行研究、用数据创新、用数据传播已经成为社会的共识，数据已经渗透到各行各业，与社会发展密切相关，人们几乎一刻都离不开数据。数据库技术承载着信息技术的发展和变革。数据库技术是计算机科学与技术的组成部分。在飞速发展的信息社会，学习掌握数据库应用技术尤为重要。本章的学习重点：

- 了解数据、信息及数据库的概念。
- 掌握桌面数据库管理系统 Access 2010 基础操作。
- 掌握在数据库中组织应用查询功能的方法。
- 学习应用 Access 创建窗体的方法。
- 学习在数据库中组织、编辑、输出统计报表。

## 7.1 数据库技术基础

随着进入云计算、大数据时代，以数据的组织、存储和管理为核心的数据库技术得到了快速发展，特别是在当今网络化、物联网的信息社会中，数据库技术得到了更广泛的应用，覆盖了各行各业。人们要进行数据采集、用数据决策、对数据进行管理，都离不开数据库技术。

### 7.1.1 数据库技术的发展

数据管理技术经历了从文件管理到数据库管理的进程。文件管理系统不能满足数据共享，对数据安全也难以保证，很难适应大数据量的存储和处理的需求。数据库管理技术能够满足数据共享性、数据独立性和完整性及数据安全性等各项性能指标要求，因此数据库技术是信息技术领域发展最快的技术之一。

数据库技术发展经历了初期阶段、发展阶段和成熟阶段三个阶段。

在 20 世纪 60 年代，计算机硬件已进入第二代成熟时期，外存储器已有了磁鼓、磁盘和磁带。计算机应用也大规模地转向数据处理，数据的存储量剧增，社会的需求促使人们去研究一种较新、较好的工具和方法来在存储数据，以达到共享数据、提高数据利用率的目的。数据库的概念在这个时期应运而生，产生了基础理论，形成了数据库的基本应用技术。这个时期比较有代表性的是 IDS(Integrated Data Store，集成数据库)，它于 1963 年投入使用，可为 COBOL 程序提供数据共享。另一个具有代表性的是 IMS(Information Management System，信息管理系统)，它是由 IBM 公司设计开发的一个层次式数据库系统，是一个商品化的数据库系统,这是数据库发展的初级阶段,这一阶段的数据库主要是建立在层次模型和网状模型上的数据库,它们奠定了现代数据库发展的基础。

在 20 世纪 70 年代,计算机硬件进入第四代,计算机的速度越来越快,存储容量越来越大,数据存储及处理需求增长迅猛。数据处理的迫切要求,促进了数据库技术的快速发展,这个时期比较有代表性的工作是"大型共享数据库的关系模型"一文发表。这是一篇极其重要的论文,该文对数据库的关系、规范化理论等问题做了明确阐述,该篇论文对数据库技术的发展做出了划时代的贡献。其次,数据库系统的结构标准化,关系数据库系统商品化,也昭示了数据库应用技术走出实验室、向着大众化的方向发展,这是数据库技术的发展阶段。这一阶段的数据库的是关系型数据库。

从 20 世纪 80 年代起,计算机硬件、软件技术迅猛发展,许多大型数据库系统已能移植到微型机上运行,数据库应用技术进入了各行各业,各种统计检索、企业管理、办公自动化等领域都广泛地应用数据库技术为其服务。关系数据库技术已发展成熟,得到了广泛应用。随着计算机网络化、智能化的发展,数据库向分布式关系数据库系统、面向对象方法的工程数据库系统、演绎数据库系统、知识库系统等方向发展。这一时期的数据库技术的特点是:分布式数据库得到广泛应用,大型数据库向普通用户普及。具有代表性的分布式数据库系统是 SQL * STAR 和 INGRES/STAR,具有代表性的大型数据库系统是 Oracle 和 SyBase,这是数据库技术的成熟阶段。这一阶段的数据库主要是在关系数据库数据库的基础上扩展延伸。这个时期的数据库采用关系模型和对象模型等数据模型。数据库技术在商业管理、地理信息系统、生产计划管理管理等领域得到广泛深入的应用。

经过以上三个阶段的发展,数据库技术成了现代信息技术的重要组成部分,是当今全面发展的信息社会不可或缺的应用技术。

## 7.1.2 数据、信息及数据库的概念

### 1. 数据

数据是对客观世界中的事物的符号表示。数据有不同形式的表现形式,例如文字、数字、声音、图形都可成为数据。数据可以精确地描述客观事实,以量化的方式反映事物的存在。例如描述一个人身高 1.75m,体重 70kg,就代表一个具体人的基本数据。

### 2. 信息

信息是经过加工处理后数据的表现形式。信息能反映事物变化的特征、能对人类行为产生影响,具有针对性和实效性。例如,"9 点在教室开班会",在对时间、地点、内容等数据项经过了综合处理后成为了信息,并对学生产生了影响。

### 3. 数据库

数据库(Database,DB)是经过累积的、长期存储在计算机设备内的、有组织结构的、可共享的、统一管理的数据集合。它是结构化的对数据进行存储和管理的计算机软件系统。通俗地讲,数据库是计算机用来组织、存储和管理数据的"仓库"。可以从两个方面来理解数据库:第一,数据库是一个实体,它是能够合理保管数据的"仓库";第二,数据库是对数据管理的一种方法和技术,它能更有效地组织数据、更方便地维护数据、更好地利用数据。在数据库中,数据具有共享性、独立性、完整性、安全性及保密性等特性,同时要求最大限度地减少数据的冗余度,它是计算机软件系统的一个重要组成部分。

各行各业根据自己的需要,都建立了自己的数据库,例如,银行的储户数据库、电信部门的电话号码数据库、学校的学生数据库、人事部门的人才数据库、商业部门的物资进销存数据库等,这些数据库的建立为本部门的数据统计、查询提供了数据来源,为信息化建设奠定了坚实基础。数据库的存储量从几兆字节(MB,1M=1024K)到几百吉字节(GB,1G=1024M)、几百太字节(TB,1T=1024G)、几百拍字节(PB,1P=1024T),甚至达到 EB(1E=1024P)、ZB(1Z=1024E)级别。也就是通常所说的小型数据库、中型数据库、大型数据库和超级数据库。这些数据库都是通过数据库管理系统建立的,不同的数据库管理系统都有自己的运行机制。

## 7.1.3 数据模型

数据模型是对现实世界数据的特征的抽象,它描述各数据的构造和数据之间的联系。通过对数据和信息进行建模,人们能够比较真实地模拟现实世界,在模型的帮助下人们更深刻真实地理解数据和信息,更便于在计算机上实现对数据和信息的表示和处理。本节简单介绍和数据模型有关的概念。

**1. 数据模型**

在数据库技术中主要有层次模型、网状模型、关系模型和面向对象模型。

1) 层次模型

层次模型用树型结构来描述数据间的联系,如图 7.1 所示。

层次结构有严密的层次关系,每个结点(除根结点)仅有一个父结点,结点之间是单线联系。

2) 网状模型

网状模型用网状结构来描述数据间的联系,如图 7.2 所示。

在网状结构中,结点之间可以有两个或多个结点。

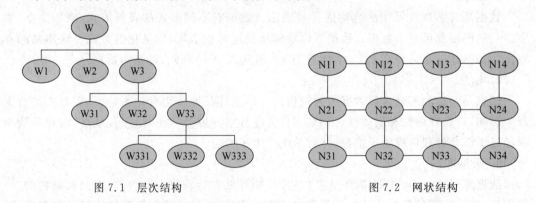

图 7.1  层次结构                        图 7.2  网状结构

3) 关系模型

关系模型用二维表结构来描述数据间的联系,如表 7.1 和表 7.2 所示。可以看到,一张表就是一个关系。

表 7.1　图书登记表

| 书号 | 书名 | 作者 | 出版社 | 出版日期 | 定价 |
|---|---|---|---|---|---|
| 0101001 | 高等数学 | 李斌 | 高等教育出版社 | 2010-03-02 | 30 |
| 0102002 | 大学物理 | 宋三维 | 电子工业出版社 | 2000-0201 | 28 |
| 0201001 | 大学英语 | 董鸿 | 外语出版社 | 1999-01-26 | 23 |
| 0201002 | 德语基础 | 李苏章 | 高等教育出版社 | 1998-04-25 | 27 |
| 0301001 | 计算机基础 | 刘佳 | 清华大学出版社 | 2011-06-05 | 26 |
| 0301002 | C 语言设计 | 张阳 | 高等教育出版社 | 2000-09-10 | 21 |

表 7.2　人员登记表

| 工号 | 姓名 | 性别 | 出生年月 | 民族 | 学历 | 婚否 | 参加工作时间 |
|---|---|---|---|---|---|---|---|
| 1201001 | 张正辉 | 男 | 1984-05-02 | 汉 | 本科 | | 2009-03-01 |
| 1201002 | 宋华维 | 女 | 1981-02-02 | 白 | 本科 | √ | 2006-06-03 |
| 1202001 | 李兵 | 男 | 1985-03-03 | 回 | 中专 | | 2005-09-08 |
| 1301001 | 苏红图 | 男 | 1979-05-04 | 傣 | 研究生 | √ | 2003-07-05 |
| 1301002 | 刘海岚 | 女 | 1976-01-26 | 汉 | 高专 | √ | 2001-06-15 |
| 1302001 | 王媛 | 女 | 1983-12-03 | 汉 | 研究生 | √ | 2007-06-08 |

二维表由行、列构成关系，但并不是所有二维表都可作为一个"关系"，只有规范化的二维表才能构成"关系"。

从上面两张表可以看出，它们都是由行和列构成，而且表头没有出现嵌套，它们是规范的，所以可以把它们称为关系模型的表。

**2. 关系数据库**

建立在关系数据模型上的数据库就是关系数据库。关系数据库具有数据结构简单、概念清楚、理论成熟、格式单一等特点。目前使用大多数数据库都是关系型数据库，如Sybase、ORACLE、SQL Server、Visual FoxPro、Access 等。

从关系数据模型的角度来看，"关系"就是二维表，表的第一行用来描述属性，有几列就有几个属性。表 7.1 直观地表示了图书基本情况的"关系"。在表的开始第一行就定义了"书号"、"书名"、"作者"、"出版社"、"出版日期"和"定价"六个属性。从第二行以下各行是具体的内容，每一行称为一条记录。对于表 7.1 来说，每本书的六个属性构成数据库中的一条记录，若干条记录就构成一个关系数据库。

如果用关系模式来描述，表 7.1 可表示如下：

图书登记表(书号,书名,作者,出版社,出版日期,定价)

相当于构造了一个表头，根据这一表头，逐行往下填写对应的具体内容，就形成了一张二维表格。

关系数据库中对数据的操作都以关系操作为基础。有下列三种基本关系操作：

（1）选择，这一操作用来完成选取二维表中的满足条件的行，即平行筛选出某些记录。如从"学生登记表"中选出"出生地"为云南的男生。

（2）投影，这一操作用来完成选取二维表中的满足条件的列，即垂直选取某些字段的内容。如只选取"姓名"和"性别"两列进行处理。

（3）连接，这一操作用来完成两个数据表的连接，生成一个新的数据表，即由两个二维表联合成一个更宽的二维表。

### 7.1.4　数据库管理系统

数据库管理系统是计算机软件系统，它是数据库的核心，信息处理系统在数据库管理系统的支撑下进行工作。

**1. 数据库管理系统的功能**

数据库管理系统（Database Management System，DBMS）的功能和作用是对数据库进行集中控制，并能够建立、运行数据库，从而实现数据共享，保证数据的完整性、安全性和保密性。

数据库管理系统分为大型系统、中型系统和小型系统。大型系统功能较全，处理能力较强，它们常用于国家级大型管理信息系统（Management Information System，MIS）的开发；中型系统处理能力相对小一些，常用于省、市级的管理信息系统的开发应用；小型系统的处理能力相对更小，数据处理量有限，如 FoxPro X 系列、Access 等，常用于小型桌面管理信息系统开发，满足办公需要。

数据库管理系统具有下列主要功能：

（1）定义数据库——它能够完成对数据库逻辑结构的定义，存储结构的定义及其他一些结构和格式的定义。

（2）数据管理功能——它能够控制数据的存储、查找和更新，保证数据的完整性和安全性。

（3）建立数据库和维护数据库——它能够建立新的数据库，重新组织数据，恢复数据，更新数据库结构及监视数据库。

（4）通信功能——它能够与其他应用程序或软件有相应的数据交换接口。

**2. 常用的数据库管理系统介绍**

1）ORACLE 数据库

ORACLE 是大型、功能齐全的数据库管理系统。ORACLE 数据库产品被很多大型公司采用，许多大型网站、银行、证券、电信部门在建设开发数据库系统时等都选用 ORACLE。

2）SQL-Server

SQL-Server（Structured Query Language Server）是一个网络型关系数据库管理系统，它有许多先进的功能，具有使用方便、可伸缩性好与相关软件集成程度高等优点，受到广大用户的欢迎。

3）MySQL

MySQL 是一个小型关系型数据库管理系统，常应用在 Internet 上的中小型网站中。由于其体积小、速度快、总体拥有成本低的特点，为中小型网站所青睐。

4）Visual FoxPro

Visual FoxPro 是经过改进的 FoxPro，在功能和性能上较 FoxPro 有了很大的改进，主要是引入了窗口、按钮、列表框和文本框等控件，进一步提高了系统的开发能力，主要用于桌面系统的开发。

5）Access

Access 属于关系型数据库管理系统，是微软办公自动化套件 Office 中的组件之一，比较适于桌面数据库应用系统。它具有较好的向导和大量的实用工具。对于非专业人员，可以在向导的指引下完成数据库的开发和管理，还可以应用 VBA（Visual Basic for Application）开发功能更全、综合性更强的数据库系统。

**3. 数据库系统**

数据库系统（Database System，DBS）是指计算机系统引进数据库技术后的整个信息管理系统。它由四个部分组成。

（1）计算机硬件，包括构成计算机系统的各种物理设备，包括存储数据所需的设备。为保证能存储和处理大量的数据，计算机必须配有足够大的内存和外存。

（2）计算机软件，包括支撑计算机正常工作的操作系统、数据库管理系统及应用程序。数据库管理系统是数据库系统的核心软件，是在操作系统的支持下工作的软件，该软件具有科学地组织和存储数据、高效获取和维护数据的功能。具体地说，数据库管理系统主要功能包括数据定义功能、数据操纵功能、数据库的运行管理功能。数据库系统中的计算机软件确保了数据库的正常运行和工作。

（3）数据库（DB），对数据进行存储、处理的地方。数据库中的数据按一定的数学模型组织、描述和存储，具有较小的冗余度、较高的数据独立性和易扩展性。在数据库中存放着大量数据供各类用户共享使用。

（4）工作人员，负责对整个系统进行建立、维护、协调工作的技术人员，主要有四类。第一类是系统分析员和数据库设计人员，负责应用系统的需求分析和规范说明，并参与数据库系统的设计。第二类是应用程序员，负责编写使用数据库的应用程序。第三类是数据库管理员（DBA），负责数据库总体信息的控制。第四类为最终用户，利用系统的接口和查询语言对数据库进行访问和应用。

只有上述四个部分都配备齐全，协调运行，才能构建成一个完整的数据库系统，完成数据处理和信息管理工作。

# 7.2　Access 2010 数据库基础操作

本节介绍 Access 2010 数据库管理系统的基础操作方法。

## 7.2.1　Access 2010 主窗口

Access 2010 具有界面简单、操作方便、兼容性好、工具丰富和管理便捷等特点。它有许多工具和向导，提供可视化操作，能够让使用者高效快速地开发桌面数据库系统。

**1. Access 2010 工作窗口**

进入 Access 2010 系统即打开 Access 2010 工作窗口。它包含文件、开始、创建、外部数据及数据库工具等选项卡，如图 7.3 所示。

进入 Access 2010 工作窗口有三种方式：

（1）单击 Windows 操作系统左下角的"开始"按钮，选择"所有程序"→"Microsoft Office"→Microsoft Access 2010 命令。

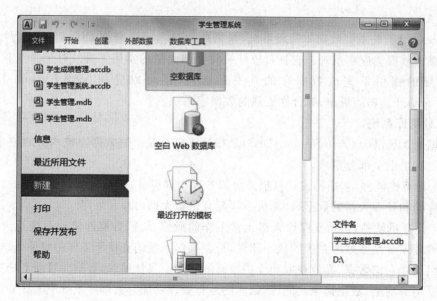

图 7.3　Access 2010 工作窗口

（2）在 Windows 操作系统桌面，双击"Access 2010"快捷图标，进入 Access 2010 工作环境。

（3）双击已经存在的 Access 2010 数据库文件（.accdb），打开数据库同时进入 Access 2010 工作环境。

**2. 后台视图**

打开 Access 数据库管理系统的主界面，即进入后台视图。它的主要选项卡是"文件"选项卡，通过后台视图的文件选项卡可以完成新建数据库、保存数据库、维护数据库等一系列操作。

## 7.2.2　Access 2010 系统结构介绍

Access 数据库管理系统通过数据库来管理整个应用系统。数据库是一级容器对象，以独立文件形式保存在磁盘中，扩展名为 .accdm，其他子对象都包含在数据库中。在 Access 数据库中主要通过表格、查询、窗体、报表、宏与代码等一系列的对象来完成数据组织、数据查询、界面设计、报表处理等各项管理任务，如图 7.4 所示。

**1. 表格**

表格指数据表，简称"表"，它是数据库最基本的对象，是数据库的基础，用于存放基础数据。

**2. 查询**

查询是向一个数据表发出检索信息的请求，通过一些限定条件提取特定的记录，是快速获取信息的方法。

**3. 窗体**

窗体是 Access 数据库最常用的一个对象，它是一个比较方便的交互界面，它主要用来显示数据和编辑数据。在窗体上可以很方便地完成查找、建立、添加、编辑、删除数据的操作。

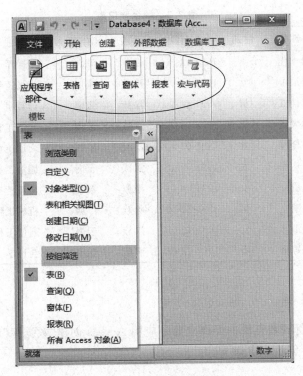

图 7.4 Access 2010 数据库操作对象

**4. 报表**

报表是以表格形式输出存放在数据库中的数据。报表的数据源可以是数据表、查询生成的表等。在设计过程中,可以用线条、图形、图表来修饰报表,使之清晰明了、方便易用。

**5. 宏与代码**

宏是一组操作命令的集合。应用宏可以将重复的、经常性的操作放在一起,使之自动完成,使管理和维护简化、自动化。

代码主要是指 VBA 函数和子程序。在代码中,用 VBA 编写函数或子程序将窗体、报表等对象联系起来,完成复杂的任务。

Access 2010 通过数据库将表、查询、窗体、报表 4 个主要对象组合起来就能完成数据存储、数据查询、界面设计、报表生成等操作,并能建立功能完善的数据库管理系统,使得普通用户不必编写代码,就可以完成大部分数据管理的任务。

# 7.3 建立学生成绩管理数据库

学生登记表的栏目和内容如表 7.3 所示。要求在 Access 系统中建立"学生成绩管理"数据库,同时建立"学生登记表",然后输入数据。

表 7.3  学生登记表

| 学号 | 姓名 | 性别 | 出生日期 | 民族 | 出生地 | 专业 | 电话 |
|---|---|---|---|---|---|---|---|
| 2012103041 | 程立化 | 男 | 1992-04-30 | 白族 | 湖北 | 金融学 | 13898712345 |
| 2012102061 | 董尼可 | 女 | 1992-06-01 | 汉族 | 重庆 | 市场营销 | 13898712563 |
| 2012104051 | 杜佳红 | 男 | 1991-11-10 | 汉族 | 云南 | 计算机 | 13898712761 |
| 2012107012 | 高大成 | 男 | 1992-03-22 | 汉族 | 云南 | 交通工程 | 13898712289 |
| 2012107014 | 华全刚 | 女 | 1993-03-10 | 汉族 | 陕西 | 交通工程 | 13898712435 |
| 2012106002 | 刘达珊 | 女 | 1992-07-15 | 汉族 | 云南 | 通信工程 | 13798712333 |
| 2012102021 | 马里 | 女 | 1991-09-13 | 维族 | 新疆 | 市场营销 | — |
| 2012108031 | 孙李立 | 男 | 1991-12-09 | 壮族 | 广西 | 机械工程 | — |
| 2012106001 | 温汇 | 女 | 1991-12-06 | 汉族 | 云南 | 通信工程 | 13898712346 |
| 2012101001 | 尤婷彬 | 女 | 1992-12-05 | 满族 | 辽宁 | 会计学 | 13888712395 |

## 7.3.1  创建过程

建立学生成绩管理数据库的操作主要是应用 Access 创建"数据库"和"数据表",前者是外壳,后者是核心。创建步骤如下。

**1. 建立数据库**

在 Windows 环境下,通过"开始"按钮或桌面快捷方式,打开 Access 2010 数据库管理系统,选择"文件"选项卡中的"空数据库"图标,在该系统中建立名称为"学生成绩管理.accdb"的数据库,保存到 D 盘。

**2. 建立数据表及表结构**

(1) 打开"学生成绩管理.accdb"的数据库,选择"创建"→"表格"选项组中的"表设计"命令。

(2) 在右侧表格栏的"字段名称"、"数据类型"、"字段大小"中分别输入如表 7.4 所示的内容,并将学号设置为主键。

表 7.4  "学生登记表"结构

| 字 段 名 称 | 数 据 类 型 | 字 段 大 小 |
|---|---|---|
| 学号 | 文本 | 10 |
| 姓名 | 文本 | 8 |
| 性别 | 文本 | 1 |
| 出生日期 | 日期/时间 | 8 |
| 民族 | 文本 | 3 |
| 出生地 | 文本 | 4 |
| 专业 | 文本 | 20 |
| 电话 | 文本 | 12 |

Access 建立的学生登记表结构如图 7.5 所示。

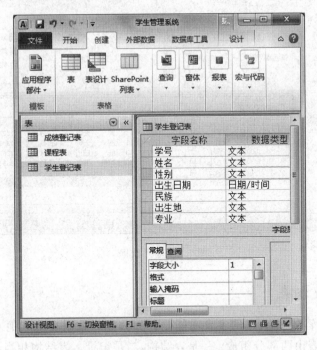

图 7.5　建立学生登记表及字段输入

### 3. 保存数据表

单击关闭按钮,在"另存为"对话框中输入"学生登记表",单击"确定"按钮保存,如图 7.6 所示。

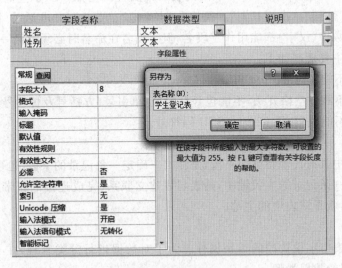

图 7.6　保存数据表

### 4. 输入数据

单击左侧"学生登记表"选项,在表栏中输入数据,如图 7.7 所示。

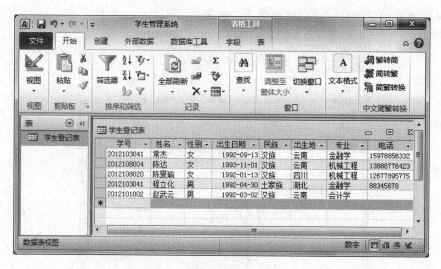

图 7.7　输入数据

## 7.3.2　创建数据表

数据表是数据库的基础,它的主要功能是存储数据。数据表向其他对象提供数据源。数据表简称"表"。表由两部分组成:一是表结构,二是记录。表结构相当于二维表的表头,记录相当于表的内容。表结构包括字段名称、数据类型、字段属性等部分。

**1. 字段名称及主键**

1) 字段名称

字段名称即字段的标识名,一个字段代表一个属性。例如,在"学生登记表"中设置了"学号"、"姓名"、"性别"、"出生日期"、"民族"、"出生地"、"专业"和"电话"8 个字段。大多数字符(包括字母、数字、汉字)都能用作字段名,但字段名在命名时必须遵循一定的规则,否则系统不予接受。主要规则如下:

(1) 字段名不能超过 64 个字符。

(2) 字段名不能以空格开头,不能包含有句号、单引号、方括号及惊叹号。

(3) 字段名不能使用 0~32 的 ASCII 码符号。

2) 主键

主键是在表中具有代表特征的字段,是能唯一确定一条记录的字段(也可以由几个字段共同构成),它是一条记录的主关键字,是表与表建立联系、完成连接的纽带,如学生登记表中的"学号"字段,就是该表中的主键。

**2. 数据类型**

数据类型指表中字段数据的类别属性。为了对数据进行分类管理,在 Access 2010 中设置了 12 种不同的数据类型:

(1) 文本型,用于存储文字、符号或文本与数字的组合,如姓名、学号、电话号码等信息,最大值为 255。

(2) 备注型,用于存储相对较长的文字、符号和数字,如说明或备注,最大值为 65 535。

(3) 数字型,用于存储纯数字。数字类型包括字节、整型、单精度、双精度。不同的类型可存储的数字大小不同。如,"字节"存储 0～255 之间的数;"整型"存储－32 768～32 767 之间的数,不含小数;单精度存储－$3.4×10^{38}$～$3.4×10^{38}$ 之间的数,可带小数。

(4) 日期及时间型,用于存储日期和时间,长度值为固定 8 字节。

(5) 货币型,用于存储表示币值的数据。

(6) 自动编号型,自动生成递增编号。

(7) 是/否型,用于存储逻辑型数据,如 Y 或 N、T 或 F。

(8) OLE 型,OLE 是对象链接嵌入的英文缩写,用于链接由其他程序所创建的对象,如图片、声音、表格、文档等。在表中存放链值,不能显示,只能在窗体和报表中显示,最大值为 1GB。

(9) 超链型,用于存储超链接地址,可以链接到文件、本数据库对象、电子邮件及网页等。

(10) 附件型,用于存储文档和二进制文件。

(11) 计算型,用于显示计算结果。

(12) 查阅向导型,用于查阅另外表上的数据,使用组合框来选择某一列表中的值。

以上 12 种类型,各有特点,各尽其用。在选用时,要充分考虑其特点和作用,以达到合理、高效、节约存储空间的目的。

**例 7-1** 在"学生成绩管理"数据库中只有"学生登记表"还不能满足管理的要求,还要有"成绩登记表"和"课程表",由这三个表组成的数据库才能完成学生成绩的管理。在"学生成绩管理"数据库中创建"成绩登记表"和"课程表",表结构如表 7.5、表 7.6 所示,注意"成绩登记表"的主键为编号,"课程表"的主键为课程号。

表 7.5 "成绩登记表"结构

| 字 段 名 称 | 数 据 类 型 | 字 段 大 小 |
|---|---|---|
| 编号 | 自动编号 | |
| 学号 | 文本 | 10 |
| 课程号 | 文本 | 7 |
| 学期 | 文本 | 4 |
| 考试成绩 | 数字 | 整型 |

表 7.6 "课程表"结构

| 字 段 名 称 | 数 据 类 型 | 字 段 长 度 |
|---|---|---|
| 课程号 | 文本 | 7 |
| 课程名称 | 文本 | 20 |
| 学分 | 数字 | 整型 |
| 课程分类 | 文本 | 2 |
| 考察类型 | 文本 | 2 |

创建步骤如下:

(1) 打开"学生成绩管理"数据库,选择"创建"→"表格"选项组的"表设计"命令。

(2) 在右侧表格栏的"字段名称"、"数据类型"、"字段大小"中分别输入如表 7.5 所示的内容。

(3) 单击"编号"字段名右侧,选择"主键"(右侧出现小钥匙图形),如图 7.8 所示。

(4) 单击关闭按钮,在"另存为"对话框输入"成绩登记表",单击"确定"按钮保存。

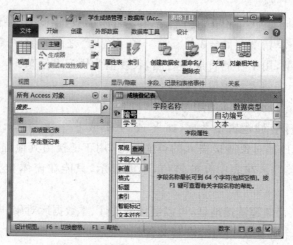

图 7.8 "学生成绩管理"数据库中的表及主键

重复以上步骤,输入如表 7.6 所示"课程表"中的结构内容,选择"课程号"为主键,即可创建"课程表"。

创建结构后即可输入内容,"成绩登记表"的内容如表 7.7 所示,"课程表"的内容如表 7.8 所示。

**表 7.7 成绩登记表**

| 学 号 | 课 程 号 | 学 期 | 考 试 成 绩 |
|---|---|---|---|
| 2012106002 | 1101001 | 第一学期 | 83 |
| 2012106002 | 2101001 | 第一学期 | 87 |
| 2012106002 | 3102003 | 第一学期 | 93 |
| 2012106002 | 3102003 | 第一学期 | 87 |
| 2012103041 | 3102003 | 第一学期 | 75 |
| 2012103041 | 3102001 | 第一学期 | 89 |
| 2012103041 | 3102002 | 第一学期 | 92 |
| 2012106001 | 3102001 | 第一学期 | 85 |
| 2012107012 | 3102001 | 第一学期 | 83 |
| 2012107012 | 3102002 | 第一学期 | 90 |
| 2012108031 | 3102001 | 第一学期 | 93 |

**表 7.8 课程表**

| 课 程 号 | 课 程 名 称 | 学 分 | 课 程 分 类 | 考 察 类 型 |
|---|---|---|---|---|
| 1101001 | 高等数学 | 4 | 必修 | 考试 |
| 1101002 | 大学物理 | 4 | 必修 | 考试 |
| 2101001 | 大学英语 | 4 | 必修 | 考试 |
| 3102001 | 大学计算机 | 2 | 必修 | 考试 |
| 3102002 | 大学计算机上机实践 | 2 | 必修 | 考查 |
| 3102003 | 多媒体技术基础 | 2 | 必修 | 考查 |
| 3102107 | JAVA 程序设计 | 2 | 必修 | 考查 |
| 3102108 | 计算机网络技术与应用 | 2 | 必修 | 考查 |
| 3102110 | 计算机硬件技术基础 | 2 | 选修 | 考查 |
| 3102113 | VFP 数据库技术与应用 | 2 | 选修 | 考查 |

### 3. 字段属性

字段属性是指表中字段的特点和构成规则,包括字段长度、小数位、输入掩码、默认值、索引等。在创建数据表时,可以通过设置字段的属性,对数据进行控制。

**1) 字段大小**

字段大小是比较重要的一个属性,指所选定的字段类型所占的长度。在 Access 中,有些字段的长度是固定的,如"日期/时间"型的长度为 8 字节,"是/否"型的长度为 1 位。有些字段的长度可以自行定义,如文本型,可以选择 1~255。

**2) 格式**

格式是指字段的显示布局。不同字段类型的格式有所不同。例如,日期/时间型的格式有长日期、中日期、短日期格式;文本型的格式"@"表示要求使用文本字符。

**3) 输入掩码**

输入掩码是指在输入时的一种固定模式。文本、数字、货币、日期/时间等数据类型都可以定义输入掩码。掩码用字符表示。掩码的作用是预设输入格式,同时检测所输入字符是否符合掩码字符所指定的含义。如果不符合,则拒绝输入。常用输入掩码属性字符含义如表 7.9 所示。

表 7.9　常用输入掩码属性字符含义

| 字　　符 | 含 义 说 明 |
| --- | --- |
| 0 | 只能输入数字 0~9,不能输入＋或一号 |
| 9 | 允许输入数字和空格,不能输入＋或一号 |
| ＃ | 允许输入数字和空格,可以输入＋或一号 |
| ? | 可以输入大、小写字母或空格 |
| & | 输入任意字符和空格 |
| A | 必须输入字母和数字 |
| L | 只能输入字母 |

**例 7-2**　将"学生登记表"的电话字段的"字段大小"设置为 11,"格式"设置为文本字符,"输入掩码"设置为允许输入数字、空格、＋和一号。操作步骤如下:

(1) 在学生成绩管理数据库中,双击"学生登记表"。

(2) 选择"视图"按钮,进入"设计视图"。

(3) 选择"电话"字段,在字段属性栏的"字段大小"框中输入 11,在"格式"框中输入文本字符"@",在"输入掩码"框中输入"＃＃＃＃＃＃＃＃＃＃＃",如图 7.9 所示。

**4) 默认值**

默认值是指预先设置由系统自动输入的数据。对一些相对出现较多的值采用默认值的处理方式,以减少输入量,提高输入效率。

**5) 有效性规则**

有效性规则是指输入数据时应遵守的限制条件。满足条件则接受,否则不接受并提示返回重新输入。例如,成绩字段限制在 0~100 之间,如果小于 0 或大于 100 则显示错误信息,并返回重新输入。

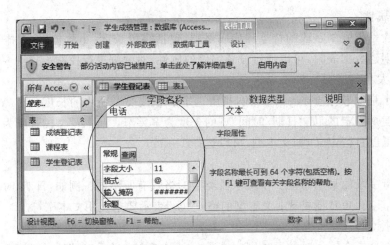

图 7.9　对电话字段设置大小、输入掩码等属性

6）索引

索引是指将数据表经过排序处理后建立的查询列表。索引分为主索引、唯一索引和普通索引 3 种。主索引指所建立的索引是起主导作用索引，在使用时以主索引为主，一个表只能有一个主索引；唯一索引是指索引字段中的值不能重复，必须是唯一的；普通索引是指索引字段中的值可以重复。建立索引的目的主要是为了提高查询速度。

**例 7-3**　将"学生登记表"的"出生地"字段设置默认值"云南"，对学号建立无重复索引。操作步骤如下：

（1）在学生成绩管理数据库中，双击"学生登记表"。

（2）选择"视图"命令按钮，进入"设计视图"。

（3）选择"出生地"字段，在字段属性栏的"默认值"文本框中输入"云南"，如图 7.10 所示。

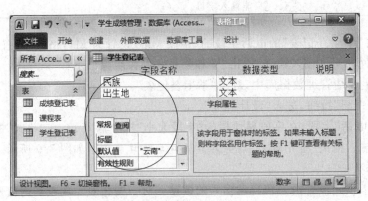

图 7.10　设置"出生地"默认值

（4）选择"学号"字段，在字段属性栏的"索引"下拉列表框中选择"有（无重复）"选项，如图 7.11 所示。

**4. 建立表间关系**

在数据库中，一般要创建两张或更多的表才能完整地表示出数据库的信息。数据库的

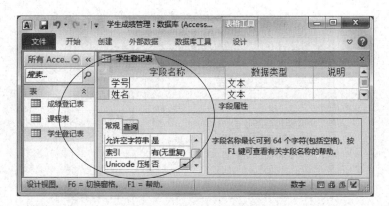

图 7.11　对学号字段建立索引

表之间存在一定的联系,这就是表之间的关联性,即关系。表和表之间的关系分为三种,即一对一关系、一对多关系和多对多关系。

(1) 一对一关系,数据表的一条记录只对应另一相关联表中的一条记录,反之亦然。

(2) 一对多关系,数据表的一条记录对应另一相关联表中的多条记录,但是,相关联表中的一条记录不能与数据表的多条记录相对应。

(3) 多对多关系,数据表的一条记录对应另一相关联表中的多条记录。反过来,相关联表中的一条记录也能与数据表的多条记录对应。

建立表的关系主要是为了让数据库中多个表的字段能够相互关联、协调一致,从而快速、准确地获取数据。

**例 7-4**　将学生成绩管理数据库中的"学生登记表"、"成绩登记表"、"课程表"建立关系。操作步骤如下:

(1) 打开"学生成绩管理"数据库,选择"数据库工具"→"关系"选项组的"关系"按钮。

(2) 单击"显示表"按钮,打开"显示表"对话框。

(3) 在"显示表"对话框中,分别双击"学生登记表"、"成绩登记表"、"课程表",将 3 个表添加到关系窗口中,关闭"显示表"对话框。

(4) 选定"学生登记表"中的"学号"字段,将连线拖动到"成绩登记表"的"学号"字段处。

(5) 在"编辑关系"对话框中确认学号为关联字段(可以更改)。选中"实施参照完整性"复选框,单击"创建"按钮,如图 7.12 所示。

重复(4)、(5)步骤,将"课程表"与"成绩登记表"的"课程号"建立关系,结果如图 7.13 所示。

在图 7.13 中,表之间有一条连线,表示两表已经建立了联系。"1"的一方表示"一","∞"的一方表示"多"。"学生登记表"与"成绩登记表"通过学号建立的是一对多的关系,因为"学生登记表"中的学号是主键,具有唯一性,不能出现相同的学号,而在"成绩登记表"中一个学生会有多门课程的成绩,因此同一个学号允许出现多次,而且成绩表中的学号必须是"学生登记表"中已有的学号;如果学生没有登记注册,就不应该有他的成绩。同样"课程表"与"成绩登记表"通过课程号建立的关系也是一对多的关系,因为在"课程表"中,课程号是主键,具有唯一性,而在"成绩登记表"中允许一门课程被多名学生选修,因此同一个课程号,可以出现多次,同时课程表中没有的课程也不允许出现在成绩表中。

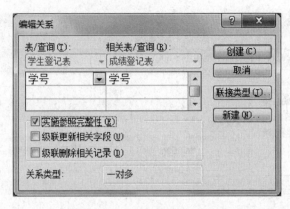

图 7.12 "编辑关系"对话框

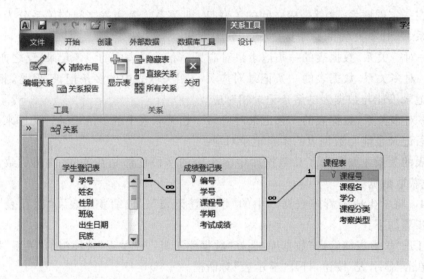

图 7.13 三个数据表的关系

如果要删除关系,只需右击连线,在弹出的快捷菜单中选择"删除"命令即可。

### 7.3.3 输入数据

数据表一旦建立,即可输入数据。

**1. 用"数据表视图"方式直接在表中输入数据**

这是常用的表格输入方式,在导航窗口中双击表名,即打开数据表,依次就能直接输入数据。

**2. 用选择列表值输入数据**

对于有固定值的字段,可以先建立列表,在输入时,选择列表中的值进行输入。这样可以提高输入速度,同时还能避免输入错误。建立列表的字段在输入时,会出现下拉按钮,单击该按钮可在列表值中选择输入值。例如,将"民族"字段设置为列表,如图 7.14 所示。

**例 7-5** 将"课程表"中"课程名称"字段创建列表,列表值中包含"大学计算机基础"、"大学计算机基础上机实践"、"C 语言程序设计"、"C 语言程序设计上机实践"、"高等数学"和"大学英语"6 门课程。

图 7.14　列表方式输入数据

操作步骤如下：

（1）打开"课程表"，选择"开始"选项卡中的"设计视图"。

（2）选择"课程名称"字段。

（3）在"课程名称"字段的"数据类型"列表中选择"查阅向导"选项，打开对话框。

（4）在对话框中单击"自行键入所需的值"按钮，单击"下一步"按钮打开第二个对话框。

（5）在"第一列"所对应的以下各行中顺序输入"大学计算机基础"、"大学计算机基础上机实践"等6门课的名称，如图7.15所示。

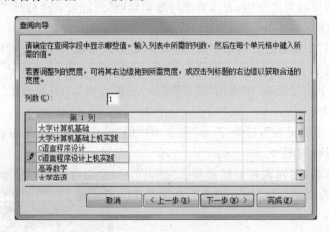

图 7.15　查阅向导

（6）单击"完成"按钮。

**例 7-6**　将"课程表"中的"课程分类"字段设置为列表输入，列表值为"必修"、"选修"。
创建步骤如下：

（1）打开"课程表"，选择"开始"选项卡中的"设计视图"。

（2）选择"课程分类"字段。

（3）在"课程分类"字段的"字段属性"下，选择"查阅"选项卡，进入选项栏。

（4）在"显示控件"栏选择"列表框"；在"行来源类型"栏选择"值列表"；在"行来源"栏输入"'必修'；'选修'"。

（5）单击关闭按钮。

结果如图 7.16 所示。

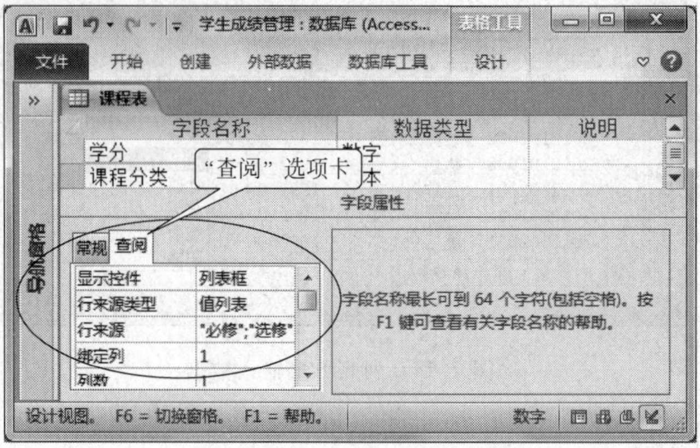

图 7.16 用"查阅"选项卡创建列表

除上述数据输入方法之外,Access 2010 还能够用计算型、附件型、OLE 对象型来完成计算、文档保存、照片等数据的输入。读者可参阅相关资料进行学习。

### 7.3.4 编辑、使用表

表建立之后,可以对表结构、表内容进行编辑修改,还能对表进行排序、筛选操作。

**1. 修改表结构**

在"设计视图"中能够进行增加字段、删除字段、修改字段及更改主键的操作。

1) 增加字段

**例 7-7** 在"学生登记表"中增加"照片"字段,字段类型为"OLE 对象"。

操作步骤如下:

(1) 打开"学生登记表",选择"开始"选项卡中的"设计视图"(或单击右下角"设计视图"图标也可进入"设计视图")。

(2) 在"字段名称"列表栏的尾部输入"照片";在"数据类型"列表栏中选择"OLE 对象",如图 7.17 所示。

(3) 单击关闭按钮。

2) 删除字段

在"设计视图"中,右击要删除的字段,在弹出的快捷菜单中选择"删除行"命令就能删除字段。

3) 修改字段

在"设计视图"中,单击要修改的字段,就可以修改字段名称、数据类型、字段属性。对于已经和其他表建立了关联的字段,必须先删除关系,才能修改字段。

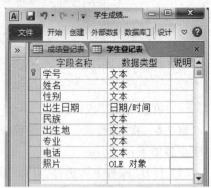

图 7.17 增加"照片"字段

**2. 修改表内容**

打开数据表之后,只要将光标指向记录就能够对表的内容进行修改。对于记录较多的数据表,可以通过左下方的"记录"导航条来进行快速移动,如图 7.18 所示。

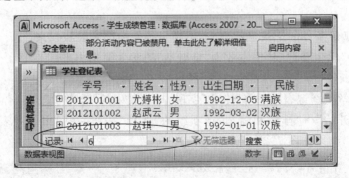

图 7.18　数据表的记录导航条

### 3. 排序与筛选

对于数据表中数据,可以进行排序和筛选操作。

1）排序

排序是针对字段的值对数据表的记录进行有序排列。排序可以针对一个字段的值,也可以是多个字段组合起来进行排序。

**例 7-8**　将"学生登记表"中的"性别"和"出生日期"进行降序排序。

操作步骤如下：

（1）打开"学生登记表",选择"性别"字段,按下 Shift 键,再选择"出生日期"字段。

（2）选择"开始"→"排序和筛选"选项组的"降序"命令按钮,结果如图 7.19 所示。

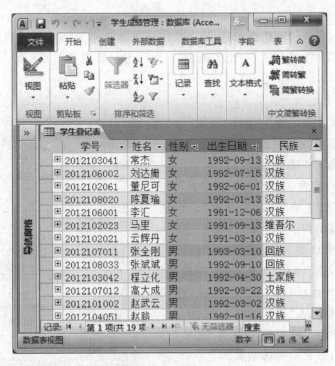

图 7.19　排序操作

对于多字段,不同升降序的排序要求,可以通过"排序和筛选"命令组的高级排序来完成。

2）筛选

筛选是把满足条件的记录显示出来,不满足条件的记录隐藏起来。

**例7-9** 将"学生登记表"中专业为"金融学"的学生筛选出来。

操作步骤如下:

(1) 打开"学生登记表",选择"专业"字段,单击其中的"金融学"。

(2) 选择"开始"→"排序和筛选"选项组的"选择"按钮,在弹出的列表框中选择"等于'金融学'"选项,结果如图7.20所示。

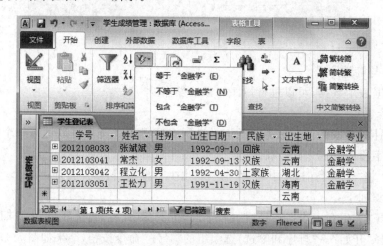

图7.20　筛选操作

对于多字段、多条件的组合筛选,可以应用筛选器筛选、按窗口筛选及高级筛选。

**例7-10** 将"学生登记表"中出生地为"云南",出生日期为"1991.01.01"之后的男学生筛选出来。

操作步骤如下:

(1) 打开"学生登记表",选择"开始"→"排序和筛选"选项组的"高级"按钮,在下拉菜单中再选择"高级筛选"→"排序"命令。

(2) 进入"筛选"窗口,在"学生登记表"列表框中,分别双击"出生地"、"出生日期"、"性别"三个字段,使之添加到下半个窗口内。

(3) 在下半窗口的"出生地"字段对应的条件单元格输入"云南"。在"出生日期"字段的条件单元格输入"＞♯1991-01-01♯"。在"性别"字段的条件单元格输入"男",如图7.21所示。

(4) 单击"开始"→"排序和筛选"选项组的"切换筛选"按钮,即显示筛选结果。

如果需要查看全部记录,再次单击"切换筛选"命令按钮。

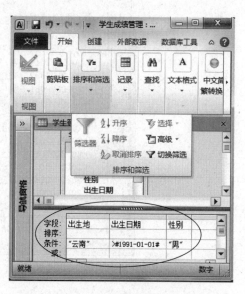

图7.21　高级筛选操作

如果要把筛选的操作全部放弃，还原到原来的状态，可以用清除筛选命令。操作步骤如下：

选择"开始"→"排序和筛选"选项组的"高级"按钮，在下拉列表框中选择"清除所有筛选器"选项。

### 7.3.5 数据导入与导出

建立数据表后，不但可以直接从输入窗口输入数据，而且能从外部的数据表中导入或链接数据。通过导入或链接数据，可以更快、更高效地获取数据。

Access 能够导入的表类型包括 Excel 工作表、XML 文件、SharePoint 列表、dBASE 文件等。同时，它还能导出数据，生成 Excel 工作表、文本文件、ODBC 数据库、PDF 文档等。

**1. 数据导入**

数据导入是指从外部的数据表中获取数据。如果数据表不存在，能够创建一个新表。如果数据表已经存在，则在原有表的基础上追加数据。

**例 7-11** 将 Excel 工作表"课程代码表. xlsx"以创建新表的方式导入"学生成绩管理"数据库中。

操作步骤如下：

（1）打开"学生成绩管理"数据库，选择"外部数据"→"导入与链接"选项组的 Excel 按钮，进入"获取外部数据"对话框。

（2）通过"浏览"按钮在"获取外部数据"对话框中，选择数据源"课程代码表. xlsx"，同时选中第一个单选按钮，将源数据导入新表。单击"确定"按钮进入"导入数据表向导"。

（3）单击"下一步"按钮，在对话框中选中"第一行包含列标题"复选框，如图 7.22 所示。

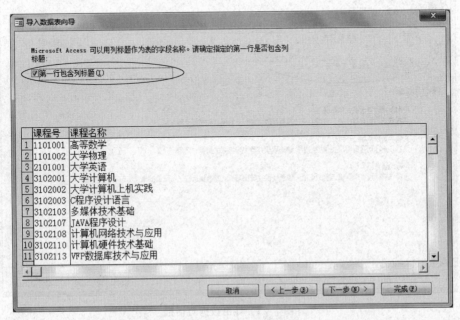

图 7.22 导入数据表向导

（4）单击"下一步"按钮，在对话框中选择是否要建索引（可以不建索引）。

（5）单击"下一步"按钮，在对话框中选中"不要主键"单选按钮（可以选中"自己选择主键"单选按钮）。

（6）单击"下一步"按钮，在对话框中输入要导入的表名："课程代码表"。

（7）单击"完成"按钮，返回到"获取外部数据"对话框，单击"关闭"按钮，结束数据导入。

如果在已经存在的数据表之后追加数据，要注意外部表的字段名及字段类型必须与内部表一致，否则不能进行数据导入。

数据导入之后，源表和数据库中的表就不存在任何联系。但是，如果选择了链接，则它们始终存在着联系，无论是在 Access 数据库中的数据还是在外部数据表中的数据发生改变，都会使对方产生改变。

**2. 数据导出**

数据导出是从 Access 数据库的表中导出数据，在 Access 之外生成新的表或数据文件。

**例 7-12** 从"学生成绩管理"数据库中的"学生登记表"导出 Excel 文件"学生登记表.xlsx"。

操作步骤如下：

（1）打开"学生成绩管理"数据库，选择"外部数据"→"导出"选项组的 Excel 按钮，进入"导出"对话框。

（2）单击"浏览"按钮指定导出的文件位置。

（3）在"文件格式"下拉列表框中选择文件格式（一般选择默认格式.xlsx），如图 7.23 所示。

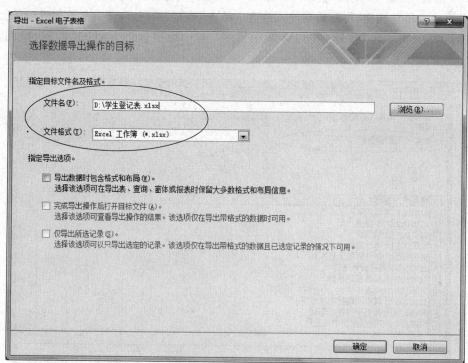

图 7.23 导出数据对话框

（4）单击"确定"按钮，再单击"关闭"按钮，结束数据导出。

# 7.4 查询学生成绩

在"学生成绩管理"数据库中,已经创建了"学生登记表"、"成绩登记表"和"课程表",这三个表通过关键字建立了联系,要求查询出各科成绩在90分以上的学生,输出时包括"学号、姓名、专业、课程名称、考查类型、考试成绩"6项内容。

## 7.4.1 创建过程

从表7.3、表7.7和表7.8可看到,没有一个表可以独立完全输出以上6项内容,必须联合3个表,从中挑出所需字段组合输出。创建步骤如下:

**1. 打开"简单查询向导"对话框**

(1) 打开"学生成绩管理"数据库,选择"创建"→"查询"选项组中的"查询向导"命令。

(2) 在"新建查询"对话框中选择"简单查询向导"选项,单击"确定"按钮,打开"简单查询向导"对话框。

**2. 在"简单查询向导"对话框中选择需要的表和字段**

(1) 在"简单查询向导"对话框中,单击"表/查询"下拉列表框中选择"表:成绩登记表"选项。从"可用字段"列表框中选择"学号"、"课程号"、"考试成绩"3个字段,将之添加到"选定字段"列表框中,如图7.24所示。

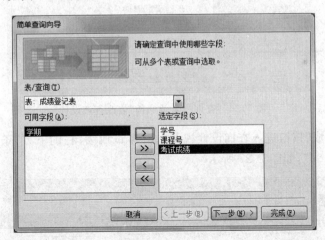

图 7.24 选择字段

(2) 在"表/查询"下拉列表框中选择"学生登记表"选项。从"可用字段"列表框中选择"姓名"、"专业"2个字段,将之插入到"学号"之后。

(3) 在"表/查询"下拉列表框中选择"课程表"选项。从"可用字段"列表框中选择"课程名称"、"考查类型"2个字段,将之插入到"专业"之后,如图7.25所示。

(4) 单击"下一步"按钮,进入下一个对话框。

**3. 进入查询设计视图,输入查询条件**

(1) 在"简单查询向导"对话框的"为查询指定标题"文本框中输入查询名称"成绩查询",同时选中"修改查询设计"单选按钮,如图7.26所示。

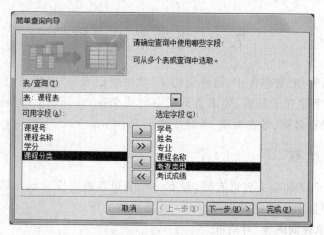

图 7.25　字段组合

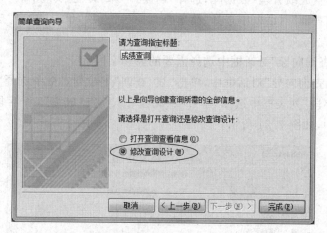

图 7.26　查询命名及选择"修改查询设计"

　　(2) 单击"完成"按钮进入查询设计视图,在"考试成绩"栏的下方"条件"所对应单元格中输入条件值">90",如图 7.27 所示。

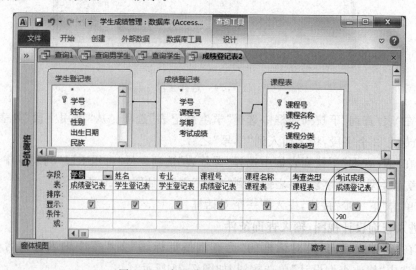

图 7.27　在设计视图中输入条件值

（3）单击关闭按钮，保存查询，结果如图 7.28 所示。

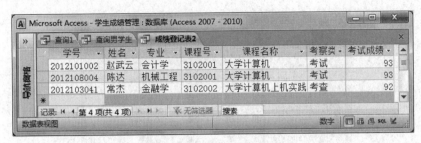

图 7.28　查询结果

注意，从多个表中获取数据，必须先将表中的相关字段建立关系，否则查询结果会出错。

## 7.4.2　查询

查询是向一个数据表发出检索信息的请求，通过一些限定条件获取特定的记录，是快速获取信息的方法。

查询可以直接对一个表进行操作，也可以将不同的表连接起来，组成新的数据集。查询的结果生成了一个新的数据库应用表。该表是一个新的数据源，可为其他操作提供数据。

在 Access 2010 中可以通过向导完成查询的创建。

### 1. 创建查询

打开数据库，选择"创建"→"查询"选项组的"查询向导"命令，即可进入"新建查询"对话框，其中有 4 种查询向导，即"简单查询向导"、"交叉表查询向导"、"查找重复项查询向导"、"查找不匹配项查询向导"，如图 7.29所示。这 4 种查询向导可以创建不同需求的查询。

1）简单查询

在简单查询中，只完成对字段的选取，不含条件选择。

例 7-13　从"学生成绩管理"数据库的"学

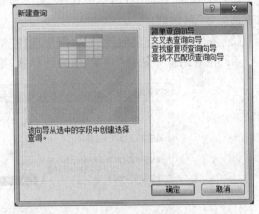

图 7.29　查询向导

生登记表"中查询出学生记录，只需显示"学号"、"姓名"、"性别"、"出生地"、"专业"5 个字段，查询文件命名为"查询学生"。操作步骤如下：

（1）打开"学生成绩管理"数据库，选择"创建"→"查询"选项组的"查询向导"命令。

（2）在"新建查询"对话框中选择"简单查询向导"，单击"确定"按钮，打开"简单查询向导"对话框。

（3）在"简单查询向导"对话框中，在"表/查询"下拉列表框中选择"学生登记表"选项。从"可用字段"列表框中选择"学号"、"姓名"、"性别"、"出生地"、"专业"5 个字段，将它们添加到"选定字段"列表框中。

（4）单击"下一步"按钮，进入"简单查询向导"的下一个对话框，在对话框的"为查询指定标题"文本框中输入"查询学生"。

（5）单击"完成"按钮，保存查询，结果如图 7.30 所示。

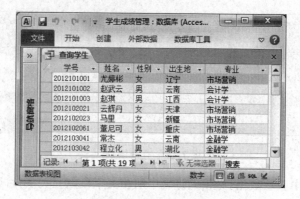

图 7.30　查询学生

2）交叉表查询

交叉表查询是用分组交叉的方式进行查询并统计。查询时将某个表中的字段进行分组，一组放在左侧，一组放在上端，在行、列交叉处进行计算得到一个统计表。

**例 7-14**　应用交叉表分性别查询统计出"学生登记表"中各专业的男、女学生人数。操作步骤如下：

（1）打开"学生成绩管理"数据库，选择"创建"→"查询"选项组的"查询向导"命令。

（2）在"新建查询"对话框中选择"交叉表查询向导"选项，单击"确定"按钮，打开"交叉表查询向导"对话框。

（3）在"交叉表查询向导"对话框中选择"学生登记表"选项，单击"下一步"按钮。

（4）在对话框中选择"专业"作为行标题，单击"下一步"按钮，如图 7.31 所示。

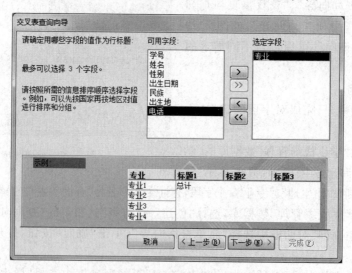

图 7.31　选择行标题

（5）在对话框中选择"性别"作为列标题，单击"下一步"按钮，如图 7.32 所示。

（6）在对话框中选择"学号"作为统计字段，选择 Count 函数进行计数统计，单击"下一步"按钮，如图 7.33 所示。

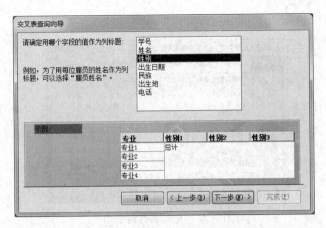

图 7.32　选择列标题

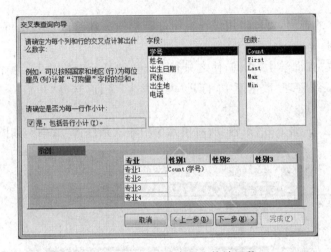

图 7.33　选择统计字段和统计函数

（7）在对话框中输入"专业人数统计"作为查询文件名，单击"完成"按钮，保存查询，如图 7.34 所示。

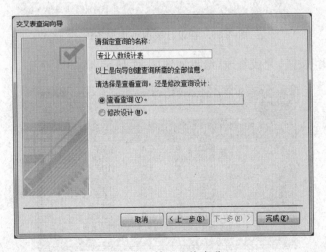

图 7.34　输入查询名称

*Access* 数据库应用

交叉表查询结果如图 7.35 所示。

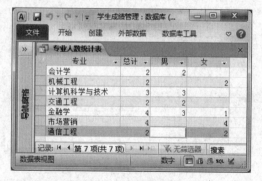

图 7.35　交叉表查询结果

## 2. 修改查询

应用向导建立的查询,可以应用设计视图进行修改。在修改过程中可以添加条件或构建复杂组合的查询。

**例 7-15**　修改"查询学生"查询,使之只查询出生地是云南的学生。操作步骤如下:

(1) 在"学生成绩管理"数据库中,打开"查询学生"查询,选择"开始"→"视图"选项组的"设计视图"命令。

(2) 在"出生地"栏的下方"条件"所对单元个中输入条件值"云南",如图 7.36 所示。

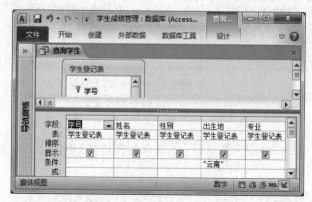

图 7.36　在设计视图中添加条件

(3) 单击"关闭"按钮,完成修改,结果如图 7.37 所示。

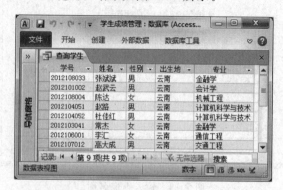

图 7.37　查询出生地是云南的学生

### 7.4.3　查询条件的构建

在完成某些特殊需求的查询时,需要构建查询条件。查询条件由表达式描述,表达式由运算符、变量、常量、函数等组成。

**1. 运算符**

运算符包含算术运算符、关系运算符、逻辑运算符及特殊运算符。

1) 算术运算符

＋、－、＊、/

2) 关系运算符

＝、＜、＞、＜＞(不等)、＜＝、＞＝

3) 逻辑运算符

not(非)、and(与)、or(或)

4) 特殊运算符

(1) 范围运算符。

between 用于指定条件的范围。

例如,between 70 and 80 表示在 70 和 80 之间。

(2) 模糊匹配运算符。

like 用于指定文本字段的模糊匹配值,"?"表示匹配一个字符;"＊"表示匹配多个字符;"♯"表示匹配一个数字。

例如,like"张＊"表示查询姓"张"的记录。

(3) 空值运算符。

is null 表示字段为空。

(4) 非空值运算符。

is not null 表示字段为非空。

**2. 函数**

函数是内置在系统中能够完成特定功能的程序模块。Access 2010 配有大量内置函数,这些函数完成特定运算后返回数值或字符。函数包括算术函数、统计函数、文本函数、日期/时间函数、转换函数等。

函数的格式:

函数名(<必选项>,[可选项])

1) 求绝对值函数

abs(＜数值表达式＞),返回数值表达式的绝对值。

2) 舍入函数

round(＜数值表达式＞,[n]),返回运算结果的四舍五入的值,n 表示保留小数的位数。

例如,round(3.1415926,3), 3 表示保留小数 3 位,结果返回值为 3.142。

3) 求平方根函数

sqr(＜数值表达式＞),返回平方根值。

4）求字符长度函数

len（＜字符表达式＞），返回字符表达式的字符个数。

例如，len（"access"）的返回值为 6。

5）日期函数

date（），返回当前系统日期。

6）时间函数

time（），返回当前系统时间。

7）求和函数

sum（＜字符表达式＞），返回字符表达式的总和。

例如，sum（成绩），输出成绩字段中全部成绩的总和。

8）求平均值函数

avg（＜字符表达式＞），返回字符表达式的平均值。

例如，avg（成绩），输出成绩字段中全部成绩的平均分。

9）计数函数

count（＜字符表达式＞），返回字符表达式的个数。

例如，count（学号），按照学号统计记录数，如果有 20 条记录，则输出 20。

其他函数，读者可参阅有关资料。

**例 7-16**　查询 1993 年出生的男生，显示"学号、姓名、性别、专业"4 个字段。查询文件命名为"查询男学生"。操作步骤如下：

（1）打开"学生成绩管理"数据库，选择"创建"→"查询"选项组的"查询向导"命令。

（2）在"新建查询"对话框中选择"简单查询向导"选项，单击"确定"按钮，打开"简单查询向导"对话框。

（3）在"简单查询向导"对话框中，在"表/查询"下拉列表框中选择"学生登记表"选项。从"可用字段"列表框中选择"学号"、"姓名"、"性别"、"专业"4 个字段，将它们添加到"选定字段"列表框中。

（4）单击"下一步"按钮，进入"简单查询向导"的下一个对话框，在对话框的"为查询指定标题"文本框中输入"查询男学生"，同时单击"修改查询设计"单选按钮，如图 7.38 所示。

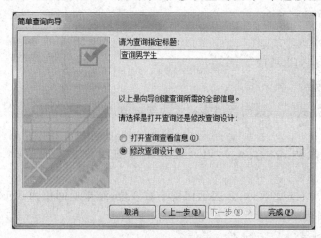

图 7.38　选择修改查询设计

（5）单击"完成"按钮进入查询设计视图，在"性别"栏的下方"条件"所对单元格中输入条件值"男"；在"出生日期"栏的下方"条件"所对单元格中输入条件值"Between ♯1993-01-01♯ And ♯1993-12-31♯"，如图 7.39 所示。

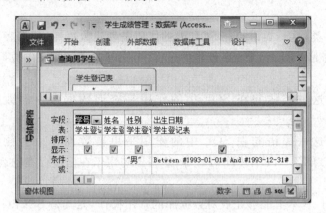

图 7.39　输入查询条件

（6）单击关闭按钮，保存查询，结果如图 7.40 所示。

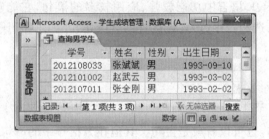

图 7.40　查询结果

输入日期条件时，日期的开始和结束处必须用"♯"号，如"♯1990-03-04♯"。

## 7.4.4　SQL 语言

结构化查询语言（Structured Query Language，SQL）是一种标准的关系数据库查询语言，具有良好的交互能力。SQL 功能强大、简单易学、使用方便，已经成为了数据库操作的基础，大多数的关系型数据库管理系统都支持 SQL。

**1. SQL 的组成**

SQL 由三部分组成：

（1）数据定义语言（Data Definition Language，DDL）。它定义数据库所需的基本内容，主要用来建立数据库中的表、视图、索引等，同时也可进行结构修改、删除操作。

（2）数据操作语言（Data Manipulation Language，DML）。它对数据库中的数据进行操作，主要用来对数据库进行插入、修改、删除和检索提取，是操作数据的工具。

（3）数据控制语言（Data Control Language，DCL）。它对数据进行控制，主要用来获取或放弃数据库的特权，用于事务提交、恢复及加锁处理的等控制操作，是防护数据库安全的主要工具。

由这三部分组成的 SQL 是非过程化语言，它对数据提供自动导航功能，还可以操作记录集,在操作时不需要定义数据的存取方法。

**2. SQL 的基本语句和功能介绍**

SQL 有许多语句,在实际应用中常用的语句分为三类:一是创建定义类,二是更新类,三是查询类。

(1) 创建定义类,这一类语句在 SQL 中的作用是创建数据库、数据表、视图、索引、函数等对象。主要语句是 CREATE。在创建的过程中,同时定义了相关的数据表的逻辑结构和属性。

(2) 查询类,这一类语句在 SQL 中的作用是查询数据库中的数据。主要语句是 SELECT。

(3) 更新类,这一类语句在 SQL 中的作用是更新数据库中的数据。主要语句是 ALTER、INSERT、DELETE、UPDATE 等,这些语句用于在已经存在的表中更改、添加、修改、删除数据。

上述三类语句,基本上能够完成对数据库的常用操作,尤其是 SELECT 语句,能够完成大量的数据处理功能。

**3. SELECT 介绍**

SELECT 语句是 SQL 语言中功能较强、应用较多的语句,它能够完成数据查询、分类汇总、数据计算、数据筛选和排序、多表连接查询等操作。SELECT 语句的基本格式如下:

```
SELECT 列名 FROM 表名
[WHERE 条件表达式]
[GROUP BY 列名[HAVING 表达式]]
[ORDER BY 列名[ASC | DESC] ]
```

第一行是基本语句,也可以看成是主句。其他在方括号中的语句属于可选语句,供选择使用,称为子句。

在数据库管理系统中,完成一项查询操作任务,系统在后台就会自动生成等效的 SELECT 语句。例如,在 Access 中,完成例 7-16(查询 1993 年出生的男生,显示"学号、姓名、性别、专业"4 个字段)的查询后,在 SQL 视图中就可以看到等效的 SELECT 语句,如图 7.41 所示。

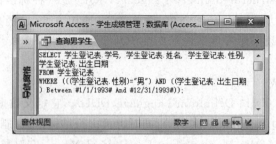

图 7.41　执行查询后 Access 自动生成的 SELECT 语句

**4. SELECT 语句的输入及运行方法**

在 Access 中,对 SELECT 语句没有专门的输入环境,输入 SELECT 语句要通过创建"查询",利用查询"设计视图"才能完成。所生成的文件以查询类文件保存。输入及运行步骤如下:

（1）进入数据库，单击"创建"→"查询"选项组中的"查询设计"命令。

（2）关闭"显示表"窗口。

（3）选择"设计"→"结果"选项组的"SQL 视图"按钮，进入"SQL 视图"。

（4）在"SQL 视图"窗口空白区域输入SELECT 语句，如图 7.42 所示。

（5）单击"设计"选项卡中的"!"，运行SELECT 语句。

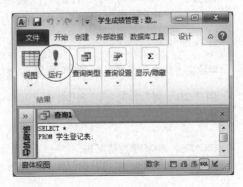

（6）单击关闭按钮，保存为查询文件。

在输入 SELECT 语句时要注意以下几点：

（1）SELECT 语句在结束时必须加上分号"；"。

（2）SELECT 语句的字母不分大小写。

（3）在汉英字符混合输入时，逗号、引号、括号不能用全角码进行输入。

图 7.42　SELECT 语句输入及运行窗口

### 5．SELECT 语句介绍与应用

1）从一个表中查询出全部记录

命令格式：

```
SELECT  *  FROM  表名;
```

功能：从一个表中查询出数据，并将其列出。

说明：这是 SQL 的最基本语句，其中："＊"号代表表中全部字段。"表名"指已存在的一个数据表。

**例 7-17**　用 SELECT 语句将"学生登记表"中的全部内容列出。

操作命令：

```
SELECT  *  FROM  学生登记表;
```

2）对表中的字段有选择的输出

对于一个表中的字段，可以有选择地将其列出。

命令格式：

```
SELECT 字段 1,字段 2,字段 3,… FROM 表名;
```

**例 7-18**　用 SELECT 语句，将"学生登记表"中的"姓名"，"性别"，"出生年月"，"专业"4项内容列出。

操作命令：

```
SELECT 姓名,性别,出生年月,专业 FROM 学生登记表;
```

3）有条件选择查询

命令格式：

```
SELECT 字段名
FROM 表名;
```

WHERE 条件

功能：按条件从表中查询数据，并将结果列出。

说明：WHERE 子句之后是条件表达式，可以是单个表达式也可以是复合表达式。

**例 7-19** 将"学生登记表"表中性别为男的学生列出。

操作命令：

SELECT * FROM 学生情况表 WHERE 性别 = '男';

**例 7-20** 将"学生登记表"表中 1991 年 2 月 3 日前出生的全部女生列出。

操作命令：

SELECT * FROM 学生情况表
WHERE 出生年月<= ♯1991/2/3♯ and 性别 = "女";

表达式的有关说明：

（1）逻辑运算符 NOT、AND、OR 应用时，不分大小写。在多个逻辑运算中，它们的优先级为：NOT → AND → OR。可用括号改变其优先级。

（2）逻辑型变量在引用时，直接引用时取真（T）值；在逻辑型变量前加否定词 NOT 取假（F）值。

例如：当"是否贷款"字段为逻辑型（是/否）时，条件表达式"WHERE 是否贷款"取真值"T"，"WHERE NOT 是否贷款"取假值"F"。

（3）应用日期型数据时，要在开始和结束的位置用"♯"号将日期字符包围起来，日期字符必须按日期格式书写。

例如，♯2012/1/20♯ 表示 2012 年 1 月 20 日。

当"出生日期"字段为日期型时，条件表达式应写成：

WHERE 出生日期 = ♯2001/10/20♯

（4）应用字符型数据时，要将数据用引号（单、双引号均可）引起来。

例如，当"性别"字段为字符型时，条件表达式应写为：

WHERE 性别 = '男'

4）过滤查询

过滤查询将某一字段内容重复的记录过滤掉，使得这一个字段中相同的内容只剩一条。

**例 7-21** 学生登记表的记录中"出生地"有重复，经过对出生地的过滤处理后，每一个出生地只剩下一条记录。

操作命令：

SELECT DISTINCT 出生地
FROM 学生登记表;

5）查询中的排序

在 SELECT 语句中，通过排序子句，可将被排序的字段内容按升序或降序排列输出。

命令格式：

```
SELECT  *  FROM  表名
ORDER  BY  字段名;
```

说明："ORDER BY 字段名"之后,如果没有子句,则隐含取升序;如果加上"DESC",则表示降序。

**例 7-22**   查询学生登记表,按学号降序排列。

操作命令:

```
SELECT  *  FROM 学生登记表
ORDER BY 学号 DESC;
```

如果有 WHERE 子句 ORDER 字句放在 WHERE 之后。

排序的字段,还可以是多个,它按所列排序字段的先后次序,依次排序后列出。

**例 7-23**   将学生登记表中的所有记录按出生地、性别、姓名排序输出。

操作命令:

```
SELECT  *  FROM 学生情况表
ORDER BY 出生地,性别,姓名;
```

排序的次序依次是第一"出生地",第二"性别",第三"姓名"。

6) 特殊运算符的应用

除了常用的关系算符外,还可以运用 BETWEEN、LIKE、IN 等运算符,使条件表达式简化。

(1) BETWEEN 的用法。

BETWEEN 用于描述"在某一范围内的全部"这类条件。

**例 7-24**   查询成绩登记表中成绩在 70~80 分的全部学生。

操作命令:

```
SELECT  *  FROM 成绩登记表
WHERE 成绩 BETWEEN  70  AND  80;
```

(2) IN 的用法。

IN 用于描述"在某一范围内的任意一个"这类条件。

**例 7-25**   查询学生登记表中专业是市场营销、应用化学或计算机科学与技术的学生。

操作命令:

```
SELECT  *  FROM 学生登记表
WHERE 专业 IN("市场营销","应用化学","计算机科学与技术");
```

否定的用法:

```
WHERE NOT IN ...
```

(3) LIKE 的用法。

LIKE 用于描述模糊的查询数据项,可构造模糊查询。用"?"匹配一个字符,用"＊"匹配多个字符。

267

**例 7-26** 查询学生登记表中名叫"张 X"的学生。

操作命令：

```
SELECT   *   FROM 学生登记表
WHERE   姓名 LIKE"张?";
```

如果要查询学生情况表中名字最后一个字叫"刚"的学生，用下列方法完成：

```
SELECT   *   FROM 学生情况表
WHERE 姓名 LIKE " * 刚";
```

**7）连接查询**

以上的操作都是在一个表中进行，如果要对互有联系的多个表进行查询，可用连接查询的方法来完成。将两个或两个以上表连接起来，选取数据合成一个查询结果称为连接查询。

学生登记表和成绩登记表两个表中相关的字段是"学号"，下面的例子完成对它们的连接查询。

**例 7-27** 将"学生登记表"和"成绩登记表"两个表连接起来，查询其中的"学号"、"姓名"、"性别"、"专业"、"课程名称"和"成绩"。

操作命令：

```
SELECT 学生登记表.学号,学生登记表.姓名,学生登记表.性别,学生登记表.专业,成绩登记表.课程
名称,成绩登记表.成绩
FROM 学生登记表,成绩登记表
WHERE 学生登记表.学号 = 成绩登记表.学号;
```

说明：

（1）当被连接的表中有相同的字段时，字段名之前要加上表名作前缀，并用句点分隔。如上面 SELECT 子句中"学生登记表.学号"；WHERE 子句中"学生登记表.学号＝成绩登记表.学号"；句点连接"学号"，指明它们分别是"学生登记表"和"成绩登记表"两个表中的字段。

（2）使用连接查询时，应当用条件子句加以限制，否则被连接表中的记录将重叠输出。

（3）条件子句"WHERE   学生登记表.学号＝成绩登记表.学号"所用的关系算符是等号"＝"，所以这样的连接也称等价连接。还可用其他关系算符构造其他连接。

**8）子查询**

在一个查询中嵌套一个或多个查询，被嵌套的查询称为子查询。应用子查询可以构造出嵌套查询语句，完成复杂的查询任务。

（1）简单子查询。

只嵌套一个子查询并且条件构造很简单的查询称简单子查询。

**例 7-28** 在学生登记表中查询与"李汇"在相同专业的同学。

操作命令：

```
SELECT 姓名,性别,专业
FROM 学生登记表
WHERE 专业 = (SELECT 专业 FROM 学生登记表
WHERE 姓名 = '李汇')
AND 出生地 = (SELECT 出生地 FROM 学生登记表
                        WHERE 姓名 = '李汇';
```

执行这一查询的顺序是：首先完成子查询,获得"李汇"的专业,然后再依据所查到的专业去查询其他同学。

在子查询前用也可用 ANY、ALL、IN 等关键词,用于描述更复杂的查询组合。

(2) 复合子查询。

复合子查询是指在简单子查询的基础上再加入或嵌套子查询。

**例 7-29**　在学生情况表表中,查询与"李汇"在相同专业并且是相同出生地的学生。

操作命令：

```
SELECT 姓名,性别,专业
FROM 学生登记表
WHERE 专业 = (SELECT 专业 FROM 学生登记表
WHERE 姓名 = '李汇')
AND 出生地 = (SELECT 出生地 FROM 学生登记表
                        WHERE 姓名 = '李汇');
```

这是用 AND 连接的复合子查询,AND 将 WHERE 子句中的两个子查询联合起来,同时完成姓名和出生地两个条件的查询。在这一语句中实现了多条件复合查询操作。

9) 表达式

在 SQL 中,表达式和函数可以配合 SQL 子句完成许多运算,使 SQL 的功能更强大更完善。

表达式有算术表达式、关系表达式等。算术表达式由算术运算符、列名(字段名)和数值组成,关系表达式由关系运算符、列名(字段名)和数值组成。表达式可以用在 SELECT、WHERE、GROUP BY 等子句中。

**例 7-30**　列出成绩登记表中成绩 90 分以上课程名称为"大学计算机基础"的学生。

操作命令：

```
SELECT 学生登记表.学号, 学生登记表.姓名, 课程表.课程名, 成绩登记表.考试成绩
  FROM 成绩登记表,学生登记表,课程表
    WHERE 成绩登记表.考试成绩>= 90 AND 课程表.课程名 = "大学计算机基础";
```

10) 函数

SQL 配有强大的函数库,通过 SELECT 语句与函数的联合应用,可以完成复杂的统计和计算。

(1) 求平均值函数 AVG( )。

**例 7-31**　求出成绩登记表中成绩的平均分。

操作命令：

```
SELECT  AVG(考试成绩)  AS 平均分
FROM 成绩登记表;
```

以上操作应用求平均值函数将表中成绩的平均分求出,通过 AS 为平均分设置标题。

(2) 求和函数 SUM( )。

**例 7-32**　求出成绩登记表中成绩的总分。

操作命令：

第 7 章

```
SELECT   SUM(考试成绩)  AS 总分
FROM 成绩登记表;
```

以上操作应用求和值函数将表中成绩的总分求出,通过 AS 为平均分设置标题。

(3) 舍入函数 ROUND(N,d)。

**例 7-33**  求出成绩登记表中成绩的平均分,结果保留一位小数。

操作命令:

```
SELECT ROUND(AVG(考试成绩),1) AS 平均分
  FROM 成绩登记表;
```

此外,还有计数 COUNT( )、求最大值 MAX( )、求最小值 MIN( )等函数。

11) 分组汇总

SQL 具有很强的分组汇总功能,可以很方便地行汇总统计操作。这一功能主要通过 GROUP BY 子句来完成。

**例 7-34**  在成绩登记表中求各课程成绩的平均分。

操作命令:

```
SELECT 课程号, AVG(考试成绩) AS 总平成绩
  FROM 成绩登记表
    GROUP BY 课程号;
```

这一命令将成绩表中的全部学生,按课程归类统计得出各门课程的平均分。

上例的统计项目还可根据需要进一步统计。

**例 7-35**  在成绩登记表中按课程分别求选课门次数、成绩的总分及平均分。

操作命令:

```
SELECT 课程号, COUNT( * ) AS 人数, SUM(考试成绩) AS 总分, AVG(考试成绩) AS 总平均分
  FROM 成绩登记表
    GROUP BY 课程号;
```

其中,COUNT( * )用于计算门次数。

分组汇总的操作也能在多个表之间连接进行。

**例 7-36**  在学生登记表和成绩登记表两表中按专业分别求男女生的上课门数、成绩总分和平均分。

操作命令:

```
SELECT S.专业, S.性别, count( * ) AS 人数, SUM(考试成绩) AS 总成绩, avg(考试成绩) AS 平均分
  FROM 学生登记表 AS S, 成绩登记表 AS M
    WHERE S.学号 = M.学号
      GROUP BY S.专业, S.性别;
```

在上述命令中,"学生登记表"和"成绩登记表"两个表分别用了别名 S 和 M,这样是为了简化命令。

经 GROUP BY 子句分组后,还可用 HAVING 子句对各个分组进行筛选,使查询更加细化。

**例 7-37**  在学生登记表和成绩登记表两表中按专业分男生的上课门次数、成绩总分和

平均分,而且只列出女生的门次。

操作命令:

SELECT S.专业, S.性别, count( * ) AS 人数, SUM(考试成绩) AS 总成绩, avg(考试成绩) AS 平均分
  FROM 学生登记表 AS S, 成绩登记表 AS M
    WHERE S.学号 = M.学号
      GROUP BY S.专业, S.性别
        HAVING S.性别 = '女';

与例 7-36 比较,可以看到,由于用了"HAVING 性别 = '女'"子句,输出结果只将每组中的女生所上课门数列出,达到过滤的效果。

在构造含有 HAVING 子句时,HAVING 子句跟在 GROUP BY 子句之后,次序不能颠倒。

# 7.5　创建学生登记表应用窗体

在"学生成绩管理"数据库中,用窗体的方式显示学生登记表。要求以 8 行 3 列排列的表格形式输出每一条记录,包括"学号"、"姓名"、"性别"、"出生地"、"出生日期"、"民族"、"专业"、"电话"、"照片"9 项内容,如图 7.43 所示。

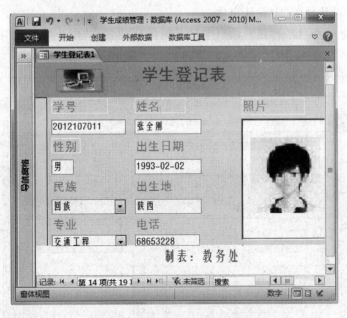

图 7.43　以窗体形式输出学生登记表

## 7.5.1　创建过程

用窗体能够完成在一个屏幕中以 8 行 3 列的形式输出一条记录的要求。创建步骤如下。

**1. 应用"窗体向导"建立窗体**

(1) 打开"学生成绩管理"数据库,选择"创建"→"窗体"选项组的"窗体向导"命令。

（2）在"窗体向导"对话框中，在"表/查询"下拉列表框中选择"学生登记表"选项。从"可用字段"列表框中选择"学号"、"姓名"、"性别"、"出生地"、"出生日期"、"民族"、"专业"、"电话"、"照片"9个字段，将它们添加到"选定字段"列表框中。

（3）单击"下一步"按钮进入布局对话框，选择"两端对齐"单选按钮，如图7.44所示。

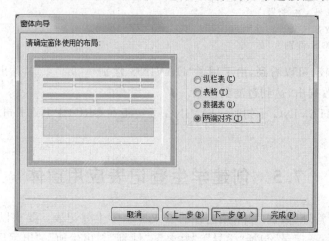

图 7.44　窗体布局选择

## 2. 在窗体"设计视图"中设计窗体

（1）单击"下一步"按钮，在对话框中输入窗体标题名称"学生登记表"，选择"修改窗体设计"按钮。

（2）单击"完成"按钮，进入窗体"设计视图"，如图7.45所示。

图 7.45　窗体设计视图

（3）在窗体设计视图中，分别单击学号、姓名等字段名的标签和文本框，使之出现 8 个控点，可对其大小进行调整；拖动带箭头的"十"字可调整它们的位置。同时可以对字体、字号、字体颜色及背景色进行设置，参见图 7.45。

**3. 保存窗体**

单击"关闭"按钮，保存窗体。

## 7.5.2 窗体

窗体是 Access 数据库常用的一个对象，它是一个用户和应用程序之间的交互界面。窗体可以用来显示数据和编辑数据，也可以组织数据库中的对象。在窗体上可以很方便完成查找、建立、添加、编辑、删除数据的操作。还可以在窗体上应用控件制作数据库系统的控制面板，完成系统集成。

**1. 窗体的分类**

窗体分为 4 类，分别是数据操作窗体、控制窗体、信息窗体和交互窗体。

数据操作窗体用来浏览、编辑、输入、修改数据表或查询中的数据。

控制窗体用来控制对象或运行程序，起到控制模块的作用。在控制窗体上能够设置选项卡、按钮、图标等对象，为使用者提供选择各种功能模块。系统的开始界面、各控制选择界面都可以由控制窗体来完成制作，如图 7.46 所示。

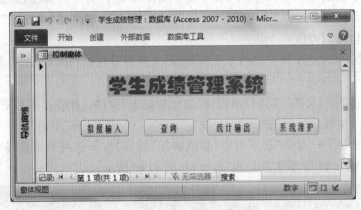

图 7.46　控制窗体

信息窗体用于显示数值或图表信息。

交互窗体用于显示警告、提示信息，提醒用户，供其选择，如图 7.47 所示。

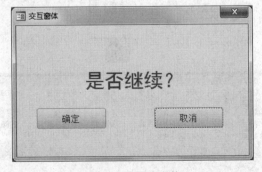

图 7.47　交互窗体

**2. 窗体视图**

窗体视图指窗体的表现和应用窗口的形式。常用的视图有 3 种,分别是窗体视图、布局视图和设计视图。

(1) 窗体视图,是面向使用者的窗口,用于查看、输入、修改数据。

(2) 布局视图,是用来修改或调整窗体布局的窗口,可以调整列宽、修改控件的宽度及位置等。

(3) 设计视图,是用来创建、编辑及修改窗体的窗口,可以在该窗口完成各种设计操作,如编辑字段、调整版面布局、添加控件等。

除以上 3 种常用视图之外,还有数据表视图、数据透视表视图、数据透视图视图。

## 7.5.3 窗体的创建

窗体可以通过自动工具快速生成,也可以用窗体向导生成,还可以用设计视图手工添加、删除、调整对象来进行窗体制作。

**1. 自动创建数据类窗体**

数据类窗体可用自动方式生成,生成之后再用"设计视图"进行调整修改。

**例 7-38** 用"窗体"按钮自动创建课程表窗体。操作步骤如下:

(1) 打开"学生成绩管理"数据库,在左方导航窗口选择"表"→"课程表"选项。

(2) 单击"创建"→"窗体"选项组的"窗体"按钮。系统自动创建"课程表"窗体。

**2. 自动创建分割窗体**

为方便浏览,可以把窗体分割为上下两部分,上半部分是纵栏式,显示一条记录,下半部分是横栏式,显示多条记录。

**例 7-39** 用"分割窗体"工具自动创建"学生登记表"窗体。操作步骤如下:

(1) 打开"学生成绩管理"数据库,在左方导航窗口中选择"表"中的"学生登记表"。

(2) 单击"创建"→"窗体"选项组的"其他窗体"按钮,在下拉列表中选择"分割窗体"选项,系统自动生成分割式"学生登记表"窗体,如图 7.48 所示。

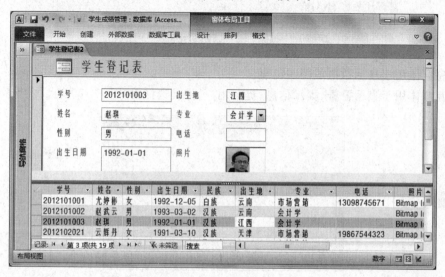

图 7.48 分割窗体

**3．用向导创建窗体**

除自动生成窗体之外，还能应用"窗体向导"创建由一个或多个数据表组成的窗体。

**例 7-40**  用"窗体向导"创建由"学生登记表"、"成绩登记表"和"课程表"组合成的窗体。要求在窗体中显示"学号"、"姓名"、"性别"、"专业"、"课程名称"、"考试成绩"、"学分"、"考查类型"8 个字段,窗体名称为"成绩登记表-1"。操作步骤如下:

（1）打开"学生成绩管理"数据库,选择"创建"→"窗体"选项组的"窗体向导"命令。

（2）在"窗体向导"对话框中,在"表/查询"下拉列表框中的"学生登记表"选项,从"可用字段"列表框中选择"学号"、"姓名"、"性别"、"专业"4 个字段,将之添加到"选定字段"列表框中;选择列表中的"成绩登记表",从"可用字段"列表框中选择"考试成绩"字段,将之添加到"选定字段"列表框中;选择列表中的"课程表",从"可用字段"列表框中选择"课程名称"、"学分"、"考查类型"3 个字段,将之添加到"选定字段"列表框中。

（3）单击"下一步"按钮,进入窗体向导的"查看数据方式"对话框,选择"通过成绩登记表"选项,如图 7.49 所示。

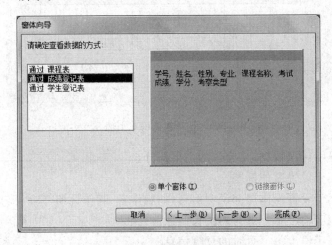

图 7.49  选择数据查看方式

（4）单击"下一步"按钮进入布局对话框,选择"纵栏表"单选按钮。

（5）单击"完成"按钮生成纵栏式窗体,单击"关闭"按钮,保存。

**注意:** "学生登记表"、"成绩登记表"和"课程表"的相关字段在生成窗体之前必须建立关系。

## 7.5.4  窗体的设计与编辑

自动生成或通过向导生成的窗体在外观、布局和功能方面都受到一定限制。使用"设计视图"能够方便自如地设计外观、选择格式、调整版面、设置控件、编辑背景和字体,使窗体达到定制的效果。

**1．设计视图**

1）设计视图的组成

设计视图是用来设计、编辑及修改窗体的工作界面,它由主体、窗体页眉、窗体页脚、页面页眉和页面页脚 5 部分组成,如图 7.50 所示。

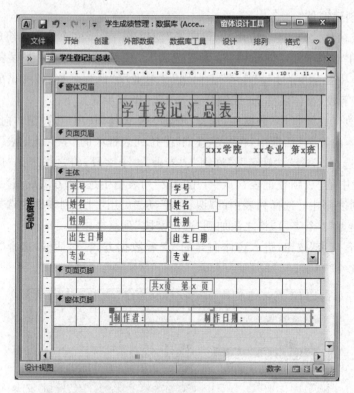

图 7.50　设计视图的 5 个部分

"主体"用于显示记录数据,是窗体的主要部分。

"窗体页眉"用于设置窗体标题。

"窗体页脚"用于设置窗体尾部说明信息,如制作者、制作日期等。

"页面页眉"用于输出每一页时的页头信息。

"页面页脚"用于输出每一页时的页脚信息。

选择"创建"→"窗体"选项组的"设计视图"按钮,即可打开主体。在主体空白处右击,在弹出的快捷菜单中选择"窗体页眉/页脚"或"页面页眉/页脚"命令,即可打开相应的页眉和页脚。

2) 设计视图的工具

窗体的"设计视图"中有"窗体设计工具"选项卡,在该选项卡中有"设计"、"排列"、"格式"3 个子选项卡。在"设计"选项卡中有"控件"、"视图"、"工具"、"主题"、"页面/页脚"5 个工具组;在"排列"、"格式"选项卡中也有许多工具组,通过应用这些工具可以完成窗体的制作。

**2. 控件**

在窗体设计工具中,控件是常用对象,它的作用是执行操作、显示数据、修饰窗体等。主要控件介绍如下。

1) 文本框控件

文本框控件属于交互式控件,用于输入或编辑数据,有绑定型、未绑定型及计算型 3 种。绑定型文本框能够从数据表或查询中获取内容;未绑定型文本框没有连接数据表或查询,只用来显示信息或接收数据；计算型文本框能够显示表达式计算的结果。

2）标签控件

标签控件用于在窗体上显示说明文字。标签没有数据来源，不显示数值。

3）按钮控件

按钮控件用来生成窗体上的按钮，它以按钮的形式来执行操作。如"确定"按钮、"关闭"按钮、"取消"按钮等。

4）导航控件

导航控件用于生成导航条，导航条依次引导操作，直至到达所需要的页面。

5）列表框控件

列表框控件用于生成窗体上的列表框，列表框从数据表或查询中获取数据直接完成输入，以达到保证数据正确和提高输入效率的目的。组合框也能实现同样效果。

6）选项按钮控件

选项按钮控件用于生成窗体上的单选按钮，选择按钮选择数据表或查询中的"是"或"否"的值，只能选一项，选中为"是"，不选为"否"。

7）复选框控件

复选框控件用于生成窗体上的复选框，在复选框中选择数据表或查询中的"是"或"否"的值，可以对多个复选框进行选择，选中为"是"，不选为"否"。

8）选项卡控件

选项卡控件生成多页面显示窗体，用于页面切换操作。当窗体显示内容在一个页面无法显示时，可用选项卡进行分页处理，使之有序显示内容。

9）图像控件

图像控件用于插入图形、图像，以达到图文并茂、美化窗体的作用。

其他还有选项组控件、切换按钮控件、图表控件、子窗体等控件。

**例 7-41**　将例 7-39 所生成的学生登记表窗体进行修饰，要求在标题左方输入楷体 16、紫色"计算机学院"字样，在纵栏表空白处插入一张校园图片。操作步骤如下：

（1）在"学生成绩管理"数据库中，打开"学生登记表"窗体。

（2）在"开始"→"视图"选项组中选择"设计视图"选项。

（3）在"窗体设计工具"→"设计"→"控件"选项组中，单击"标签"控件，在窗体页眉左方单击同时输入"计算机学院"，设置字体和颜色为"华文行楷 16"、"紫色"。继续单击"图像"控件，在窗体主体右侧单击并选择图片，将图片调整到合适位置。

（4）单击"关闭"按钮，并保存窗体。

结果如图 7.51 所示。

**3. 属性**

在 Access 中，窗体、数据表、查询、报表、控件都有属性。属性描述了对象的名称、外观特征、数据类型等一系列特征。

属性一般用表格对话框的方式列出，在对话框中可以浏览查询属性的数据，同时可以进行修改或设置。属性表对话框中包含"格式"、"数据"、"事件"、"其他"、"全部"5 个选项卡。

"格式"包含了外观属性，如高度、宽度、背景色、前景色等。

"数据"包含了数据操作、数据源的属性，如输入掩码、默认值、有效性规则等。

图 7.51    应用控件修改后的窗体

"事件"包含了能够响应的事件,如单击、双击、鼠标按下、鼠标移动等事件。

"其他"包含了一些归类不明确的属性,如名称、标签等。

"属性表"界面如图 7.52 所示。

在属性表中对控件的各种参数进行修改所达到的效果,与用鼠标单击对象进行"所见即所得"修改的效果一样。例如,例 7-39 中设置"计算机学院"标签为"华文行楷 16、紫色"的效果,在属性表中进行设置也一样能够完成。

单击了窗体或某一控件后,在"窗体设计工具"→"设计"→"工具"选项组中,单击"属性表"按钮可以打开"属性表"窗口;或者在窗体或控件上右击,从弹出的快捷菜单中选择"属性"命令也能打开"属性表"窗口。

窗体为数据显示提供了丰富的交互界面,使数据能够在不同类型的窗口灵活自如地输入输出。应用窗体还能设计控制窗口、信息显示窗口和交互窗口。应用"空白窗体"能够

图 7.52    "属性表"窗口

设计制作登录密码窗口,用切换面板管理器能够方便地将数据表、查询、窗体、报表等集成起来构成一个完整的控制窗口。读者可参阅其他资料进一步学习。

# 7.6    输出学生成绩报表

在"学生成绩管理"数据库中,用报表的形式输出学生成绩表,要求包括"学号"、"姓名"、"性别"、"专业"、"课程名称"、"考试成绩"6 项内容。

## 7.6.1    创建过程

用"报表向导"处理功能可以创建并完成学生成绩报表。创建步骤如下。

**1. 应用"报表向导"创建报表**

（1）打开"学生成绩管理"数据库，选择"创建"→"报表"选项组的"报表向导"命令。

（2）在"报表向导"对话框中，在"表/查询"下拉列表框中选择"学生登记表"选项，从"可用字段"列表框中选择"学号"、"姓名"、"性别"、"专业"4个字段，将之添加到"选定字段"列表框中；从列表中选择"成绩登记表"，从"可用字段"列表框中选择"课程名称"、"考试成绩"2个字段，将之添加到"选定字段"列表框中。

**2. 在"报表向导"中编辑设计报表**

（1）单击"下一步"按钮进入查看数据方式，选择"通过成绩登记表"选项。

（2）单击"下一步"按钮（跳过"是否添加分组级别"），在"确定记录所用的排序次序"对话框中选择"学号"选项。

（3）单击"下一步"按钮，在"确定报表布局方式"对话框中选择布局为"表格"，方向为"纵向"。

**3. 保存报表**

（1）单击"下一步"按钮，在"报表指定标题"处输入报表名称"学生成绩表"。

（2）单击"完成"按钮，并保存报表。

## 7.6.2 报表创建工具

报表将存放数据库中的数据以各种表格的形式显示或打印输出。报表的数据源可以是数据表、查询生成的表以及用 SQL 语句生成的表。在设计过程中，可以用线条、图形、图表来修饰报表，使之清晰明了、图文并茂、方便易用。

**1. 报表视图**

报表视图指在设计和显示报表时的窗口包括报表视图、布局视图、设计视图和打印预览4种。

报表视图，用于显示报表。布局视图，可以调整控件的位置、修改列宽、行宽等。设计视图，是用来创建、编辑、修改、美化报表的窗口，在该窗口完成各种设计操作，如编辑字段、调整报表布局、添加控件和表达式等。

**2. 报表设计区**

报表由表头、表体、表尾3个部分组成，Access 2010 制作报表主要是在报表的"设计视图"中进行。设计视图分为5个区域，每个区域分别承担各自的职能，它们是报表页眉、报表页脚、主体、页面页眉和页面页脚，如图7.53所示。

"主体"用于显示表或查询中的记录数据，是报表的主要部分。

"报表页眉"用于设置报表的标题，处理报表的表头部分。

"报表页脚"用于设置说明信息，处理表尾部分，如制作者、制作日期等。

"页面页眉"用于输出每一页的表头信息，输出字段名称。

"页面页脚"用于输出每一页时的页脚信息。

这5个区域分工明确，配合密切，在报表的创建、编辑、修改过程中各司其职，是制作报表的主要工作区域。另外，为了满足分组的需求，还能够添加"分组页眉/页脚"区域以满足分组输出报表的要求。

选择"创建"→"报表"选项组的"设计视图"按钮，即可打开主体。在主体空白处右击，在

图 7.53 报表设计区域

弹出的快捷菜单中选择"报表页眉/页脚"或"页面页眉/页脚"命令,即可打开相应的页眉和页脚工作区。

**3. 报表设计的工具**

报表的"设计视图"中有"报表设计工具"选项卡,在该选项卡中有"设计"、"排列"、"格式"、"页面设置"4 个子选项卡。在"设计"选项卡中有"视图"、"主题"、"分组和汇总"、"控件"、"页面/页脚"、"工具"6 个工具组。在"排列"、"格式"、"页面设置"选项卡中还有一些专用工具。它们提供的设计工具为报表设计提供了主要手段和方法。

## 7.6.3 报表的创建

报表可以通过 3 种方式创建,分别是自动工具快速创建、报表向导创建、用设计视图手工添加项目或对象创建。

**1. 自动创建报表**

报表可用自动方式生成,生成之后再用"设计视图"进行调整修改。

**例 7-42** 用"报表"按钮自动创建"学生成绩表"。操作步骤如下:

(1) 打开"学生成绩管理"数据库,在左方导航窗口中选择"成绩登记表"选项。

(2) 单击"创建"→"报表"选项组的"报表"按钮。系统即自动创建"成绩登记表"报表。

**2. 用向导创建报表**

应用"报表向导"能够创建由一个或多个数据表构成的报表。

**例 7-43** 用"报表向导"创建由"学生登记表"和"课程表"组合而成的报表。要求在报表中显示"学号"、"姓名"、"性别"、"课程名称"、"学分"、"课程分类"、"考查类型"7 个字段,报表名称为"学生选课情况表"。操作步骤如下:

(1) 打开"学生成绩管理"数据库,选择"创建"→"报表"选项组的"报表向导"命令。

(2) 在"报表向导"对话框中,在"表/查询"下拉列表框中选择"学生登记表"选项,从"可用字段"列表框中选择"学号"、"姓名"、"性别"3个字段,将它们添加到"选定字段"列表框中;从列表中选择"课程表",从"可用字段"列表框中选择"课程名称"、"学分"、"课程分类"、"考查类型"4个字段,将它们添加到"选定字段"列表框中。

（3）单击"下一步"按钮进入报表向导的"查看数据方式"对话框,选择"通过学生登记表"选项。

（4）单击"下一步"按钮（跳过"是否添加分组级别"）,在"确定记录所用的排序次序"对话框中选择"课程名称"选项。

（5）单击"下一步"按钮,在"确定报表布局方式"对话框中选择布局为"递阶",方向为"纵向"。

（6）单击"下一步"按钮,在"报表指定标题"处输入报表名称"学生选课情况表"。

（7）单击"完成"按钮,保存报表。

## 7.6.4　报表的修饰

无论是自动生成的报表还是通过向导创建的报表,都不能完全满足使用者的需要。可以在"设计视图"中对报表进行删除对象,添加页码、徽标、日期时间、分隔线等操作。通过这些编辑修改,可使报表更完整实用。

**1. 在报表中删除、添加对象**

（1）删除对象。报表生成后,打开报表进入"设计视图",右击报表任何区域中的对象都可以通过弹出的快捷菜单命令将其删除。

（2）添加页码。打开报表进入"设计视图",在"报表设计工具"→"设计"选项组中选择"页眉/页脚"分组,单击"页码"按钮,即添加页码。

（3）添加徽标。打开报表进入"设计视图",在"报表设计工具"→"设计"选项组中选择"页眉/页脚"分组,单击"徽标"按钮,在"插入图片"窗口浏览选择图片即添加徽标。

（4）添加日期和时间。打开报表进入"设计视图",在"报表设计工具"→"设计"选项组中选择"页眉/页脚"分组,单击"日期和时间"按钮,即添加日期和时间。

（5）添加分隔线。打开报表进入"设计视图",在"报表设计工具"→"设计"选项组中选择"控件"分组,在控件组中单击"直线"按钮,在报表任何区域可以用鼠标拖动画出分隔线。

以上操作如图7.54所示。

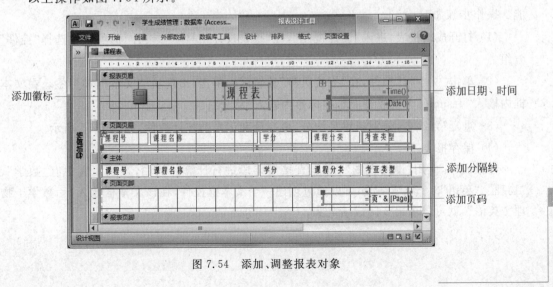

图7.54　添加、调整报表对象

**2. 调整对象**

打开报表进入"设计视图",单击报表任何区域中的对象,激活对象,该对象呈现边框,在边框四周和四角共有 8 有实心控制点,鼠标指向方框时,在方框中出现带箭头的"十"字,用鼠标拖动可以将该对象拖至报表的任何区域;单击对象,拖动四边上的任意控制点,可以调整对象的长度和宽度;拖动 4 个角的控制点,可以放大或缩小对象。

注意,如果报表中的对象处于组合被互相锁定链接的状态,单击"报表设计工具"→"排列"选项组中的"表"分组,单击"删除布局"按钮,即可取消组合,消除相互链接。

### 7.6.5　增加报表的功能

在"设计视图"中可以增加分组与排序、应用公式和函数等计算控件,使报表的功能更全面。

**增加应用函数**

函数是能够完成特定功能和计算的应用子程序或称模块,它由函数名和参数构成。使用时,引用函数名,写入必要的参数就能完成计算或获取特定值。常用的函数有:

Avg(),计算指定字段的平均值。

Sum(),计算指定字段的总和。

Count(),统计记录数。

Max(),获取记录中的最大值。

Min(),获取记录中的最小值。

Date(),获取当前日期。

Time(),获取当前时间。

Year(),获取当前年份。

在报表中,没有专门的计算控件,而是用文本框来完成调用函数的功能。在文本框内输入等号"=",在等号后输入函数名和参数就能够完成函数运算。

**例 7-44**　在成绩报表中增加计算考试成绩的总分、平均分、最高分和统计记录数的功能。操作步骤如下:

(1) 打开成绩报表,进入"设计视图",在"报表设计工具"→"设计"选项组中选择"控件"分组。

(2) 单击"文本框"控件,在"报表页脚"编辑区内单击,出现新增文本框和标签。在文本框内输入"=sum([考试成绩])",在标签内输入"总分"。

(3) 重复第(2)步,分别新建平均分、最高分和记录数统计控件,如图 7.55 所示。

(4) 保存报表。

在报表中,应用"设计视图",还能直接用字段进行计算。例如,在成绩表中有"数学"、"物理"、"英语"3 个成绩字段,可以通过创建一个文本框控件,在该文本框输入"=数学+物理+英语",就可以求出 3 门成绩之和。

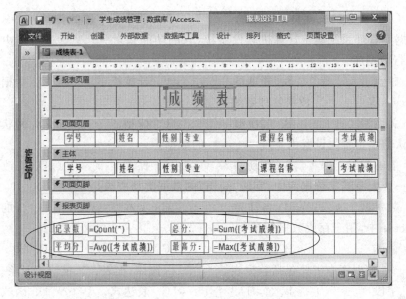

图 7.55　添加函数

# 7.7　本章小结

本章介绍了数据库的定义与概念、数据模型、数据库系统与数据库管理系统、基于 Access 2010 的数据库应用设计等方面的内容。应重点学习掌握下面的内容：

数据库在信息技术中的地位和重要性。

数据模型的概念，特别是要清楚关系模型以及关系数据库的概念。

了解数据库系统和数据库管理系统，了解常用的数据库管理系统，重点学习 Access 2010 的基本应用方法。要求掌握建立和修改数据表、查询、窗体、报表的方法。

对于 SQL，要求掌握 SELECT 查询语句的基本用法。能够应用 SELECT 组织数据，进行简单的查询和统计。

在 Access 数据库中，通过应用数据表、查询、窗体、报表 4 个对象就能完成数据组织、数据查询、界面设计、报表处理等基本管理任务。如果要进一步深入操纵数据库系统、完成自动处理、进行系统开发、编程处理复杂问题等就要应用宏和 VBA 模块。

总之，要全面了解掌握数据库技术，还必须在本章的基础上阅读相关资料和专门的书籍，做大量的上机实践才能达到目的。

# 习　　题

## 一、单选题

1. 信息是经过加工处理的_____表现形式。
   A. 计算结果　　　　B. 符号　　　　　　C. 数据　　　　　　D. 代码
2. Access 中，下面关于数据类型的说法，不正确的是_____。
   A. 日期型字段长度为 8 个字节　　　　　B. 是/否型字段只存储 Y/N 或 T/F

  C. OLE 对象的长度是不固定的      D. 数字型字段的长度为 999 个字符

3. 数据库管理系统属于计算机软件系统,它的功能是对_____进行集中控制,并能够建立、运行数据库。

  A. 磁盘      B. 管理员      C. 计算机      D. 数据库

4. Access 是_____数据管理系统。

  A. 关系型      B. 层次型      C. 树型      D. 网状

5. 默认值是指预先设置由系统_____的数据。

  A. 能够删除      B. 自动输入      C. 保存      D. 修改

6. 在一个人事档案数据库中,字段"简历"的数据类型应该是_____。

  A. 数字型      B. 备注型      C. 文本型      D. 日期型

7. Access 中,用于存放数据的是_____。

  A. 窗体      B. 报表      C. 表      D. 宏

8. Access 数据库中主要包括数据表、_____、窗体、报表、宏、模块等对象。

  A. 字段      B. 查询      C. 表达式      D. 函数

9. SELECT 语句中"ORDER BY 学号"表示_____。

  A. 对学号排序    B. 对学号筛选    C. 删除学号    D. 对学号分组

10. SELECT 语句中"GROUP BY 学号"表示_____。

  A. 修改学号      B. 过滤学号      C. 对学号排序    D. 对学号分组

11. 在设计数据库的一个表时,应该先确定表的_____、字段类型和字段长度。

  A. 字段名称      B. 记录      C. 内容      D. 关联

12. _____不是 Access 表中的数据类型。

  A. 字符型      B. 数字型      C. 关系型      D. 备注型

13. 数据库管理系统(DBMS)是一组计算机软件系统,它的作用不包括_____。

  A. 对数据库进行集中控制      B. 建立数据库

  C. 运行数据库          D. 维护操作系统

14. _____操作是向一个数据表发出检索信息的请求,通过限定条件获取信息的方法。

  A. 排序      B. 报表      C. 查询      D. 宏

15. 关系数据库中对数据有筛选、_____、连接三种基本关系操作。

  A. 排序      B. 投影      C. 复制      D. 删除

16. 窗体是 Access 数据库的_____,它主要用来显示数据和编辑数据。

  A. 交互界面    B. 统计界面    C. 管理界面    D. 查询界面

17. _____不属于关系型数据库管理系统。

  A. BASIC      B. VFP      C. Access      D. ORACLE

18. 数据库是对_____的一种方法和技术,它能更有效的组织数据、更方便的维护数据、更好的利用数据。

  A. 计算机软件    B. 数据管理    C. 操作系统    D. 计算机硬件

19. 语句"SELECT * FROM 学生情况表"中,"*"号表示_____。

  A. 一个字段      B. 全部字段      C. 一条记录    D. 全部记录

20. 数据库管理系统(DBMS)能实现_____,保证数据的完整性、安全性和保密性。

    A. 数据共享                 B. 系统管理

    C. 计算机管理           D. 计算机硬件控制

## 二、实作题

要求：建立如下 3 张表后，建立 3 张表间的关系，再建立一个查询，将其保存在桌面上。

用 Access 创建"姓名表"(内容如表 7.10 所示)。

表 7.10　姓名表

| 号　码 | 姓　名 | 号　码 | 姓　名 |
| --- | --- | --- | --- |
| 11 | 张明 | 14 | 李立 |
| 12 | 李强 | 15 | 王建 |
| 13 | 韩东 | 16 | 刘度 |

用 Access 创建"基本情况表"(内容如表 7.11 所示)。

表 7.11　基本情况表

| 号　码 | 年　龄 | 身高(米) | 摸高成绩(米) |
| --- | --- | --- | --- |
| 11 | 19 | 1.86 | 2.78 |
| 12 | 20 | 1.88 | 3.12 |
| 13 | 20 | 1.81 | 2.95 |
| 14 | 21 | 1.85 | 2.44 |
| 15 | 20 | 1.88 | 2.90 |
| 16 | 19 | 1.82 | 2.35 |

用 Access 创建"入选情况表"(内容如表 7.12 所示)。

表 7.12　入选情况表

| 号　码 | 是否入选 | 号　码 | 是否入选 |
| --- | --- | --- | --- |
| 11 | 入选 | 14 | 落选 |
| 12 | 入选 | 15 | 入选 |
| 13 | 入选 | 16 | 落选 |

通过 Access 的查询功能，自动生成"男子篮球队汇总表"(内容如表 7.13 所示)。

表 7.13　男子篮球队汇总表

| 号　码 | 姓　名 | 年　龄 | 身高(米) | 摸高成绩(米) | 是否入选 |
| --- | --- | --- | --- | --- | --- |
| 11 | 张明 | 19 | 1.86 | 2.78 | 入选 |
| 12 | 李强 | 20 | 1.88 | 3.12 | 入选 |
| 13 | 韩东 | 20 | 1.81 | 2.95 | 入选 |
| 14 | 李立 | 21 | 1.85 | 2.44 | 落选 |
| 15 | 王建 | 20 | 1.88 | 2.90 | 入选 |
| 16 | 刘度 | 19 | 1.82 | 2.35 | 落选 |

# 第 8 章　多媒体基础知识

**学习目标:**

多媒体技术及其产品是当今世界计算机产业发展的新领域,为计算机进入人类生活和生产的各个领域打开了方便之门,给人们的工作、生活、学习和娱乐带来深刻的变化,如不同地点的视频会议、商场里的巨大显示屏、智能手机的图片和视频应用、空闲时到网络上听歌看电影等。本章主要介绍如下内容:

- 多媒体基础。
- 多媒体计算机系统。
- 多媒体信息数字化。
- 数据压缩技术。
- 多媒体创作工具。

## 8.1　多媒体基础

### 8.1.1　多媒体概念

#### 1. 媒体

媒体,又称为媒介或媒质,它是信息的载体。在现实世界中,媒体就是人们用于传播和表示各种信息的手段,比如报纸、杂志、电视机、收音机等等。而在计算机领域中,媒体(Medium)有两层含义:一是指用来存储信息的实体,如磁带、磁盘、光盘和半导体存储器等;二是指传递信息的载体,如数字、文字、声音、图形和图像等。多媒体技术中的媒体一般是指后者。按照国际电报电话咨询委员会 CCITT 建议的定义,媒体包含感觉媒体、表示媒体、表现媒体、存储媒体及传输媒体五种。

1) 感觉媒体(Perception Medium)

感觉媒体是指直接作用于人的感觉器官,使人产生直接感觉的媒体,如引起听觉反应的声音、引起视觉反应的图像等。感觉媒体一般包括自然界的各种声音以及人类的各种语言、文字、音乐、图形、图像和动画等。

2) 表示媒体(Representation Medium)

表示媒体是为了加工、处理和传输感觉媒体而人为地研究和编制出的信息编码。根据各类信息的特性,表示媒体有多种编码方式,如语音编码(PCM)、文本编码(ASCII)、静止图像编码(JPEG)和运动图像编码(MPEG)等。

3）表现媒体（Presentation Medium）

表现媒体是指用于获取和显示的设备，也称为显示媒体。表现媒体又分为输入显示媒体和输出显示媒体。输入显示媒体有键盘、鼠标、光笔、数字化仪、扫描仪、麦克风、摄像机等，输出显示媒体有显示器、音箱、打印机、投影仪等。

4）存储媒体（Storage Medium）

存储媒体又称存储介质，指的是用于存储数据的物理设备，如硬盘、软盘、优盘、光盘、磁带、半导体芯片等。

5）传输媒体（Transmission Medium）

传输媒体指的是传输数据的物理设备，如各种电缆、导线、光缆等。

**2. 多媒体**

"多媒体"一词译自20世纪80年代初创造的英文词"multimedia"，它最早出现于美国麻省理工学院（MIT）提交给国防部的一个项目计划报告中。所谓的多媒体，是指融合两种或两种以上媒体的一种人机交互式信息交流和传播媒体。在这个定义中有几点需要明确：

（1）媒体是信息交流和传播媒体，从这个意义上说，多媒体和电视、报纸、杂志等媒体的功能相同。

（2）多媒体是人机交互式媒体。因为计算机的一个重要特性是"交互性"，使用它比较容易实现人机交互功能。

（3）多媒体信息都是以数字的形式存储和传输的，而不是以模拟信号的形式。

（4）传播信息的媒体种类很多，如文字、图形、电视、图像、声音、动画等。

任何两种以上媒体融合在一起就可以称为多媒体，但通常认为多媒体中的连续媒体（音频和视频）是人与机器交互的最自然的媒体。

**3. 多媒体技术**

人们日常生活中所谈到的多媒体通常不仅仅指多种媒体信息本身，而且还指处理和应用各种媒体信息的相应技术，因此，人们通常将"多媒体"与"多媒体技术"等同。

多媒体技术将所有这些媒体形式集成起来，以更加自然、方便的方式进行交互，使表现的信息可以图、声、文并茂。因此，多媒体技术是数字化信息处理技术、计算机软硬件技术、视频、音频、图像压缩技术、文字处理和通信与网络等多种技术的结合。概括地说，多媒体技术就是利用计算机技术把文本、视频、声音、动画、图形和图像等多种媒体进行综合处理，使多种信息之间建立逻辑连接，集成为一个完整的系统，并能对它们获取、压缩编码、编辑、处理、存储和展示。

## 8.1.2 多媒体种类

多媒体技术中应用的主要媒体元素是表示媒体。表示媒体主要有三种：视觉类媒体、听觉类媒体和触觉类媒体。

**1. 视觉类媒体**

1）位图图像

将所观察的图像按行列方式进行数字化，对图像的每一点都数字化为一个值，所有这些值就组成了位图图像。位图图像是所有视觉表示方法的基础。

2）图形

图形是图像的抽象，它反映图像上的关键特征，如点、线、面等。图形的表示不直接描述图像的每一个点，而是描述产生这些点的过程和方法，即用矢量表示。

3）符号

符号包括文字和文本。由于符号是人类创造出来表示某种含义的，所以它与使用者的知识有关，是比图形更高一级的抽象的、必须具备特定的知识才能解释的特定的文本（例如语言）。符号的表示是用特定值表示的，如 ASCII 码、中文国标码等。

4）视频

视频又称动态图像，是一组图像按时间有序地连续表现。视频的表示与图像序列、时间有关。

5）动画

动画是动态图像的一种。它与视频的不同之处在于，动画采用的是计算机产生出来的图像或图形，而不像视频采用直接采集的真实图像。动画包括二维动画、三维动画等多种形式。

6）其他

其他类型的视觉媒体形式还有如用符号表示的数值、用图形表示的某种数据曲线、数据库的关系数据等。

**2. 听觉类媒体**

1）波形声音

波形声音是自然界中所有声音的拷贝，是声音数字化的基础。

2）语音

语音也可以表示为波形声音，但波形声音表示不出语音的内在语言、语言学的内涵。语音是对讲话声音的一次抽象。

3）音乐

音乐与语音相比更规范一些，是符号化了的声音。但音乐不能对所有的声音都进行符号化。乐谱是符号化声音的符号组，表示比单个符号更复杂的声音信息内容。

**3. 触觉类媒体**

1）指点

指点包括间接指点和直接指点。通过指点可以确定对象的位置、大小、方向和方位，执行特定的过程和相应操作。

2）位置跟踪

为了与系统交互，系统必须了解参与者的身体动作，包括头、手、眼、其他肢体部位的位置与运动方向。系统将这些位置与运动的数据转变为特定的模式，对相应的动作进行表示。

3）力反馈与运动反馈

这与位置跟踪正好相反，是由系统向参与者反馈的运动及力的信息，如触觉刺激、反作用力、运动感觉以及温度和湿度等环境信息。这些媒体信息的表现必须通过电子、机械等的伺服机构才能实现。

### 8.1.3 多媒体特征

多媒体涉及的技术范围很广,并且强调交互式综合处理多种信息媒体,因此,多媒体技术具有以下特点。

**1. 多样性**

多样性是多媒体及多媒体技术的主要特征之一,也是对于多媒体研究要解决的关键问题。早期的计算机只能处理数值或文字等单一的信息媒体,而多媒体计算机可以综合处理文本、声音、图形、图像、动画和视频等多种形式的信息媒体。多媒体技术就是要把计算机处理的信息多样化或多维化,从而改变计算机信息处理的单一模式,使所能处理的信息空间范围及种类扩大,使人们的思维表达有更充分、自由的扩展空间。

多媒体信息的多样性不仅指输入,还包括输出,目前主要包括听觉和视觉两个方面。但输入和输出并不一定是相同的,对应用而言,前者称为获取,后者称为表现。另外,如果两者完全相同,只能称为记录和重放。如果对其进行变换、加工,也可以称之为创作,创作可以大大丰富信息的表现力,增强其效果。

**2. 集成性**

多媒体的集成性主要体现在以下两个方面:多媒体信息的集成以及操作这些媒体信息的工具和设备的集成。前者指的是各种信息媒体按照一定的数据模型和组织结构集成为一个有机的整体,即组合成完整的多媒体信息,这对媒体的共享和创作使用是非常重要的。后者指的是计算机系统、存储设备、音响设备、视频设备等硬件的集成,以及软件的集成,为多媒体系统的开发和实现建立一个理想的集成环境和开发平台,从而完成对声、文、图、像的处理。

早期单一零散的各项技术集合在多媒体的概念下,一方面意味着技术已经发展到相当成熟的程度,另一方面也意味着独立的发展已经不能满足应用的需要。信息空间的不完整(例如,仅有静态图像而无动态视频,仅有声音而无图形等)限制了信息空间的信息组织,也限制了信息的有效使用。另一方面,信息交互手段的单一性也制约了其进一步的应用。因此,当多媒体将它们协调地集成起来后,整体技术应用起来的作用高于单一技术作用的系统效应就十分明显了。

**3. 交互性**

交互性是多媒体技术的关键特性。所谓交互就是通过各种媒体信息,使参与的各方都可以进行编辑、控制和传递。

多媒体信息空间中的交互性为用户提供了更加有效的控制和使用信息的手段,同时也为应用开辟了更广阔的领域。交互可以增加人们对信息的注意和理解,延长信息的保留时间。在单一的文本空间中,交互的效果和作用很差,人们只能使用信息,而难以做到控制及干预信息的处理。当交互引入时,活动本身就作为一种媒体介入了信息转变为知识的过程,人们获取信息和使用信息的方式由被动变为主动,并且可以根据需要对多媒体系统进行控制、选择、检索,并参与多媒体信息的播放和节目的组织,由此人们可获得更多的信息。

**4. 实时性**

实时性又称为动态性,指的是多媒体技术中涉及的一些媒体,如音频和视频信息,具有很强的时间特性,会随着时间的变化而变化。实时性正是多媒体具有最大吸引力的地方之一。这要求对它们进行处理以及人机交互、显示、检索等操作都必须实时完成,特别是在多媒体网络和多媒体通信中,实时传播和同步支持是一个非常重要的指标。例如,一些制作比较粗糙的多媒体作品常常会出现声音与图像停顿,即人们常说的卡屏,甚至还会出现不同步的情况。因此在对这些信息进行处理时,就需要充分考虑这一特征。

### 8.1.4 多媒体应用及发展

#### 1. 多媒体应用

随着多媒体技术的不断发展,多媒体技术的应用也越来越广泛。多媒体技术涉及文字、图形、图像、声音、视频、网络通信等多个领域,多媒体应用系统可以处理的信息种类和数量越来越多,极大地缩短了人与人之间、人与计算机之间的距离,多媒体技术的标准化、集成化以及多媒体软件技术的发展,使信息的接收、处理和传输更加方便快捷。

多媒体技术的应用领域主要有以下 4 个方面。

1) 教育与培训

教育培训领域是多媒体技术应用的最早、进步最快的领域。多媒体技术使现在的课程教材声、文、图并茂,使教学过程生动活泼,使人机交流或师生之间的交流增多,并可做到即时反馈,从而使教师的教学方式更加灵活多变,课上课下都可进行教学,增强学生的学习兴趣,促进学生的学习能力,从而提高学习效果。

2) 办公自动化

采用先进的数字影像和多媒体计算机技术,把扫描仪、传真机、文件资料微缩系统和通信网络等现代化办公设备综合管理起来,构成全新的办公自动化系统,是目前办公自动化的发展方向。

3) 多媒体电子出版物

国家新闻出版署对电子出版物的定义为:以数字代码方式将图、文、声、像等信息存储在磁、光、电介质上,通过计算机或类似设备阅读使用,并可复制发行的大众传播媒体。它的出版形式包括电子网络出版和单行电子书刊两大类。如电子报刊、电子邮件、以只读光盘(CD-ROM)为载体的电子书刊等。

4) 多媒体通信

多媒体计算机、电视和网络共同构成一个极大的多媒体通信环境,它不仅改变了信息传递的面貌,带来了巨大的通信技术的变革,而且计算机的交互性、通信的分布性以及多媒体的现实性相结合,将构成继电报、电话、传真之后的第四代通信手段,向社会提供全新的信息服务,如可视电话、视频会议、交互式电视与视频点播、远程教育与医疗等。

#### 2. 多媒体发展

多媒体技术主要有两个发展趋势:一是网络化趋势,即通过与网络通信等技术的相互结合,使多媒体技术进入科研设计、远程教育、远程医疗、企业管理、办公自动化、检索咨询、文化娱乐、自动测控等领域;二是多媒体终端的智能化和嵌入化,即提高计算机系统本身的多媒体性能以至于开发智能化家电。

1) 网络化趋势

交互的、动态的多媒体技术能够在网络环境下创建出更加生动逼真的二维和三维场景。

还可以借助摄像机等设备,把办公室和娱乐工具集成在终端多媒体计算机上,实现远程视频通话。新一代网络化、人性化、个性化的多媒体软件的应用还可使不同国籍、不同文化程度的人们通过"人机对话"进行交流,从而自由地沟通与了解,如图 8.1 所示。

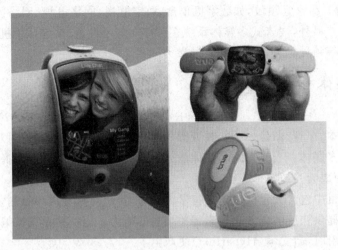

图 8.1　可视电话

　　世界已经迈进数字化、网络化、全球化的信息时代。信息技术将渗透于人类生活的方方面面,其中网络技术和多媒体技术是促进信息社会全面实现的关键技术。多媒体技术与网络技术相结合,尤其是与网络通信等技术相结合,将是多媒体技术的重要发展趋势之一。

　　2) 智能化和嵌入化发展趋势

　　近年来随着多媒体技术的发展,TV 与 PC 技术的竞争与融合越来越引人注目。传统的电视只是用来娱乐,而 PC 更多用于获取信息。随着电视技术的发展,交互式节目(如视频点播)、电视上网等功能应运而生,而 PC 技术在媒体节目处理方面也有了很大的突破,如视频流、音频流功能的加强,搜索引擎、网上电视等技术相应出现。相对比较看来,收发电子邮件、聊天和视频会议终端功能有可能率先成为 PC 与电视技术的融合点。数字机顶盒技术适应了 TV 与 PC 融合的发展趋势,延伸出"信息家电平台"的概念,使多媒体终端集家庭购物、家庭医疗、交互教学、家庭办公、交互游戏、视频邮件和视频点播等各种方式应用于一身,如图 8.2 所示,代表了当今嵌入式多媒体终端的发展方向。

图 8.2　电视交互游戏

多媒体基础知识

　　嵌入式多媒体系统可应用于人们生活与工作的各个方面。在商业管理领域,如 POS/ATM 机、IC 卡等;在家庭领域,如数字机顶盒、数字电视、网络电视、网络冰箱、网络空调等消费类电子产品。另外,嵌入式多媒体系统在医疗类电子设备、多媒体手机、车载导航、掌上电脑、娱乐、军事等领域也有着巨大的发展潜力。

## 8.1.5　新媒体

### 1. 超媒体

　　多媒体是文本、声音、图像、动画、视频等媒体的集成,当能够控制何时观看何种信息时,就成为了交互式多媒体。当交互式多媒体的开发者为用户的导航和交互提供一套结构化的链接元素时,它便成为了超媒体。

　　当超媒体项目中包含大量的文本或符号内容时,可以对这些内容编制索引,然后其元素可以通过链接来提供快速的电子化检索相关信息的能力。当一些单词被编入关键字或者作为其他单词的索引时,超文本(Hypertext)便产生了。

　　与传统的文本相比,超文本有很大的区别,它是一种电子文档,一个非线性的网状结构,其中的文字包含有可以链接到其他字段或内容的超文本链接,可以跳跃式阅读;并且可以根据需要利用超文本系统提供的联想查询机制,迅速找到自己感兴趣的内容或有关信息。

　　超媒体可以看作是超文本的进一步深化,它们二者并没有本质的区别。超文本管理的是纯文本,而超媒体管理的是多媒体,不仅包括文本,还有声音、图像等,超媒体是超文本和多媒体的结合体。随着多媒体技术的不断发展,它们二者之间的区别已很难划分,从目前的情形来看,单纯的超文本系统基本上已经没有,超媒体技术被广泛应用于教学、信息检索、字典和参考资料、商品演示等信息查询领域。

### 2. 流媒体

　　随着互联网的普及和智能手机性能的提高,利用网络传输声音与视频信号的需求也越来越大。目前在智能手机上看实时新闻和 MTV 歌曲、电影、体育等节目成为首选,如图 8.3 所示。广播电视等媒体上网后,也都希望通过互联网来发布自己的音视频节目。但是,音视频在存储时文件的体积一般都十分庞大。在网络带宽还很有限的情况下,花几十分钟甚至更长的时间等待一个音视频文件的传输,不能不说是一件让人头疼的事。流媒体技术的出现,在一定程度上使互联网传输音视频难的局面得到改善。

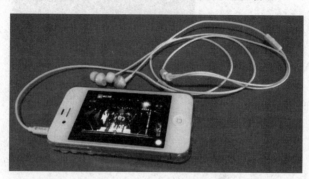

图 8.3　智能手机播放流媒体

传统的网络传输音视频等多媒体信息的方式是完全下载后再播放,下载常常要花数分钟甚至数小时。而采用流媒体技术,就可实现流式传输,即边下载边播放,将声音、影像或动画由服务器向用户计算机进行连续、不间断传送,用户不必等到整个文件全部下载完毕,而只需经过几秒或十几秒的启动延时即可进行观看。当声音视频等在用户的机器上播放时,文件的剩余部分还会从服务器上继续下载。

流媒体是从英语 Streaming Media 翻译过来的,它是一种可以使音频、视频和其他多媒体信息能够在 Internet 及 Intranet 上以实时的、无须下载等待的方式进行播放的技术,流式传播方式是将动画、视频、音频等多媒体文件经过特殊的压缩方式分成一个个压缩包,由视频服务器向用户计算机连续、实时地传递。

1) 流式传输的概念和分类

在网络上传输音频、视频等要求较高带宽的多媒体信息,目前主要有下载和流式传输两种方案。下载方式的主要缺点是用户必须等待所有的文件都传送到位,才能够利用软件播放。随着互联网的普及和多媒体技术在互联网上的应用,迫切要求能解决实时传送视频、音频、计算机动画等媒体文件的技术。因此流式传输就应运而生了。

(1) 流式传输。

通俗地讲,流式传输就是在互联网上的音视频服务器将声音、图像或动画等媒体文件从服务器向客户端实时连续传输,用户不必等待全部媒体文件下载完毕,而只需延迟几秒或十几秒,就可以在用户的计算机上播放,而文件的其余部分则由用户计算机在后台继续接收,直至播放完毕或用户中止。这种技术使用户在播放音视频或动画等媒体的等待时间减少,而且不需要太多的缓存。

(2) 流媒体。

就是在网络中使用流式传输技术的连续时基媒体(如视频和音频数据)。这种技术的出现,使得在窄带互联网中传播多媒体信息成为可能。这主要是归功于 1995 年 Progressive Network 公司(即后来的 RealNetwork 公司)推出的 RealPlay 系列产品。

实际上,流媒体技术是网络音频、视频技术发展到一定阶段的产物,是一种解决多媒体播放时带宽问题的"软技术"。这是融合了很网络技术之后所产生的技术,涉及流媒体数据的采集、压缩、存储、传输和通信等领域。

实现流式传输有两种:实时流式传输(realtime streaming)和顺序流式传输(progressive streaming)。

(1) 顺序流式传输。

顺序流式传输是指顺序下载,在下载文件的同时用户可观看在线媒体。在给定时刻,用户只能观看已下载的那部分,而不能跳到还未下载的部分,顺序流式传输不像实时流式传输在传输期间根据用户连接的速度做调整。由于标准的 HTTP 服务器可发送这种形式的文件,也不需要其他特殊协议,它经常被称作 HTTP 流式传输。顺序流式传输比较适合高质量的短片段,如片头、片尾和广告,由于该文件在播放前观看的部分是无损下载,这种方法能够保证电影播放的最终质量。这意味着用户在观看前必须延迟,对较慢的连接尤其如此。

顺序流式文件是放在标准 HTTP 或 FTP 服务器上的,易于管理,基本上与防火墙无关。顺序流式传输不适合长片段和有随机访问要求的视频,如讲座、演说与演示。它也不支持现场广播,严格说来,它是一种点播技术。

（2）实时流式传输

实时流式传播指保证媒体信号带宽与网络连接匹配，使媒体可被实时观看。实时流与HTTP流式传输不同，它需要专用的流媒体服务器与传输协议。由于实时流式传输总是实时传送，因此特别适合现场事件，也支持随机访问，用户可快进或后退以观看前面或后面的内容。理论上，实时流一经播放就可以不停止，但实际上可能发生周期暂停。

实时流式传输必须匹配连接带宽，这意味着在以调制解调器速度连接时图像质量较差，而且，由于出错丢失的信息被忽略掉，网络拥挤或出现问题时，视频质量很差。如欲保证视频质量，顺序流式传输更好。实时流式传输需要特定服务器，如 QuickTime Streaming Server、RealServer 与 Windows Media Server，它们分别对应了流媒体三巨头，即苹果、RealNetwork 和微软。这些服务器允许对媒体发送进行更多级别的控制，因而系统设置、管理比标准 HTTP 服务器更复杂。实时流式传输还需要特殊网络协议，如 RSTP（Realtime Streaming Protocol）或 MMS（Microsoft Media Server）。这些协议在有防火墙时可能会出现问题，导致用户不能看到一些地点的实时内容。但现在随着各种浏览器与操作系统的升级已经很少发生了。

2）流媒体技术原理

缓冲存储是流式传输实现的基本技术，而流式传输的实现需要合适的传输协议。下面介绍一种典型的流媒体技术实现，如图 8.4 所示。

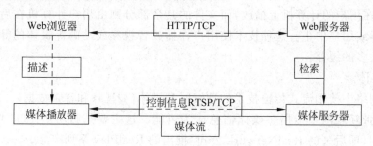

图 8.4　流媒体工作原理

这是一种简单和常用的流媒体应用形式，实际上是顺序流式传输的过程。

（1）Web 浏览器与 Web 服务器首先建立 TCP 连接，然后提交 HTTP 请求消息，要求其传送某个多媒体文件。

（2）Web 服务器收到请求后，检索媒体服务器（独立的多媒体服务器，专门用于存储多媒体文件，例如视频节目服务器）的文件系统。

（3）检索成功，服务器向浏览器发送响应消息，把关于该多媒体文件的详细信息返回。

（4）Web 浏览器接收到 HTTP 响应消息之后，检查其中的类型和内容，如果请求被Web 服务器批准，则把响应的详细信息传给相应的媒体播放器。

（5）该媒体播放器直接与媒体服务器建立 TCP 连接，然后向媒体服务器发送 HTTP 请求消息，请求文件的发送。

（6）在某种传输协议（如实时流协议 RTSP）的控制下，媒体服务器把目标多媒体文件以媒体流形式传送到媒体播放器的缓冲池中，双方协调工作，完成流式传播。

# 8.2 多媒体计算机系统

目前,市面上通用的计算机基本都是多媒体计算机(MPC)。所谓多媒体计算机,是指配备了声卡、视频卡的计算机。更确切地说,它是一种将数字声音、数字图像、数字视频、计算机图形和通用计算机集成在一起的人机交互式系统。现在,多媒体系统常常指的就是多媒体计算机系统,其层次结构如图 8.5 所示。

完整的多媒体计算机系统由硬件系统和软件系统两部分组成。硬件系统主要由计算机主机和用来接收、播放多媒体信息的各种输入输出设备组成;软件系统主要由多媒体操作系统以及各种多媒体工具软件和应用软件组成。

图 8.5 多媒体计算机系统的
层次结构图

## 8.2.1 硬件系统

多媒体硬件系统是由计算机传统硬件设备、光盘存储(CD-ROM)、音频输入输出和处理设备、视频输入输出和处理设备等选择性组合而成,如图 8.6 所示。

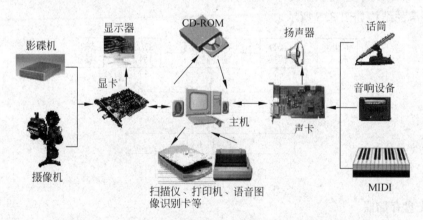

图 8.6 多媒体计算机硬件系统组成

### 1. 声卡

声卡是处理和播放多媒体声音的关键部件,它通过插入主板扩展槽中与主机相连。卡上的输入输出接口可以与相应的输入输出设备相连。常见的输入设备包括麦克风、收录机和电子乐器等,常见的输出设备包括扬声器和音响设备等。

声卡一般由 Wave 合成器、MIDI 合成器、混合器、MIDI 电路接口、CD-ROM 接口、DSP 数字信号处理器等组成。

声卡具有如下基本功能:

(1) 录制、播放、编辑、合成波形音频文件。

（2）录制和合成 MIDI 音乐。

（3）接收来自 CD-ROM 的声音信号。

声卡与其他设备的连接如图 8.7 所示。

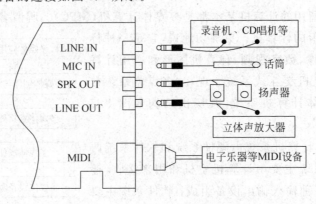

图 8.7　声卡与其他设备的连接图

**2. 视频卡**

视频卡是对模拟视频进行捕捉并转换为数字视频的部件，其基本功能是：

（1）从动态模拟视频中实时或非实时捕捉图像，转换为数字信号并存储。

（2）在显示器上以不同的窗口大小显示视频图像。

（3）提供许多视频图像的特殊处理效果，如冻结、淡出、旋转等。

（4）一些视频卡还提供了硬件压缩功能。

视频卡的结构如图 8.8 所示。

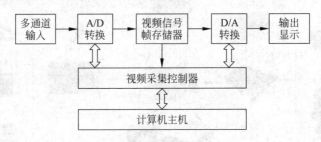

图 8.8　视频卡结构图

**3. 光盘存储器**

1）CD-ROM 盘的结构和读写原理

光盘存储器由 CD-ROM 驱动器和光盘片组成。光盘片采用磁光材料，数据存放在光盘片中连续的螺旋形轨道上。当在光盘上写数据时，光盘驱动器的光学头发出的激光束聚焦在光盘轨道上，改变轨道上的某种性质（如反射率、反射光极化方向等），这些变化的性质对应于二进制数 0 和 1，当读取光盘上的数据时，光盘驱动器的光学头发出的激光束照射在光盘轨道上，光电检测器检测出光强和光极性的变化，从而读出存储在光盘上的数据。

2）光盘存储器的分类

（1）CD-ROM（Compact Disc-Read Only Memory）只读型光盘存储器。

（2）可读写型光盘存储器，俗称"刻录机"CD-R（Compact Disc-Recordable）一次写入、多次读取 CD-RW(Compact Disc-Rewriteable)多次写入、多次读取。

(3) DVD-ROM DVD(Digital Versatile Disc)数字通用光盘。

(4) COMBO 俗称"康宝"整合了 CD-RW 和 DVD-ROM 的功能。

(5) DVD 刻录机支持 CD-R、CD-RW、DVD-R、DVD-RW,如图 8.9 所示。

3) CD-ROM 光盘系统的主要技术指标

衡量一个光盘系统特性的主要技术指标包括存储容量、平均存取时间、数据传输率、接口标准等。

4) CD-R 和 CD-RW 刻录机的主要技术指标

除了上面的指标外,还有刻录机速度、缓存区容量、使用寿命等。

**4. 多媒体辅助设备**

多媒体设备有扫描仪、数码相机、触摸屏、手写笔等,这里介绍扫描仪和数码相机。

图 8.9　DVD-RW

1) 扫描仪

扫描仪是一种静态图像输入设备,利用光电转换原理,通过扫描仪光电管的移动或原稿的移动,把黑白或彩色的原稿信息数字化后输入到计算机中,它还用于文字识别、图像识别等新的领域。

(1) 扫描方式分类:手动式、平板式、胶片式和滚筒式。

(2) 扫描仪由 CCD(Charge Coupled Device,电荷耦合器件阵列)、光源及聚焦透镜组成。

(3) 扫描仪的技术指标。

• 分辨率:用每英寸像素数表示;分辨率越高,图像越清晰。

• 色彩位数:每个像素使用的二进制位数;色彩位数越多,表达色彩就越丰富。

• 接口类型:USB 通用串行总线接口、SCSI 接口、EPP 增强型并行接口。

2) 数码相机

数码相机是一种图像输入设备,如图 8.10 所示,其外观和使用方法与普通的全自动照相机很相似,两者之间最大的区别在于前者使用电荷耦合器作为成像部分,在存储器中储存图像数据,后者通过胶片曝光来保存图像。

图 8.10　数码相机

数码相机的主要技术指标是像素数、存储能力、接口标准。像素数即 CCD（Charge Coupled Device,电荷耦合器件）芯片上光敏元件数量,决定了数码相机的成像质量,像素数越高,则成像质量越好。高像素数码相机尽可能采用高容量的存储介质。现在的相机一般具有扩充能力,可以安装扩展存储卡,以提高相机的存储能力。

**5. 多媒体个人计算机**

多媒体个人计算机（Multimedia Personal Computer,MPC）,是指具有多媒体功能的个人计算机。它是在 PC 基础上增加一些硬件板卡及相应软件,使其具有综合处理文字、声音、图像视频等多种媒体信息的功能。

MPC 主要特征可以用一个简单的公式表示:

多媒体 PC= PC+ CD-ROM 驱动器+声卡

MPC 标准由 Microsoft、IBM 等公司组 MPC 市场联盟制定,随着多媒体计算机技术的发展,MPC 标准也在不断提升。

## 8.2.2 软件系统

多媒体软件按功能分为系统软件和应用软件。多媒体系统软件主要包括多媒体操作系统、多媒体素材制作软件、多媒体创作工具及开发环境、多媒体外设驱动软件。而应用软件则是在多媒体创作平台上设计开发面向应用领域的软件。

多媒体操作系统为多媒体信息处理提供与设备有关的媒体控制接口。如 Windows 操作系统提供的媒体控制接口。多媒体工具软件和制作软件,包括基本素材制作软件（如声音录制、图像扫描、全动态视频采集、动画生成等）和多媒体项目制作专业软件（如 Authorware 等）。多媒体应用程序是指一些系统提供的应用程序,如 Windows 系统中的录音机、媒体播放器等,主要用于多媒体项目的播放。多媒体应用程序是多媒体项目和用户连接的纽带。

# 8.3 多媒体信息数字化

## 8.3.1 听觉媒体

### 1. 音频数字化过程

声音是由空气中分子的振动而产生的。自然界的声音是一个随时间而变化的连续信号,可近似地看成是一种周期性的函数。通常用模拟的连续波形描述声波的形状,单一频率的声波可用一条正弦波表示,如图 8.11 所示。

1) 采样和量化

数字化音频的过程如图 8.12 所示。

模拟声音在时间上是连续的,或称连续时间函数 $x(t)$。用计算机处理这些信号时,必须先对连续信号采样,即按一定的时间间隔（$T$）在模拟声波上截取一个振幅值（通常为反映某一瞬间声波幅度的电压值）,得到离散信号 $x(nT)$（$n$ 为整数）。$T$ 称采样周期,$1/T$ 称为采样频率。为了把采样得到的离散序列信号 $x(nT)$ 存入计算机,必须将采样值量化成有限个幅度值的集合 $x(nT)$,采样值用二进制数字表示的过程称为量化编码。

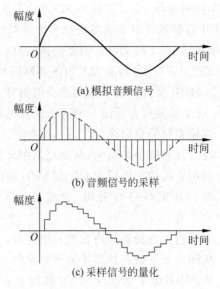

(a) 模拟音频信号

(b) 音频信号的采样

(c) 采样信号的量化

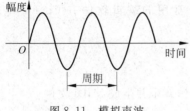

图 8.11 模拟声波

图 8.12 音频数字化过程

2）影响数字音频质量的技术参数

对模拟音频信号进行采样量化编码后,得到数字音频。数字音频的质量取决于采样频率、量化位数和声道数三个因素。

（1）采样频率

采样频率是指一秒钟时间内采样的次数。

在计算机多媒体音频处理中,采样频率通常采用三种：11.025kHz（语音效果）、22.05kHz（音乐效果）、44.1kHz（高保真效果）。常见的 CD 唱盘的采样频率即为 44.1kHz。

（2）量化位数

量化位数也称"量化精度",是描述每个采样点样值的二进制位数。例如,8 位量化位数表示每个采样值可以用 $2^8$ 即 256 个不同的量化值之一来表示,而 16 位量化位数表示每个采样值可以用 $2^{16}$ 即 65 536 个不同的量化值之一来表示。常用的量化位数为 8 位、12 位、16 位。

（3）声道数

声音通道的个数称为声道数,是指一次采样所记录产生的声音波形个数。记录声音时,如果每次生成一个声波数据,称为单声道；每次生成两个声波数据,称为双声道（立体声）。随着声道数的增加,所占用的存储容量也成倍增加。

3）数字音频文件的存储量

以字节为单位,模拟波形声音被数字化后音频文件的存储量（假定未经压缩）为：

$$存储量＝采样频率×量化位数/8×声道数×时间$$

例如,用 44.1kHz 的采样频率进行采样,量化位数选用 16 位,则录制 1 秒的立体声节目,其波形文件所需的存储量为：

$$44\ 100×16/8×2×1＝176\ 400（字节）$$

**2. MIDI 音频**

MIDI(Musical Instrument Digital Interface)是乐器数字接口的缩写。MIDI 是一种数

字音频的国际标准,是计算机和 MIDI 设备之间进行信息交换的通信协议。

MIDI 音频是将电子乐器键盘上的弹奏信息记录下来,包括键名、力度、时值长短等,存储成扩展名为 . mid 的文件。当需要播放时,只需从相应的 MIDI 文件中读出 MIDI 消息,生成所需要的声音波形,经放大后由扬声器输出。

由于 MIDI 文件只是一系列指令的集合,因此它比数字波形文件小得多,大大节省了存储空间;适于重播打击乐或一些电子乐器的声音,计算机可利用 MIDI 声音方式进行作曲。

**3. 音频素材的获取途径**

- 通过计算机中的声卡,从麦克风中采集语音生成 . WAV 文件。
- 利用专门的软件抓取 CD 或 VCD 中的音乐,再利用声音编辑软件。
- 对音频素材进行剪辑、合成等加工处理;常用的编辑软件有 Cool Edit、Sound Edit 等。
- 从素材光盘提供的声音素材中选取。
- 从网络上下载各种格式的声音文件。
- 从 MIDI 电子乐器或 MIDI 键盘中采集和创作音乐并生成 MIDI 文件。

## 8.3.2 视觉媒体

### 1. 图像

1) 图像数字化过程

图像信号是基于空间的连续模拟信号,而计算机只能处理数字信号,因此需要对模拟图像信号进行数字化处理。与音频信号一样,图像的数字化过程也需要经过采样和量化两个步骤。

2) 图像基本属性

描述一幅图像的三个基本属性:分辨率、图像深度和图像文件大小。

(1) 分辨率。

与图像有关的分辨率包括显示分辨率和图像分辨率。

- 显示分辨率:显示器屏幕上能够显示出的像素数目,决定图像显示区域大小。
- 图像分辨率:一幅图像的像素数目,即该图像的水平与垂直方向的像素个数;决定图像的质量。

(2) 图像深度。

图像深度:指图像中每个像素所占的二进制数字位数,即图像的量化精度,其对照表如表 8.1 所示。

表 8.1 图像深度对照表

| 颜 色 深 度 | 颜 色 总 数 | 图 像 名 称 |
| --- | --- | --- |
| 1 | 2 | 单色图像 |
| 4 | 16 | 索引 16 色图像 |
| 8 | 256 | 索引 256 色图像 |
| 16 | 65 536 | HI-Color 图像 |
| 24 | 16 672 216 | True Color 图像 |

（3）图像文件大小。

图像的分辨率越高,图像深度越大,图像的质量越好,但图像的存储容量也越大。用字节表示图像文件大小时,一幅未经压缩的数字图像的数据量大小计算如下:

$$存储容量＝图像高×图像宽×图像深度÷8$$

例如,一幅 640×480 的 256 色图像为 640×480×8÷8 ＝ 307 200 字节。

3）图像素材的采集与制作

（1）图像素材的获取途径。

- 利用软件创作,常用的有 Photoshop、Illustrator、CorelDRAW 等;
- 通过扫描仪扫描,可以将图片实物转换成数字图像。
- 通过数码相机拍摄,可以将自然景色转换为数字化图像。
- 从数字化仪中输入,主要用于企业。
- 从屏幕、动画、视频中捕捉。
- 从素材光盘中选取或从网络下载。

（2）屏幕截图。

屏幕截图是一种较常见且操作简单的图像捕捉方法,有静态屏幕采集(得到的是静态图像)和动态屏幕采集(可以将屏幕图像及使用者的操作记录下来,得到的是动画文件)两种。下面两个命令可以实现屏幕截图。

- Print Screen:截取整个屏幕图像到剪贴板。
- Alt＋Print Screen:截取当前窗口。

**2. 视频**

1）视频基础知识

视频是由一幅幅静态画面序列(帧,frame)组成,这些画面以一定的速率(f/s)连续地投射在屏幕上,使观察者感到具有图像连续运动的感觉。

视觉暂留效应:一幅图像在人的眼里会停留一段时间后才消失,利用视觉暂留效应,控制静态图像按一定速率连续播放就能产生运动的感觉。

图像播放的速度应控制在 25f/s 到 30f/s。

视频标准主要有 NTSC 制和 PAL 制两种。

2）视频的彩色空间表示

（1）在多媒体计算机中,常常涉及几种不同的色彩空间表示颜色。如计算机显示时采用 RGB 彩色空间;彩色印刷时采用 CMYK 彩色空间;彩色全电视信号数字化时采用 YUV 彩色空间;为了便于色彩处理和识别,视觉系统又经常采用 HSI 彩色空间。

RGB 彩色空间又称加色法系统,R、G、B 表示红、绿、蓝三种基色。通过三个分量的不同比例配合,在显示屏幕上合成所需要的任意颜色。

CMYK 彩色空间又称减色法系统。C、M、Y、K 表示青色、品红、黄色和黑色。C、M、Y 三种颜色混合在一起时应呈黑色。在现实中,把等量的靛蓝、品红、黄色油墨混合在一起产生的不是黑色而是深棕色。因此又加入一些黑墨以打印真正的黑色。

（2）彩色电视信号使用 YUV 和 YIQ 彩色空间。

PLA 制式采用的是 YUV 彩色空间,其中 Y 表示亮度,U、V 表示色差,U、V 是构成彩色的两个分量。多媒体计算机中采用了 YUV 彩色空间,数字化后通常为 Y：U：V ＝

8∶4∶4 或者是 Y∶U∶V = 8∶2∶2。

NTSC 制式采用的是 YIQ 彩色空间，Y 仍为亮度信号，I、Q 仍为色差信号，但它们与 U、V 是不同的，其区别是色度矢量图中的位置不同。

RGB、CMYK、YUV 彩色空间是可以相互转换的，在不同的场合使用不同的彩色空间。

3）数字视频的获取途径

获取数字视频的主要方法有：

（1）利用摄像机和视频采集卡录制。

（2）使用专门的视频制作软件制作，常用的视频处理软件有 Windows Movie Make，MediaStudio、Premiere 等。

（3）从 VCD 中截取，或用屏幕截取软件录制。

（4）从素材光盘中选取或从网络下载。

### 3. 动画的获取途径

动画是借助于计算机生成一系列连续图像的计算机技术，现在的动画素材一般通过软件制作，常用的有 Animator（二维动画）和 3DS Max（三维动画）。此外，还有一些专门用于某种特技动画的工具，如 Cool 3D 专门制作文字动画；Photomorph 专门制作物体变形的动画软件；Ulead Gif Animator 专门用来连接静态图片成为动画的软件；Flash、Fireworks 用于制作网页动画。

### 4. 视觉媒体的三维立体显示

1）立体显示原理

三维显示实际上具有两个含义：

一个是指物体的三维图像在平面上的显示，特别是三维图形的显示，这是图形学的重点。

另一个是指所显示的图像确确实实是立体的，是"浮"在空间中的，和我们所看的立体电影一样。这是讨论的重点。

视差（parallax）是投影到人眼视网膜上的图像上两点间的水平距离，如图 8.13 所示，正是这个距离产生了视觉上的立体感。注视远处的物体时的视差与注视近处物体时的视差是不同的，因此所谓的立体感正是这个不同距离作用的结果。

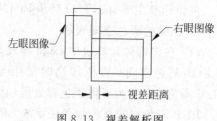

图 8.13　视差解析图

决定立体视觉的是视差。视差的种类大致分为四种：零视差、正视差、负视差和发散视差。它们产生的立体感觉是不同的。

- 零视差：当显示的左右眼图像之间没有缝隙时，视差为零，就称为零视差。
- 正视差：一旦计算机显示的立体图像对的视差大于 0，我们就可以看到深度。正视差差值大于 0 且小于等于人眼之间的距离。
- 负视差：当两眼的目光交叉时，就会产生负视差。这时，所观察的对象将会浮现在两眼与显示器之间的空间中。
- 发散视差：视差的值比两眼之间的距离还要大。

2）立体图像的显示

立体图像的显示方法有两种：

一种方法是让一只眼睛看一个显示器，每个显示器只显示对应眼睛的图像，这样头脑中就产生了立体图像。

另一种方法是在显示器上快速地显示两眼不同的图像，而观察者带上立体眼镜进行观察。由于眼镜中的液晶片与显示的图像同步地进行开关切换，使得在每一时刻只有一只眼睛能够看到对应的图像，只要速度足够快，由于眼睛的暂留现象和大脑的作用，感觉到的就是立体的图像，如图 8.14 所示。

图 8.14　立体显示

### 8.3.3　触觉媒体

**1. 触觉媒体概述**

皮肤可以感觉环境的温度、湿度，也可感觉压力，身体可以感觉振动、运动、旋转等，这些都是触觉在起作用，都可以作为传递信息的媒体。事实上，触觉媒体就是环境媒体，它描述了该环境中的一切特征和参数。

人体在信息交流过程中头部、手部和整体躯干起的作用最大。与外界环境的触觉交互主要包括位置跟踪、力量反馈等方面。

对手部信息的处理包括手部的位置、手指的动作类型、手部的感觉、手部的力量反馈等。这些都要有特殊的设备和技术完成系统对手部信息的数字化和跟踪，并将它们与系统的控制和应用结合起来。这些设备和技术包括数据手套、压力传感手套、手部位置超声波跟踪器、力量反馈接口等。

对躯干的位置跟踪和反馈与手部和头部很类似，但它要反映人体的体势语言和外界对人体的力量反馈，如振动、倾覆、旋转等。

这些设备包括数据服装、三维数据座舱、模拟器等。

**2. 简单指点设备与技术**

1）指点的任务

指点的任务包括选择、定位、定向、路径、数量、操作。

2）指点设备

指点设备分成直接指点设备和间接指点设备两类。前者直接使用特殊的指点设备或用手指点屏幕，后者则通过指点设备的间接动作对屏幕上的对象进行指点。

直接指点设备包括光笔、触摸屏及输入笔等。

间接指点设备包括鼠标、跟踪球、控制杆和图形板。这些设备不接触显示屏幕，所以使用时不会遮挡视线，也不易使人疲劳。

这些指点设备的输入都是在显示平面上的二维坐标空间中进行的，包括坐标改变的速度。除非经过特殊的变换，否则很难把它们向三维空间转换。现在又出现了一些新型的指点设备，例如脚用鼠标器、视线跟踪器、凝视检测控制器等。

**3. 位置跟踪**

为了与系统交互，系统必须了解参与者的身体动作，包括头、眼、手等部位的位置与运动方向。系统将这些位置与运动的数据转变为特定的模式，对相应的动作进行表示。

1）手指动作测量和数字化

对手部的跟踪采用一种称为数据手套的工具。对手指的测量主要采用在手套的手指部位装上能够测量手指弯曲、移动的检测器。检测器的种类有光纤、测力板等。数据手套将接收到的数据送入计算机中，在计算机中被转换为相应的数字化格式。

对手指动作的测量和数字化，实际上更关心的是手指的相对位置。

拇指和食指、食指和其他手指等的相对动作包含了许多含义。识别这些相对的动作，采用的方法就是建立手指动作模式库。

首先将各种手指的动作数据进行采集，进行规范化处理后建立起动作模式并存储起来。在使用时将实时采样得到的数据与库中的模式进行比较，就可以知道手指的动作。手指动作的数字化分辨率越高，模式就越复杂，对手指动作的解释就越丰富、越精确。

2）空间位置跟踪

在数据手套上有一个定位的装置，这是用于进行手部位置跟踪的。手部的位置是指手部在空中的相对位置，所以还需要一个坐标原点。

另外一种测量空间位置的装置称为 Polhemus 三维定位机构，它也是一种有六个自由度的空间位置传感器，可相对于某一固定位置的原点，得到目标所处位置的相对方向和位置信号。

**4. 力反馈与触觉反馈**

这与位置跟踪正好相反，是由系统向参与者反馈力和运动的信息，如触觉刺激（物体的表面纹理等）、反作用力（推门的门重感觉）、运动感觉（摇晃、振动等）及温度、湿度等环境信息。

1）力反馈

力反馈包括对重量的感知、对阻力的感知（在水中前进与前进中碰壁是不同的阻力）、吸引力（如分子间的吸引力、磁铁的吸引力）等。

建立力反馈的直接方法是利用提供动力的电动机和对人体或人体部位进行力反馈的

"外骨系统"。

建立力的反馈可以采用简单的方法,通过颜色、声音或运动都可以间接获得力的反馈效果。例如,通过改变屏幕上对象的颜色,可以表示出对象的受力情况。

通过力感反馈装置,可以直接提供力的反馈,提供使人感受到的物理力,如图 8.15 所示。

图 8.15　力反馈装置

2）触觉反馈

对于触觉的反馈需要能够让人体区别出不同物体的质感和纹理结构。抚摸小猫的皮肤与抚摸乌龟壳的感觉肯定是不一样的。

采用某些物理装置,可以提供一种直接通过皮肤感知的触觉反馈,如图 8.16 所示。例如使用一种手套,分布在手套内表面上的是一个具有若干振动凸起物的矩阵,通过这些振动凸起物的作用,可以模拟出一定的触觉效果。其他的可能方法还有:在手套内部安装一些可膨胀的特制小泡或微型弹簧,或基于在电荷的作用下某些材料可由液态变为固态以及利用记忆合金的变形功能等。

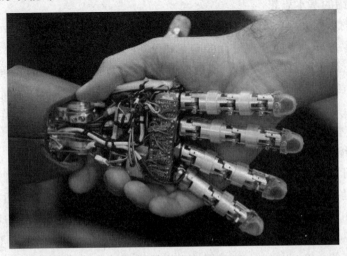

图 8.16　触觉反馈

### 5. 热觉反馈

热觉反馈也是一种触觉反馈,但它提供的是温度的反应。当拿一个物体时,应该感觉到物体的温度;当靠近一盆虚拟的篝火时,应能感觉到篝火的温度。这些反馈需要的就是热觉反馈。

有一种热觉反馈系统使用了加热泵、温度传感器和热表面,通过计算机对系统进行控制,控制的温度范围目前在 10℃~35℃ 之间。加热泵将热从热表面上移入移出,通过传感器的控制,就可以得到所需要的温度。

# 8.4 数据压缩技术

## 8.4.1 概述

多媒体计算机技术、计算机网络技术以及现代多媒体通信技术正在向着信息化、高速化、智能化迅速发展。随着各个领域的应用与发展,各个系统的数据量越来越大,给数据的存储、传输以及有效、快速获取信息带来了严重的障碍。若帧速率为 25f/s,则 1s 的数据量大约为 25MB,一个 640MB 的光盘只能存放大约 25s 的动态图像。一幅 640×480 分辨率的 24 位真彩色图像的数据量约为 900KB;一个 100MB 的硬盘只能存储约 100 幅静止图像画面,因此数据压缩技术成为解决这一问题的关键技术。

### 1. 数据压缩原理

原始的多媒体信源数据存在着客观上的大量冗余。信息理论认为:若信源编码的熵大于信源的实际熵,该信源中一定存在冗余度。去掉冗余不会减少信息量,仍可原样恢复数据;但若减少了熵,数据则不能完全恢复。不过在允许的范围内损失一定的熵,数据仍然可以近似恢复。

因为人的感觉的某些不敏感性,多媒体数据中还存在着从主观感受角度看去的大量冗余,即在人眼允许的误差范围之内,压缩前后的图像如果不做非常细致的对比是很难觉察出两者的差别的。

### 2. 数据压缩的基本思想

针对特定的数据冗余类型,采用合适的压缩编码方法。

对压缩对象的样本空间合理进行样本点划分,建立以少代多或以局部代全体的数据变换关系;从而以最少的数码表示信源或信道信号,减少数据的按位存储空间和位传输率。

(1) 空间压缩:把相同视觉区(集合块)当作一个整体,以极少的信息量来表示。

(2) 时间压缩:把连续帧间的重复部分或渐变过程中的相似部分当作一个整体,用极少的信息量(样本值)表示。

### 3. 数据压缩类型

数据压缩可分成两种类型:一种叫做无损压缩,另一种叫做有损压缩。

无损压缩是指使用压缩后的数据进行重构(或者叫做还原,解压缩),重构后的数据与原来的数据完全相同;无损压缩用于要求重构的信号与原始信号完全一致的场合。一个很常见的例子是磁盘文件的压缩。根据目前的技术水平,无损压缩算法一般可以把普通文件的数据压缩到原来的 1/2~1/4。一些常用的无损压缩算法有霍夫曼(Huffman)算法和 LZW

(Lenpel-Ziv & Welch)压缩算法。

有损压缩是指使用压缩后的数据进行重构,重构后的数据与原来的数据有所不同,但不影响人对原始资料表达的信息的理解。有损压缩适用于重构信号不一定必须和原始信号完全相同的场合。例如,听觉媒体和视觉媒体的压缩就可以采用有损压缩,因为其中包含的数据往往多于我们的听觉系统和视觉系统所能接收的信息,丢掉一些数据而不至于对声音或者图像所表达的意思产生误解,但可大大提高压缩比。音频能够在没有察觉质量下降的情况下实现10:1的压缩比,视频能够在稍微观察质量下降的情况下实现如300:1这样非常大的压缩比。有损静态图像压缩经常如音频那样能够得到原始大小的1/10的文件,但是质量下降更加明显,尤其是在仔细观察的时候。当用户得到有损压缩文件的时候,譬如为了节省下载时间,解压文件与原始文件在数据位的层面上看可能会大相径庭,但是对于多数只是普通应用的用户来说,人耳或者人眼并不能分辨出二者之间的区别。

## 8.4.2 常用数据压缩编码

统计编码:无失真编码。根据信息出现概率的分布特性进行的压缩编码。

预测编码:有失真编码。根据原始的离散信号之间存在关联性的特点,利用前面的一个或多个信号对下一个信号进行预测,然后对实际值和预测值的差进行编码。

变换编码:有失真编码。对原始数据从初始空间或时间域进行数学变换,使得信号中最重要的部分在变换域中易于识别,并且集中出现,可以重点处理;相反使能量较少的部分较分散,可以进行粗处理。三个步骤:变换、变换域采样和量化。

分析-合成编码。有失真编码。通过对原始数据的分析,将其分解成一系列更适合表示的"基本单元"或"参数",编码仅对这些基本单元或参数进行。而译码时则借助于一定的规则或模型,按照一定的算法将这些基本单元或参数再"综合"成原数据的一个逼近。

## 8.4.3 听觉媒体压缩技术

### 1. 概述

听觉媒体压缩编码的主要依据是人耳的听觉特性,包括两个方面:

(1) 人的听觉系统中存在一个听觉阈值电平,低于这个电平的声音信号人耳听不到。

(2) 人的听觉存在屏蔽效应。当几个强弱不同的声音同时存在时,强声使弱声难以听到,并且两者之间的关系与其相对频率的大小有关。

声音编码算法就是通过这些特性来去掉更多的冗余数据,达到压缩数据的目的。

声音信号的基本参数:

- 频率——信号每秒钟变化的次数。
- 振幅——声波波形的最大位移。

音频压缩标准:

- 电话质量的语音压缩标准——300Hz~3.4kHz。当采样频率为8kHz,量化位数为8bit时所对应的速率为6kbps。
- 调幅广播质量的音频压缩标准——50Hz~7kHz。当使用16kHz的抽样频率和14bit的量化位数时,信号速率为224kbps。符合1988年ITU制定的G.722标准。

多媒体基础知识

- 高保真立体声音频压缩标准——50Hz～20kHz。在 44.1kHz 抽样频率下用 16bit 量化,信号速率为每声道 705kbps。目前比较成熟的标准为"MPEG 音频"。

**2. 常见压缩编码标准**

1) MP3

MP3 的全名是 MPEG Audio Layer-3,简单地说,就是一种声音文件的压缩格式,是目前最普及的音频压缩格式,是典型的有损压缩。

MPEG-1 音频压缩标准里包括了三个使用高性能音频数据压缩方法的感知编码方案,按照压缩质量(每 Bit 的声音效果)和编码方案的复杂程度分别是 Layer1、Layer2、Layer3,其对照表如表 8.2 所示。

表 8.2　MPEG-1 音频的层次与压缩比率表

| 音 频 层 次 | 压　缩　比 |
| --- | --- |
| Layer1(相当于 384kbps 立体声信号) | 4∶1 |
| Layer2(相当于 192～256kbps 立体声信号) | 6∶1～8∶1 |
| Layer3(相当于 112～154kbps 立体声信号) | 10∶1～12∶1 |

MP3 是利用 MPEG Audio Layer 3 的技术,将音乐以 1∶10 甚至 1∶12 的压缩率,压缩成容量较小的文件,换句话说,能够在音质丢失很小的情况下把文件压缩到更小的程度。而且还非常好地保持了原来的音质。正是因为 MP3 体积小,音质高的特点使得 MP3 格式几乎成为网上音乐的代名词。每分钟音乐的 MP3 格式只有 1MB 左右大小,这样每首歌的大小只有 3～4MB。使用 MP3 播放器对 MP3 文件进行实时的解压缩(解码),这样,高品质的 MP3 音乐就播放出来了。

2) OGG

OGG 是一种先进的有损的音频压缩技术,正式名称是 Ogg Vorbis,是一种免费的开源音频格式。OGG 编码格式远比 20 世纪 90 年代开发成功的 MP3 先进,它可以在相对较低的数据速率下实现比 MP3 更好的音质。

OGG 格式可以对所有声道进行编码,支持多声道模式,而不像 MP3 只能编码双声道。多声道音乐会带来更多现场感,欣赏电影和交响乐时更有优势,这场革命性的变化是 MP3 无法支持的,而且未来人们对音质要求不断提高,OGG 的优势将更加明显。

3) WMA

WMA(Windows Media Audio)格式是来自于微软的重量级"选手",后台强硬,音质要强于 MP3 格式,更远胜于 RA 格式,它是以减少数据流量但保持音质的方法来达到比 MP3 压缩率更高的目的,WMA 的压缩率一般都可以达到 1∶18 左右。和以往的编码不同,WMA 支持防复制功能,支持通过 Windows Media Rights Manager 加入保护,可以限制播放时间、播放次数甚至播放的机器等等。WMA 支持流技术,即一边读一边播放,因此 WMA 可以很轻松地实现在线广播,微软公司在 Windows 中加入了对 WMA 的支持,WMA 有着优秀的技术特征,在微软公司的大力推广下,这种格式被越来越多的用户所接受。

### 4）MP4

MP4 并不是 MPEG-4 或者 MPEG-1Layer4，它的出现是针对 MP3 的大众化、无版权的一种保护格式。

MP4 使用的是 MPEG-2 AAC 技术，也就是俗称的 a2b 或 AAC。其中，MPEG-2 是 MPEG 于 1994 年 11 月针对数码电视（数码影像）提出的。它的特点就是，音质更加完美而压缩比更加大（1：15）。MPEG-2 AAC（ISO/IEC 13818-7）在采样率为 8~96kHz 下提供了 1~48 个声道可选范围的高质量音频编码。AAC 就是 Advanced Audio Coding（先进音频编码）的意思，适用于从比特率在 8kbps 单声道的电话音质到 160kbps 多声道的超高质量音频范围内的编码，并且允许对多媒体进行编码/解码。MP4 技术的优越性要远远高于 MP3，因为它更适合多媒体技术的发展以及视听欣赏的需求。

### 5）WAVE

WAVE 格式是微软公司开发的一种声音文件格式，也叫波形声音文件，是最早的数字音频格式，被 Windows 平台及其应用程序广泛支持。WAVE 格式支持许多压缩算法，支持多种音频位数、采样频率和声道，采用 44.1kHz 的采样频率，16 位量化位数，因此 WAVE 的音质与 CD 相差无几，但 WAVE 格式对存储空间需求太大，不便于交流和传播。

## 8.4.4  视觉媒体压缩技术

### 1. 静态图像

静态图像压缩技术主要是对空间信息进行压缩，目的是在满足一定图像质量的条件下，缩小图像文件所占用的存储空间，从而减小存储容量和占用尽量小的网络带宽。

### 1）JPEG

国际标准化组织（ISO）和国际电报电话咨询委员会（CCITT）联合成立的"联合图像专家组"JPEG（Joint Photograph coding Experts Group）于 1991 年提出的"多灰度静止图像的数字压缩编码"（简称 JPEG 标准）。这是一个适应于彩色和单色多灰度或连续色调静止数字图像的压缩标准，是最常用的图像文件格式，是一种有损压缩，压缩比很大。

随着多媒体应用领域的快速增长，传统 JPEG 压缩技术已无法满足人们对数字化多媒体图像资料的要求。针对这些问题，专家们制定了下一代 JPEG 2000 标准，并于 2000 年 12 月出台。

下面是 JPEG 图形文件格式的特性：

（1）使用有损耗的压缩方案，所以图像在压缩后会损失一些细节。

（2）支持大约 1670 万种颜色，可以很好地再现摄影图像，尤其是色彩丰富的大自然图像。

（3）JPEG 格式的图像要比 GIF 格式的图像小，所以下载的速度要快一些。

（4）在图像的鲜明的边缘周围会损失细节，所以，它并不适用于包含鲜明对比图形或者文本的图像。

### 2）GIF

在网络上，最常见的文件格式是 GIF（CompuServe Graphical Interchange Format），更确切地说，是 GIF89A 格式。经过了几次修改和扩充，现在已经具有如下所述的许多重要的特性：

（1）使用无损压缩方案,所以图像在压缩以后不会有细节的损失。

（2）最多可以显示 256 种颜色。

（3）支持透明的背景,从而可以创建带有透明区域的图像。

（4）是交织文件格式,所以在浏览器完成下载图像之前,用户就可以看到该图像了。

（5）受到几乎所有的图像浏览器的支持,所以大多数用户都可以看到网络上的 GIF 图像,而不必担心兼容性问题。

（6）是一种公开的图形文件格式,虽然仍然受到版权保护,但对于个人用户是免费的。

3）PNG

PNG 是专门为网络而准备的。PNG 格式既有 GIF 的优点,又有 JPEG 的优点,它是一种新的无损耗的文件格式,同时还避免了 GIF 自身具有的一些问题。其压缩技术比 GIF 好,并且支持的颜色种类也多于 GIF,达到了 1670 万种。

4）BMP

BMP 文件格式也被称为位图格式,在 Windows 操作系统上可以经常见到 BMP 文件。这些文件几乎完全没有压缩,所需容量极大,所以下载极为费时。

**2. 动态图像**

1）MPEG(Motion Picture Experts Group)

MPEG 也是由 ISO 和 CCITT 联合专家组制订的,适用于"动态图像和伴音"的编码标准。当初主要为了解决图像信息的传输问题,所以 MPEG 将最大数据传输率作为标准之一。其意思是,一秒钟内的图像和伴音信息,压缩后的数据量应小于可传输的最大数据量,否则做不到实时传送。

先后推出的标准有 MPEG-1、MPEG-2、MPEG-4、MPEG-7 和 MPEG-21。

（1）MPEG-1：1991 年 11 月提出,1992 年得到批准。已经公布的三部分是 MPEG 视频、MPEG 音频、MPEG 系统,第四部分"一致性检测"仍在制订中。前三部分分别规定了视频压缩、音频压缩及多种数据流的复合与同步问题。它们的任务是:

- 将图像和伴音以可接受的还原质量压缩到 1.5MBps 的传输速率。
- 把视频和音频复合成一个单一的数据流。
- 保证视频和音频同步。

（2）MPEG-2：1993 年 11 月提出并批准。MPEG-2 是 MPEG-1 的升级,MPEG-2 标准主要适用于高清晰度数字电视。其数据传输率可达 4~10MBps。

（3）MPEG-4 标准。

MPEG-4 标准于 1998 年公布,是为了播放流式媒体的高质量视频而专门设计的,它可利用很窄的带度,采用了全新的压缩理念,通过帧重建技术,压缩和传输数据,以求使用最少的数据获得最佳的图像质量,并将其作为网络上传送之用。

MPEG-4 可把 DVD 内 MPEG-2 的视频文件转换为体积更小的文件。还包含了以前 MPEG 压缩标准所不具备的比特率的可伸缩性、动画精灵、交互性甚至版权保护等一些特殊功能。

（4）MPEG-7 标准。

MPEG-7 是"多媒体内容描述接口",并不是一种压缩编码方法。继 MPEG-4 之后,要解决的矛盾就是对日渐庞大的图像、声音信息的管理和迅速搜索。MPEG-7 就是针对这个矛盾的解决方案。

其目标就是产生一种描述多媒体信息的标准,并将该描述与所描述的内容相联系,以实现快速有效的检索。只有首先解决了多媒体信息的规范化描述后,才能更好地实现信息定位。该标准不包括对描述特征的自动提取。

MPEG-7 标准可以独立于其他 MPEG 标准使用,MPEG-7 的适用范围广泛,既可以应用于存储,也可以用于流式应用,它还可以在实时或非实时的环境下应用。MPEG-7 的应用领域包括:

- 数字图书馆(如图像目录、音乐词典等)。
- 多媒体目录服务(如黄页)。
- 广播媒体的选择(如无线电频道、TV 频道等)。
- 多媒体编辑(如个人电子新闻服务、多媒体创作等)。
- 潜在的应用领域包括教育、娱乐、新闻、旅游、购物、地理信息系统等领域。

(5) MPEG-21 标准。

MPEG-21 标准是多媒体框架和综合应用方面的框架。该标准致力于在大范围的网络上实现透明的传输和对多媒体资源的充分利用,其目标就是将各种标准集成起来以协调各种技术,管理多媒体商务。

2) H.26X

由 CCITT(Consultative Committee of International Telegraph and Telephone,国际电报电话咨询委员会,从 1993 年 3 月 1 日起,改组为 ITU)制定的标准。包括 H.261、H.263、H.264,简称为 H.26X,主要应用于实时视频通信领域。

H.261:是 ITU-T 为在综合业务数字网(ISDN)上开展双向声像业务(可视电话、视频会议)而制定的,速率为 64kbps 的整数倍。H.261 只对 CIF(352×288)和 QCIF(176×144)两种图像格式进行处理。H.261 是最早的运动图像压缩标准。

H.263:在 H.261 的基础上发展而来的加强版,它借鉴了 MPEG-1 的优点,支持 PSTN,能在低带宽上传输高质量的视频流。

H.264:由 ISO/IEC(IEC,国际电工委员会)与 ITU-T 组成的联合视频组(Joint Video Team,JVT)制定的新一代视频压缩编码标准。在相同的重建图像质量下,H.264 比 H.263+和 MPEG-4 传输速率减小到了 50%,对信道时延的适应性较强,既可工作于低时延模式以满足实时业务,如会议电视等,又可工作于无时延限制的场合,如视频存储等;提高网络适应性,加强对误码和丢包的处理,提高解码器的差错恢复能力。

3) RM/RMVB

RM(Real Media)是 Real Networks 公司所制定的音频视频压缩规范,是一种流媒体格式。

用户可以使用 RealPlayer 或 RealOne Player 对符合 RealMedia 技术规范的网络音频/视频资源进行实况转播,并且 RealMedia 还可以根据不同的网络传输速率制定出不同的压缩比率,从而实现在低速率的网络上进行影像数据实时传送和播放。这种格式的另一个特点是用户使用 RealPlayer 播放器可以在不下载音频/视频内容的条件下实现在线播放。

4) AVI

AVI(Audio Video Interleaved,音频视频交错)调用方便、图像质量好,但缺点就是文件容量过于庞大,压缩标准不统一。

5) MOV

使用过 Mac 机的朋友应该多少接触过 QuickTime。QuickTime 原本是 Apple 公司用于 Mac 计算机上的一种图像视频处理软件。QuickTime 提供了两种标准图像和数字视频格式,即可以支持静态的 ∗.PIC 和 ∗.JPG 图像格式、动态的基于 Indeo 压缩法的 ∗.MOV 和基于 MPEG 压缩法的 ∗.MPG 视频格式。

6) ASF

ASF(Advanced Streaming Format,高级流格式)是 Microsoft 公司为了和现在的 Realplayer 竞争而发展出来的一种可以直接在网上观看视频节目的文件压缩格式。ASF 使用了 MPEG4 的压缩算法,压缩率和图像的质量都很不错。因为 ASF 是以一种可以在网上即时观赏的视频"流"格式存在的,所以它的图像质量比 VCD 差一点点并不奇怪,但比同是视频"流"格式的 RAM 格式要好。

7) WMV

一种独立于编码方式的在 Internet 上实时传播多媒体的技术标准,Microsoft 公司希望用其取代 QuickTime 之类的技术标准以及 WAV、AVI 之类的文件扩展名。WMV 的主要优点体现在可扩充的媒体类型、本地或网络回放、可伸缩的媒体类型、流的优先级化、多语言支持、扩展性等方面。

8) 3GP

3GP 是一种 3G 流媒体的视频编码格式,主要是为了配合 3G 网络的高传输速度而开发的,也是目前手机中最为常见的一种视频格式。

简单地说,该格式是"第三代合作伙伴项目"(3GPP)制定的一种多媒体标准,使用户能使用手机享受高质量的视频、音频等多媒体内容。其核心由包括高级音频编码(AAC)、自适应多速率(AMR)、MPEG-4 和 H.263 视频编码解码器等组成,目前大部分支持视频拍摄的手机都支持 3GPP 格式的视频播放。

9) QuickTime

QuickTime(MOV)是 Apple(苹果)公司创立的一种视频格式,在很长的一段时间里,它都是只在苹果公司的 MAC 机上存在。后来才发展到支持 Windows 平台的,但平心而论,它无论是在本地播放还是作为视频流格式在网上传播,都是一种优良的视频编码格式。到目前为止,它共有 4 个版本,其中以 4.0 版本的压缩率最佳。

10) MKV

一种后缀为 MKV 的视频文件频频出现在网络上,它可在一个文件中集成多条不同类型的音轨和字幕轨,而且其视频编码的自由度也非常大,可以是常见的 DivX、XviD、3IVX,甚至可以是 RealVideo、QuickTime、WMV 这类流式视频。实际上,它是一种全称为 Matroska 的新型多媒体封装格式,这种先进的、开放的封装格式已经展示出了非常好的应用前景。

11) DIVX

DIVX 视频编码技术可以说是一种对 DVD 造成威胁的新生视频压缩格式(有人说它是

DVD 杀手），它由 Microsoft mpeg4v3 修改而来，使用 MPEG-4 压缩算法。它也可以说是为了打破 ASF 的种种协定而发展出来的。

12）FLV

FLV 是 FlashVideo 的简称，FLV 流媒体格式是一种新的视频格式。由于它形成的文件极小、加载速度极快，使得网络观看视频文件成为可能，它的出现有效地解决了视频文件导入 Flash 后，使导出的 SWF 文件过于庞大，不能在网络上很好地使用等缺点。

# 8.5　多媒体创作工具

## 8.5.1　概述

近年来，随着多媒体应用系统需求的日益增长，许多公司都对多媒体创作工具及其产品非常重视，并集中人力进行开发，使多媒体创作工具日新月异，这些多媒体开发工具不仅综合了计算机信息处理的各种最新技术，如数据采集技术、音频视频数据压缩技术、三维动画技术、虚拟现实技术、超文本和超媒体技术等，并且能够灵活地处理、调度和使用这些多媒体数据，使其能和谐工作，形象逼真地传播和描述要表达的信息，使多媒体开发工具真正成为多媒体技术的灵魂。

**1. 特点**

多媒体创作工具应具有对各种媒体创作的集成和控制能力，能实现随机性交互式会话。支持各种音频、视频、图像等数字信号输入设备，自动实现各种不同文件格式的转换。易于实现标准化设计，从而实现应用系统的标准化、系列化。

**2. 功能**

多媒体创作工具应有预演与独立播放能力、用户界面处理和人机交互功能、应用程序连接能力、构造或生成应用系统以及超链接功能、处理各种媒体数据的能力、提供良好的编程环境及对各种媒体数据流的控制能力。

**3. 分类**

1）以时间为基础的多媒体创作工具

以时间为基础的多媒体创作工具所制作的节目最像电影或卡通片，它们以可视时间轴来决定事件的顺序和对象显示上演的时间段，这种时间轴中可以包括多行道或多视频，以便安排多种对象同时呈现；它还可以用来编辑控制转向一个序列中的任何位置的节目，从而增加了导航和交互控制。通常该类多媒体创作工具中都会有一个控制播放的面板，它与一般录音机的控制面板类似。在这些创作系统中，各种成分和事件按时间路线组织，这种控制方式的优点是操作简便、形象直观，在一个时间段内可任意调整多媒体素材的属性。缺点是要对每一素材的呈现时间做精确的安排，调试工作量大，这类多媒体创作工具的典型产品有 Director 和 Action 等。

2）以图标为基础的多媒体创作工具

在这些创作工具中，多媒体成分和交互队列按结构化框架或过程图标为对象，它使项目的组织方式简化，而且多数情况下是显示沿着各分支路径上各种活动的流程图。创作多媒体作品时，创作工具提供一条流程线，供放置不同类型的图标使用，使用流程图隐语去"构造"程序,多媒体素材的呈现是以流程为依据的,在流程图上可以对任意图标进行编辑。优点是调试方便,在复杂的设计框架中,这个流程图对开发过程特别有用。缺点是当多媒体应用软件制作很大时,图标分支很多,这类创作工具有 Authorware 和 IconAuthor 等。

3）以页式或卡片为基础的多媒体创作工具

以页式或卡片为基础的多媒体创作工具都是提供一种可以将对象连接于页面或是卡片的工作环境,只是一页或卡片的数据比教科书上的一页或数据包内一张卡片的数据更加多样化。在多媒体创作工具中,可以将这些页面或卡片连接成有序的序列。这类多媒体创作工具是以面向对象的方式来处理多媒体元素的。这些元素用属性来定义,用剧本来规范,允许播放声音元素以及动画和数字化视频节目。在结构化的导航模型中,可以根据命令跳转到所需的任何一页,形成多媒体作品。优点是便于组织和管理多媒体素材,缺点是处理的内容非常多、卡片或页面数量过大,不利于维护与修改。这类创作工具主要有 PowerPoint、HyperCard 及 Tool Book 等。

4）以传统程序语言为基础的创作工具

这些工具需要大量编程,可用性差,不便于组织和管理多媒体素材,且调试困难,比如 Visual C++、Visual Basic。

## 8.5.2　听觉媒体创作工具

### 1. Cool Edit

Cool Edit 是一款非常出色的数字音乐编辑器和 MP3 制作软件。使用它可以生成的声音有噪音、低音、静音、电话信号等。该软件还包含有 CD 播放器。其他功能包括支持可选的插件、崩溃恢复、支持多文件、自动静音检测和删除、自动节拍查找、录制等。另外,它还可以在 AIF、AU、MP3、Raw PCM、SAM、VOC、VOX、WAV 等文件格式之间进行转换,并且能够保存为 RealAudio 格式。

### 2. GoldWave

GoldWave 是 Chris Craig 于 1997 年开发的数字音频处理软件,具有录音、编辑、特效处理和文件格式转换等功能。

GoldWave 软件的主要功能有声音剪辑、录制、文件管理和特效处理等。除了提供丰富的音频效果制作命令外,GoldWave 还具有 CD 抓音轨、批量格式转换及多种媒体格式支持等非常实用的功能。

### 3. Adobe Audition

Adobe 公司推出的 Adobe Audition 软件是一个完整的、应用于运行 Windows 系统的 PC 上的多音轨唱片工作室。Adobe Audition 提供了高级混音、编辑、控制和特效处理能力,是一个专业级的音频处理工具,为音乐、视频、音频和声音设计专业人员提供了全面集成的音频编辑和混音解决方案。

## 8.5.3　视觉媒体创作工具

### 1. 图像

1）美图秀秀

美图秀秀由美图网研发推出,是一款很好用的免费图片处理软件,不用学习就会用,比

Adobe Photoshop 简单很多。独有的图片特效、美容、拼图、场景、边框、饰品等功能，加上每天更新的精选素材，可以让你 1 分钟做出影楼级照片，还能一键分享到新浪微博、人人网。继 PC 版之后，美图秀秀又推出了 iPhone 版、Windows Phone 版、Android 版、iPad 版及网页版。

2）Photoshop

Adobe Photoshop 是图像创作工具中的元老，是最受欢迎的强大图像处理软件之一。多数人对于 Photoshop 的了解仅限于"一个很好的图像编辑软件"，并不知道它的诸多应用方面，实际上，Photoshop 的应用领域很广泛，在图像、图形、文字、视频、出版各方面都有涉及。

**2. 动画**

1）Flash

Flash 是一种创作工具，设计人员和开发人员可使用它来创建演示文稿、应用程序和其他允许用户交互的内容。Flash 可以包含简单的动画、视频内容、复杂演示文稿和应用程序以及介于它们之间的任何内容。通常，使用 Flash 创作的各个内容单元称为应用程序，即使它们可能只是很简单的动画。也可以通过添加图片、声音、视频和特殊效果，构建包含丰富媒体的 Flash 应用程序。

2）3DS Max

3DS Max 可以说是最容易上手的 3D 软件，首选开始运用在计算机游戏中的动画制作，后来更进一步开始参与影视片的特效制作，例如"X 战警Ⅱ"、"阿凡达"、"诸神之战"等。

**3. 视频**

1）会声会影

会声会影是一款操作简单的 DV、HDV 影片剪辑软件，具有成批转换功能与捕获格式完整的特点。从捕获、剪接、转场、特效、覆叠、字幕、配乐到刻录。

2）Premiere

Premiere 是一种基于非线性编辑设备的视音频编辑软件，可以在各种平台下和硬件配合使用，广泛应用于电视台、广告制作、电影剪辑等领域，成为 PC 和 MAC 平台上应用最为广泛的视频编辑软件。它是一款相当专业的 DV(Digital Video)编辑软件，专业人员结合专业系统的配合可以制作出广播级的视频作品。在普通的微机上，配以比较廉价的压缩卡或输出卡也可制作出专业级的视频作品和 MPEG 压缩影视作品。

# 8.5.4 综合媒体创作工具

**1. Authorware**

Authorware 是由 Author(作家；创造者)和 Ware(商品；物品)两个英语单词组成，顾名思义为"作家用来创造商品的工具"。

Authorware 是美国的 Macromedia 公司于 1991 年 10 月推出的多媒体创作工具，它允许用户使用文字、图片、动画、声音和视频等信息创作一个交互式的应用程序。它采用所见即所得的设计界面和流程图式的设计方式，不但使创作的程序逻辑性强，而且便于组织管理，整个程序也显得更加紧凑。它使用流程线及一些设计图标来制作，可以完成使用复杂的编程语言才能完成的功能。

**2. Dreamweaver**

Dreamweaver 是由 Adobe 公司开发的一款所见即所得的网页编辑器,和二维动画设计软件 Flash,专业网页图像设计软件 Fireworks,并称为"网页三剑客"。随着互联网(Internet)的家喻户晓,HTML 技术的不断发展和完善,随之产生了众多网页编辑器,而 Dreamweaver 使用最广泛,利用它可以轻而易举地制作出跨越平台限制和跨越浏览器限制的充满动感的网页。

# 习 题

单选题

1. 多媒体技术的主要特征是_____。

    A. 数字化、交互性、集成性、时变性     B. 独立性、交互性、集成性、时变性

    C. 不确定性、交互性、集成性、非线性     D. 多样性、集成性、交互性、实时性

2. _____使得多媒体信息可以一边接收,一边处理,很好地解决了多媒体信息在网络上的传输问题。

    A. 多媒体技术     B. 流媒体技术     C. ADSL 技术     D. 智能化技术

3. 通常计算机显示器采用的颜色空间是_____。

    A. RGB     B. CMYB     C. Lab     D. HSB

4. 用户可以多次向其中写入信息的光盘是_____。

    A. CD-ROM     B. CD-R     C. CD-RW     D. DVD-ROM

5. 在数字音频信息获取与处理过程中,下列叙述顺序中正确的是_____。

    A. A/D 变换、采样、压缩、存储、解压缩、D/A 变换

    B. 采样、压缩、A/D 变换、存储、解压缩、D/A 变换

    C. 采样、A/D 变换、压缩、存储、解压缩、D/A 变换

    D. 采样、D/A 变换、压缩、存储、解压缩、A/D 变换

6. 衡量数据压缩技术性能的重要指标是_____。

    (1) 压缩比   (2) 算法复杂度   (3) 恢复效果   (4) 标准化

    A. (1)(3)     B. (1)(2)(3)     C. (1)(3)(4)     D. 全部

7. 一幅彩色静态图像(RGB),设分辨率为 $256 \times 512$,每一种颜色用 8bit 表示,则该彩色静态图像的数据量为_____.

    A. $512 \times 512 \times 3 \times 8$bit     B. $256 \times 256 \times 3 \times 8$bit

    C. $512 \times 256 \times 3 \times 8$bit     D. $512 \times 512 \times 3 \times 8 \times 25$bit

8. 下列各项中_____属于无损压缩格式。

    A. APE     B. JPEG     C. MP3     D. RMVB

9. 下面哪一个是常用的图像处理软件?_____

    A. Access     B. Photoshop     C. PowerPoint     D. 金山影霸

10. 基于时间线的多媒体集成软件是_____。

    A. PowerPoint     B. ToolBook     C. Authorware     D. Director

# 第9章　计算机网络及应用

**学习目标：**

计算机网络技术是当今信息化时代最重要的技术之一。本章从计算机网络的产生与发展出发，通过实际局域网组建案例的讲解，着重介绍局域网技术与 Internet 的应用。本章将介绍以下内容：

- 计算机网络的定义及分类。
- 局域网的组网技术。
- Internet 的基本概念。
- TCP/IP 协议和 Internet 地址。
- 常见的 Internet 接入方式。
- Internet 的应用。

## 9.1　计算机网络概述

21 世纪的一些重要特征就是数字化、网络化和信息化，它是一个以网络为核心的信息时代，是科学技术高速发展的时代。

计算机网络是 20 世纪 60 年代末发展起来的一项新技术，它是计算机技术和通信技术紧密结合的产物，并随着两者的发展而发展。就是这样一项新生的技术，从诞生之初就以其强大的亲和力和渗透力影响着现代科学的发展，完全改变了人们的时间、空间观念，使人类的生产方式、生活方式和思维方式发生了深刻的变化。时至今日，计算机网络技术已成为当今世界高新技术的核心技术之一。

### 9.1.1　计算机网络的形成与发展

计算机网络从 20 世纪 50 年代开始至今，经历了从简单到复杂、从单机到多机的过程，其形成与发展经历了四个阶段：远程联机阶段、计算机网络互联阶段、开放式标准阶段、网络互联与高速网络阶段。

**1. 远程联机阶段**

远程联机阶段的网络出现在 20 世纪 50 年代，那时电话交换网是世界上占统治地位的通信网络。20 世纪 50 年代初，美国出于自身安全的需要，尝试进行了计算机与通信技术的结合，建立了半自动地面防空系统(SAGE)，这个系统通过警戒雷达将天空中的飞机目标的方位、距离和高度等信息通过雷达录取设备自动录取下来，并转换成二进制的数字信号，然后通过数据通信设备将它传送到北美防空司令部的信息处理中心，形成联机计算机系统。

20 世纪 60 年代初,美国航空公司利用电话线路,建成连接全美 2000 多个终端的航空订票系统 SABRE-1。计算机有史以来第一次能够通过网络连接,使人们通过终端输入数据,处理信息请求,并开展业务。

远程联机阶段的特点是系统中只有一个计算机处理中心,各终端通过通信线路共享主计算机的硬件和软件资源。

**2. 计算机网络互联阶段**

随着 20 世纪 60 年代美苏冷战的加剧,美国国防部为了保证美国本土防卫力量和海外防御武装在受到前苏联第一次核打击以后仍然具有一定的生存和反击能力,认为有必要设计出一种分散的指挥系统;它由一个个分散的指挥点组成,当部分指挥点被摧毁后,其他点仍能正常工作,并且在这些点之间能够绕过那些已被摧毁的指挥点而继续保持联系。1969 年 12 月,美国国防部高级研究规划署(ARPA)资助建立了一个名为 ARPANET(即"阿帕网")的网络,这个网络把位于洛杉矶的加利福尼亚州大学洛杉矶分校(UCLA)、加州大学圣巴巴拉分校(UCSB)、斯坦福研究院(SRI)和犹他大学(UTAH)四所大学的 4 台大型计算机联接起来,位于各个结点的大型计算机采用分组交换技术,通过专门的通信交换机和专门的通信线路相互连接。"阿帕网"是计算机网络技术发展的一个重要里程碑,标志着计算机网络进入多机互联的阶段,也是当今 Internet 最早的雏形,它对计算机网络技术的突出贡献表现在以下几个方面:

(1) 完成了对计算机网络的定义和分类的研究。

(2) 提出了资源子网和通信子网的两级网络结构的概念。

(3) 研究了报文分组交换的数据交换方法。

(4) 采用了层次结构的网络体系结构模型与协议体系。

计算机网络互联阶段是一个以多机(多台计算机处理中心)互联,各计算机通过通信线路连接,实现数据传输目的的阶段。

**3. 开放式标准阶段**

进入 20 世纪 70 年代后,各大计算机公司纷纷发展自己的计算机网络系统,制定自己的网络体系结构和技术标准。例如,IBM 公司的 SNA(System Network Architecture)、DEC 公司的 DNA(Digital Network Architecture)与 UNIVAC 公司的 DCA(Distributed Communication Architecture)等。

为了解决不同体系结构的产品之间能够互联通信,国际标准化组织 ISO 于 1984 年正式颁布了"开放式系统互连/参考模型"(Open System Interconnection/Reference Model, OSI/RM)的国际标准,试图使各种计算机在世界范围内互连为网络。

**4. 网络互联与高速网络阶段**

进入 20 世纪 90 年代,计算机技术、通信技术以及建立在两者基础上的计算机网络技术得到了迅猛的发展,特别 1993 年美国宣布建立国家信息基础设施(National Information Infrastructure,NII,也就是俗称的信息高速公路)后,极大地推动了 Internet 的应用,使计算机网络进入了一个崭新的阶段。

## 9.1.2 计算机网络的定义

到目前为止,计算机网络并没有一个统一的定义,可以把计算机网络定义为:将地理位置不同的、具有独立功能的多个计算机系统,通过通信设备和线路连接起来,在网络操作系统、网络管理软件及网络通信协议的管理下,实现资源共享和数据通信的系统。

简言之,计算机网络是通过通信线路连接的自治的计算机的集合。

资源共享是计算机网络的核心功能,这些资源包括硬件资源(计算机、存储设备、外部设备等)、软件资源(各种应用软件、工具软件、数据库管理系统等)、数据资源(数据库文件、文档资料、报表等)等。

数据通信是计算机网络的基本功能,使不同地区、使用不同设备的网络用户可以相互通信、交流信息。

## 9.1.3　计算机网络的分类

计算机网络的分类方法有多种,通常按照网络的覆盖范围、按网络的拓扑结构来划分。

**1. 按覆盖范围可将计算机网络分为局域网、城域网、广域网三种**

1) 局域网(Local Area Network,LAN)

局域网是在一个局部的地理范围内(如一个学校、企业和公司内),一般是方圆几千米以内,将各种计算机和外部设备通过高速通信线路互相连接起来组成的计算机通信网。

2) 城域网(Metropolitan Area Network,MAN)

城域网的覆盖范围是城市的几个行政区甚至是整个城市,一般是几十公里以内,是介于局域网和广域网之间的一种高速网络。城域网的设计目的是要满足城市中各公司、企业的多个局域网互连的要求。

3) 广域网(Wide Area Network,WAN)

广域网又称为远程网,覆盖的地理范围从几十千米到几千千米,将远距离的网络和资源连接起来的通信网络。因特网(Internet)就是一种典型的连接全球的开放式广域网。

现在有一种说法,提出计算机网络还有一种个人局域网(Personal Area Network,PAN),指个人范围(随身携带或数米之内)的计算设备(如计算机、电话、PDA、数码相机等)组成的通信网络。个人网既可用于这些设备之间互相交换数据,也可以用于连接到高层网络或互联网。

**2. 按拓扑结构可将计算机网络分为总线型、星型、树型、环型和网状五种**

拓扑(Topology)一词来自几何学。计算机网络拓扑是将构成网络的结点和连接结点的通信线路抽象成点和线,用几何关系表示网络结构,即联网设备在物理布局上的方式。网络的拓扑结构反映网络中各个实体之间的结构关系,是进行计算机网络规划建设的首先要考虑的要素,是实现各种网络协议的基础,它对网络的性能、系统的可靠性与通信费用等都有重大影响。

1) 总线型

总线型拓扑结构如图 9.1 所示,所有联网的计算机共享一根传输总线(即一条数据通道),所有的结点都通过硬件接口连接在这根传输线上。总线型拓扑结构采用广播通信方式,即由一个结点发出的信息可以被网络上的所有结点所接收。总线型结构简单、灵活、数据通道的利用率高,但在任一时刻只允许一个结点使用通信线路进行数据传输,其他结点只能处于接收或等待状态,效率低。

2)星型

星型拓扑结构如图 9.2 所示,结点通过点-点通信线路与中心结点连接,中心结点控制全网的通信。星型结构简单、便于管理,但中心结点出现故障将导致全网瘫痪。

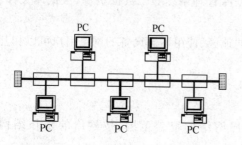

图 9.1　总线型拓扑结构示意图

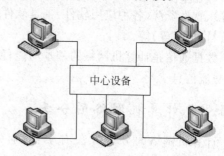

图 9.2　星型拓扑结构示意图

3)树型

树型拓扑结构是星型拓扑结构的一种扩展,由根结点和分支结点按层次进行连接,如图 9.3 所示。树型拓扑适用于汇集信息的应用要求,便于分级管理和控制,现代 Internet 也采用这种结构。

4)环型

环型拓扑结构将网络结点连接成闭合环路,如图 9.4 所示。数据沿环路单向传递,各结点只会接收来自上一结点的数据,也只会把数据传递给下一结点,因而结构简单、实时性强、成本低,但环中任意结点发生故障都有可能导致整个网络瘫痪,可靠性较差。

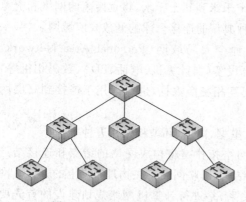

图 9.3　树型拓扑结构示意图

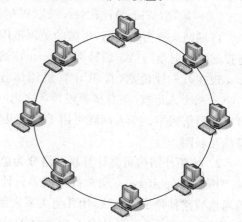

图 9.4　环型拓扑结构示意图

5)网状

网状拓扑中所有结点之间的连接是任意的、无规则的,如图 9.5 所示。网状拓扑的优点是系统可靠性高、容错能力强,但结构复杂,成本高,不易管理和维护。广域网中基本都采用网状拓扑结构。

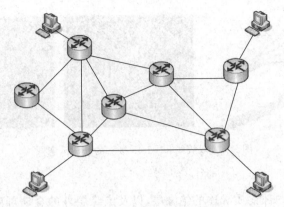

图 9.5　网状拓扑结构示意图

## 9.1.4　计算机网络的性能指标

性能指标用于从不同的方面来度量计算机网络的性能。下面介绍两个常用性能指标。

### 1. 速率

网络技术中的速率是指每秒能传输的二进制信息位数，又称为比特率，单位是 bps（比特每秒）（或 bit/s，有时也写为 b/s）。当速率较高时，就可以用 kbps（k＝$10^3$＝千）、Mbps（M＝$10^6$＝兆）、Gbps（G＝$10^9$＝吉）或 Tbps（T＝$10^{12}$＝太）。现在人们常用更简单的并且是很不严格的记法来描述网络的速率，如 100M 以太网，而省略了单位中的 bps，它的意思是速率为 100Mbps 的以太网。

### 2. 带宽

在计算机网络中，带宽用来表示网络的通信线路所能传送数据的能力，因此网络带宽表示：在单位时间内从网络中的某一点到另一点所能通过的"最高速率"。在现代网络技术中，人们总是以"带宽"来表示信道的数据传输速率，"带宽"与"速率"几乎成了同义词。我们常说的 2M 宽带即指带宽为 2Mbps，其理论下载速度为 2Mbps/8＝2048Kbps/8＝256KBps。

## 9.1.5　计算机网络传输介质

数据通过传输介质从信源到达信宿，传输介质可以是有线的，如双绞线、同轴电缆和光纤；也可以是无线的，如微波、红外线、激光、卫星线路等。下面是几种常见的网络传输介质。

### 1. 双绞线

双绞线由按规则螺旋排列的 2 根、4 根或 8 根绞合在一起的相互绝缘的铜线，封装在一个绝缘层中而形成的一种传输介质。每对线都可以作为一条通信线路，各线螺旋排列的目的是为了使线对之间的电磁干扰最小。

网络中使用的双绞线一般分为非屏蔽双绞线（Unshielded Twisted Pair，UTP）和屏蔽双绞线（Shielded Twisted Pair，STP）两大类。UTP 是目前局域网最常用的有线传输介质，按照传输质量分为 1～7 类，其中 5 类线——CAT-5 最为常用，该线内部有 4 对（即 8 根）导线，两端安装有 RJ-45 接头（又称为水晶头），连接网卡、交换机等设备。双绞线和 RJ-45 接头的外观如图 9.6 所示。

双绞线的特点是比较经济、安装方便、传输率和抗干扰能力一般，已成为局域网中主要传输介质。

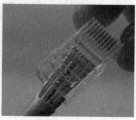

图 9.6 双绞线和 RJ-45 接头的外观示意图

**2. 同轴电缆**

同轴电缆由环绕内部铜质导体的绝缘层，以及绝缘层外的金属屏蔽网和最外层的护套组成，如图 9.7 所示。这种结构的金属屏蔽网可防止传输信号向外辐射电磁场，也可用来防止外界电磁场干扰传输信号。

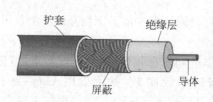

图 9.7 同轴电缆及 BNC 接头

根据同轴电缆的带宽不同，同轴电缆可分两类：基带同轴电缆和宽带同轴电缆，基带同轴电缆又分为粗缆和细缆两种类型。细缆在总线结构的局域网中应用较为普遍。组网时，联网设备要带有同轴电缆专用 BNC 接口，通过 BNC 连接器接入网络，在干线的两端必须安装 50Ω 的终端匹配器。细缆安装较容易，而且造价较低，但因受网络布线结构的限制，其日常维护不方便，一旦一个用户出故障，便会影响其他用户的正常工作。

50Ω 同轴电缆在 20 世纪 90 年代初期是局域网的主要传输介质，但从 90 年代中期开始被双绞线电缆所淘汰。最近几年，随着 Cable Modem 技术的引入，大量使用 75Ω 电视同轴电缆实现互联网接入，同轴电缆又在计算机网络中重现光彩。

**3. 光纤**

光纤是光导纤维的简写，是一种利用光在玻璃或塑料制成的纤维中的全反射原理而达成的光传导工具，是广域网骨干通信介质的首选。光纤是使用易弯曲的石英玻璃纤维作为传输介质，以介质中传输的光波（光脉冲信号）作为信息载体、传送光信号的传输媒体。简化结构自内向外依次为：纤芯→包层→护套，光纤结构如图 9.8 所示。

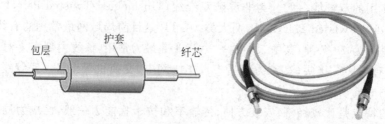

图 9.8 光纤示意图

光纤特点：传输频带宽，通信容量大，线路损耗低，信号衰减小，传输距离远，不受电磁干扰，抗干扰能力强，保密性好，误码率低，造价高。当然，光纤也存在材料质地脆、机械强度差、切断和接续技术难度大、分路及耦合不灵活等不足，但这些缺点都是可以克服的。

**4. 无线传输介质**

无线传输是在自由空间通过电磁波或光波发送和接收信号进行数据通信。常用的无线传输介质有：微波、红外线、无线电波、激光等。在局域网环境中，无线通信技术得到了广泛的应用，其灵活性给家庭用户、移动办公用户提供了极大的方便。支持蓝牙、Wi-Fi等无线技术标准的通信产品得到了迅速的普及。以卫星为微波传输中继的卫星通信是无线网络的重要应用领域，如图9.9所示，卫星通信具有全球无缝覆盖的优势，在远程教育、地质勘测、军事指挥等诸多应用领域有着不可替代的作用。

图 9.9 卫星通信系统

## 9.1.6 计算机网络体系结构与协议

网络体系结构(Network Architecture)是为了完成计算机之间的协同工作，对计算机及其通信设施之间互连的标准和规范进行的定义和描述，是网络通信之间遵循的共同约定。

协议(Protocol)：在计算机网络中要进行数据交换，就需要遵守事先规定的规则，就像我们在路上通行时需要遵守交通规则一样，这些规则明确规定了所交换的数据的格式，以及需要发出何种控制信息和响应(包括事件实现顺序)，这些为进行网络中数据交换而建立的规则、标准或约定称为网络协议(Network Protocol)，简称为协议。

早期的计算机网络往往都是各个公司根据用户的要求而独立开发的，为使公司的产品能适应用户的应用需求，保证新老产品的兼容性和互操作性，各公司提出了基于本公司产品的计算机网络体系结构，如IBM公司的系统网络体系结构(SNA)、DEC公司的数字网络体系结构(DNA)等。由于各公司提出的网络体系结构相互独立，公司内部计算机可以相互连接共享数据，但却不能与其他公司的计算机实现连接。因此构建一个统一体系结构的网络模型，解决不同制造商之间产品的通信兼容问题尤显重要。

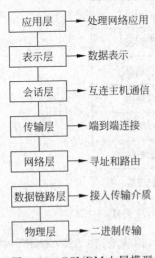

图 9.10 OSI/RM 七层模型
示意图

**1. OSI 参考模型**

1977年，国际标准化组织ISO成立了专门委员会研究异种计算机之间互连的国际标准，并于1983年正式公布，即著名的开放式系统互连参考模型OSI/RM(Open System Interconnection Reference Model)。OSI模型把网络通信分为7层，自下而上分别是：物理层、数据链路层、网络层、传输层、会话层、表示层和应用层，如图9.10所示。分层的目的在于把庞大而复杂的问题转化为若干较小的局部问题，而这些较小的局部问题就比较易于研究和处理。

(1) 物理层(Physical Layer)：处于OSI参考模型的最低

层。物理层的主要功能是利用物理传输介质为数据链路层提供物理连接,以便透明地传送"比特"流。该层定义电缆如何连接到网卡上,以及需要用何种传送技术在电缆上发送数据;同时还定义了位同步及检查。

(2) 数据链路层(DataLink Layer):是 OSI 参考模型的第二层,它介于物理层与网络层之间。数据链路层的主要功能是在通信实体之间建立一条数据链路,传输以"帧"为单位的数据包,并采用流量控制、差错控制等,将一条有差错的物理线路变为无差错的数据链路。

(3) 网络层(Network Layer):负责提供主机到主机之间的通信服务,确定从源结点沿着网络到目的结点(IP 地址)的路由选择,并处理相关的控制问题,如分组、交换、路由和对数据包阻塞的控制。

(4) 传输层(Transport Layer):是 OSI 中重要的一层,它向用户提供端到端(End-to-End)服务。负责总体的数据传输和数据控制,是资源子网与通信子网的界面与桥梁。

(5) 会话层(Session Layer):建立、管理和终止应用程序进程之间的通信,管理数据交换等。

(6) 表示层(Presentation Layer):位于应用层的下面和会话层的上面,它从应用层获得数据并把它们格式化以供网络通信使用,其主要功能是定义数据格式及加密。

(7) 应用层(Application Layer):是 OSI 参考模型的最高层,直接面向网络用户,为用户的应用程序提供网络服务。

**2. TCP/IP 参考模型**

ARPANET 是最早出现的计算机网络之一,随着联入 ARPANET 网计算机数量的增加,网络互联成为一个问题。1983 年,美国国防部高级研究规划署(ARPA)和美国国防部通信局研制成功了用于异构网络的 TCP/IP(传输控制协议/国际协议)协议,并提出了 TCP/IP 参考模型,作为 ARPANET 使用的网络体系结构和协议标准。TCP/IP 也采用层次结构的概念,把网络通信描述为四层:应用层(Application Layer)、传输层(Transport Layer)、网络互联层(Internet Layer)、网络接口层(Host-to-Network Layer)。图 9.11 给出了 TCP/IP 参考模型与 OSI/RM 参考模型的对应关系。

| TCP/IP参考模型 | | OSI/RM参考模型 |
|---|---|---|
| 应用层 | | 应用层 |
| | | 表示层 |
| | | 会话层 |
| 传输层 | | 传输层 |
| 网际互联层 | | 网络层 |
| 网络接口层 | | 数据链路层 |
| | | 物理层 |

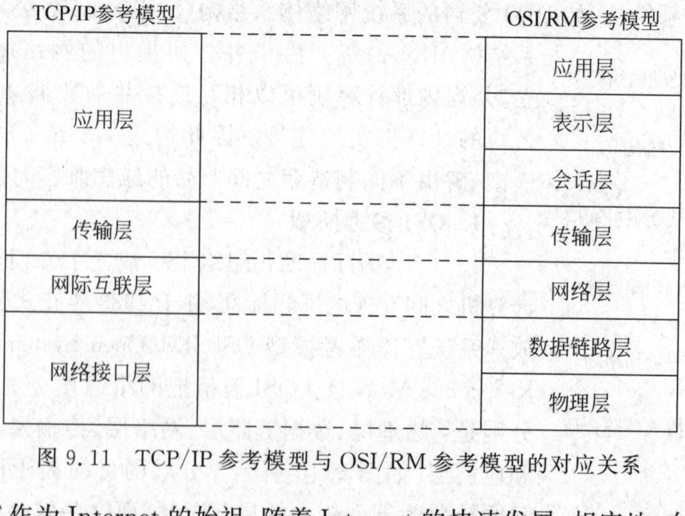

图 9.11  TCP/IP 参考模型与 OSI/RM 参考模型的对应关系

ARPANET 作为 Internet 的始祖,随着 Internet 的快速发展,相应地,在 ARPANET 中应用的技术、标准和规范也就在世界上流行起来,TCP/IP 也就成为一种工业标准或"事实上的标准"。

# 9.2 局 域 网

局域网(Local Area Network,LAN)是在一个局部的地理范围内,将各种计算机和外部设备通过高速通信线路互相连接起来组成的计算机通信网。LAN 具有网络覆盖地理范围有限、传输速率高、时延小、误码率低、网络的管理权归属一个单一组织所有的重要特性。

## 9.2.1 计算机局域网概述

### 1. 局域网的产生与发展

局域网是我们当前所经常遇到的计算机网络,我们在校园、公司、机构中组建自己的计算机网络,所需覆盖的范围相对较小,主要实现的是网络资源共享和数据通信。

在 1969 年第一个计算机网络——ARPANET 诞生后短短的几年中,人们产生了近距离高速通信的需求,这就是局域网产生的背景。1973 年以太网(Ethernet)问世,也就宣告局域网的发展进入一个快车道。1980 年,DEC、Intel 和 Xerox 公布了以 3 家公司名字的首字母命名的 DIX 标准规范(Ethernet V1.0)。

1980 年,国际电气和电子工程师协会(IEEE)组成了一个定义与促进工业 LAN 标准的委员会,该委员会名为 IEEE 802。1983 年,IEEE 802 委员会在 Ethernet 的基础上,正式制定并颁布了以太网 802.3 标准,这个标准被称为标准以太网。从此,局域网开始进入标准化进程,极大地促进了局域网的应用与发展。

### 2. 局域网的特点

局域网是一种应用最为广泛的计算机网络,它具有以下特点:

(1) 地域范围小。相对于广域网来说,局域网的覆盖范围一般在 20km 以内,用于学校、公司、机关部门的内部联网。

(2) 传输速率高。局域网的传输速率从早期的 10Mbps 到 100Mbps,再到现在的 1000Mbps、10Gbps,速率成几何级数增长。

(3) 误码率低。局域网在保持较高的传输速率的同时,其误码率可控制在 $10^{-10}$ 以下。

(4) 支持多种传输介质。局域网可根据需要选用价格低廉的双绞线、同轴电缆,也可选择价格较高的光纤。可组建有线网络,也可组建无线局域网。并且可在一个局域网中混合使用多种传输介质,以满足不同的需要。

## 9.2.2 局域网常用设备

局域网是通过传输介质把一定范围内的计算机及其外部设备和通信设备连接在一起的局部网络,常用的通信设备有网卡、集线器、交换机和路由器。

### 1. 网卡

网卡也称网络适配器、网络接口卡(Network Interface Card,NIC),是计算机联网必不可少的设备,用于实现联网计算机和网络电缆之间的物理连接。网卡的主要功能是为计算机之间相互通信提供一条物理通道,完成网络互连的物理层连接,并负责将计算机的数字信号转换成电信号或光信号在传输介质中传输。

网卡按照支持的网络协议分类,有以太网卡、快速以太网卡、千兆以太网卡、FDDI 网卡、ATM 网卡等。这些网卡可以提供 RJ-45、AUI、BNC 等不同的介质连接器。按总线接口分类,网卡可分为 ISA 总线网卡、PCI 总线网卡、EISA 总线网卡等类型。如图 9.12 所示是一块 PCI 接口的网卡。

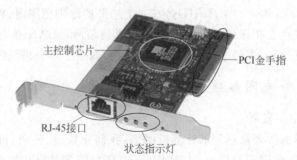

主控制芯片      PCI金手指

RJ-45接口

状态指示灯

图 9.12  PCI 网卡

现在个人计算机的网卡一般是直接集成到主板上的,如图 9.13 所示,另外在家庭和小范围的办公场景中,无线网卡得到了越来越多的应用。

**2. 集线器**

集线器(Hub)是局域网中的重要设备,特别是在 10Mbps 的标准以太网中,作为网络中心结点设备,通过非屏蔽双绞线和所有联网计算机连接,组建星型网络结构。图 9.14 为一款常见的集线器。

图 9.13  RTL8108L 集成网卡        图 9.14  集线器

集线器主要按集线器支持的传输速率进行分类,一般分为 10Mbps 集线器、100Mbps 集线器和 10/100Mbps 自适应集线器 3 类。

集线器是对网络进行集中管理的最小单元,主要功能是对接收到的信号进行再生整形放大,以扩大网络的传输距离,同时把所有结点集中在以它为中心的结点上。集线器采用广播方式发送数据,也就是说,当一台计算机要向另一台计算机发送数据时,不是直接把数据发送到目的端,而是把数据包发送到与集线器相连的所有结点,因而容易形成数据堵塞。

随着网络传输速率的提高和联网计算机数量的增加,集线器逐渐不适应用户的需求,现代网络中已很少见到集线器。

**3. 交换机**

交换机(Switch)也作为局域网连网的中心结点设备,与集线器的广播传输数据的方式不同,交换机可以在多个端口之间建立多个并发连接,使每一对相互通信的主机都能像独占传输介质那样,进行无冲突地传输数据,从而提高传输效率。交换机因其减少冲突、改善带宽,已代替集线器作为局域网的主要连网设备。图 9.15 为常见的交换机。

图 9.15 交换机

#### 4. 路由器

路由器(Router)是用于连接两个或多个逻辑上相互独立的网络(包括局域网、城域网和广域网),具有判断网络地址和选择 IP 路径的功能,它能在多网络互联环境中,根据信道的具体情况建立灵活的连接,以最佳路径,按前后顺序发送信号。

路由器是互联网络的枢纽、"交通警察",已经广泛应用于各行各业,各种不同档次的产品已经成为实现各种骨干网内部连接、骨干网间互联和骨干网与互联网互联互通业务的主要设备。

### 9.2.3 高速局域网

随着在网络中要进行多媒体技术的应用,传统的标准以太网(10Mbps)已不能胜任,人们开发出传输速率更高的局域网,100Mbps、1000Mbps、10Gbps 甚至 40Gbps 的局域网先后建立,我们把数据传输速率在 100Mbps 以上的局域网称为高速局域网。

#### 1. 快速以太网(Fast Ethernet)

1993 年 10 月,Grand Junction 公司推出了世界上第一台快速以太网集线器 FastSwitch10/100 和网络接口卡 FastNIC100,快速以太网技术正式得以应用。1995 年 3 月 IEEE 宣布了 IEEE 802.3u 100BASE-T 快速以太网标准(Fast Ethernet,FE),就这样开始了快速以太网的时代。

快速以太网只是把以太网每个比特的发送时间由 100ns 降低到 10ns,而将传输速率从 10Mbps 提高到 100Mbps,解决网络带宽的同时,还能与传统以太网完全兼容,保护了用户的投资。现在绝大部分的局域网属于快速以太网。

#### 2. 千兆以太网(Gigabit Ethernet)

随着网络数据库、多媒体通信和视频技术的广泛应用,人们对更高带宽的需求也随之增长,从而促使千兆以太网的诞生。与传统以太网相同的是:千兆以太网保留传统以太网的所有特征,只是把以太网每个比特的发送时间由 100ns 降低到 1ns。

千兆以太网的发展很快,现在被应用于局域网的主干网中,也就是经常说的"千兆主干道,百兆到桌面"。

#### 3. 万兆以太网(10Gigabit Ethernet)

万兆以太网比千兆以太网的传输速率高 10 倍,且通信距离可达 40km,主要作为校园网、城域网的骨干链路,包括高带宽园区骨干、数据中心汇聚、多媒体(语音、视频、图像和数据)通信、金融交易以及政府、医疗保健领域和大学的超级计算研究等,都离不开万兆以太网技术。

### 9.2.4 无线局域网

无线局域网(Wireless Local Area Network,WLAN)也称为 Radio LAN,是计算机网络与无线通信技术的产物,它摆脱了传统局域网线缆的束缚,为用户提供移动性、个性化和多媒体通信服务,成为局域网的重要发展趋势。

无线局域网传递数据所用的无线信号主要有无线电信号、微波信号、红外信号等。无线电信号也叫射频信号(Radio Frequency Signal,RF),联网计算机可以通过带有天线的无线信号收发设备发送和接收无线网络上的数据。微波和无线电波同样属于电磁信号,但微波具有明确的方向性,传输容量大于无线电波。微波的不足之处在于穿透和绕过障碍物的能力较差,一般要求接收端和发送端之间为"净空"环境。红外信号的特点是有效覆盖距离近,通常是适用于个域网(PAN)设备之间的短距离通信。

无线局域网的优点:

(1)移动性。无线局域网最大的优点在于其移动性,连接到无线局域网的用户可以移动且能同时与网络保持连接。

(2)便捷性。无线局域网可以免去或最大限度地减少网络布线的工作量,一般只要安装一个或多个接入点设备,就可建立覆盖整个区域的局域网络,且网络结构的调整也很方便。

(3)易于扩展。无线局域网有多种配置方式,可以很快从只有几个用户的小型局域网扩展到上千用户的大型网络,并且能够提供结点间"漫游"等有线网络无法实现的特性。由于无线局域网有以上诸多优点,因此其发展十分迅速。最近几年,无线局域网已经在企业、医院、商店、工厂和学校等场合得到了广泛的应用,特别是家庭无线网络的应用已成为一种趋势。

无线局域网在能够给网络用户带来便捷和实用的同时,也存在着不足,其体现在以下几个方面:

(1)性能。无线局域网是依靠无线电波进行传输的。这些电波通过无线发射装置进行发射,而建筑物、车辆、树木和其他障碍物都可能阻碍电磁波的传输,造成信号的衰减,影响网络的性能。

(2)速率。无线信道的传输速率与有线信道相比要低得多。目前,无线局域网的最大传输速率为 54Mbps,只适合于个人终端和小规模网络应用。

(3)安全性。本质上无线电波不要求建立物理的连接通道,无线信号是发散的,只要在无线电波的覆盖范围内都可以接收到,如图 9.16 所示为一台接收到多个无线信号的计算机。数据传播的范围较难控制,因此无线局域网将面临非常严峻的安全问题。

WLAN 自 20 世纪 90 年代以来得到快速发展,也研发了许多标准和技术,其中最著名的当属 IEEE 802.11,有时人们把 802.11 系列标准称为"Wi-Fi"( Wireless

图 9.16 接收到多个无线网络信号的计算机

Fidelity，无线相容性认证），Wi-Fi 实质上是一种商业认证，同时也是一种无线联网技术。除此之外，蓝牙（BlueTooth）和 WiMAX（Worldwide Interoperability for Microwave Access，全球微波互联接入）则是分别用于短距离和长距离的两个标准，三者之间的区别如表 9.1 所示。

表 9.1　三种主要无线技术比较

| 无线技术 | 使用标准 | 有效距离 | 传输速率 | 适 用 范 围 |
|---|---|---|---|---|
| Wi-Fi | IEEE 802.11 | <100m | 11~54Mbps | 适用于家庭、办公室及整栋大楼中组建无线局域网，或作为互联网的接入 |
| 蓝牙 | IEEE 802.15 | <10m | 1Mbps | 适用于移动电话、PDA、无线耳机等相关外设与主设备之间进行无线信息交换 |
| WiMAX | IEEE 802.16 | <50km | 70Mbps | 适用于广域网络的宽带业务、固定与移动业务，特别是城域网之间的交换 |

## 9.2.5　局域网的组建案例

**例 9-1**　随着计算机的普及，家庭中的计算机不止一台（一台台式机和一台笔记本电脑），与此同时，还需要与某些智能设备（如平板电脑、智能手机等）连接，实现资源共享和数据通信（文件传输），最主要的是可以实现共享上网。

家庭组网一般可组建无线局域网 WLAN，采用支持 Wi-Fi 技术的设备，如无线路由器、无线网卡等就可以组成以无线路由器为中心结点的无线个域网 WPAN，如图 9.17 所示。该结构实现了 Wi-Fi 局域网与因特网的连接，具有非常灵活的组网能力和较好的安全保证，是目前非常流行的办公及家庭组网模式。

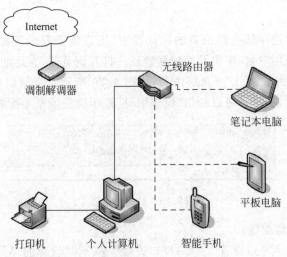

图 9.17　家庭 WPAN 常见组网方案

家庭 Wi-Fi 组网步骤如下。

（1）安装无线路由器并与计算机连接。

无线路由器通过网线连接计算机的网线端口，如图 9.18 所示。通过计算机连接，实现对无线路由器的管理，如若需要连接 Internet，只需把无线路由器的 WAN 端口与申请的宽带线(电信 ADSL、网通 ADSL、长城宽带等)连接,如图 9.19 所示。

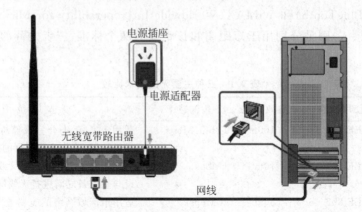

图 9.18　无线路由器与计算机连接示意图

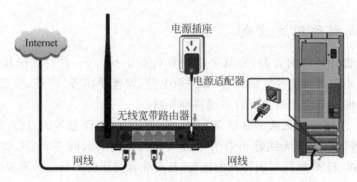

图 9.19　无线路由器连接 Internet 示意图

(2) 登录路由器。

路由器的配置设置存储在路由器的存储器中,用户需要登录其配置软件来调整设置。路由器会提供初始的用户名、密码及局域网地址。打开浏览器,在地址栏输入路由器局域网地址,如"http://192.168.0.1"登录路由器,如图 9.20 所示。登录以后利用配置软件设置无线路由的关键参数,初学者可以利用"设置引导"按步骤完成基本配置。

图 9.20　登录路由器

(3) 完成网络参数配置。

网络参数包含"LAN 口设置"、"WAN 口设置"等(不同品牌的 Wi-Fi 路由器,参数项会有所区别)。如果连接 Internet,则首先设置 WAN 口设置项。如图 9.21 所示,WAN 口设置主要包括了"连接类型"、"上网账号"、"上网口令"和"连接模式"。其中连接类型是由接入互联网的方式决定的,如图所选的 PPPOE(point-to-point protocol over Ethernet),是目前流行的宽带接入方式——ADSL 所使用的拨号连接协议。上网账号和口令由网络服务提供商(ISP)所提供。连接模式根据用户的联网需求自己设定。

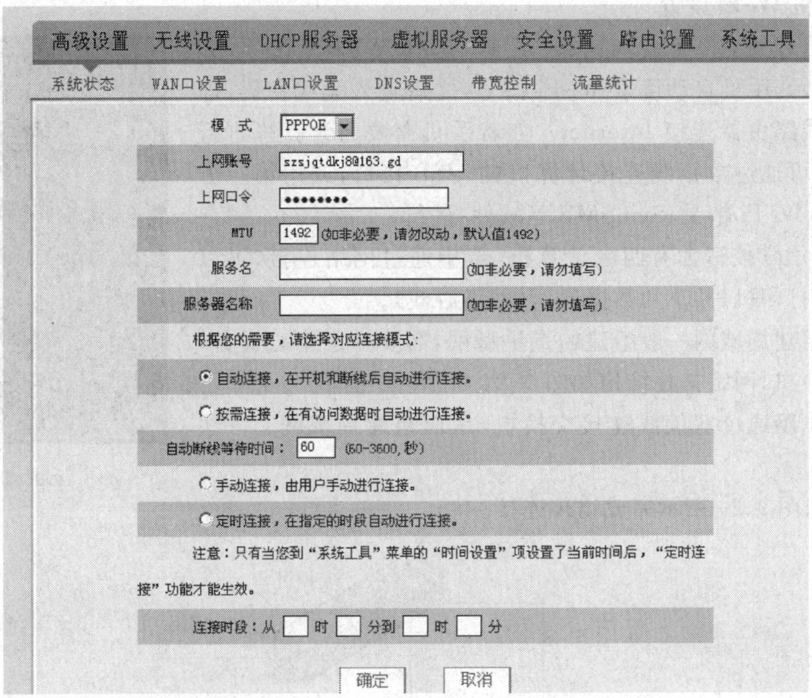

图 9.21　无线路由器参数设置

**提示：**无线路由器一旦启用无线功能，请一定设置无线密码，否则容易被别人"蹭网"。通过无线安全设置功能，可以防止他人未经同意私自连入你的无线网络，占用网络资源，同时也可以防止非法用户窃听或侵入无线网络。

**1. 平板电脑设置联网**

平板电脑通过设置"无线局域网"或"Wi-Fi"，选择正确的无线信号即可，如图 9.22 所示。

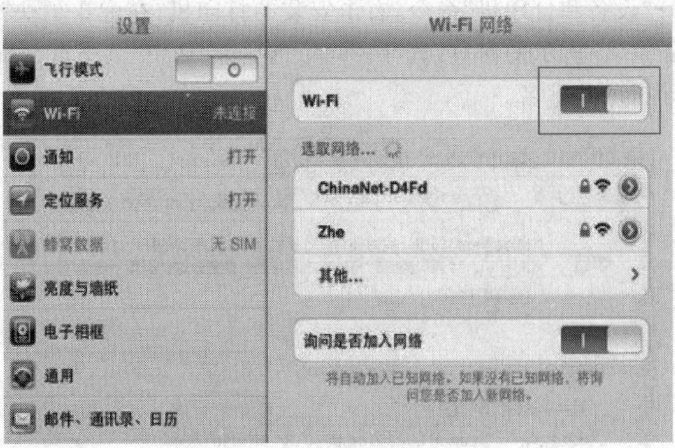

图 9.22　平板电脑 Wi-Fi 设置

### 2. 手机 Wi-Fi 设置

手机可以通过"无线和网络"设置，选择 WLAN 选项，如图 9.23 所示，手机自动搜索 Wi-Fi 信号，之后输入无线密码，即可通过无线路由器连接 Internet。如若手机需要与计算机进行数据通信，可通过数据线连接计算机的 USB 接口，或用第三方的软件（如 Wi-Fi 精灵、SymSMB 等软件）进行。

**例 9-2** 学校宿舍有四台计算机，希望通过网络连接，可以实现资源（打印机）共享和数据通信（网络游戏）。

宿舍组建局域网一般组建的是星型网，需要一个中心设备，首选为交换机，网络拓扑结构如图 9.24 所示。

宿舍电脑通过双绞线连接交换机，从而组建局域网。方法如下：

图 9.23 手机 WLAN 设置

（1）如图 9.24 所示完成物理连接。

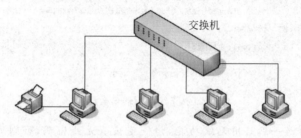

图 9.24 宿舍联网示意图

（2）修改每台计算机 TCP/IP 属性中的 IP 地址。

如改为 192.168.0.X（每台后面的 X 不同），若要通过校园网访问 Internet，则改为自动获取 IP 地址或依校园网管提示修改。

（3）安装打印机并设置共享。

单击"开始"→"设备和打印机"命令，右击安装的打印机，在弹出的快捷菜单中选择"属性"命令，弹出如图 9.25 所示的窗口，选择"共享"选项卡，选中"共享这台打印机"复选框，可手动修改共享打印机的共享名。

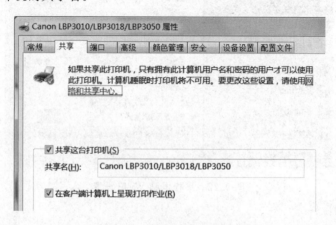

图 9.25 设置打印机共享

(4) 联网计算机通过单击桌面的"网络"图标 ![icon] 实现相互访问。

相互访问包括共享打印机和共享文件夹(可互相复制文件)。

# 9.3 Internet 基础与应用

Internet(因特网)建立在全球网络互联的基础上,是目前世界上最大的计算机网络,是由许许多多属于不同国家、部门和机构的网络相互连接而成(网络的网络),因此又称为"国际互联网"。Internet 可提供 WWW、电子邮件、文件传输、音视频通信等服务,以满足人们日益增长的对信息、通信的需求。

## 9.3.1 Internet 简介

### 1. Internet 的起源与发展

Internet 的前身是美国 1969 年建立的 ARPANET,一共只有四个结点,向用户提供电子邮件、文件传输和远程登录等服务。

1976 年,ARPANET 发展到 60 多个结点,连接了 100 多台计算机主机,跨越整个美国大陆,通过卫星连至夏威夷,并延伸至欧洲,形成了覆盖世界范围的通信网络。

1983 年,TCP/IP 协议作为 ARPANET 的标准协议,使得所有使用 TCP/IP 协议的计算机都能路由网络相互通信,因而人们就把 1983 年作为 Internet 的诞生时间。

1986 年,美国国家科学基金会(NSF)资助建立 NSFNET,鼓励学校和研究机构连接 NSFNET 以共享 NSF 的 6 个超级计算机中心的资源。所有 NSF 资助的网络都采用 TCP/IP 协议集,并连接 ARPANET。1990 年 ARPANET 正式关闭,而 NSFNET 成为 Internet 的骨干网络。

1995 年,一个更具竞争力、商业化程度更高的骨干网(ANSNET)接入 Internet,从而将 Internet 向商业用户开放。

随着大量主机与网络的接入而规模越来越大,并逐步从教育、科研领域扩展到商业等其他领域,从而深入社会生活的各个方面(截至 2011 年 12 月,大约有 6 亿台服务器提供网页服务,全球网民数达 22.6 亿人)。

### 2. Internet 在中国的发展

1986 年,Internet 引入中国,但此时的网络只是用作电子邮件交换,并不是 Internet 的一部分。1994 年 5 月 19 日,中国科学院高能物理所正式介入 Internet,称为中国科技网(CSTNet),标志着中国正式接入 Internet。

1997 年 10 月,中国互联网络信息中心(CNNIC)发布第 1 次《中国互联网络发展状况统计报告》。报告显示:截止到 1997 年 10 月 31 日,我国的上网计算机数约为 29.9 万台,上网用户数约为 62 万人,WWW 站点数约为 1500 个,我国的国际线路总容量为 25.408Mbps。

2013 年 1 月 15 日,中国互联网络信息中心(CNNIC)发布最新的第 31 次《中国互联网络发展状况统计报告》,报告显示:截止到 2012 年 12 月 31 日,我国的网民数为 5.64 亿人(手机网民数为 4.20 亿人),WWW 站点数约为 268 万个,我国的国际出口带宽为 1 899 792Mbps。

### 3. Internet 的定义

Internet 的名称来源于 APRANET 的工程师把网际网(Internet Network)简称为

Internet,因为 Internet 发展是如此之快,以致人们一直无法给出 Internet 的准确定义,我们只能描述 Internet 是"网络的网络"。不过,从 Internet 的发展来看,它具有三个方面的含义:

- Internet 是一个基于 TCP/IP 协议族的网络。
- Internet 拥有规模庞大的用户集团,用户既是网络资源的使用者,也是网络发展的建设者。
- Internet 是所有可被访问和利用的信息资源的集合。

Internet 是由分布在世界各地的各种广域网、城域网和局域网,通过路由器等网络连接设备互连而成的网络,其拓扑结构非常复杂,而且不断变化。为了便于管理,Internet 也采用了层次结构,即由国家骨干网、地区主干网和园区网组成,如图 9.26 所示。每一层网络都是由各个 ISP(Internet Service Provider,Internet 服务提供商)提供网络连接。

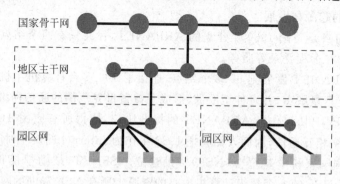

图 9.26　Internet 的基本结构

(1) 国家骨干网:由代表国家或行业的有限个中心结点通过专线连接而成,覆盖到国家一级,连接各个国家的 Internet 互连中心,如中国互联网信息中心(CNNIC)。

(2) 地区主干网:又称区域网,覆盖一个区域或者行业,如教育网各地区网络中心、电信网各省互联网中心等。

(3) 园区网:又称企业网或校园网,直接面向用户的网络。

**4. 中国骨干网介绍**

1) 中国公用计算机互联网(ChinaNet)

ChinaNet 是中国第一个商业化的计算机互联网,也是中国最大的 ISP。它是在 1994 年由前邮电部(现为信息产业部)投资建设的公用互联网,于 1995 年 5 月正式向社会开放,现由中国电信经营管理。

2) 中国教育与科研网(CERNet)

CERNet(China Education and Research Network)于 1994 年启动建设,目标是建设一个全国性的教育科研基础设施,利用先进的计算机技术和网络技术,把全国大部分高等院校和有条件的中学连接起来。

3) 中国科学技术网(CSTNet)

CSTNet(China Science and Technology Network)是我国最早拥有国际出口的网络,由中国科学院主持,联合清华大学、北京大学共同建设。目前主要服务于国内各学术、科研机构。

4）中国金桥信息网（ChinaGBN）

ChinaGBN（China Golden Bridge Network），即中国国家公用经济信息通信网。它是中国国民经济信息化的基础设施，是建立金桥工程的业务网，支持金关、金税、金卡等"金"字头工程的应用。目前该网络已初步形成了全国骨干网、省网、城域网 3 层网络结构，其中骨干网和城域网已初具规模，覆盖城市超过 100 个。

另外，中国移动互联网（CMNet）、中国联通互联网（CNUNINet）、中国长城互联网（CGWNet）等也都作为国家级骨干网向用户提供 Internet 的服务。

## 9.3.2　TCP/IP 协议

Internet 上联网的计算机必须安装 TCP/IP 协议才能相互通信，TCP/IP 成为计算机间通信的国际语言。实际上，TCP/IP 是一组从上到下、单向依赖关系的协议栈（Protocol Stack），也叫做协议族，它们共同规定了计算机间通信的所有规则和标准。TCP/IP 协议族中最重要的就是 TCP（Transport Protocol，传输协议）和 IP（Internet Protocol，网际协议）。TCP/IP 协议规定了每台计算机信息表示格式与含义，计算机之间通信所要使用的控制信息，以及在接到控制信息后该做出的反应等。

TCP/IP 参考模型分为四层：网络接口层、网络互联层、传输层和应用层，而 TCP/IP 协议就分布在这四个层次中。其中，网络接口层负责通过网络发送与接收数据包；网络互联层负责处理分组、流量控制与网络拥塞问题；传输层负责在主机之间建立端到端的传输；应用层负责向用户提供网络服务。

## 9.3.3　Internet 地址

### 1. IP 地址的概念

每一台联网的计算机都必须有一个唯一的地址，以便于其他计算机的识别，而在 Internet 中就是 Internet 地址，也就是通常说的 IP 地址。

目前使用的是 IPv4（IP 第 4 版本）的 IP 地址，由 32 位二进制数组成，占 4 个字节。如：

第一台计算机的 IP 地址为 00000000 00000000 00000000 00000000

第二台计算机的 IP 地址为 00000000 00000000 00000000 00000001

⋮

最后一台计算机的 IP 地址为 11111111 11111111 11111111 11111111

理论上，共有 $2^{32} = 4\,294\,967\,296$ 个地址，这表明 Internet 中最多有约 43 亿台联网计算机。

为了方便记忆，将 IP 地址分为 4 段（每段一个字节），每段用一个十进制数（对应 8 个二进制位），表示范围是 0～255，段与段之间用"."分隔。这就是"点分十进制"表示法。比如，32 位二进制数

11000000　10101000　00000000　00000001

就表示为

192.　　168.　　0.　　1

修改本机 IP 地址的方式：通过右击桌面的"网络"图标，在弹出的快捷菜单中选择"属性"命令，打开"网络和共享中心"窗口，如图 9.27 所示。右击"本地连接"选项，在弹出的快

捷菜单中选择"属性"命令,在弹出的"本地连接属性"对话框中选择"Internet 协议版本 4(TCP/IPv4)"选项,即可看到本机 TCP/IP 属性,如图 9.28 所示。

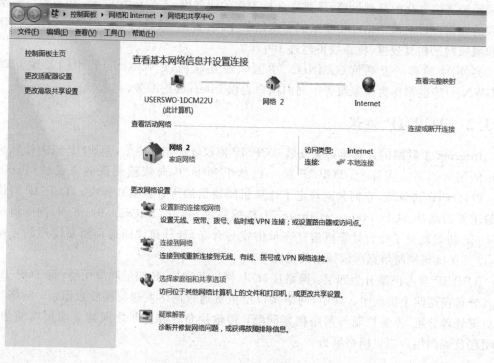

图 9.27　网络和共享中心

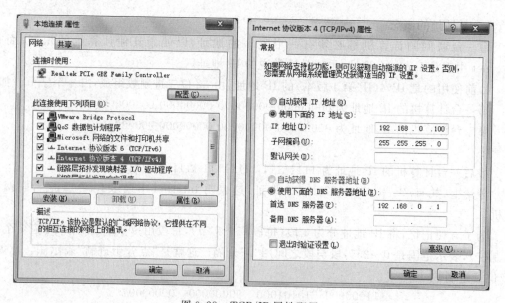

图 9.28　TCP/IP 属性配置

## 2. IP 地址的配置

IP 地址的配置有两种方法:一种为手动分配,如图 9.28 所示,在 TCP/IP 属性窗中,输入正确的 IP 地址;另一种为自动配置,在 TCP/IP 属性窗中选择自动获得 IP 地址,网络中的 DHCP(Dynamic Host Configuration Protocol,动态主机配置协议)会为你的计算机自动分配一个 IP 地址,以用于连接计算机网络。后一种方式是计算机网络中 IP 地址配置的主要方式,包括我们在家、在宿舍使用宽带上网。

**3. IP 地址的分类**

IP 地址主要由两部分组成:一部分是左侧若干位,用于标识所属的网络段,叫做网络号(Net ID);另一部分是右侧剩余的位,用于标识网段内某个特定主机的地址,叫做主机号(Host ID),即:

$$IP = Net\ ID + Host\ ID$$

这类分层标识法在信息管理领域非常常见,例如身份证,前几位数字代表所在的省、区(县),后边则是个人的信息标识。

同时,为了充分利用 IP 资源,适应不同规模网络的需要,需要对 IP 地址进行分类。根据网络规模的大小,IP 地址分为 A、B、C、D、E 五类,如图 9.29 所示。

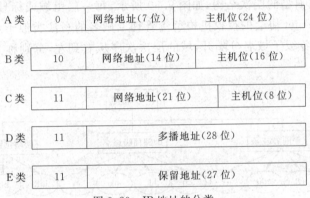

图 9.29 IP 地址的分类

对于 A、B、C 类常用 IP 地址,可根据 IP 地址的第一段的数值判断,如表 9.2 所示。

表 9.2 A、B、C 类 IP 地址网络号及其主机数

| IP 类型 | 最大网络数 | 网络号取值范围(IP 地址第 1 段数值) | 每网络最多主机数 |
|---|---|---|---|
| A | $126(2^7-2)$ | $1\sim126$ | $16\ 777\ 214(2^{24}-2)$ |
| B | $16\ 382(2^{14}-2)$ | $128\sim191$ | $65\ 534(2^{16}-2)$ |
| C | $2\ 097\ 150(2^{21}-2)$ | $192\sim223$ | $254(2^8-2)$ |

说明:IP 地址中网络号和主机号不能全为"0"、或者全为"1"。全为"0"表示本机,全为"1"表示广播地址。

**4. IPv6 地址**

IP 地址资源是有限的,即使全部 IP 地址都使用,也就只能有约 43 亿台设备连接 Internet,而每一台联网的计算机、路由器都需要 IP 地址,还有智能设备,如智能手机、电子产品等也需要一个 IP 地址才能进行连接,稀缺的 IP 资源限制了互联网的发展,为了解决这样的问题,IETE(互联网工程任务组)在 1995 年发布了 IPng 的协议规范(The Recommendation for the IP Next Generation Protocol),被称为"IPv6"。IPv6 最大的特点就是扩大了地址空间,地址空间由 32 位扩充到 128 位,其表示方法采用十六进制数加":",

"："是网络号和主机号之间的分隔符。

### 9.3.4 域名地址

**1. 域名地址**

IP 地址是 Internet 上计算机通信的唯一标识,但数字型串难以记忆,也不便于理解。因此在 1985 年开始增加一个用字符串标识联网计算机的方法,即域名系统 DNS(Domain Name System,DNS)。DNS 使用以主机位置、作用、行业有关的一组字符来表示 IP 地址,我们把字符化的 IP 地址成为"域名地址",简称为"域名"。域名和 IP 地址在 Internet 上是一一对应的。例如,搜狐的域名为 www. sohu. com,对应的 IP 地址为 220. 181. 90. 24;清华大学的网站域名为 www. tsinghua. edu. cn,对应的 IP 地址为 166. 111. 4. 100。

看到域名我们应该很熟悉了,就是打开浏览器后在地址栏中输入的地址。

**2. 域名结构**

域名结构采用典型的层次结构,如图 9.30 所示,每一层由域或标号组成。最高层域名(顶级域名)由 Internet 协会的授权机构负责管理。域名的写法类似于点分十进制的 IP 地址写法,用点号将各级子域名分隔开,域的层次次序从右到左,分别称为顶级域名、二级域名、三级域名等。

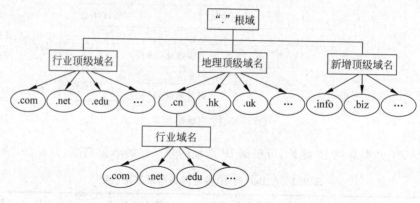

图 9.30 域名的层次结构

域名的一般结构形式是：计算机主机名. 机构名. 网络名. 顶级域名。例如,www. tsinghua. edu. cn,清华大学的域名分析如图 9.31 所示,代表中国(cn)教育网(edu)中清华大学(tsinghua)的主机(www)。

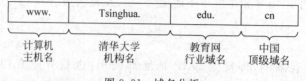

图 9.31 域名分析

域名由申请域名的组织机构或个人选择,然后再向 Internet 网络信息中心 NIC(在中国是 CNNIC,中国互联网络信息中心)登记注册。由于域名的唯一性,所以它同 IP 地址一样,是一种有限的资源。在 ICANN 2008 巴黎年会上,ICANN 理事会一致通过一项重要决议,允许使用其他语言包括中文等作为互联网顶级域字符。至此,中文国家代码". 中国"将正式启用。中文域名也成为一种在 Internet 上的可用资源。

常用的顶级域名代码如表9.3所示。

**表 9.3　常用顶级域名代码**

| 顶 级 域 名 | 域 名 类 型 | 顶 级 域 名 | 域 名 类 型 |
| --- | --- | --- | --- |
| com | 商业组织 | int | 国际组织 |
| edu | 教育机构 | mil | 军事部门 |
| gov | 政府部门 | org | 非盈利组织 |
| net | 网络组织 | 国家的顶级域名代码 | 各个国家 |

如果该级别中没有国家和地区位置代码,就默认为在美国,常见的国家和地区顶级域名如表9.4所示。

**表 9.4　部分国家和地区的顶级域名代码**

| 国家和地区 | 代　　码 | 国家和地区 | 代　　码 |
| --- | --- | --- | --- |
| 中国 | cn | 英国 | uk |
| 中国台湾 | tw | 法国 | fr |
| 中国香港 | hk | 俄罗斯 | ru |
| 日本 | jp | 加拿大 | ca |
| 韩国 | kr | 澳大利亚 | au |

### 3. 域名解析

域名解决了 IP 地址难以记忆的问题,但在 Internet 网络中路由器并不能识别域名,只能通过 IP 地址来实现数据包的转发,因而首先需要实现域名到 IP 地址的解析。

图9.32为域名解析过程,用户要访问域名为"www. tsinghua. edu. cn"的主机。

(1) 首先向如图9.28所示设置的 DNS 服务器(又称本地域名服务器)发出查询请求。

(2) 本地域名服务器如果不知"www. tsinghua. edu. cn"的 IP 地址,它会向根域 DNS 服务器发出解析请求。

(3) 根域 DNS 服务器不知"www. tsinghua. edu. cn"的 IP 地址,但会告诉本地域名服务器顶级域名服务器. cn 的 IP 地址。

(4) 本地域名服务器向顶级域名服务器. cn 发出解析请求。

(5) 顶级域名服务器. cn 也不知"www. tsinghua. edu. cn"的 IP 地址,它告诉本地域名服务器下一层的行业域名服务器. edu. cn 的 IP 地址。

(6) 本地域名服务器向. edu. cn 发出解析请求。

(7) 行业域名服务器也不知"www. tsinghua. edu. cn"的 IP 地址,但会告诉本地域名服务器下一层的域名服务器 tsinghua. edu. cn 的 IP 地址。

(8) 本地域名服务器向域名服务器 tsinghua. edu. cn 发出解析请求。

(9) 域名服务器 tsinghua. edu. cn 就是管理"www. tsinghua. edu. cn"的 DNS 服务器,它告诉本地域名服务器所要查询的"www. tsinghua. edu. cn"的 IP 地址就是106. 120. 133. 36。

(10) 本地域名服务器最后把查询的结果反馈回查询的主机。

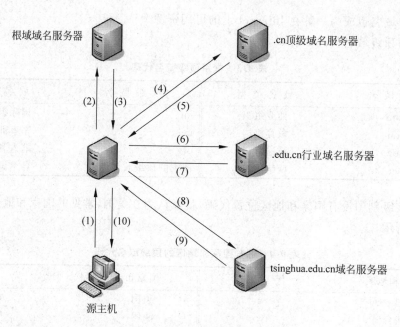

图 9.32　DNS 域名解析过程

## 9.3.5　Internet 的接入方式

Internet 接入技术发展迅速,对于用户来说,选择满足自己特定需求的 ISP 及接入方式非常重要。下面分类介绍几种常用的接入方式。

目前常见的接入方式可以分为拨号连接、ADSL 接入、HFC 接入、局域网接入、无线接入五种方式,如图 9.33 所示。

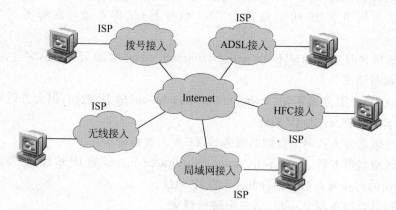

图 9.33　Internet 的常见接入方式

### 1. 拨号接入方式

拨号接入是指用户计算机使用调制解调器(Modem),通过电话网中的电话线与 ISP 建立连接,然后通过 ISP 的线路接入 Internet。

由于计算机中传输的是数字信号,而传统电话线传输的是模拟信号,因此需要实现模拟信号与数字信号之间的转换。Modem 就是实现两种信号转换功能的设备。Modem 在发送端完成数字信号转换成模拟信号（调制），在接收端将电话线上传输的模拟信号转换成数字信号（解调）。拨号接入即 Modem 工作原理如图 9.34 所示。

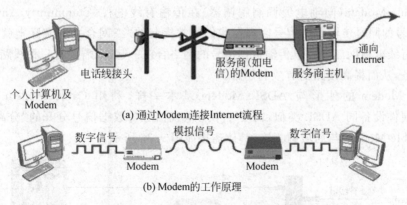

(a) 通过Modem连接Internet流程

(b) Modem的工作原理

图 9.34　Modem 连接及工作原理图

Modem 所能提供的最大传输速率为 56Kbps，用户拨号上网时会占用电话线路，影响正常的电话通信，现阶段也就在一些无法提供宽带等接入方式的地方在使用。

### 2. ADSL 接入方式

ADSL(Asymmetric Digital Subscribe Line，非对称数字用户线路)接入方式通俗成为宽带服务，是一种利用现有电话线路使用高级调制技术在用户和电信部门之间形成高速网络连接的技术。

ADSL 利用分频技术把普通电话线路所传输的低频信号和高频信号分离，3400Hz 以下频率供电话使用，3400Hz 以上频率供计算机上网使用，即在同一根线上分别传输数据和语音信号，如图 9.35 所示。

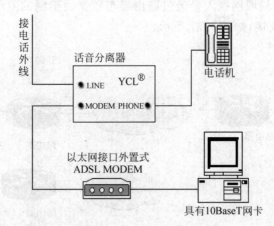

图 9.35　ADSL 连接示意图

ADSL 的最大特点是不需要重新布线，而是利用现有的电话网络，在线路两端加装 ADSL Modem 设备即可为用户提供高宽带接入服务，实现上网、打电话两不误。新一代 ADSL 的最大传输速率可达 55Mbps(现在中国电信正在开展第三次宽带提速活动，实现宽带 21Mbps 的传输速率)。

### 3. HFC 接入方式

HFC(Hybrid Fiber Coax,光纤同轴混合)是当前主要的一种互联网宽带接入技术,它是利用 Cable Modem(同轴电缆调制解调器)在传输有线电视(Community Antenna TV,CATV)信号的同时传输数据信号。现在我们经常提起的"三网合一",实际上就是电话网、数据网和有线电视网三个可以传输数据信号的网络合在一起,只需要有一种线路,就可以提供三种服务,从而提高线路的有效利用率。

Cable Modem 的外形与 ADSL Modem 基本一样,利用 Cable Modem 技术接入 Internet,硬件设备同 ADSL 类似,需要一个将电视信号与数据信号分开的"分离器",数据信号经 Cable Modem 与局域网相连,具体连接如图 9.36 所示。

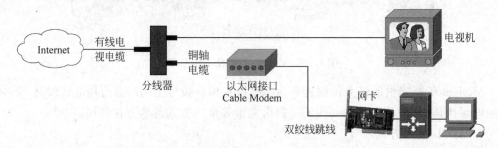

图 9.36　通过 Cable Modem 接入 Internet

Cable Modem 的接入简单易行、使用方便、传输性好(传输距离可达 100km 以上)、传输速率高等特点,适用于高速数据传输、视频广播、交互式服务、娱乐服务等。

### 4. 局域网接入

如果用户所在单位、学校或社区已建设好局域网,并与 Internet 连接,则用户可以通过局域网接入 Internet。局域网接入是通过路由器与数据通信网的专线(如: DDN)相连接,通过 ISP 与 Internet 连接,如图 9.37 所示。

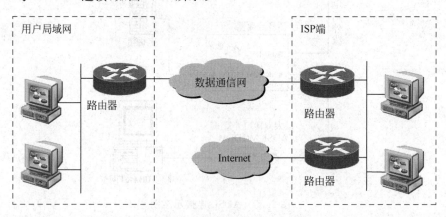

图 9.37　局域网接入方式示意图

局域网接入一般需要租用数据通信网的线路,初始投资和使用维护成本都比较高,但可靠性好,数据传输速度快,适用于大业务量的网络用户使用,接入后网上的所有终端盒工作站即可共享 Internet 服务。

**5. 无线接入**

随着 Internet 与无线通信技术的迅速普及,使用笔记本、手机、平板电脑等智能移动设备上网成为多数人的首选(中国互联网网民中 80% 使用手机上网),利用无线接入 Internet 已成为最热门的 Internet 接入技术之一。常用的无线接入方案有两种。

1) 无线局域网(WI-FI)

WI-FI 俗称无线宽带,是一种短程无线传输技术,能够在数百英尺范围内支持互联网接入的无线电信号。

2) 直接使用上网卡

就是直接通过使用移动上网卡来上网。使用这种上网方式用户端需要购买额外的上网卡设备,上网卡的号码已经固化在 PC 卡上,直接插入笔记本电脑的 PCMCIA 插槽或 USB 端口即可。

## 9.3.6 Internet 提供的主要服务

Internet 的应用非常广泛,已进入人类生活的方方面面,我们可以通过网络学习知识、查找资料、聊天、通信、购物、听音乐、看电影、IP 电话等。按 CNNIC 的调查显示(截止到 2013 年 6 月底),中国网民主要的 Internet 应用如表 9.5 所示。

表 9.5　中国网民 10 大 Internet 应用

| 序　号 | 应　用 | 网民规模(万) | 网民使用率 |
|---|---|---|---|
| 1 | 即时通信 | 49 706 | 84.2% |
| 2 | 搜索引擎 | 47 038 | 79.6% |
| 3 | 网络音乐 | 45 614 | 77.2% |
| 4 | 博客/个人空间 | 40 138 | 68.0% |
| 5 | 网络视频 | 38 861 | 65.8% |
| 6 | 网络游戏 | 34 533 | 58.5% |
| 7 | 微博 | 33 077 | 56.0% |
| 8 | 社交网站 | 28 800 | 48.8% |
| 9 | 网络购物 | 27 091 | 45.9% |
| 10 | 电子邮件 | 24 665 | 41.8% |

而且数据显示,在微博、微信、网络购物、网上银行、网上支付等方面都有超过 20% 以上的增长。

目前,Internet 提供的主要服务有 WWW 服务、电子邮件服务、文件传输服务等。

**1. WWW 服务**

WWW(World Wide Web)通常译为万维网,简称 Web 或 3W,是 1989 年设在瑞士日内瓦的欧洲粒子物理研究中心(CERN)的蒂姆·伯纳斯·李(Tim Berners Lee)发明的,并于 1990 年公布了自己创建的网站——http://info.cern.ch,这也是世界上的第一个网站,如图 9.38 所示。

1994 年,蒂姆·伯纳斯·李联合 CERN、DARPA 和欧盟,在麻省理工学院计算机科学实验室组织成立了致力于创建 Web 相关技术标准并促进 Web 向更深、更广发展的国际组织——W3C(World Wide Web Consortium,万维网联盟)。

图 9.38　世界上的第一个网站

　　早期的 Web，虽然有着丰富的信息，但是却只有文本，没有声音、视频和色彩，也仅用于科研及学术机构。1993 年，Illinois 大学的在校本科生马克·安德森（Marc Andreessen）革命性地推动了 Web 的流行——他开发出了世界上第一款集文字、图像、声音于一体的通用浏览器——Mosaic。Mosaic 明显加速了 Web 的普及和走向商业应用。

　　WWW 是以超文本标记语言（Hyper Text Market Language，HTML）与超文本传输协议（Hyper Text Transport Protocol，HTTP）为基础，提供面向 Internet 服务的、一致的用户界面的信息浏览系统，是 Internet 上最方便和最受欢迎的信息浏览方式。它为用户提供了一个可以轻松驾驭的图形化用户界面——网页，以方便浏览者查阅 Internet 上的文档，WWW 以这些网页及它们之间的链接为基础，构成一个庞大的信息网。

　　信息资源以网页（html 文件）形式存储在 WWW 服务器中，用户通过 WWW 客户端程序（浏览器）向 WWW 服务器发出请求，WWW 服务器将保存的某个网页内容（html 文件）发送给客户端，客户端程序（浏览器）在接收到该网页文件后对其进行解释，最终将文字、图像、声音、视频等显示在用户的屏幕上。

### 2. 电子邮件服务

　　电子邮件（Electronic Mail，E-mail）服务是 Internet 最初开发的服务之一，能为用户提供一种方便、快捷、高效、廉价、可靠的现代化通信服务。目前，全世界每天大约有 3000 亿封电子邮件在传递。

　　像传统的邮政邮件一样，电子邮件在通信中也需要收信人地址和发信人地址。电子邮件地址的格式是固定的，并且在全球范围内是唯一的，格式如下：

用户名@邮件服务器域名

　　例如，"guest@163.com"就是一个典型的电子邮件地址。在这个地址中，用户名（是在该邮件服务器上创建的 E-mail 账号）是"guest"，邮件服务器域名是"163.com"。在一个地址中不可以含有空格，@符号（读作"at"）作为分隔符必不可少。

　　电子邮件由信封（envelope）和内容（content）两部分组成。

信封包括发信人和收信人的电子邮箱地址,电子邮件的传输程序根据邮件信封上的信息来传送邮件,这与邮局按照信封上的信息投递信件是相似的。

内容包括邮件头和邮件体。邮件头显示邮件的来源、来信日期、时间等有关信息,其中的发件日期及时间、发件人地址由系统自动填充,收件人地址可以从通讯录中选择,也可以手工填写。邮件的正文末尾可以自动添加设置好的发件人签名。邮件体就是用户实际发送的信函内容,包括附件。邮件的附件可以是任意类型扩展名的文件,附件大小的限制由邮件服务器决定。

电子邮件支持群发功能,例如商业信函或者会议通知等。可以在收件人栏添加多人的电子邮件地址,彼此用";"隔开,或者在抄送(Carbon copy,Cc)栏/秘密抄送(blind carbon copy,Bcc)栏填入多人的电子邮件地址,彼此用";"隔开。

电子邮件的收发途径主要两种:一是通过 WWW 浏览器登录邮件服务器的网站以 Web 方式收发,如图 9.39 所示;二是通过电子邮件客户端软件(如 Microsoft Outlook、Foxmail 等)在本地收发,如图 9.40 所示。以 Web 方式收发,邮件都存放在 Internet 的邮件服务器中,只在需要时手动下载到本地计算机中保存。目前,有 80% 以上的网民习惯于 Web 方式收发电子邮件。用客户端软件收发电子邮件时,邮件都下载到本地计算机中,便于离线查看。

电子邮件的发送需要通过发送邮件的服务器,并遵守简单邮件传输协议(Simple Mail Transfer Protocol,SMTP)。这个协议是 TCP/IP 协议集中的一部分,它描述了邮件的格式以及传输时应如何处理,而信件在两台计算机之间传输仍采用 TCP/IP 协议。

接收电子邮件需要通过读取信件服务器,并遵守邮局协议(Post Office Protocol 3,POP3)。这个协议也是 TCP/IP 协议集中的一部分,它负责接收电子邮件。

因特网信息存取协议(Internet Message Access Protocol,IMAP)也是常用的电子邮件接收协议。当使用电子邮件应用程序(如 Outlook Express、Foxmail)访问 IMAP 服务器时,用户可以决定是否将邮件复制到自己的计算机上,以及是否在 IMAP 服务器中保留邮件副本。而访问 POP3 服务器时,邮箱中的邮件被复制到用户的计算机中,不再保留邮件的副本。目前支持 IMAP 协议的服务器还不多,大量的邮件服务器还是 POP3 服务器。

**3. 文件传输服务**

文件传输服务是 Internet 上二进制文件的标准传输协议——FTP(File Transfer Protocol,文件传输协议)应用程序提供的服务,所以又称为 FTP 服务。FTP 提供了在 Internet 上任意两台计算机之间相互传输文件的机制,不仅允许在不同主机和不同操作系统之间传输文件,而且还允许含有不同的文件结构和字符集。

FTP 提供的是一种客户机/服务器(Client/Server)的工作模式。集中存放文件并提供上传、下载功能的一端是 FTP 服务器,用户工作的一端是客户机。FTP 文件传输原理如图 9.41 所示。

FTP 是一种授权访问服务,只有获得 FTP 服务器的访问授权,才能利用该服务器进行文件传输工作,同时 FTP 服务器还可以对访问用户的权限进行管理,例如,是否允许用户从服务器读取信息、是否允许用户向服务器写入信息、是否允许用户在服务器内执行删除等。简言之,用户若要使用 FTP 服务,至少需要知道 FTP 服务器的地址或域名,并且需要合法的账户和授权(密码)。通过 IE 输入 FTP 服务器地址,输入授权的用户名及密码,即可访问 FTP 服务器。

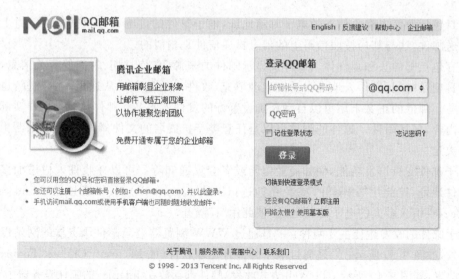

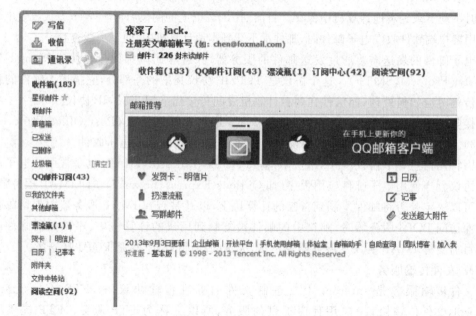

图 9.39  使用 Web 方式登录邮件服务器

图 9.40  Microsoft Outlook 功能区

　　FTP 服务器中的某些文件如果需要对所有网络用户开放,而不受授权的限制,那么可以采用匿名访问机制。按照惯例 FTP 服务器会建立一个匿名访问账户,账户名为 anonymous,匿名访问一般不需要输入密码,但也有一部分 FTP 服务器要求用户使用自己的电子邮件账户名作为密码,该密码不是用作身份验证的,而是用于遇到意外问题时向用户发送电子邮件。

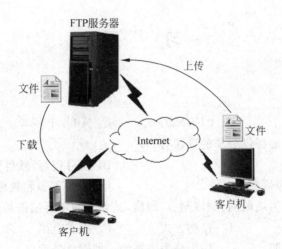

图 9.41  FTP 文件传输原理

尽管现在有很多非专门用于文件传输的技术包含文件传输的功能,如:即时通信软件、电子邮件、网络服务器等,但是这些技术均缺乏一些必要的功能。比如电子邮件的附件虽然可以用于传输文件,但邮件服务器往往限制附件空间的大小,网络服务器则不利于文件的批量下载,即时通信软件则不利于文件的长时间的存放。所以 FTP 在多种文件传输技术的选择中仍然具备专业优势,广泛用于文件的共享及传输。现在,许多实用的 FTP 工具软件使得 FTP 易用、便捷,使用者不需要任何专业背景知识,同时目前的大多数浏览器和文件管理器都能和 FTP 服务器建立连接。通过浏览器或文件管理器,利用 FTP 操控远程文件,如同操控本地文件一样。

**4. 远程登录(Telnet)**

远程登录是指在网络通信协议 Telnet(Telecommunication Network Protocol,远程通信网络协议)的支持下,用户本地的计算机通过 Internet 连接到远程的计算机上,使自己的计算机暂时成为远程计算机的一个终端,享用远程主机的资源,操纵已经登录的那台计算机。

远程登录的目的就是让远程计算机的资源成为本地服务,例如一个大型的仿真程序在本地 PC 上需要运行几天的时间,而登录到远程的大型计算机上,只需要运行几分钟。远程登录不仅仅用于科学计算,在诸如远程调试网站服务、远程操控特定的服务程序工作等很多领域都可以采取远程登录。

远程登录访问很容易实现,只要在操作系统的命令行或命令窗体中输入 Telnet 和要访问的主机名或 IP 地址即可。远程登录的连接过程可能要求输入授权的用户名及密码,一旦连接成功,则相当于用本地的键盘和鼠标操纵远端的计算机。利用在 Windows 系统中远程登录到操作系统为 Linux 的计算机中,那么用户将需要使用 Linux 命令而非 Windows 命令操作远端的计算机。

当前,操作系统和应用软件的许多功能均可实现类似于 Telnet 的功能,如 Windows 的 Netmeeting、远程桌面应用以及 QQ 的远程控制功能等。

计算机网络及应用

# 习　题

**单选题**

1. Internet 源自_____网。
   - A. ARCNET
   - B. CERNET
   - C. AT&T
   - D. ARPANET

2. 计算机网络能够提供分享的资源有_____。
   - A. 信息
   - B. 硬件资源,软件资源和信息
   - C. 软件资源和信息
   - D. 硬件资源和软件资源

3. 计算机网络分为局域网、城域网、广域网,其划分的主要依据是网络的_____。
   - A. 拓扑结构
   - B. 控制方式
   - C. 覆盖范围
   - D. 传输介质

4. "星型网"是按照_____作为分类依据的一种网络类型。
   - A. 拓扑结构
   - B. 覆盖范围
   - C. 传输介质
   - D. 通信协议

5. 在常用的传输介质中,带宽最宽、信号衰减最小、抗干扰能力最强的一类传输介质是_____。
   - A. 双绞线
   - B. 光纤
   - C. 同轴电缆
   - D. 无线信道

6. 在 OSI 参考模型中,_____处于模型的最低层。
   - A. 应用层
   - B. 传输层
   - C. 数据链路层
   - D. 物理层

7. 为进行网络中的数据交换而建立的_____叫做网络协议。
   - A. 规定、标准
   - B. 规则、标准或约定
   - C. ISO 标准
   - D. 一般规则

8. 用于实现联网计算机和网络电缆之间的物理连接的网络设备是_____。
   - A. 集线器
   - B. 交换机
   - C. 网卡
   - D. 路由器

9. 用于连接两个或多个逻辑上相互独立的网络的网络设备是_____。
   - A. 集线器
   - B. 交换机
   - C. 网卡
   - D. 路由器

10. 现有 IP 地址:222.169.25.16,那么它一定属于_____类地址。
    - A. A
    - B. B
    - C. C
    - D. D

11. 负责把域名解析为 IP 地址的是_____。
    - A. HTTP
    - B. TCP
    - C. DNS
    - D. DHCP

12. www.tsinghua.edu.cn 是用来标识 Internet 主机的_____。
    - A. 主机名
    - B. 域名
    - C. 行业名
    - D. 机构名

13. 在因特网域名中,com 通常表示_____。
    - A. 政府部门
    - B. 商业组织
    - C. 教育机构
    - D. 军事部门

14. 我们俗称的"宽带"接入 Internet 指的是_____Internet 接入技术。
    - A. Modem
    - B. ADSL
    - C. HFC
    - D. DDN 专线

15. "123456789@qq.com"是用户的_____地址。
    - A. www
    - B. 网名
    - C. 电子邮件
    - D. 硬件

# 第 10 章　信息安全技术

**学习目标：**

正如你在本书中所学到的那样，计算机是奇妙的工具。它帮助我们更有效率地工作，它提供新的通信和教育机会，而且它还可以提供娱乐。因此，人们花费在使用计算机和Internet 上的时间不断增加。然而，尽管使用计算机有很多优点，但也有缺点。虽然 PC 能够对用户造成的威胁令人难以相信，但考虑一下在使用任何其他设备或工具时，人们表现出来的谨慎，就不奇怪了，如当操作车辆或电力工具时，我们小心翼翼地保护自己以及周围的人。因此使用计算机时也需要小心翼翼，特别是在经常使用 Internet 的情况下更是如此。

本章主要介绍：

- 信息安全技术研究的内容
- 软件盗版
- 数据窃取
- 个人信息安全等

## 10.1　信息安全技术研究的内容

一切影响计算机网络安全的因素和保障计算机网络安全的措施，都是计算机网络安全技术的研究内容。信息安全技术研究的主要内容如下所述。

### 10.1.1　硬件安全

实体安全又称物理安全，是指包括环境、设备和记录介质在内的所有支持网络系统运行的总体安全。实体安全主要包括计算机设备、通信线路及设施、建筑物等的安全；预防地震、水灾、火灾、飓风、雷击等的措施。

### 10.1.2　软件安全

软件安全(Software Security)就是使软件在受到恶意攻击的情形下依然能够继续正确运行及确保软件被在授权范围内合法使用的思想。在国内，也有一些专家和学者将"Software Security"译作"软件确保"。

软件安全即保护软件中的智力成果、知识产权不被非法使用，包括篡改及盗用等。研究的内容主要包括防止软件盗版、软件逆向工程、授权加密以及非法篡改等。采用的技术包括软件水印(静态水印及动态水印)、代码混淆(源代码级别的混淆，目标代码级别的混淆等)、防篡改技术、授权加密技术以及虚拟机保护技术等。

### 10.1.3 加密技术

信息加密的目的是保护网内的数据、文件、口令和控制信息,保护网上传输的数据。数据加密技术主要分为数据传输加密和数据存储加密。

**1. 数据传输加密技术**

主要是对传输中的数据流进行加密,常用的有链路加密、结点加密和端到端加密三种方式。链路加密的目的是保护网络结点之间的链路信息安全;结点加密的目的是对源结点到目的结点之间的传输链路提供保护;端到端加密的目的是对源端用户到目的端用户的数据提供保护。在保障信息安全各种功能特性的诸多技术中,密码技术是信息安全的核心和关键技术,通过数据加密技术,可以在一定程度上提高数据传输的安全性,保证传输数据的完整性。

1) 数据加密系统

一个数据加密系统包括加密算法、明文、密文以及密钥,密钥控制加密和解密过程,一个加密系统的全部安全性是基于密钥的,而不是基于算法,所以加密系统的密钥管理是一个非常重要的问题。数据加密过程就是通过加密系统把原始的数字信息(明文),按照加密算法变换成与明文完全不同的数字信息(密文)的过程。

假设 E 为加密算法,D 为解密算法,则数据的加密解密数学表达式为:$P = D(KD, E(KE, P))$。

2) 数据加密算法

数据加密算法有很多种,密码算法标准化是信息化社会发展的必然趋势,是世界各国保密通信领域的一个重要课题。按照发展进程来分,经历了古典密码、对称密钥密码和公开密钥密码阶段,古典密码算法有替代加密、置换加密;对称加密算法包括 DES 和 AES;非对称加密算法包括 RSA、背包密码、McEliece 密码、Rabin、椭圆曲线、EIGamal 算法等。目前在数据通信中使用最普遍的算法有 DES 算法、RSA 算法和 PGP 算法。

根据收发双方密钥是否相同来分类,可以将这些加密算法分为常规密码算法和公钥密码算法。在常规密码中,收信方和发信方使用相同的密钥,即加密密钥和解密密钥是相同或等价的。常规密码的优点是有很强的保密强度,能经受住时间的检验和攻击,但其密钥必须通过安全的途径传送。在公钥密码中,收信方和发信方使用的密钥互不相同,而且几乎不可能从加密密钥推导出解密密钥。最有影响的公钥密码算法是 RSA,它能抵抗到目前为止已知的所有密码攻击。在实际应用中通常将常规密码和公钥密码结合在一起使用,利用 DES或者 IDEA 来加密信息,而采用 RSA 来传递会话密钥。

**2. 数据存储加密**

保护数据的最佳方法是采用存储加密技术。目前运用较广泛的有以下几种。

文件级加密:可以在主机上实现,也可以在网络附加存储 NAS 这一层以嵌入式实现,常用于法律文档、报告文件等应用数据库中的文件。

数据库级加密:当数据存储在数据库里面时,数据库级加密就能实现对数据字段进行加密,数据库级加密比较经济。

介质级加密:对存储设备包括硬盘和磁带上的静态数据进行加密,但提供的保护作用非常有限。

嵌入式加密设备：放在存储区域网 SAN 中，通过存储设备和请求加密数据的服务器之间传送到存储设备的数据进行加密，可以保护静态数据，然后对返回到应用的数据进行解密。

应用加密：是最安全的方法，可以将密钥的访问控制与应用本身紧密地集成在一起，确保只有特定的用户能够通过特定的应用访问数据，从而获得关键数据的访问权。

## 10.1.4　身份认证技术

身份认证技术是在计算机网络中确认操作者身份的过程而产生的解决方法。计算机网络世界中一切信息包括用户的身份信息都是用一组特定的数据来表示的，计算机只能识别用户的数字身份，所有对用户的授权也是针对用户数字身份的授权。如何保证以数字身份进行操作的操作者就是这个数字身份合法拥有者，也就是说保证操作者的物理身份与数字身份相对应，身份认证技术就是为了解决这个问题，作为防护网络资产的第一道关口，身份认证有着举足轻重的作用。

## 10.1.5　病毒防治技术

### 1. 什么是计算机病毒

病毒是感染另一个合法程序（有时称为"宿主"）的一种寄生程序。为了感染宿主程序，病毒要修改宿主以存储它的一个副本。许多病毒被设计为一旦感染受害者的系统就进行破坏，但是搞破坏的能力并不是病毒的定义。为了取得病毒的"资格"，某个程序必须有能力自我复制（复制副本）。这可能意味着将自己复制到相同计算机的不同位置，或者寻找到达其他计算机的途径，如感染磁盘或通过网络传播。病毒可能被设计为通过许多途径复制和传播。计算机病毒有与生物病毒一样的特性，即具有传染性、隐蔽性、破坏性、潜伏性。

多数计算机病毒是相对无害的，它们的目的只是骚扰受害者而不是导致具体的损害。这些病毒被称为"良性病毒"。其他的病毒确实是恶意的，而且如果允许运行的话，它们可能对计算机系统造成巨大的破坏。

依赖于信息来源，不同类型的病毒可能以略微不同的方式被描述。具体的病毒种类为：引导扇区病毒；文件系统病毒；感染文件病毒；蠕虫；炸弹；特洛伊木马；多态、自变码、自加密或自变化的病毒；暗中行动的病毒；宏病毒；恶作剧程序；双态、双向或多向的病毒等。

### 2. 病毒征兆

计算机病毒与生物病毒一样，发病时会有征兆，通常有以下征兆：

(1) 在特定情况下屏幕上出现某些异常字符或特定画面，如图 10.1 所示。

(2) 文件长度异常增减或莫名产生新文件。

(3) 一些文件打开异常或突然丢失。

(4) 系统无故进行大量磁盘读写或未经用户允许进行格式化操作。

(5) 系统出现异常的重启现象，经常死机，或者蓝屏无法进入系统。

(6) 可用的内存或硬盘空间变小。

(7) 打印机等外部设备出现工作异常。

(8) 在汉字库正常的情况下，无法调用和打印汉字或汉字库无故损坏。

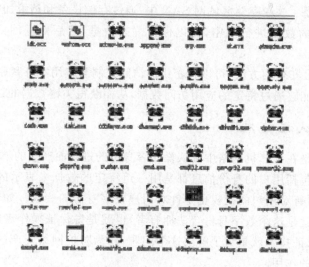

图 10.1　熊猫烧香病毒(尼姆亚病毒变种)

（9）磁盘上无故出现扇区损坏。

（10）程序或数据神秘消失，文件名不能辨认等。

**3. 病毒的防范**

图 10.2 是一个典型的病毒告警。

图 10.2　一个典型的病毒告警

杀毒（包括如何预防）主要有：

不要随意打开来历不明的电子邮件和附件；不要安装来历不明的插件程序；不随意打开陌生人传来的页面链接，谨防恶意网页中隐藏的木马程序；不使用盗版的游戏软件。具体说明如下：

电子邮件病毒使染上来自被感染消息的病毒成为可能。为了预防电子邮件病毒，应该将电子邮件程序设置为不接受编码为 HTML 的消息，而且应该避免打开附件，除非知道发件人是谁。即使在知道发件人的情况下，如果没有首先使用反病毒软件扫描附件来检查它是否被感染，也不应该打开它。

甚至从规范商店购买的收缩包装的程序，它扫描磁盘和程序来寻找已知的病毒并消灭它们。在将其安装在你的系统并激活它后，每当插入任何类型的磁盘或使用调制解调器提取文件时，良好的反病毒程序都会自动检查是否有被感染的文件。一些反病毒程序甚至可以在你从 INTERNET 下载文件的时候就扫描它们，并且可以再下载或试图打开被感染文件时即刻警告你。流行的一些反病毒程序列举如下：

MCAFEE VIRUSSCAN(更多资源 http://www.mcafee.com/cn/)

VIREX(更多资源 http://shop.mcafee.com/Products/Virex.aspx)

PC-CILLIN(更多资源 http://www.trendmicro.com.cn/pccillin/index.html)

Kaspersky(更多资源 http://www.kaspersky.com.cn/)

NORTON ANTIVIRUS(更多资源 http://cn.norton.com/)

新的病毒几乎每天都在产生，因此没有哪个反病毒程序可以提供绝对的防备所有病毒的保护。为了处理新病毒，反病毒工具经常更新。为了自动地收到最新版本的反病毒工具，可以预订，或者可以每一年左右购买一次最新的版本。有些反病毒软件厂商允许用户通过Internet 将更新的病毒定义或病毒模式(关于病毒和能够消灭病毒的代码的信息数据库)下载到它们的程序中。最新一代的反病毒产品当你在线的时候，可以主动查找、下载并安装更新的病毒定义。这些产品可以在用户不知情的情况下更新自己。

提高系统的安全性是防病毒的一个重要方面，但完美的系统是不存在的，过于强调提高系统的安全性将使系统多数时间用于病毒检查，系统失去了可用性、实用性和易用性；加强内部网络管理人员以及使用人员的安全意识，如很多计算机系统常用口令来控制对系统资源的访问，这是防病毒进程中，最容易和最经济的方法之一。另外，安装杀毒软并定期更新也是预防病毒的重中之重。防范病毒通常有以下措施：

(1) 注意对系统文件、重要可执行文件和数据进行写保护。

(2) 不使用来历不明的程序或数据。

(3) 尽量不用软盘进行系统引导。

(4) 不轻易打开来历不明的电子邮件。

(5) 使用新的计算机系统或软件时，要先杀毒后使用。

(6) 备份系统和参数，建立系统的应急计划等。

(7) 专机专用。

(8) 利用写保护。

(9) 安装杀毒软件。

(10) 分类管理数据。

## 10.1.6 防火墙与隔离技术

防火墙的本义原是指古代人们房屋之间修建的那道墙，这道墙可以防止火灾发生的时候蔓延到别的房屋。防火墙技术是指隔离在本地网络与外界网络之间的一道防御系统的总称。在互联网上防火墙是一种非常有效的网络安全模型，通过它可以隔离风险区域与安全区域的连接，同时不会妨碍人们对风险区域的访问。防火墙可以监控进出网络的通信量，仅让安全、核准了的信息进入，同时又抵制对企业构成威胁的数据。防火墙主要有包过滤防火墙、代理防火墙和双穴主机防火墙 3 种类型，它们都在计算机网络中得到了广泛的应用。

**1. 防火墙系统的组成**

一套完整的防火墙系统通常由屏蔽路由器和代理服务器组成。

1) 屏蔽路由器

屏蔽路由器是一个多端口的 IP 路由器，它通过对每一个到来的 IP 包依据组规则进行检查来判断是否对之进行转发。屏蔽路由器从包头取得信息,例如协议号、收发报文的 IP 地址和端口号、连接标志以及另外一些 IP 选项,对 IP 包进行过滤。

2) 代理服务器

代理服务器是防火墙中的一个服务器进程,它能够代替网络用户完成特定的 TCP/TP 功能。一个代理服务器本质上是一个应用层的网关,一个为特定网络应用而连接两个网络的网关。用户运行一项 TCP/IP 应用,比如 Telnet 或者 FTP,同代理服务器打交道,代理服务器要求用户提供其要访问的远程主机名。当用户答复并提供了正确的用户身份及认证信息后,代理服务器连通远程主机,为两个通信点充当中继。整个过程可以对用户完全透明。用户提供的用户身份及认证信息可用于用户级的认证。

**2. 防火墙的作用**

随着安全性问题上的失误和缺陷越来越普遍,对网络的入侵不仅来自高超的攻击手段,也有可能来自配置上的低级错误或不合适的口令选择。因此,防火墙的作用是防止不希望的、未授权的通信进出被保护的网络。防火墙可以达到四个目的:一是可以限制他人进入内部网络,过滤掉不安全服务和非法用户;二是防止入侵者接近你的防御设施;三是限定用户访问特殊站点;四是为监视 Internet 安全提供方便。由于防火墙假设了网络边界和服务,因此更适合于相对独立的网络,例如 Intranet 等种类相对集中的网络。

## 10.1.7　入侵检测技术

随着网络安全风险系数不断提高,作为对防火墙及其有益的补充,IDS(入侵检测系统)能够帮助网络系统快速发现攻击行为,它扩展了系统管理员的安全管理能力(包括安全审计、监视、进攻识别和响应),提高了信息安全基础结构的完整性。

入侵检测系统是一种对网络活动进行实时监测的专用系统,该系统处于防火墙之后,可以和防火墙及路由器配合工作,用来检查一个 LAN 网段上的所有通信,记录和禁止网络活动,可以通过重新配置来禁止从防火墙外部进入的恶意流量。入侵检测系统能够对网络上的信息进行快速分析或在主机上对用户进行审计分析,通过集中控制台来管理、检测。

**1. 入侵检测系统的功能**

理想的入侵检测系统的功能主要有:

(1) 用户和系统活动的监视与分析;

(2) 系统配置极其脆弱性分析和审计;

(3) 异常行为模式的统计分析;

(4) 重要系统和数据文件的完整性监测和评估;

(5) 操作系统的安全审计和管理;

(6) 入侵模式的识别与响应,包括切断网络连接、记录事件和报警等。

本质上,入侵检测系统是一种典型的"窥探设备"。它不跨接多个物理网段(通常只有一个监听端口),无须转发任何流量,而只需要在网络上被动地、无声息地收集它所关心的报文即可。

**2. IDS 分析及检测入侵阶段采用的技术**

IDS 分析及检测入侵阶段一般通过以下几种技术手段进行分析:特征库匹配、基于统计的分析和完整性分析。其中前两种方法用于实时的入侵检测,而完整性分析则用于事后分析。

### 3. 入侵防御系统(IPS)

各种相关网络安全的黑客和病毒都是依赖网络平台进行的,而如果在网络平台上就能切断黑客和病毒的传播途径,那么就能更好地保证安全。这样,就出现了网络设备与 IDS 设备的联动。IDS 与网络交换设备联动,是指交换机或防火墙在运行的过程中,将各种数据流的信息上报给安全设备,IDS 系统可根据上报信息和数据流内容进行检测,在发现网络安全事件的时候,进行有针对性的动作,并将这些对安全事件反应的动作发送到交换机或防火墙上,由交换机或防火墙来实现精确端口的关闭和断开,这就是入侵防御系统(IPS)。IPS 技术是在 IDS 监测的功能上又增加了主动响应的功能,力求做到一旦发现有攻击行为,立即响应,主动切断连接。

## 10.1.8  系统容灾

### 1. 什么是系统容灾

一个完整的网络安全体系,只有"防范"和"检测"措施是不够的,还必须具有灾难容忍和系统恢复能力。因为任何一种网络安全设施都不可能做到万无一失,一旦发生漏防漏检事件,其后果将是灾难性的。此外,天灾人祸、不可抗力等所导致的事故也会对信息系统造成毁灭性的破坏。这就要求即使发生系统灾难,也能快速地恢复系统和数据,才能完整地保护网络信息系统的安全。系统容灾技术主要有基于数据备份和基于系统容错的系统容灾技术。

### 2. 数据备份

数据备份是数据保护的最后屏障,不允许有任何闪失。但离线介质不能保证安全。数据容灾通过 IP 容灾技术来保证数据的安全。数据容灾使用两个存储器,并在两者之间建立复制关系,一个放在本地,另一个放在异地。本地存储器供本地备份系统使用,异地容灾备份存储器实时复制本地备份存储器的关键数据。二者通过 IP 相连,构成完整的数据容灾系统,也能提供数据库容灾功能。

### 3. 系统容错技术

集群技术是一种系统级的容错技术,通过对系统的整体冗余和容错来解决系统任何部件实效而引起的系统死机和不可用问题。集群系统可以采用双机热备份、本地集群网络和异地集群网络等多种形式实现,分别提供不同的系统可用性和容灾性。其中异地集群网络的容灾性是最好的。

存储、备份和容灾技术的充分结合,构成一体化的数据容灾备份存储系统,是数据技术发展的重要阶段。随着存储网络化时代的发展,传统的功能单一的存储器,将越来越让位于一体化的多功能网络存储器。

## 10.1.9  管理策略

除了使用上述技术措施之外,在网络安全中,通过制定相关的规章制度来加强网络的安全管理,对于确保网络的安全、可靠地运行,将起到十分有效的作用。网络的安全管理策略包括:首先要制订有关人员出入机房管理制度和网络操作使用规程;其次确定安全管理等级和安全管理范围;最后是制定网络系统的维护制度和应急措施等。

### 10.1.10 "云安全"技术

**1. 什么是"云安全"技术**

"云安全(Cloud Security)"计划是网络时代信息安全的最新体现,它融合了并行处理、网格计算、未知病毒行为判断等新兴技术和概念,通过网状的大量客户端对网络中软件行为的异常监测,获取互联网中木马、恶意程序的最新信息,推送到服务器端进行自动分析和处理,再把病毒和木马的解决方案分发到每一个客户端。

**2. 云安全的优点**

云安全是一群探针的结果上报、专业处理结果的分享,云安全的好处是理论上可以把病毒的传播范围控制在一定区域内! 和探针的数量、存活及病毒处理的速度有关。

传统的上报是人为的手动的,而云安全是系统内自动快捷几秒钟内就完成的,这一种上报是最及时的,人工上报就做不到这一点。理想状态下,从一个盗号木马开始攻击某台计算机,到整个"云安全"网络对其拥有免疫、查杀能力,仅需几秒的时间。

**3. "云安全"系统要解决的问题**

要想建立"云安全"系统,并使之正常运行,需要解决四大问题:

第一,需要海量的客户端(云安全探针)。只有拥有海量的客户端,才能对互联网上出现的恶意程序,危险网站有最灵敏的感知能力。一般而言,安全厂商的产品使用率越高,反应速度应当越快,最终应当能够实现无论哪个网民中毒、访问挂马网页,都能在第一时间做出反应。

第二,需要专业的反病毒技术和经验。发现的恶意程序被探测到,应当在尽量短的时间内被分析,这需要安全厂商具有过硬的技术,否则容易造成样本的堆积,使云安全的快速探测效果大打折扣。

第三,需要大量的资金和技术投入。"云安全"系统在服务器、带宽等硬件方面需要极大的投入,同时要求安全厂商应当具有相应的顶尖技术团队、持续的研究花费。

第四,可以是开放的系统,允许合作伙伴的加入。"云安全"可以是个开放性的系统,其"探针"应当与其他软件相兼容,即使用户使用不同的杀毒软件,也可以享受"云安全"系统带来的成果。

### 10.1.11 生物特征技术

生物特征技术代表了基于"你是谁"的身份认证方法,或者就如同有学者给出的恰如其分的评价:"你自己就是你的关键信息"。有很多种各不相同的生物特征类型,包括指纹识别、虹膜扫描、语音识别、手形识别系统、步态识别(即行走中的姿态)、数字狗(气味识别)等技术都获得了不错的发展,生物特征技术是当前非常活跃的研究领域。

在信息安全的大舞台上,生物特征技术被认为是口令的一种更安全的替代方案。对于生物特征来说,要想在实践中替代口令方式,就需要便宜而可靠的系统。如今,已经存在的一些实用的生物特征系统,包括移动电脑所使用的指纹认证系统、受限设施的安全入口所设置的手形识别系统、基于指纹识别的车门开锁应用,如此等等,不一而足。虽然这些生物特征有如此潜在的优势——相对于众所周知的基于口令的认证方式的那些弱点而言——但是生物特征技术却没有获得更为广泛的应用,这种情况有点儿令人不解。

# 10.2　软件盗版

## 10.2.1　软件盗版的现状

影响计算机行业的最大法律问题是软件盗版,它是对计算机程序和操作系统的非法复制。由于盗版容易实施,因此这是一个严重的问题。大多数情况下,偷盗程序并不比复制一张从朋友那儿借来的音乐 CD 更困难。软件盗版者放弃了获得升级和技术支持的权利,但是他们得到的是不掏腰包就能够使用的程序。

在 2001 年 5 月,BUSINESS SOFTWARE ALLIANCE 所作的年度《全球软件盗版调查》报告指出,世界范围内的软件出版者由于 2000 年的软件盗版而损失了 117.5 亿美元。该报告还判断,2000 年,在所有公司使用的应用程序中大约有 37% 是盗版。

许多商业软件程序(必须在使用前购买的软件),价值仅 20～50 美元,但是许多最流行的应用程序价值在 100～500 美元之间,高度专用或复杂的应用程序可能价值数千美元。当你考虑商业软件的价值时,就可以容易地看出为什么非法复制对盗版者如此具有诱惑力,而对于软件公司来讲却是惨重的损失。

记住这一点是重要的:即大多数情况下,当你购买商业软件时,实际上并没有购买软件本身。相反,你是在购买使用该软件的许可证。软件许可证(还称为"最终用户许可协议")是你与软件公司之间的一个协议,它授予你安装并使用该程序的权限。尽管软件许可协议的条款可能各不相同,但是它们通常都要对用户进行限制,比如只允许用户为妥善保管而制作该程序的一个备份副本。

## 10.2.2　软件的分类

### 1. 闭源软件

一些商业软件是闭源的,意思是用户不能够获得其源代码,一般地,它意味着将仅获得它们许可的计算机程序的一个二进制版本而没有这个程序的源代码,软件的翻译修改从技术方面几乎是不可能的。这个发展模型的源代码被看作这个公司的商业秘密,因此可能获得源代码接入的团体例如学校,商业机构等必须提前签订保密协议,以保证源代码不会被大众所知而影响其盈利,如图 10.3 所示是闭源软件 Microsoft Office 的产品,图 10.4 是 Office 明确标注的版权。

### 2. 开源软件

另一方面还有一些软件是开源的,意思是其源代码对用户来说是可以获得的,它被定义为描述其源码可以被公众使用的软件,并且此软件的使用、修改和分发也不受许可证的限制。

### 3. 共享软件

共享软件是以"先使用后付费"方式销售的享有版权的

Office 家庭和学生版 2013

对于 1 台 PC, 包括:

¥699.00

了解详细信息

Office 专业版 2013

对于 1 台 PC, 包括:

¥4,899.00

了解详细信息

图 10.3　闭源软件 Microsoft Office 的产品

图 10.4　Office 明确标注了版权

软件,根据共享软件作者的授权,用户可以从各种渠道免费得到它的副本,也可以自由传播它,用户总是可以先使用或试用共享软件,认为满意后再向作者付费,若认为不满意、不值得买,可以停止使用。共享软件最明显的优点是有免费试用期。但是免费试用通常有一些限制,如时间限制、功能限制、添加水印(链接)、批处理限制等,共享软件并不是免费使用。这与盗版软件不同,盗版软件则是一般为已破解限制可以免费使用。

## 10.2.3　盗版手段

盗版者宠爱的目标是测试版软件,它是尚在开发阶段而且还没有准备好对客户发布的软件。许多商业软件开发者制作给大量人群使用的测试版软件,这些人测试该程序并返回关于软件性能的反馈。这一过程帮助开发者发现程序的问题并在软件发布之前获得用户意见。然而,由于跟踪每份散发的测试软件副本是不可能的,如果它们落入盗版者之手,盗版者就会通过网络或复制的光盘来传播它们。许多开发者(如 Microsoft 公司)将超期功能置入到测试软件中,它可以在确定的日期后禁用该软件。然而,老练的盗版者可以对该功能施展一些手段,使得该程序可以无限期地运行。

## 10.2.4　反盗版方法

盗版如此难以阻止的部分原因是某些类型的复制是合法的,这一事实诱惑着某些人掩饰合法与非法之间的区别。例如,制作程序的备份副本以防正本损坏的行为一般来说是合法的。事实上,安装新软件意味着将程序复制到计算机的硬盘上。

过去,软件公司生产具有内置复制保护的程序,这种安全措施能够防止非法复制,但同时也使安装和备份很困难。比如在 20 世纪 80 年代,当时几乎所有程序都是通过软盘传播的,许多程序被设置为只能复制到购买者的硬盘上,且不能超过固定的次数。这种复制保护技术通过将企图安装的次数记录在一张磁盘上来起作用。当达到安装次数上限时,该软件会不能被再次安装。用户发现,通过制作安装盘的副本然后从这些副本安装该程序就可以轻易地绕开这种类型的保护。这样,原始磁盘实际上从来没有用于安装,而安装次记录为 0。

另一种早期复制保护类型是硬件锁,该种设备必须和用户的主机相连接,如连接到USB 端口、并行端口等,而且包含一个含有代码的内置芯片。当用户启动该程序时,它将寻找硬件锁,找到该代码,然后再启动。如果没有找到硬件锁,该程序将不能运行。然而,大多数公司发现这种类型的复制保护技术因其本身的问题比它能够解决的问题还要多,因此硬件锁现在几乎消失了。

今天,其他的反盗版方案更为普遍。一种方法是在程序被安装时,要求输入密码、序列号或其他代码。大多数软件开发者将代码或序列号打印在出售安装盘所用的产品包装上。没有原始包装或未收到来自原始所有者的代码的任何人,都无法安装该软件。这些程序没有改代码页也可以安装,但是可能有一些功能残缺,或者可能在启动时"老是催促"用户去注册软件或者提供代码。由于个人用户不能轻易地复制整个光盘的内容,因此这种保护系统很好地工作了数年。然而,随着 CD-R 和 CD-RW 系统的扩散,非法复制原始光盘上的软件变得非常普遍。从所有这些例子中可以看出,没有什么反盗版方案是绝对安全的。

# 10.3　被黑了(数据被窃取)

所谓被黑了,就是网站被黑客(hacker 的中文音译,是指精通计算机程序、漏洞等等的,并以此攻击、修改、控制他人计算机的人)通过非正常手段,恶意修改或者攻击,导致网站轻则某些功能无法运行,重则全站瘫痪,无法访问甚至完全被改变内容,如图 10.5 所示。

图 10.5　网站被改变

## 10.3.1　网络攻击

网络攻击是指利用网络存在的漏洞和安全缺陷对网络系统的硬件、软件及其系统中的数据进行的攻击。

**1. 网络攻击的分类**

1) 主动攻击

主动攻击包含攻击者访问所需要信息时的主观上的故意和行为上的故意,主动攻击包含对数据流的某些修改,或者生成一个假的数据流。

2) 被动攻击

被动攻击主要是收集信息而不是进行访问,数据的合法用户对这种活动一点也不会觉

察到。被动攻击包括以下:

窃听——包括键击记录、网络监听、非法访问数据、获取密码文件。

欺骗——包括获取口令、恶意代码、网络欺骗。

拒绝服务——包括导致异常型、资源耗尽型、欺骗型。

数据驱动攻击——包括缓冲区溢出、格式化字符串攻击、输入验证攻击、同步漏洞攻击、信任漏洞攻击。

### 2. 网络攻击的常见方式

1) 口令入侵

所谓口令入侵,是指使用某些合法用户的账号和口令登录到目的主机,然后再实施攻击活动。这种方法的前提是必须先得到该主机上的某个合法用户的账号,然后再进行合法用户口令的破译。获得普通用户账号的方法非常多,例如:

- 利用目标主机的 Finger 功能。当用 Finger 命令查询时,主机系统会将保存的用户资料(如用户名、登录时间等)显示在终端或计算机上。
- 利用目标主机的 X.500 服务。有些主机没有关闭 X.500 的目录查询服务,也给攻击者提供了获得信息的一条简易途径。
- 从电子邮件地址中收集。有些用户电子邮件地址常会透露其在目标主机上的账号。
- 查看主机是否有习惯性的账号。有经验的用户都知道,非常多的系统会使用一些习惯性的账号,造成账号的泄露。

2) 特洛伊木马

看过电影《特洛伊》(Troy)的人,都会感慨那段木马屠城的历史,那就是"披着羊皮的狼"国外版。放置特洛伊木马程序能直接侵入用户的计算机并进行破坏,他常被伪装成工具程序或游戏等诱使用户打开带有特洛伊木马程序的邮件附件或从网上直接下载,一旦用户打开了这些邮件的附件或执行了这些程序之后,他们就会像古特洛伊人在敌人城外留下的藏满士兵的木马一样留在自己的计算机中,并在自己的计算机系统中隐藏一个能在 Windows 启动时悄悄执行的程序。当你连接到因特网时,这个程序就会通知攻击者,来报告你的 IP 地址及预先设定的端口。攻击者在收到这些信息后,再利用这个潜伏在其中的程序,就能任意地修改计算机的参数设定、复制文件、窥视整个硬盘中的内容等,从而达到控制你的计算机的目的。

3) WWW 欺骗

在网上用户能利用 IE 等浏览器进行各种各样的 Web 站点的访问,如阅读新闻组、咨询产品价格、订阅报纸、电子商务等。然而一般的用户恐怕不会想到有这些问题存在:正在访问的网页已被黑客篡改过,网页上的信息是虚假的!例如,黑客将用户要浏览的网页的 URL 改写为指向黑客自己的服务器,当用户浏览目标网页的时候,实际上是向黑客服务器发出请求,那么黑客就能达到欺骗的目的了。

一般 Web 欺骗使用两种技术手段,即 URL 地址重写技术和相关信息掩盖技术。利用 URL 地址,攻击者能将自己的 Web 地址加在所有 URL 地址的前面。这样,当用户和站点进行安全链接时,就会毫不防备地进入攻击者的服务器,于是用户的所有信息便处于攻击者的监视之中。但由于浏览器材一般均设有地址栏和状态栏,当浏览器和某个站点连接时,能在地址栏和状态栏中获得连接中的 Web 站点地址及其相关的传输信息,用户由此能发现问题,所以攻击者往往在 URL 地址重写的同时,利用相关信息掩盖技术,即一般用 JavaScript 程序来重写地址栏和状态栏,以达到其掩盖欺骗的目的。

4) 电子邮件攻击

电子邮件是互联网上运用十分广泛的一种通信方式。攻击者能使用一些邮件炸弹软件或 CGI 程序向目的邮箱发送大量内容重复、无用的垃圾邮件,从而使目的邮箱被撑爆而无法使用。当垃圾邮件的发送流量特别大时,更有可能造成邮件系统对于正常的工作反映缓慢,甚至瘫痪。相对于其他的攻击手段来说,这种攻击方法具有简单、见效快等好处。

5) 结点攻击

攻击者在突破一台主机后,往往以此主机作为根据地,攻击其他主机(以隐蔽其入侵路径,避免留下蛛丝马迹)。它们能使用网络监听方法,尝试攻破同一网络内的其他主机;也能通过 IP 欺骗和主机信任关系,攻击其他主机。

这类攻击非常狡猾,但由于某些技术非常难掌控,如 TCP/IP 欺骗攻击。攻击者通过外部计算机伪装成另一台合法机器来实现。它能破坏两台机器间通信链路上的数据,其伪装的目的在于哄骗网络中的其他机器误将其攻击者作为合法机器加以接受,诱使其他机器向他发送据或允许他修改数据。TCP/IP 欺骗能发生在 TCP/IP 系统的所有层次上,包括数据链路层、网络层、传输层及应用层均容易受到影响。如果底层受到损害,则应用层的所有协议都将处于危险之中。另外由于用户本身不直接和底层相互交流,因而对底层的攻击更具有欺骗性。

6) 网络监听

网络监听是主机的一种工作模式,在这种模式下,主机能接收到本网段在同一条物理通道上传输的所有信息,而不管这些信息的发送方和接收方是谁。因为系统在进行密码校验时,用户输入的密码需要从用户端传送到服务器端,而攻击者就能在两端之间进行数据监听。此时若两台主机进行通信的信息没有加密,只要使用某些网络监听工具(如 NetXRay for Windows 95/98/NT、Sniffit for Linux、Solaries 等)就可轻而易举地截取包括口令和账号在内的信息资料。虽然网络监听获得的用户账号和口令具有一定的局限性,但监听者往往能够获得其所在网段的所有用户账号及口令。

7) 黑客软件攻击

利用黑客软件攻击是互联网上比较多的一种攻击手法。Back Orifice 2000、冰河等都是比较著名的特洛伊木马,它们能非法地取得用户计算机的终极用户级权利,能对其进行完全的控制,除了能进行文件操作外,同时也能进行对方桌面抓图、取得密码等操作。这些黑客软件分为服务器端和用户端,当黑客进行攻击时,会使用用户端程序登录上已安装好服务器端程序的计算机,这些服务器端程序都比较小,一般会附着于某些软件上。有可能当用户下载了一个小游戏并运行时,黑客软件的服务器端就安装完成了,而且大部分黑客软件的重生能力比较强,给用户进行清除造成一定的麻烦。特别是一种 TXT 文件欺骗手法,表面看上去是个 TXT 文本文件,但实际上却是个附带黑客程序的可执行程序,另外有些程序也会伪装成图片和其他格式的文件。

8) 安全漏洞攻击

许多系统都有这样那样的安全漏洞(Bug)。其中一些是操作系统或应用软件本身具有的。如缓冲区溢出攻击。由于非常多的系统在不检查程序和缓冲之间变化的情况,就任意接受任意长度的数据输入,把溢出的数据放在堆栈里,系统还照常执行命令。这样攻击者只要发送超出缓冲区所能处理的长度的指令,系统便进入不稳定状态。若攻击者特别设置一串准备用作攻击的字符,他甚至能访问根目录,从而拥有对整个网络的绝对控制权。另一些是利用协议漏洞进行攻击。如攻击者利用POP3一定要在根目录下运行的这一漏洞发动攻击,破坏根目录,从而获得终极用户的权限。又如,ICMP协议也经常被用于发动拒绝服务攻击。具体手法就是向目的服务器发送大量的数据包,几乎占取该服务器所有的网络宽带,从而使其无法对正常的服务请求进行处理,而导致网站无法进入、网站响应速度大大降低或服务器瘫痪。常见的蠕虫病毒或与其同类的病毒都能对服务器进行拒绝服务攻击的进攻。且繁殖能力极强,一般通过Microsoft的Outlook软件向众多邮箱发出带有病毒的邮件,而使邮件服务器无法承担如此庞大的数据处理量而瘫痪。对于个人上网用户而言,也有可能遭到大量数据包的攻击使其无法进行正常的网络操作。

9)端口扫描

所谓端口扫描,就是利用Socket编程和目标主机的某些端口建立TCP连接,进行传输协议的验证等,从而侦获目标主机的扫描端口是否是处于激活状态、主机提供了哪些服务、提供的服务中是否含有某些缺陷等。常用的扫描方式有Connect扫描、Fragmentation扫描等。

### 3. 网络攻击的步骤

1)隐藏己方位置

普通攻击者都会利用别人的计算机隐藏他们真实的IP地址。老练的攻击者还会利用800电话的无人转接服务连接ISP,然后再盗用他人的账号上网。

2)寻找并分析

攻击者首先要寻找目标主机并分析目标主机。在Internet上能真正标识主机的是IP地址,域名是为了便于记忆主机的IP地址而另起的名字,只要利用域名和IP地址就能顺利地找到目标主机。当然,知道了要攻击目标的位置还是远远不够的,还必须将主机的操作系统类型及其所提供服务的资料做一个全方面的了解,此时,攻击者们会使用一些扫描器工具,轻松获取目标主机运行的是哪种操作系统的哪个版本,系统有哪些账户,WWW、FTP、Telnet、SMTP等服务器程序是何种版本等资料,为入侵做好充分的准备。

3)账号和密码

攻击者要想入侵一台主机,首先要该获取主机的一个账号和密码,否则连登录都无法进行。这样常迫使他们先设法盗窃账户文件,进行破解,从中获取某用户的账户和口令,再寻觅合适时机以此身份进入主机。当然,利用某些工具或系统漏洞登录主机也是攻击者常用的一种技法。

4)获得控制权

攻击者们用FTP、Telnet等工具利用系统漏洞进入目标主机系统获得控制权之后,就会做两件事:清除记录和留下后门。他会更改某些系统设置、在系统中置入特洛伊木马或其他一些远程操纵程序,以便日后能不被觉察地再次进入系统。大多数后门程序是预先编译好的,只需要想办法修改时间和权限就能使用了,甚至新文件的大小都和原文件完全相同。攻击者一般会使用rep传递这些文件,以便不留下FTB记录。清除日志、删除复制的文件等手段来隐藏自己的踪迹之后,攻击者就开始下一步的行动。

5) 资源和特权

攻击者找到攻击目标后,会继续下一步的攻击,窃取网络资源和特权。如下载敏感信息;实施窃取账号密码、信用卡号等经济偷窃;使网络瘫痪。

**4. 网络攻击的应对策略**

在对网络攻击进行上述分析和识别的基础上,我们应当认真制定有针对性的策略。明确安全对象,设置强有力的安全保障体系。有的放矢,在网络中层层设防,发挥网络的每层作用,使每一层都成为一道关卡,从而让攻击者无隙可钻、无计可施。还必须做到未雨绸缪,预防为主,将重要的数据备份并时刻注意系统运行状况。以下是针对众多令人担心的网络安全问题提出的几点建议:

1) 提高安全意识

不要随意打开来历不明的电子邮件及文件,不要随便运行不太了解的人给你的程序,比如"特洛伊"类黑客程序就需要骗你运行;尽量避免从 Internet 下载不知名的软件、游戏程序。即使从知名的网站下载的软件也要及时用最新的病毒和木马查杀软件对软件和系统进行扫描;密码设置尽可能使用字母数字混排,单纯的英文或数字非常容易穷举。将常用的密码设置不同,防止被人查出一个,连带到重要密码。重要密码最佳经常更换;及时下载安装系统补丁程序;不随便运行黑客程序,不少这类程序运行时会发出你的个人信息;在支持 HTML 的 BBS 上,如发现提交警告,非常可能是骗取密码的陷阱。

2) 防火墙软件

使用防毒、防黑等防火墙软件。防火墙是个用以阻止网络中的黑客访问某个机构网络的屏障,也可称之为控制进/出两个方向通信的门槛。在网络边界上通过建立起来的相应网络通信监视系统来隔离内部和外部网络,以阻挡外部网络的侵入。

3) 代理服务器

设置代理服务器,隐藏自己的 IP 地址。保护自己的 IP 地址是非常重要的。事实上,即便你的机器上被安装了木马程序,若没有你的 IP 地址,攻击者也是没有办法的,而保护 IP 地址的最佳方法就是设置代理服务器。代理服务器能起到外部网络申请访问内部网络的中间转接作用,其功能类似于一个数据转发器,他主要控制哪些用户能访问哪些服务类型。当外部网络向内部网络申请某种网络服务时,代理服务器接受申请,然后他根据其服务类型、服务内容、被服务的对象、服务者申请的时间、申请者的域名范围等来决定是否接受此项服务,如果接受,他就向内部网络转发这项请求。

4) 其他策略

将防毒、防黑当成日常例性工作,定时更新防毒组件,将防毒软件保持在常驻状态,以完全防毒。

由于黑客经常会针对特定的日期发动攻击,计算机用户在此期间应特别提高警戒。

对于重要的个人资料做好严密的保护,并养成资料备份的习惯。

**5. 发展趋势**

在最近几年里,网络攻击技术和攻击工具有了新的发展趋势,使借助 Internet 运行业务的机构面临着前所未有的风险,下面将对网络攻击的新动向进行分析,使读者能够认识、评估,并减小这些风险。

1）越来越不对称的威胁

Internet 上的安全是相互依赖的。每个 Internet 系统遭受攻击的可能性取决于连接到全球 Internet 上其他系统的安全状态。由于攻击技术的进步，一个攻击者可以比较容易地利用分布式系统，对一个受害者发动破坏性的攻击。随着部署自动化程度和攻击工具管理技巧的提高，威胁将继续增加。

2）攻击工具越来越复杂

攻击工具开发者正在利用更先进的技术武装攻击工具。与以前相比，攻击工具的特征更难发现，更难利用特征进行检测。攻击工具具有三个特点：反侦破，攻击者采用隐蔽攻击工具特性的技术，这使安全专家分析新攻击工具和了解新攻击行为所耗费的时间增多；动态行为，早期的攻击工具是以单一确定的顺序执行攻击步骤，今天的自动攻击工具可以根据随机选择、预先定义的决策路径或通过入侵者直接管理，来变化它们的模式和行为；攻击工具的成熟性，与早期的攻击工具不同，攻击工具可以通过升级或更换工具的一部分迅速变化，发动迅速变化的攻击，且在每一次攻击中会出现多种不同形态的攻击工具。此外，攻击工具越来越普遍地被开发为可在多种操作系统平台上执行。许多常见攻击工具使用 IRC 或 HTTP（超文本传输协议）等协议，从入侵者那里向受攻击的计算机发送数据或命令，使得人们越来越难以将攻击特性与正常、合法的网络传输流区别开来。

3）发现安全漏洞越来越快

网络攻击新发现的安全漏洞每年都要增加一倍，管理人员不断用最新的补丁修补这些漏洞，而且每年都会发现安全漏洞的新类型。入侵者经常能够在厂商修补这些漏洞前发现攻击目标。

4）防火墙渗透率越来越高

防火墙是人们用来防范入侵者的主要保护措施，但是越来越多的攻击技术可以绕过防火墙，例如，IPP（Internet 打印协议）和 WebDAV（基于 Web 的分布式创作与翻译）都可以被攻击者利用来绕过防火墙。

5）自动化和攻击速度提高

攻击工具的自动化水平不断提高。自动攻击一般涉及四个阶段，在每个阶段都出现了新变化。

（1）扫描阶段

扫描可能的受害者。自 1997 年起，广泛的扫描司空见惯。扫描工具利用更先进的扫描模式来改善扫描效果和提高扫描速度。损害脆弱的系统。以前，安全漏洞只在广泛的扫描完成后才被加以利用。而攻击工具利用这些安全漏洞作为扫描活动的一部分，从而加快了攻击的传播速度。

（2）渗透控制阶段。

传统的邮件植入，文件捆绑已不再有效，因为人们普遍都安装了杀毒软件和防火墙，出现了隐藏远程植入方式如基于数字水印远程植入方式、基于远程线程插入植入方式等，能成功躲避防病毒软件的检测。

（3）传播攻击阶段。在 2000 年之前，攻击工具需要人来发动新一轮攻击，如今攻击工具可以自己发动新一轮攻击。像红色代码和尼姆达这类工具能够自我传播，在不到 18 个小时内就达到全球饱和点。

（4）攻击工具的协调管理阶段。随着分布式攻击工具的出现，攻击者可以管理和协调分布在许多 Internet 系统上的大量已部署的攻击工具。分布式攻击工具能够更有效地发动拒绝服务攻击，扫描潜在的受害者，危害存在安全隐患的系统。

6）对基础设施威胁增大

基础设施攻击是大面积影响 Internet 关键组成部分的攻击。由于用户越来越多地依赖 Internet 完成日常业务，基础设施攻击引起人们越来越大的担心。基础设施面临分布式拒绝服务攻击、蠕虫病毒、对 Internet 域名系统（DNS）的攻击和对路由器攻击或利用路由器的攻击。

拒绝服务攻击是利用多个系统攻击一个或多个受害系统，使受攻击系统拒绝向其合法用户提供服务。攻击工具的自动化程度使得一个攻击者可以安装他们的工具并向几万个受损害的系统发动攻击。入侵者经常搜索包含大量具有高速连接的易受攻击系统的地址块，电缆调制解调器、DSL 和大学地址块越来越成为计划安装攻击工具的入侵者的目标。由于 Internet 由有限而可消耗的资源组成，并且 Internet 的安全性是高度相互依赖的，因此拒绝服务攻击十分有效。蠕虫病毒是一种可以自我繁殖的恶意代码，与需要用户做某种事才能继续繁殖的病毒不同，蠕虫病毒可以自我繁殖，再加上它们可以利用大量安全漏洞，会使大量的系统在几个小时内受到攻击。一些蠕虫病毒包括内置的拒绝服务攻击载荷或 Web 站点损毁载荷，另一些蠕虫病毒则具有动态配置功能。但是，这些蠕虫病毒的最大影响力是由于它们传播时能生成海量的扫描传输流，它们的传播实际上在 Internet 上生成了拒绝攻击，造成大量间接的破坏（这样的例子包括：DSL 路由器瘫痪；并非扫描本身造成的而是扫描引发的基础网络管理（ARP）传输流激增造成的电缆调制解调器 ISP 网络全面超载）。

## 10.3.2　通过加密实现访问控制

大多数公司和政府机构使用加密这种安全措施来限制对计算机系统的访问。一个通用的方法就是给授权雇员提供用户标志码和密码。在某个雇员登录或访问计算机文件之前，他必须输入个人的用户 ID 或用户名。通常，雇员还需要输入一个验证该用户身份的密码——通常是由该用户选择单词或符号。如果某个用户的标志码或密码不符合计算机安全软件内的记录，那么该用户将被"锁"在系统外。

加密可能是最有利的安全形式，它是一种加密（编码）和解密（解码）数据的方法。如果你曾经听说过密码学，那么你应该熟悉加密。当加密文字或数据时，通过将它们"编码"，使得这些数据在解密之前毫无用途。

加密在电子邮件这样的通信系统中使用得最为普遍，在网络服务器上存储数据或保护通过 Internet 传输的数据时，也可以使用它。例如，当使用某个商家的安全服务器在线购买物品时，你发送给商家的数据会被加密；即使该数据被截获，也只有首先解密才能使用它。解码数据需要特殊的软件密钥，因此非授权地截获消息构不成多大的威胁。通常的加密方法有 PGP（Pretty Good Privacy）和 DES（Data Encryption Standard），有数百万种方法能够编码数据。

# 10.4 个人信息安全

当使用计算机时,人们通常以为其行为是秘密的,而且其个人信息是安全的,但事实不总是这样,尤其当人们使用 Internet 的时候更是如此。例如,许多类型的 Web 站点(不仅是商业站点)收集访问者的信息。许多 Wed 站点所有者有时违背个人的意愿出售这些信息。隐私拥护者认为这种行为是对个人隐私的侵犯,因为它涉嫌利用个人的私有信息做生意,如地址、电话号码等。

对于许多个人来讲,个人信息的收集和使用是一个重要的问题。考虑一下电子数据库搜集资料的许多方式。在下列情形中,个人信息都可能被收集并添加到数据库:

- 申请银行账户或信用卡。
- 填写杂志预订单。
- 完成产品注册卡。
- 租借或购买房产。
- 创建在线账号,目的是购物或只是参与免费服务,如收听流行音乐。

许多情况下,个人信息不仅被收集并添加到商家的数据库,而且经常被出售给市场调查组织。除了关于购买或定购习惯外,还有关于信用历史的电子记录。许多公司在为你开设新账户之前要检查你的信用记录。在接受你成为他的病人之前,医生可能要查明你是否曾经提起过医疗事故诉讼。在接受你成为承租人之前,房东可能要了解你是否曾经起诉过另一个房东。

所有这些数据库合法吗?它们在包括美国在内的一些国家是合法的。人们是否在以道德上可以接受的方式使用这些数据库内的信息?应该允许人们出售或交换这些信息吗?现在我国的法律已经做了一些规定。

## 10.4.1 垃圾邮件

许多计算机用户还将垃圾电子邮件视为另一种形式的隐私侵犯。当你的电子邮箱充满不需要的消息时,你必须花费时间和精力来检查并删除它们。这一过程意味着降低了许多个人和公司的生产率,如图 10.6 所示。

图 10.6 花时间处理大量的垃圾邮件

垃圾电子邮件——还称为主动提供地商业电子邮件，更准确地说是兜售信息——很像过时的邮寄广告；也就是说，你打开电子邮件程序的信箱，然后发现来自不同发件人的许多你并不需要的消息。和传统的邮寄广告一样，垃圾邮件通常鼓动你购物，或者邀请你参与快速致富方案。甚至有一些垃圾邮件消息充斥着淫秽内容。

垃圾邮件发件人使用的两个最流行的技巧是兜售信息、发布页面。目前，还没有综合性的国家法律来控制垃圾邮件。美国一些州的法律现在已经生效，并且它们的效果正在得到检验。当法律制定者讨论该问题的时候，许多 ISP 已经采取了行动来使垃圾邮件减至最少，这些行动的范围从使用过滤软件到大规模的诉讼。在一个案例中，America Online 赢得了反对垃圾邮件制造者的诉讼，被告人一直"不屈不挠"地使用垃圾邮件塞满客户的邮箱。

如果你拥有电子邮件账户，并且收到过不需要的或主动提供的电子邮件消息，那么你可以尝试三种策略来消除或至少减少信箱内的垃圾邮件。

**1. 首先与 Internet 服务提供者合作**

访问该 ISP 的 Web 站点或呼叫客户服务代表，然后检查该公司关于使用包括电子邮件在内的服务的政策。这种政策一般称为"正当的使用政策"，有时也称作"容许的使用政策"，而且任何规范的 ISP 都应该有一个。这些政策应该声明允许客户使用 ISP 资源的方式，以及如果客户滥用任何服务的话，可能引起的惩罚。如果有人给你发垃圾邮件，那么向你的 ISP 报告；如果你的提供者收到足够多的投诉，那么它可以在将来阻塞该垃圾邮件制造者的消息。如果你能够确定垃圾邮件制造者的 ISP，并警告其行为，那么该服务提供者可以取消对他的服务。

**2. 有些 ISP 给用户提供对电子邮件过滤程序的访问，它可以阻塞电子邮件服务器上的垃圾邮件**

该程序寻找从已知的垃圾邮件制造者和发送成批消息的软件程序处理发来的消息，这些邮件以及没有始发地址的消息，服务器将拒绝接收，而且不使其到达客户的信箱。

**3. 作为附加的防范措施，可以在电子邮件程序中创建过滤器来阻塞垃圾邮件**

Microsoft Outlook、Netscape Messenger、Eudora Pro 和其他的电子邮件程序都能提供简单的过滤工具。根据电子邮件程序和你使用的设置，过滤器可以停止正在由电子邮件服务器传送给你的消息，或者将这些消息转移到硬盘上某个特殊的文件夹。

**4. 永远不要响应任何垃圾邮件**

垃圾邮件消息通常包含一个电子邮件地址，它可能被假设用来"取消"在垃圾邮件制造者邮件列表中的"预订"。但是如果你响应一个垃圾邮件消息，你的所作所为只是使垃圾邮件制造者知道你的地址在工作。这一动作只能使你收到更多的垃圾邮件。正确的做法是简单地删除垃圾邮件消息而不要响应它。如果能够避免的话，那么干脆不要打开该消息或查看其内容。

## 10.4.2　有人冒充了你

想象一下，有一天收取你的邮件时，发现一些奇怪的信用卡结算表。由于你拥有这些公司的信用卡，你赶紧打开这些信封，然后发现两个寄给你的账单，上面列有超过 11 000 美元的费用。这些账单显示有各种类型的交易——飞机票、衣物、出租车以及在从未听过的餐馆吃饭。大量的购买是在网上或通过电话进行的。

这是每年有数以千计的美国人要经历的"悲惨"遭遇。他们是身份偷窃的受害者，这是在美国快速上升的一类犯罪。根据联邦商务委员会的说法,身份冒充在过去的十年间显著上升,每年有超过 150 万的新增案例报告。身份冒充的受害者可能需要数月甚至数年时间才能从被冒充的损害中恢复,这期间可能要被追债、清理信用记录以及恢复被错误损害的信誉。网络诈骗案件在我国也频繁发生,请参见如图 10.7 所示的新华网发布的新闻。

图 10.7 新华网消息有人冒充警察进行犯罪

# 10.5 计算机伦理问题

计算机和通信技术的进步已经将可怕的新能力放在每个人的手中。我们可以使用信息、声音和图像,它们从前只能由受过特殊训练的专业人员借助高度复杂的工具来使用。伴随着这些新的能力,到来的是更多的责任。

由于技术给了我们惊人的新能力,因此我们面对着许多伦理难题。关于这些问题,立法者、积极分子和日常计算机用户将会予以考虑。无疑,这些法律将被通过、质疑、颁布和否决。但是在有关计算机伦理的整套法律建立之前,当我们工作和“玩弄”计算机的时候(无论在线还是离线),个人的道德标准和常识肯定支配着我们的行为。下面是 *Systems Analysis and Design Methods*(系统分析与设计方法),来源于 Computer Ethics Institute(计算机伦理研究所)建议的行为规范样本:

- 不要使用计算机去伤害其他人。
- 不要妨碍其他计算机的工作者。

- 不要偷看其他人的计算机文件。
- 不要使用计算机进行偷窃。
- 不要使用计算机作伪证。
- 不要复制或者使用未付费的专有软件。
- 不要没有授权或者给予适当的报酬就使用其他人的计算机资源。
- 不要窃取其他人的智力成果。
- 经常思考所编写程序或者所设计系统的社会后果。
- 总是以确保考虑和尊重同事的方式使用计算机。

# 10.6 人 的 问 题

人们总是习惯于破坏既定的最优安全规程和计划,而且投机取巧的程度近乎不可思议。例如,朱先生想从 www.taobao.com 淘宝网站购买一件商品,他可以用他的 Web 浏览器通过 SSL 协议①安全地接入淘宝网,其中 SSL 协议依赖于各种加密技术,访问控制问题在这类教育的过程中就会凸显出来,最后,所有这些安全机制要在软件中实现并执行,但是,经常会遇到一些专门针对这个交易的攻击,该攻击会导致浏览器警告。如果朱先生正视这个警告并采取恰当的反应,就不会发生有效的攻击,遗憾的是,如果朱先生是典型的普通用户(像大多数人那样),那么他将会忽略掉这个警告,这样做的后果是将使所有这些精心设计的安全方案完全失效。这就意味着无论加密系统、协议、访问控制机制以及软件等所有这些安全设施在实践中表现得多么完美无瑕,这些事实都无法改变如下结局:整个安全方案都有可能因用户的错误而彻底葬送。

再举一个例子,让我们来看一下用户口令这种常见的安全机制。用户想选用容易记忆的口令,但是这也使得猜测口令更加容易,一个可能的解决方案是给用户指派强壮的口令,而强口令往往是复杂且不易记忆的口令,然而这通常不是好办法,因为这样很可能导致口令被书写和张贴在显著的位置,于是比起允许用户自主选择他们的(弱)口令那种方式来,这个方案很可能使系统更不安全。

如上所述,我们见到国内大多数安全方面的书籍主要聚焦在理解安全机制上。不过在现实中许多场景都会凸显各种各样的有关人的问题。关于人的问题完全可以写出一整本书。事实上早就有人研究过了:ROSS anderson 的书包含了大量的失效安全机制的案例研究,其中许多案例都至少有一个根源在于人的本性等主观方面。

# 习 题

**一、单选题**

1. 下列关于预防和清除计算机病毒的叙述中,正确的是_____。

    A. 专门的杀毒软件不总是有效的

    B. 删除所有带毒文件就能清除所有病毒

---

① SSH 协议:Secure Shell,该协议创建了一个安全的通道,基于该通道,可以安全的方式执行原本不安全的命令。

    C. 若 U 盘感染病毒,则删除其中的全部文件是杀毒的有效方法之一

    D. 要使计算机始终不感染病毒,最好的方法是装上防病毒卡

2. 下列关于防火墙的叙述,不正确的是_____。

    A. 防火墙能强化安全策略

    B. 防火墙能有效防范计算机中已存在的病毒

    C. 防火墙能有效记录网上的活动

    D. 防火墙不能防范 IP 地址的欺骗

3. 计算机每次启动时自动运行的计算机病毒称为_____病毒。

    A. 恶性
                    B. 良性

    C. 引导型
              D. 定时发作型

4. 下列关于信息安全的叙述中,不正确的是_____。

    A. 黑客是指热衷于利用网络手段潜入并窃取他人非公开信息的人

    B. 利用操作系统的漏洞是黑客进行攻击的手段之一

    C. 入侵检测系统有基于主机的入侵检测系统和基于网络的入侵检测系统

    D. 防火墙能防止所有的非法侵入

5. 下列上网行为中,不会影响系统和个人信息安全的是_____。

    A. 浏览有病毒的网站

    B. 随意点击不明网站中的链接

    C. 在各种网站上输入自己的银行账号、密码等信息

    D. 从熟悉的政府网站下载新闻

## 二、问答题

1. 在电影《上班一条虫》(http://movie.mtime.com/11713/)中,软件开发人员试图修改公司的软件,以便在每次财务交易中,所有不足一分的结余都流入开发人员自己的腰包,而不是归入公司。这个想法是基于下面的经验:在任何特定的交易中,没有人会留意那些一分一毫的损失,但是假以时日,这个开发人员将积累起一大笔金钱。这种类型的攻击有时也被称为香肠攻击。

    (1) 请找出一个现实世界中香肠攻击的实例。

    (2) 在电影中,这个香肠攻击失败了,为什么呢?

2. 研究表明,大部分人都不能根据一副照片来准确地识别出一个人。假如,有研究发现大部分人都会接受带有照片的 ID 证件,无论照片是谁,只要照片中的人像和证件持有人具有相同的性别和种族即可。另外,也有证据显示,当将照片引入到信用卡中时,错误接受率就会有很大的下降。对于这种明显是自相矛盾的现象,请给出你的解释。

    (1) 作者曾常常光顾一个公园,那个公园提供一种年卡通行证,每个通行证都有游客的一张照片,事实上大多数情况下不同的人持同一张卡都可以顺利进入公园;假如公园拍下每一个年卡用户的照片,但照片并不出现在卡片上面,相反,当用户要进入公园并出示其卡片时,用户的照片都会出现在屏幕上,这时工作人员就可以看到并进行比对。请问,与前一种方式相比,为什么这种方案的效果可能会更好?

    (2) 事实上这种思路已经被应用到国家级考试系统中,当你到达考场时,会发现你的照片在监考人员手里,这种方式明显降低了替考现象,假如参加考试的人的照片会最终出现在

考生电子档案和通过考试后获取的证书上,那效果会怎样?

3. 在信息安全领域,自动柜员机(ATM)是非常有意思的学习案例,ROSS anderson 曾指出,当 ATM 刚研发出来时,大部分注意力都放在了防范高科技攻击上。然而,现实中大部分对 ATM 进行的攻击都是低技术含量的。

(1) 对自动柜员机 ATM 的高科技攻击的例子可能要包括破解加密系统和身份认证协议等。如果可能,请找出一个现实中实际发生的案例,说明该案例是针对 ATM 实施的高科技攻击,并解释其中具体的细节。

(2) 肩窥是低技术含量攻击的例子。故意在后面排队,趁机偷看别人的密码,然后打晕他并拿走他的 ATM 卡。请再举一个实际发生过的低技术含量的对 ATM 攻击的例子。

(3) 假如你是一个商人,你决定使用一台基于生物特征技术的指纹识别设备来认证那些使用信用卡在你的商店里购买东西的人们。你可以在以下两种不同的系统中进行选择:系统 A 的错误接受率是 1‰,错误拒绝率是 5‰;而在系统 B 中的错误接受率是 5‰,错误拒绝率是 1‰。

请问哪个系统更安全,为什么?

请问哪个系统更具友好性,为什么?

请问你会选择哪个系统,为什么?

4. 美国大片 *U-571*(http://search.mtime.com/search/?％E3％80％8AU-571％E3％80％8B),告诉人们"恩尼格玛"密码机是战争中,同盟国费尽心机想要获得的尖端秘密,历史也确实如此,最著名的第二次世界大战密码机是德国的恩尼格玛密码机 Enigma,该系统被盟军破解后,情报人员由恩尼格玛密码系统获得的消息毋庸置疑是无价之宝。最初盟军非常谨慎地使用从破解的恩尼格玛密码机消息中获得的情报——有时候,盟军甚至并不使用会带来收益的消息。然而,在战争的后期,盟军(特别是美军)就大意多了,实际上他们逐渐开始使用从破解的恩尼格玛密码机消息中获得的所有情报。

(1) 盟军之所以非常小心地使用从破解的恩尼格玛密码机消息中获得的情报,是因为怕德军意识到密码系统已经被破解。如果德军已经意识到恩尼格玛密码系统已经被破解了,那么他们会采取什么样的措施呢? 展开讨论并给出两种不同的解决之道。

(2) 当战争进行到每个时间点的时候,德军显然已经明白恩尼格玛密码系统被破解了。但该系统仍然在继续使用,直到战争结束。请问,为什么德军还会继续使用恩尼格玛密码系统呢?

(3) 讨论一下因恩尼格玛密码机消息被破解而导致的第二次世界大战中的重大事件。

# 附录 A ASCII 码表

**控制字符**

| 二 进 制 | 十 进 制 | 十六进制 | 缩 写 | 解 释 |
|---|---|---|---|---|
| 0000 0000 | 0 | 00 | NUL | 空字符（Null） |
| 0000 0001 | 1 | 01 | SOH | 标题开始 |
| 0000 0010 | 2 | 02 | STX | 正文开始 |
| 0000 0011 | 3 | 03 | ETX | 正文结束 |
| 0000 0100 | 4 | 04 | EOT | 传输结束 |
| 0000 0101 | 5 | 05 | ENQ | 请求 |
| 0000 0110 | 6 | 06 | ACK | 收到通知 |
| 0000 0111 | 7 | 07 | BEL | 响铃 |
| 0000 1000 | 8 | 08 | BS | 退格 |
| 0000 1001 | 9 | 09 | HT | 水平制表符 |
| 0000 1010 | 10 | 0A | LF | 换行键 |
| 0000 1011 | 11 | 0B | VT | 垂直制表符 |
| 0000 1100 | 12 | 0C | FF | 换页键 |
| 0000 1101 | 13 | 0D | CR | 回车键 |
| 0000 1110 | 14 | 0E | SO | 不用切换 |
| 0000 1111 | 15 | 0F | SI | 启用切换 |
| 0001 0000 | 16 | 10 | DLE | 数据链路转义 |
| 0001 0001 | 17 | 11 | DC1 | 设备控制 1 |
| 0001 0010 | 18 | 12 | DC2 | 设备控制 2 |
| 0001 0011 | 19 | 13 | DC3 | 设备控制 3 |
| 0001 0100 | 20 | 14 | DC4 | 设备控制 4 |
| 0001 0101 | 21 | 15 | NAK | 拒绝接收 |
| 0001 0110 | 22 | 16 | SYN | 同步空闲 |
| 0001 0111 | 23 | 17 | ETB | 传输块结束 |
| 0001 1000 | 24 | 18 | CAN | 取消 |
| 0001 1001 | 25 | 19 | EM | 介质中断 |
| 0001 1010 | 26 | 1A | SUB | 替补 |
| 0001 1011 | 27 | 1B | ESC | 溢出 |
| 0001 1100 | 28 | 1C | FS | 文件分割符 |
| 0001 1101 | 29 | 1D | GS | 分组符 |
| 0001 1110 | 30 | 1E | RS | 记录分离符 |
| 0001 1111 | 31 | 1F | US | 单元分隔符 |
| 0111 1111 | 127 | 7F | DEL | 删除 |

可显示字符

| 二　进　制 | 十　进　制 | 十　六　进　制 | 字　　　符 |
| --- | --- | --- | --- |
| 0010 0000 | 32 | 20 | 空格 |
| 0010 0001 | 33 | 21 | ! |
| 0010 0010 | 34 | 22 | " |
| 0010 0011 | 35 | 23 | # |
| 0010 0100 | 36 | 24 | $ |
| 0010 0101 | 37 | 25 | % |
| 0010 0110 | 38 | 26 | & |
| 0010 0111 | 39 | 27 | ' |
| 0010 1000 | 40 | 28 | ( |
| 0010 1001 | 41 | 29 | ) |
| 0010 1010 | 42 | 2A | * |
| 0010 1011 | 43 | 2B | + |
| 0010 1100 | 44 | 2C | , |
| 0010 1101 | 45 | 2D | — |
| 0010 1110 | 46 | 2E | . |
| 0010 1111 | 47 | 2F | / |
| 0011 0000 | 48 | 30 | 0 |
| 0011 0001 | 49 | 31 | 1 |
| 0011 0010 | 50 | 32 | 2 |
| 0011 0011 | 51 | 33 | 3 |
| 0011 0100 | 52 | 34 | 4 |
| 0011 0101 | 53 | 35 | 5 |
| 0011 0110 | 54 | 36 | 6 |
| 0011 0111 | 55 | 37 | 7 |
| 0011 1000 | 56 | 38 | 8 |
| 0011 1001 | 57 | 39 | 9 |
| 0011 1010 | 58 | 3A | : |
| 0011 1011 | 59 | 3B | ; |
| 0011 1100 | 60 | 3C | < |
| 0011 1101 | 61 | 3D | = |
| 0011 1110 | 62 | 3E | > |
| 0011 1111 | 63 | 3F | ? |
| 0100 0000 | 64 | 40 | @ |
| 0100 0001 | 65 | 41 | A |
| 0100 0010 | 66 | 42 | B |
| 0100 0011 | 67 | 43 | C |
| 0100 0100 | 68 | 44 | D |
| 0100 0101 | 69 | 45 | E |
| 0100 0110 | 70 | 46 | F |
| 0100 0111 | 71 | 47 | G |
| 0100 1000 | 72 | 48 | H |
| 0100 1001 | 73 | 49 | I |

*ASCII 码表*

| 二 进 制 | 十 进 制 | 十六进制 | 字 符 |
|---|---|---|---|
| 0100 1010 | 74 | 4A | J |
| 0100 1011 | 75 | 4B | K |
| 0100 1100 | 76 | 4C | L |
| 0100 1101 | 77 | 4D | M |
| 0100 1110 | 78 | 4E | N |
| 0100 1111 | 79 | 4F | O |
| 0101 0000 | 80 | 50 | P |
| 0101 0001 | 81 | 51 | Q |
| 0101 0010 | 82 | 52 | R |
| 0101 0011 | 83 | 53 | S |
| 0101 0100 | 84 | 54 | T |
| 0101 0101 | 85 | 55 | U |
| 0101 0110 | 86 | 56 | V |
| 0101 0111 | 87 | 57 | W |
| 0101 1000 | 88 | 58 | X |
| 0101 1001 | 89 | 59 | Y |
| 0101 1010 | 90 | 5A | Z |
| 0101 1011 | 91 | 5B | [ |
| 0101 1100 | 92 | 5C | / |
| 0101 1101 | 93 | 5D | ] |
| 0101 1110 | 94 | 5E | ˆ |
| 0101 1111 | 95 | 5F | _ |
| 0110 0000 | 96 | 60 | ` |
| 0110 0001 | 97 | 61 | a |
| 0110 0010 | 98 | 62 | b |
| 0110 0011 | 99 | 63 | c |
| 0110 0100 | 100 | 64 | d |
| 0110 0101 | 101 | 65 | e |
| 0110 0110 | 102 | 66 | f |
| 0110 0111 | 103 | 67 | g |
| 0110 1000 | 104 | 68 | h |
| 0110 1001 | 105 | 69 | i |
| 0110 1010 | 106 | 6A | j |
| 0110 1011 | 107 | 6B | k |
| 0110 1100 | 108 | 6C | l |
| 0110 1101 | 109 | 6D | m |
| 0110 1110 | 110 | 6E | n |
| 0110 1111 | 111 | 6F | o |
| 0111 0000 | 112 | 70 | p |
| 0111 0001 | 113 | 71 | q |
| 0111 0010 | 114 | 72 | r |
| 0111 0011 | 115 | 73 | s |

| 二　进　制 | 十　进　制 | 十六进制 | 字　　符 |
|---|---|---|---|
| 0111 0100 | 116 | 74 | t |
| 0111 0101 | 117 | 75 | u |
| 0111 0110 | 118 | 76 | v |
| 0111 0111 | 119 | 77 | w |
| 0111 1000 | 120 | 78 | x |
| 0111 1001 | 121 | 79 | y |
| 0111 1010 | 122 | 7A | z |
| 0111 1011 | 123 | 7B | { |
| 0111 1100 | 124 | 7C | \| |
| 0111 1101 | 125 | 7D | } |
| 0111 1110 | 126 | 7E | ~ |

# 附录B 中英文词汇对照

1　AB(Address Bus)地址总线
2　ADSL(Asymmetric Digital Subscriber Line)非对称数字用户线路
3　AGP(Accelerated Graphics Port)图形总线
4　AI(Artificial Intellegence)人工智能
5　ALU(Arithmetic Logic Unit)算术逻辑单元
6　API(Application Programming Interface)应用程序编程接口
7　ARM(Advanced RISC Machine)高级精简指令集机器
8　ARPA(Advanced Research Projects Agency)美国国防部高级研究规划署
9　ARPANET(The Advanced Research Projects Agency Network)阿帕网
10　ATM(Asynchronous Transfer Mode)异步传输模式
11　Big data 大数据
12　BIOS(Basic Input-Output System)基本输入输出系统
13　Bluetooth 蓝牙
14　Book 工作簿
15　Bugs 安全漏洞
16　Cache 高速缓冲存储器
17　CAE(Computer Aided Engineering)计算机辅助工程
18　CAM(Computer Aided Manufacturing)计算机辅助制造
19　CATV(Community Antenna TV)有线电视
20　CD-ROM(Compact Disc-Read Only Memory)只读型光盘存储器
21　CD-RW(Compact Disc-Rewriteable)多次写入、多次读取
22　Cell 单元格
23　CERN(Conseil Européen pour la Recherche Nucléaire)欧洲核子研究理事会
24　CERNet(China Education and Research Network)中国教育与科研网
25　Cloud Computing 云计算
26　Cloud Security 云安全
27　CNNIC(China Internet Network Information Center)中国互联网络信息中心
28　Computer Ethics Institute(计算机伦理研究所)
29　CPU(Central Processing Unit)中央处理器
30　Criteria 条件
31　CRT(Cathode Ray Tube)阴极射线管显示器
32　CSTNet(China Science and Technology Network)中国科学技术网
33　DB(Database)数据库
34　DBMS(Database Management System)数据库管理系统

| 35 | DBS(Database System)数据库系统 |
|---|---|
| 36 | DCA(Distributed Communication Architecture)分布式通信体系结构 |
| 37 | DCL(Data Control Language)数据控制语言 |
| 38 | DDL(Data Definition Language)数据定义语言 |
| 39 | Desktop Computer 台式机 |
| 40 | DHCP(Dynamic Host Configuration Protocol)动态主机配置协议 |
| 41 | Distributed Operating System 分布式操作系统 |
| 42 | DMA(Direct Memory Access)直接存储器存取 |
| 43 | DML(Data Manipulation Language)数据操作语言 |
| 44 | DNA(Digital Network Architecture)数字网络体系结构 |
| 45 | DNS(Domain Name System)域名系统 |
| 46 | DRAM(Dynamic RAM)动态随机存储器 |
| 47 | DV(Digital Video)数字视频 |
| 48 | DVD(Digital Versatile Disc)数字通用光盘 |
| 49 | DVI(Digital Visual Interface)数字可视接口 |
| 50 | EC(Electronic Commerce)狭义的电子商务 |
| 51 | EISA(Extended Industry Standard Architecture)扩展工业标准结构总线 |
| 52 | Embedded Operating System 嵌入式操作系统 |
| 53 | ENIAC(Electronic Numerical Integrator And Calculator)电子数字积分计算机 |
| 54 | EPROM(Erasable Programmable ROM)可擦除可编程 ROM |
| 55 | ES(Electronic Business)广义的电子商务 |
| 56 | exFAT(Extended File Allocation Table File System)扩展文件分配表 |
| 57 | FAT(File Allocation Table)文件分配表 |
| 58 | FDDI(Fiber Distributed Data Interface)光纤分布式数据接口 |
| 59 | FDT(File Director Table)文件目录表 |
| 60 | FE(Fast Ethernet)快速以太网 |
| 61 | Flash Memory 闪存 |
| 62 | FTP(File Translation Protocol)文件传输协议 |
| 63 | GE(Gigabit Ethernet)千兆以太网 |
| 64 | Grid Computing 网格计算 |
| 65 | HDMI(High Definition Multimedia Interface)高清晰度多媒体接口 |
| 66 | HFC(Hybrid Fiber Coax)光纤同轴混合 |
| 67 | HTML(Hyper Text Market Language)超文本标记语言 |
| 68 | HTTP(Hyper Text Transport Protocol)超文本传输协议 |
| 69 | ICANN(The Internet Corporation for Assigned Names and Numbers)互联网名称与数字地址分配机构 |
| 70 | IDS(Integrated Data Store)集成数据库 |
| 71 | IEEE(Institute of Electrical and Electronics Engineers)电气和电子工程师协会 |
| 72 | IETE(Internet Engineering Task Force)互联网工程任务组 |
| 73 | IMAP(Internet Message Access Protocol)互联网信息存取协议 |
| 74 | IMS(Information Management System)信息管理系统 |
| 75 | ISA(Industrial Standard Architecture)工业标准结构总线 |
| 76 | ISA(Industry Standard Architecture)工业标准结构总线 |
| 77 | ISO(International Organization for Standardization)国际标准化组织 |

78    ISP(Internet Service Provider)互联网服务提供商

79    LAN(Local Area Network)局域网

80    Logic-test 逻辑测试

81    Main board、Mother board 主板

82    MAN(Metropolitan Area Network)城域网

83    MIDI(Musical Instrument Digital Interface)乐器数字接口

84    MIS(Management Information System)管理信息系统

85    Mouse 鼠标

86    MPC(Multimedia Personal Computer)多媒体个人计算机

87    Multi-Touch 多点触控

88    NIC(Network Interface Card)网络适配器

89    NII(National Information Infrastructure)美国国家信息基础设施

90    NOS(Network Operating System)网络操作系统

91    NSF(National Science Foundation)美国国家科学基金会

92    NTFS(New Technology File System)新技术文件系统

93    ODBC(Open Database Connectivity)开放式数据库互接

94    OHA(Open Handset Alliance)开放手持设备联盟

95    Optical disk 光盘

96    OS(Operating System)操作系统

97    OSI/RM(Open System Interconnection/Reference Model)开放式系统互连/参考模型

98    PAN(Personal Area Network)个域网

99    PCI(Peripheral Component Interconnect)外部部件互连标准

100   PCMCIA(Personal Computer Memory Card International Association)个人电脑内存卡国际
      联合会

101   PDA(Personal Digital Assistant)个人数字助理

102   PDF 格式 可移植文档格式

103   PDP(Plasma Display Panel)等离子显示器

104   Personal Computer 个人计算机

105   Pervasive Computing 普适计算

106   POP(Post Office Protocol)邮局协议

107   POST(Power On Self Test)上电自检

108   PPPoE(Point-to-Point Protocol over Ethernet)以太网点对点协议

109   PPT(PowerPoint)演示文稿制作软件

110   Process 进程

111   RAM(Random Access Memory)随机存储器

112   Range 范围

113   RF(Radio Frequency Signal)射频信号

114   RTOS(Real Time Operating System)实时操作系统

115   SABRE(Semi-Automatic Business Environment Research)半自动业务环境研究

116   SAGE(semiautomatic ground environment)半自动防空系统

117   SCSI(Small Computer System Interface)小型计算机系统接口

118   SD 卡(Secure Digital Memory Card)安全数字存储卡

119   sector 扇区

120   Sheet 工作表

# 附录 C  部分习题参考答案

## 第 1 章

| | | | | | | |
|---|---|---|---|---|---|---|
| 1. B | 2. C | 3. C | 4. A | 5. D | 6. D | 7. B |
| 8. A | 9. A | 10. B | 11. A | 12. C | 13. A | |

## 第 2 章

| | | | | | | |
|---|---|---|---|---|---|---|
| 1. A | 2. C | 3. C | 4. B | 5. B | 6. C | 7. C |
| 8. B | 9. A | 10. D | 11. B | 12. C | 13. D | 14. C |
| 15. D | 16. A | 17. B | 18. B | 19. B | 20. C | |

## 第 3 章

### 一、判断题

| | | | | |
|---|---|---|---|---|
| 1. 对 | 2. 对 | 3. 对 | 4. 错 | 5. 对 |
| 6. 对 | 7. 错 | 8. 对 | | |

### 二、选择题

| | | | | |
|---|---|---|---|---|
| 1. D | 2. B | 3. B | 4. B | 5. B |
| 6. C | 7. A | 8. C | | |

## 第 7 章

### 一、选择题

| | | | | | | |
|---|---|---|---|---|---|---|
| 1. C | 2. D | 3. D | 4. A | 5. B | 6. B | 7. C |
| 8. B | 9. A | 10. D | 11. A | 12. C | 13. D | 14. C |
| 15. B | 16. A | 17. A | 18. B | 19. B | 20. A | |

## 第 8 章

| | | | | | | |
|---|---|---|---|---|---|---|
| 1. D | 2. B | 3. A | 4. C | 5. C | 6. A | 7. C |
| 8. A | 9. B | 10. D | | | | |

## 第 9 章

| | | | | | | |
|---|---|---|---|---|---|---|
| 1. D | 2. B | 3. C | 4. A | 5. B | 6. D | 7. B |
| 8. C | 9. D | 10. C | 11. C | 12. B | 13. B | 14. B |
| 15. C | | | | | | |

## 第 10 章

### 一、选择题

| | | | | |
|---|---|---|---|---|
| 1. A | 2. B | 3. C | 4. D | 5. D |

### 二、问答题

1. 在国内的某些加油站在结算时都是要求客户在买单时按整数支付,不是四舍五入而是统一要求将小数点直接升位后支付,如果这种行为被大规模实行或长期实行那么就能积累一定的财富。

详见电影《上班一条虫》(http://movie.mtime.com/11713/)。

2. 在信息安全领域有个重要的公式：若获利明显大于成本，那么这种攻击的可能性就越大；若小于成本大于或接近获利，那么这种攻击的可能性就越小。出现这种矛盾的原因是由于公园管理人员与银行系统对照片的审查认真程度是不一样的，银行系统及工作人员对信用卡照片的审查认真程度远远高于公园管理人员对进园人员的审查，因为就是要防止最有可能的攻击。

用户的照片出现在大屏幕上的方式在理论上更安全，因为用户一般无法更改公园的照片数据等信息。

假如参加考试的人的照片会最终出现在考生电子档案和通过考试后获取的证书上，那效果会更好，因为已经从根本上解决了替考的问题，替考的最终目标是想获取证书。

3. 案例一：8 月 15 日，家住广州番禺的陆先生现在江东北路某银行柜员机取款 200元，结果两天后发现卡里剩余的 4 万元存款不翼而飞，警方调查发现，有人在柜员机上安装了读卡器和摄像头，窃取了卡内资料和密码，然后复制了一张银行卡。

案例二：2013 年一名黑客在美国拉斯韦加斯当众展示如何利用自动提款机(ATM)电脑漏洞，让机器"吐钱"：第一个办法是找到自动提款机的 USB 接口，输入一个他编写的程序；第二个办法是利用制造商与自动提款机之间互联网连接的漏洞远程控制机器。两种办法都不用插入提款卡或输入密码。

"爆头"也是曾经出现过的针对 ATM 机的攻击：跟在用户后面当用户操作完毕在ATM 吐钱的那一秒中对用户的头部进行攻击，当然这是很严重的刑事犯罪一般在十年以上徒刑。

系统 A 更安全，因为错误接受率是 1%，错误拒绝率是 5%。

系统 B 更具友好性，因为错误接受率是 5%，错误拒绝率是 1%。

建议选择系统 B，因为更具友好性，另外安全还是在可控制的范围内。

4. 答案参考百度百科：恩尼格玛密码机 http://baike.baidu.com/view/1038714.htm。

# 参 考 文 献

[1] 马崇华.信息处理技术基础教程(第2版).北京：清华大学出版社，2010

[2] 于双元.全国计算机等级考试二级教程——MS Office 高级应用(2013年版).北京：高等教育出版社，2013

[3] 耿植林.大学计算机基础.北京：人民邮电出版社，2012

[4] 李大友.信息处理技术.北京：电子工业出版社，2005

[5] 杨振山，龚沛曾.大学计算机基础.北京：高等教育出版社，2004

[6] 陈雷，陈朔鹰等.全国计算机等级考试二级教程——Access 数据库程序设计(2013年版).北京：高等教育出版社，2013

[7] 王作鹏，殷慧文.Word 2010 从入门到精通.北京：人民邮电出版社，2013

[8] 朱三.全新 iPad 使用秘笈.北京：中国电力出版社，2012

[9] 孙迪，朱三.安卓手机使用秘笈.北京：中国电力出版社，2013

[10] Peter Norton. *Introduction to Computers*. Fifth Edition, McGraw-Hill Educationco. 2003

[11] James F. Kurose, Keith W. Ross. Computers Networking. Third Edition. Pearson Education, 2005